FINANCE

金融学专业应用型本科人才培养特色教材

JINRONGXUE ZHUANYE YINGYONGXING BENKE RENCAI PEIYANG TESE JIAOCAI

金融风险管理

JINRONG FENGXIAN GUANLI

（第二版）

主　编◎郑荣年

副主编◎蓝美静

中国金融出版社

责任编辑：张菊香
责任校对：李俊英
责任印制：丁淮宾

图书在版编目（CIP）数据

金融风险管理/郑荣年主编. —2 版. —北京：中国金融出版社，2023.4
金融学专业应用型本科人才培养特色教材
ISBN 978 – 7 – 5220 – 1915 –4

Ⅰ.①金…　Ⅱ.①郑…　Ⅲ.①金融风险—风险管理—高等学校—教材
Ⅳ.①F830.9

中国国家版本馆 CIP 数据核字（2023）第 039343 号

金融风险管理（第二版）
JINRONG FENGXIAN GUANLI（DI-ER BAN）
出版
发行　**中国金融出版社**
社址　北京市丰台区益泽路 2 号
市场开发部　（010）66024766，63805472，63439533（传真）
网 上 书 店　www.cfph.cn
　　　　　　（010）66024766，63372837（传真）
读者服务部　（010）66070833，62568380
邮编　100071
经销　新华书店
印刷　河北松源印刷有限公司
尺寸　185 毫米×260 毫米
印张　22
字数　460 千
版次　2015 年 3 月第 1 版　2023 年 4 月第 2 版
印次　2023 年 4 月第 1 次印刷
定价　59.00 元
ISBN 978 – 7 – 5220 – 1915 –4
如出现印装错误本社负责调换　联系电话（010）63263947

总序言

在当今经济全球化和结构转型的大潮中，金融的核心地位更加凸显，国际一体化程度不断提高，金融创新不断加快。中国的金融改革开放更是异彩纷呈：对内，消除民营资本进入障碍；对外，拓宽资本跨境流动渠道，证券发行管理模式由核准制向注册制转变，以放开利率、汇率为核心的市场化改革不断推进，诸如产业金融、科技金融、民生金融、网络金融、农村金融等新的金融范畴不断涌现。这使得金融机构的经营领域不断拓宽，企业及个人投融资的选择空间不断扩大，同时，各金融主体面临的风险种类和程度也不断扩大，金融对经济的促进作用及可能带来的冲击同步增大。金融改革创新浪潮对金融教育提出了新的需求，也要求高校培养出能紧紧把握和跟随时代脉动的实用型金融人才。

人才培养的核心在于教学建设，教学建设的核心在于课程建设，课程建设的核心在于教材建设。虽然改革开放以来我国的金融教育随着金融实践的发展也得到了长足进步，但仍然明显落后于现实需求。金融本科教材建设方面存在的突出问题有：缺乏统一、规范的建设框架，开设的课程及教材版本多种多样，教材内容各不一致；内容与金融现实存在脱节，有些从西方教材直接照搬过来，与中国的金融现实不对接，有些内容过时、陈旧。正是基于存在的问题和适应新形势下金融人才培养的需要，我院利用成为教育部金融学本科教育专业标准委员会成员的机会，力图从规范与发展教学内容的角度出发，对金融学本科专业课教材的建设，进行一次发展的尝试。

广东金融学院是原隶属于人民银行总行的行属院校，金融学专业是国家教育部的首批特色专业。长时期行业办学的经历，促成了学院的人才培养历来重视行业需求，突出强调金融的应用特征，同时也造就了一支较为过硬的教师团队。鉴于国内金融学本科教材的使用现状，本系列教材只涉及金融专业课教材，包括《商业银行业务与经营》、《金融风险管理》、《国际结算》、《个人理财》和《公司理财》，都是发挥学院师资优势、涉及具体金融业务的核心专业课程教材。学院组织了一批具有深厚理论功底和丰富教学经验的中青年教师，联合区域内金融业界的高管人员及我院兼职研究生导师，编著了这套专业核心课程教材，希望对金融本科教学建设和应用型金融人才培养发挥一定的推动作用。

感谢为本套金融专业核心教材编著付出艰辛劳动的各位教师及金融业界同仁，感谢中国金融出版社对本套教材出版所给予的大力支持。

广东金融学院副院长

2022 年 1 月于广州

坚持服务实体经济是金融的责任与作为，强大的风险防控能力是金融服务实体经济的基础。当前，互联技术、分布式技术、大数据、人工智能等新兴技术在金融领域逐步得到应用，不断改变着金融业的服务渠道、商业模式甚至行业格局，也深刻改变了金融风险的生成方式、表现形式和传导路径，对金融风险管理提出了新的要求与挑战。

郑荣年老师主编的这本书是作者在多年教学和科研的基础上，参阅大量国内外最新金融风险管理文献资料编写而成。该书以金融风险管理实务为重心，以先进的风险管理理论、工具为基础，结合中国金融机构风险管理现状，突出风险管理基础—风险计量—风险控制—资本管理与风险调整绩效这一主线，全面、系统地介绍了影响金融机构持续经营和发展的五大风险——信用风险、市场风险、流动性风险、操作风险和其他风险，内容丰富，重点突出。本书由浅入深，具备金融基础和数学知识的人都能够阅读，适合大学本专科学生、金融从业人员、金融专业硕士研究生、想了解和掌握金融风险管理知识的一般读者使用。我愿向大家推荐此书。

南粤银行　副行长

2023 年 2 月

第二版修订说明

教材建设是发展"新商科"的"驱动之轮"。近年来，在金融改革发展和金融科技驱动下，国内金融机构风险管理实践出现了很多变化。在此背景下，我们对 2015 年出版的《金融机构风险管理》教材进行了修订。

第二版在保持第一版特点的基础上进行了较大升级。第二版将原有的第二章和第三章进行了合并优化，新增了三章全新内容，即其他风险计量、压力测试、其他风险控制。其余章节也进行了修订与完善，部分新增内容可见二级子目录。

由于部分老师工作变动，本次修订由我一人完成。在本书修订过程中，广东金融学院金融专业硕士研究生唐敏敏、叶佩林、邹鑫婧、林国鹏、钟舒欣参与了部分文稿的资料收集、校对等工作。

第二版的错漏与不足之处在所难免，真诚地希望广大读者不吝批评指正。本书还配有全新的教学 PPT、补充课外习题和教学案例，选用本书作为教材的教师可以通过 rnzheng@ gduf. edu. cn 联系索取。

郑荣年
2023 年 2 月

第一版前言

　　本书的起源可以追溯到 10 年前我们第一次给金融学专业本科生开设"金融风险管理"课程。当时选用的是一本国外流行的银行风险管理教材，但在使用该教材时，我们感觉该教材的内容并不适合本科教学，其与中国金融机构风险管理的实践也有所脱节。因此，我们萌生了编写一本适合普通高等院校本科教学并反映国内金融机构风险管理现状的教材的想法。随后，我们在教学过程中开始着手对其中一些内容进行整理和归纳，这就构成了本书的主要内容。

　　在编写过程中，我们力求体现以下特点。

　　一是务实。本书以金融机构风险管理实务为重心，以先进的风险管理理论、工具为基础，结合中国金融机构风险管理现状，对中国金融机构的主要风险管理工具进行介绍。

　　二是新颖。本书在结构安排、内容介绍上都与现有的金融风险管理书籍有所不同：在结构上，我们重点突出风险管理基础—风险度量—风险控制—经济资本配置和绩效评价这一主线；在内容上，我们从金融机构的视角介绍信用风险、市场风险、操作风险和流动性风险的度量与控制，并注重定性分析与定量分析相结合。

　　三是内容丰富，便于学习。为了便于学生学习，每章设置了"学习目的"、"本章小结"、"重要概念"、"进一步的阅读"和"练习题"等模块，引入了"知识链接"、"案例"等内容。

　　本教材共分四篇十四章，主要内容如下：第一篇为金融机构业务与风险管理基础，下设金融机构业务概述、金融机构的主要风险、金融机构风险管理基本框架三章；第二篇为金融机构主要风险度量，下设信用风险度量、市场风险度量——银行账户、市场风险度量——交易账户、操作风险度量和流动性风险度量五章；第三篇为金融机构风险控制，下设信用风险控制、资产负债管理、市场风险控制、操作风险控制四章，第四篇为经济资本配置和绩效评价，下设风险度量与经济资本配置、风险调整的绩效评价两章。

　　本书为教师教学提供了更多的灵活性，在教学过程中教师可以根据学生的情况按照两条主线进行教学：一是按照本书的结构顺序进行教学，以风险管理基础—风险度量—风险控制—资本配置和绩效评价这一主线进行；二是在第二篇讲完每一种风险的度量后，接着讲第三篇风险管理中的对应部分。

本书可以用做财经类专业本科和专业硕士的风险管理或金融风险管理课程教材，也可作为金融机构从业人员的培训教材。学习这本书的读者应该具有一定的经济学、金融学知识，在学习前不需要事先学习过相关的金融衍生产品知识。

本教材由广东金融学院金融系从事金融风险管理教学的教师共同编写完成，其中郑荣年提出编写大纲，并完成第一篇、第四章、第五章、第九章、第十章、第十一章和第十四章的编写工作，蓝美静完成第七章、第八章、第十二章的编写工作，丁俊峰完成第十三章的编写工作，黄剑完成第六章的编写工作。全书由郑荣年主编，广东金融学院2014级硕士研究生肖焕杰、黄紫薇、胡月弦等同学参加了部分内容的修改工作。在教材的编写过程中，我们阅读了国内外相关的著作和文献，并从中获得了极大的启发，在此表示衷心的感谢。

在本书的写作过程中，许多人提供了帮助。与许多学术界及金融风险管理人员的交往使我们受益匪浅。要感谢选修我们的"金融风险管理"课程的学生，这些学生对课程提出了许多建议，促使本书的内容与质量逐渐完善。

感谢广东金融学院金融系主任王醒男教授和中国金融出版社的工作人员，尤其是本书编辑，感谢他们的帮助、建议及鼓励。

由于水平和时间所限，教材中仍有一些不足，错误也在所难免，恳请读者批评指正，以便本书能得到进一步修改和完善。我们的联系邮箱是：gduf-zrn@126.com，谢谢！

编者
2015 年

目录

第一篇　金融风险管理基础

凡事豫则立，不豫则废。

——《礼记·中庸》

金融机构

【学习目标】

1. 掌握金融机构的定义与功能；理解金融机构与金融市场的关系。
2. 熟悉金融机构的业务。
3. 理解金融机构监管的定义和必要性；熟悉金融监管体制；掌握金融机构监管工具。

【开篇导读】

深化金融体制改革不停歇

2023 年是全面贯彻落实党的二十大精神的开局之年，对于深化金融体制改革，金融部门有什么研究和准备？人民银行党委书记、银保监会主席郭树清指出，根据党的二十大的决策部署，深化金融体制改革总的要求是加强党中央对金融工作的集中统一领导。具体来说包括以下几项任务：

一是着力建设现代中央银行制度。明确中央银行基本职责和政策目标，维护币值稳定并以此促进经济增长。实行中央银行独立的财务预算管理制度，确保中央银行资产负债表健康可持续。丰富货币政策工具箱，健全宏观审慎管理体系。继续推进利率和汇率形成机制改革。

二是加强和完善现代金融监管。建立健全金融稳定发展协调机制。强化金融稳定保障体系，理顺金融监管和风险处置的关系。完善"风险为本"的审慎监管框架，实现风险早识别、早预警、早发现、早处置。推动法人机构业务牌照分类分级管理，抑制金融机构盲目扩张。

三是改革完善金融机构治理。进一步加强金融机构党的领导和党的建设。依法依规完善"三会一层"组织架构，形成合理制衡、相互促进的经营决策机制。按照"政治强业务精"标准，落实"金融家办金融"要求，发挥金融人才库作用，选优配强中小金融机构领导班子。

四是进一步加快发展直接融资。健全资本市场功能，深入推进股票发行注册制改革，提高直接融资比重。

五是持续推动保险业信托业转型发展。规范发展第三支柱养老保险，目前具有养老功能的商业保险责任准备金已超过5万亿元。养老理财、养老储蓄、商业养老金业务试点稳步开展，个人养老金开户人数已超过1 700万人。引导保险公司回归风险保障主业，加快发展健康保险，推动农业保险扩面增品提标，扩大巨灾保险试点。引导信托业发展服务信托、资产管理信托和公益慈善信托等本源业务。

资料来源：吴秋余. 稳健的货币政策要精准有力（权威访谈）——访人民银行党委书记、银保监会主席郭树清［N］. 人民日报，2023-01-08.

第一节　金融机构概述

一、什么是金融机构

金融机构（Financial Institution）通常是指依法定程序设立，提供特定的金融产品和服务的企业。本书将金融机构定义为具备金融许可资质，从事金融业务，并接受金融监管部门监管的一类机构。2014年，中国人民银行发布了《金融机构编码规范》（JR/T0124—2014）行业标准，从信息标准化层面将中国金融机构划分为货币当局、监管当局、银行业存款类金融机构、银行业非存款类金融机构、证券业金融机构、保险业金融机构、交易及结算类金融机构、金融控股公司、境外金融机构和其他金融机构等十类一级分类，中国人民银行、中国银保监会、银行、证券公司等三十多类二级分类（见表1-1）。

表1-1　　　　　　　　　　　　　　中国金融机构构成

类型	主要组成
货币当局	中国人民银行；国家外汇管理局
监管当局	中国银保监会；中国证监会
银行业存款类金融机构	银行；城市信用合作社；农村信用合作社；农村资金互助社；财务公司
银行业非存款类金融机构	信托公司；金融资产管理公司；金融租赁公司；汽车金融公司；贷款公司；货币经纪公司；消费金融公司
证券业金融机构	证券公司；证券投资基金管理公司；期货公司；投资咨询公司
保险业金融机构	财产保险公司；人身保险公司；再保险公司；保险资产管理公司；保险经纪公司；保险代理公司；保险公估公司；企业年金
交易及结算类金融机构	交易所；证券结算类机构；银行卡组织；资金清算中心
金融控股公司	中央金融控股公司；其他金融控股公司
境外金融机构	境外央行；国际多边机构
其他	小额贷款公司；非金融支付机构；珠宝行；拍卖行；典当行；融资性担保机构

资料来源：中国人民银行. 金融机构编码规范［S］. 2014.

二、金融机构的功能

作为金融体系的重要组成部分，金融机构具有以下六大功能。

（一）资源配置

金融机构可以实现资源的配置功能，主要体现在时间的跨期配置与空间上的转移。家庭可将当期剩余收入用于购买各种存款、理财产品、基金等金融机构发行的金融产品，实现资源的跨期配置，为未来生活提供资金保障。年轻人可以通过借贷的方式将未来收入转换为现期的支出或消费，以平滑生命周期内支出。金融机构还可以克服金融资源在空间上的分布不均，实现资金的跨地区转移。西安的投资者可以通过金融机构投资一家位于粤港澳大湾区的企业所发行的股票，境外投资者也可以通过合格境外机构投资者（QFII）投资中国企业。

（二）风险管理

由于不确定性的存在，家庭、企业在经营活动中会面临各种各样的风险，如意外事故的人身伤害、财产损失、价格波动等。金融机构为家庭和企业提供了应对风险的便利，通过保险、金融衍生品等各种金融工具，可以实现风险的转移、分担。例如，家庭可以通过购买财产保险将意外事故导致财产损失的风险转移给保险公司，从而有效地管理财产损失的风险。

（三）提供流动性

对于理财产品、保单、债券和股票等各种非现金资产，金融机构提供了许多方式和渠道将其转化为现金，这有利于家庭和企业解决所面临的流动性问题。例如，某投资者购买了一家上市公司的股票，打算长期持有。一年后，该投资者遇到现金需求无法得到满足，这时可以选择通过证券公司出售所持有的股票来筹集现金，也可以选择将股票质押以获得现金。

（四）支付与清算

支付与清算是金融机构的传统功能。在物物交换时期，人们想购买他人的产品很不方便，交易费用很高。但现在我们可以使用金融机构的支付与清算体系轻松交易。随着金融科技的发展，第三方支付灵活地满足了经济个体的需要，在效率层面实现了支付功能的历史性跨越，已成为中国金融现代化的一张名片，获得了社会和消费者的广泛赞誉。

（五）信息提供

金融机构不仅提供了投融资的渠道，而且可以提供大量的信息。每天公众都可以从金融机构的网站、App上得到有关利率、股价、企业的信息，这些信息有助于资金盈余者和资金需求者作出决策。金融机构收集和提供信息方便高效。例如，企业要发行10亿元的债券，如果资金盈余者分别对这一项目进行评估以决定是否购买，则成本太高。信用评级机构对该企业进行评级，可以极大地降低信息揭示的成本，提高效率，因为信用评级机构有专业的人员，评估结果也更准确。

（六）监督与激励

资金短缺者在获得资金盈余者的资金后，有可能会将资金投资到非约定的项目上，如果由众多的资金盈余者对短缺者进行监督则成本太高，有可能会导致监管缺失或不足。金融机构可以弥补这一不足，通过代理资金盈余者对企业进行监督，从而节约监督的成本。除了监督外，金融机构还提供了激励手段，通过帮助企业设计股票期权计划等各种激励方案，为高层管理人员、技术骨干提供激励。

上述这六大功能是金融机构的主要功能。随着金融机构的发展，其功能还将不断地扩充和完善。

三、金融市场与金融机构

金融市场（Financial Market）是指以金融工具为交易对象而形成供求关系和交易机制的总和，包括货币市场、债券市场、股票市场和衍生品市场等。金融市场加强了资金供求双方的联系，有利于资金的快速合理配置，提高使用效益；由于没有中间环节，金融市场降低了融资企业的筹资成本，提高了企业的投资收益。与金融市场相比，金融机构具有解决信息不对称问题、风险管理、规模经济和范围经济的独特优势，能有效地解决资金盈余者和资金需求者直接交易所面临的信息不对称、风险分担、交易成本等问题。金融机构与金融市场一起组成金融体系。作为现代经济体系的重要组成部分，金融体系（Financial System）是有关资金的流动、集中和分配的一个体系，起到了储蓄向投资的转化作用。金融体系中不同参与者之间的关系如图1-1所示。

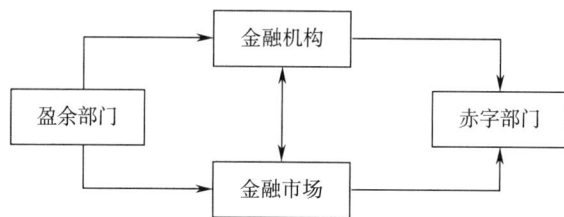

图1-1 金融体系

专栏1-1
中国金融市场建设取得辉煌成就

金融市场建设方面：我国金融市场从无到有稳步发展，并伴随着经济体制转轨，逐步建立了功能相互补充、交易场所多层次、交易产品多样化的金融市场体系，配置资源和服务实体经济的能力持续增强。

债券市场方面：1981年，我国重新发行国债，结束了开始于20世纪50年代末的长达20年的"无债"时代。1982年，为满足信贷资金之外的生产资金需求，企业债券开始发行。2005 年以来，银行间债券市场明确了"放松行政管制、面向合格机构投资者、依托场外市场"的发展方向，实行备案制，建设步伐明显加快。目前，我国已经形成了以银行间债券市场为主导，包括交易所市场、商业银行柜台市场在内的多元化、分层次的债券市场体系，成为全球第二大债券市场。

股票市场方面：1984 年，我国第一只股票公开发行。1990 年，上海证券交易所和深圳证券交易所先后成立，标志着我国股票集中交易市场正式形成。2005 年的股权分置改革解决了长期困扰资本市场发展的问题，结束了上市公司两类股份、两种价格并存的历史。近年来，我国在先后设立了中小板、创业板、新三板后，于 2019 年 6 月在上海证券交易所推出科创板，开始探索股票市场注册制改革，逐步形成了多层次的股权市场体系。

货币市场方面：同业拆借市场起步于 1984 年，武汉、广州、西安等大城市率先建立同业拆借网络，随后形成各地的同业拆借市场。1994 年，为适应市场经济发展的需要，我国建立了全国统一的同业拆借市场，并不断扩大同业拆借市场参与主体，同业拆借市场成为金融机构调剂头寸余缺、中央银行实行公开市场操作的重要场所。2018 年，同业拆借业务成交 139 万亿元，增长 76%。同时，票据市场迅速扩大。自 20 世纪 70 年代票据业务诞生开始，我国陆续建成中国票据网、电子商业汇票系统。2016 年我国建立了全国统一的票据交易平台即上海票据交易所。

外汇市场方面：改革开放以前，我国实行统收统支的外汇管理体制。改革开放后，我国开始实行外汇留存管理，逐步产生了外汇调剂市场。1994 年开始我国实行银行结售汇制度，建立了全国统一的银行间外汇市场。目前，外汇市场主体日趋多元，基础设施更加完善，产品不断丰富，可交易货币由美元等少数货币币种逐步扩大到 26 种货币。外汇储备余额多年位居全球第一。

资料来源：易纲．新中国成立 70 年金融事业取得辉煌成就［J］．中国金融，2019（19）．

第二节　金融机构业务

一、商业银行

商业银行（Commercial Bank）是指依照《中华人民共和国商业银行法》和《中华人民共和国公司法》设立的吸收公众存款、发放贷款、办理结算等业务的企业法人，包括全国性商业银行、城市商业银行、农村商业银行以及根据经济社会发展需要设立的村镇银行等其他类型商业银行。商业银行作为唯一能吸收活期存款的金融机构，具有众多分支机构，能提供综合性、多功能的服务，其服务实体经济的整体优势和作用大大优于其他任何金融机构。

按商业银行提供的金融服务划分，中国商业银行目前所从事的主要业务有如下三类。

（一）负债业务

负债业务是商业银行资金来源的主要途径，是银行业务得以发生发展的基础，负债业务形成商业银行的利息支出。其主要业务有以下两种。

1. 存款业务。存款业务是指商业银行吸收各种活期存款、定期存款的业务活动。存款业务是我国商业银行负债业务的核心，为银行提供了绝大部分资金。其资金成本低，属于被动负债。我国商业银行目前的主要存款产品有活期存款、定期存款和其他的创新产品。

2. 其他负债业务。其他负债是指商业银行的各种借入款，相对存款负债而言，其他负债业务属于主动型负债。随着金融业竞争的加剧，资金需求量的增加，商业银行主动负债需求不断上升。商业银行通过其他负债业务吸收外来资金已成为一种持久的资金来源手段。我国目前其他负债业务主要有同业拆借、回购业务、向中央银行借款、转贴现、转贷款、金融债券等。

（二）资产业务

资产业务是商业银行运用所吸收资金创造利润的业务，主要包括信贷业务和投资业务，资产业务形成商业银行的利息收入。

1. 信贷业务。信贷业务是商业银行出借资金给个人、企业机构等融资方并收取一定利息收入的业务，是商业银行最传统的资产业务，也是商业银行最主要的盈利手段。按贷款的对象或用途分类，商业银行提供了工商业贷款、农业贷款、不动产贷款、消费贷款、金融机构贷款以及其他贷款。

2. 投资业务。商业银行的投资业务是指商业银行利用所吸收的部分资金，在金融市场上进行金融产品交易的业务。《中华人民共和国商业银行法》规定，商业银行只能在金融市场上进行政府债券、金融债券等有限品种的证券交易。作为商业银行重要的资金运用业务，投资业务一方面可以增加银行收入，另一方面可以增强资产的流动性，其重要性日益增强。

（三）表外业务

根据《中华人民共和国商业银行法》，商业银行办理业务、提供服务，按照规定或约定收取费用。2022年11月中国银保监会颁布的《商业银行表外业务风险管理办法》规定表外业务是指商业银行从事的按照现行企业会计准则不计入资产负债表内，不形成现实资产负债，但有可能引起损益变动的业务。根据表外业务特征和法律关系，表外业务分为担保承诺类、代理投融资服务类、中介服务类、其他类等。长期以来，我国商业银行主要是借贷模式的运作，利息收入一直是其主要的利润来源。然而，随着金融创新的深化和金融业竞争的加剧，表外业务的发展非常迅速，其对商业银行推动业务转型、优化收入结构、做好客户金融服务、支持实体经济发展等都起到了重要作用。

按客户类型还可将商业银行业务划分为个人金融业务（又称零售金融业务）、小微企业业务、公司金融业务（又称大中型企业业务）和同业业务（又称金融机构业务）。个人金融业务和小微企业业务涉及向个人或小企业提供存贷款、理财、银行卡、私人银行等综合性金融服务。公司金融业务涉及向大中型客户提供存贷款、结算和现金管理、贸易融资、资产托管等综合性金融服务。同业业务涉及商业银行与各金融机构开展货币市场、债券、票据等交易业务。

专栏 1 - 2

中国银行业金融机构发展概况

　　"十三五"期间，中国银行业形成了多层次、广覆盖、有差异的银行机构体系。截至 2022 年末，中国银行业金融机构共有法人机构 4 593 家，包括政策性银行及国家开发银行 3 家、商业银行 1 810 家（含国有大型商业银行 6 家、股份制商业银行 12 家、城市商业银行 125 家、民营银行 19 家、农村商业银行 1 606 家、外资银行 41 家、中德住房储蓄银行 1 家）、农村合作银行 23 家、农村信用社 631 家、金融资产管理公司 5 家、金融租赁公司 71 家、汽车金融公司 25 家、村镇银行 1 645 家、消费金融公司 30 家、贷款公司 4 家、其他金融机构 42 家（含银行理财子公司、金融资产投资公司、互联网银行、养老金管理有限责任公司等）。银行业金融机构呈现高质量发展态势，截至 2022 年 11 月末银行业金融机构总资产达 368.74 万亿元，规模位居世界第一；总负债达 337.68 万亿元。

　　资料来源：中国银保监会。

二、保险公司

保险公司（Insurance Company）是指经中国保险监督管理机构批准设立，依法登记注册经营保险业务的商业性保险公司。具体而言，保险公司是以收取保险费建立保险基金，对发生的保险事故进行经济补偿的金融机构，其基本功能在于分担和管理风险。

我国《保险法》及其他相关法规规定，保险公司选择的经营范围必须经由保险监督管理机构的审核批准，并且在经营过程中必须在保险监督管理机构的监管之下进行活动。根据风险转移的层次进行分类，可将保险公司分为原保险公司和再保险公司。原保险公司强调为普通公众提供保险服务。再保险公司则承保原保险公司处于法律或经营需要转移的直接业务，即保险公司的保险。原保险公司的业务可以分为保险业务和投资业务两块。

（一）保险业务

保险业务按保险标的分类，可分为如下几种。

1. 人身保险。人身保险是以人的生命或身体为保险标的，当被保险人发生死亡、伤残、疾病等事故或保险期满、年老退休时，保险人向被保险人或其受益人给付约定保险金的保险。根据保障范围的不同，人身保险可以分为人寿保险、人身意外伤害保险和健康保险。

2. 财产保险。财产保险是指投保人根据合同约定，向保险人交付保险费，保险人按保险合同的约定对所承保的财产及其有关利益因自然灾害或意外事故造成的损失承担赔偿责任的保险。财产保险通常根据保险标的来划分，按照属性相同或相近归属成火灾保险、运输保险、工程保险等，每一业务种类又由若干具体的保险险种构成。

3. 责任保险。责任保险是以被保险人依法应负的民事损害赔偿责任或经过特别约定的合同责任作为保险标的的一类保险。责任保险承保的责任主要包括侵权责任和违约责任两种。企业、团体、家庭和个人在各种生产活动或日常生活中由于疏忽、过失等行为对他人造成人身伤亡或财产损害而依法应承担的经济赔偿责任，可以通过投保有关责任保险转移给保险人。

4. 信用保证保险。信用保证保险其保险标的是合同的权利人和义务人约定的经济信用，以义务人的信用危险为保险事故，对义务人（被保证人）的信用危险致使权利人遭受的经济损失，保险人按合同约定，在被保证人不能履约偿付的情况下负责提供损失补偿。信用保证保险属于一种担保性质的保险。

（二）投资业务

保险公司收入的保费，除支付赔偿给付和业务开支外，剩余的款项形成一笔巨额资金，在没有形成巨额赔款支付之前，这笔资金可以进行长期投资。我国《保险法》以及相关法规规定，保险公司的资金运用限于下列形式：银行存款，买卖债券、股票、证券投资基金份额等有价证券，投资不动产，以及国务院规定的其他资金运用形式。

目前，我国保险公司开展投资业务主要通过设立投资管理部门或设立保险资产管理公司方式，按照"集中管理、统一配置、专业运作"的要求，实行资金的集约化、专业化管理。

专栏 1-3

中国保险业概况

截至 2022 年末，中国保险业共有法人机构 245 家，包括保险集团（控股）公司 12 家、财险公司 89 家、寿险公司 76 家、养老保险公司 10 家、健康险公司 7 家、再保险公司 14 家、出口信用保险公司 1 家、保险资产管理公司 33 家、保险互助联社 3 家。截至 2022 年 11 月末，保险业总资产为 26.94 万亿元，净资产为 2.74 万亿元。其中，再保险公司总资产为 6 671 亿元，资产管理公司总资产为 1 019 亿元。2022 年 1—11 月，原保险保费收入本年累计达 4.37 万亿元，其中财产险保费收入为 1.15 万亿元，人身险保费收入为 3.22 万亿元，保险金额为 12 987.73 万亿元。

资料来源：中国银保监会。

三、证券公司

证券公司（Securities Company）是指依照《中华人民共和国公司法》和《中华人民共和国证券法》的规定设立的，并经国务院证券监督管理机构审查批准而成立的专门经营证券及相关业务，具有独立法人地位的金融机构。

根据《证券法》及相关法规，我国证券公司的主要业务有以下几种。

（一）证券经纪业务

证券经纪业务是指证券公司接受客户委托，按照客户要求，代理买卖有价证券的业务。目前，我国证券公司从事的经纪业务以通过证券交易所代理买卖证券业务为主，这是中国证券公司营业收入的主要来源。证券经纪业务受资本市场繁荣与否的影响很大，也是为什么中国证券公司普遍存在着"靠天吃饭"的现状。

（二）证券发行与承销业务

证券发行与承销是证券公司在一级市场从事的主要业务，是指代理证券发行人发行证券，为企业在证券市场融资的行为。根据《证券法》及相关法规规定，符合一定资质的证券公司是公司公开发行证券承销保荐的唯一机构。证券承销可分为股票承销和债券承销两类。

（三）证券自营业务

证券公司在二级市场从事的另一项主要业务，是证券公司用自有资金和依法筹集的资金，通过证券市场进行的以盈利为目的的证券买卖行为。证券自营业务有利于活跃证券市场，维护交易的持续性。但由于证券市场的高收益性和高风险性特征，证券公司的自营业务具有一定的投机性，业务风险较大。

（四）资产管理业务

资产管理业务指证券公司根据投资委托人的委托，将受托资产在证券市场上从事股票、债券等金融工具的投资组合，以实现受托资产收益最大化的行为。经证监会批准，目前证券公司可以从事集合资产管理业务、定向资产管理业务、特定目的专项资产管理业务、企业年金管理、社保基金管理、合格境内机构投资者（QDII）资产管理。

（五）直接投资业务

直接投资业务指证券公司利用自身的专业优势寻找并发现优质投资项目或公司，以自有或募集资金进行股权投资，并以获取股权收益为目的的业务。

（六）融资融券业务

融资融券业务指证券公司向客户出借资金供其买入上市证券或者出借上市证券供客户卖出，并收取担保物的经营活动。

专栏 1-4

中国证券公司概况

截至 2022 年末，中国境内共有证券公司 140 家，较 2020 年增加星展证券（中国）、大和证券（中国）2 家。2022 年在沪、深证券交易所上市的证券公司达 42 家，较 2020 年增加财达证券、首创证券。外资参股、控股证券公司共 17 家。中国证券业协会对证券公司 2022 年前三季度经营数据进行了统计。证券公司服务实体经济直接融资 4.48 万亿元，服务 301 家企业实现境内首发上市，承销（管理）发行绿色公司债券（含 ABS）融资金额 1 349.32 亿元、科技创新公司债券 647.83 亿元、乡村振兴债券 249.28 亿元、民营企业公司债券融资 2 486.11 亿元，客户资金余额为 1.74 万亿元，资产管理业务规模为 10.73 万亿元，代理销售金融产品保有量为 2.74 万亿元。证券公司未经审计财务报表显示，截至 2022 年 9 月 30 日，140 家证券公司总资产为 10.88 万亿元，净资产为 2.76 万亿元，净资本为 2.11 万亿元；140 家证券公司 2022 年前三季度实现营业收入 3 042.42 亿元，各主营业务收入分别为代理买卖证券业务净收入（含交易单元席位租赁）877.11 亿元、证券承销与保荐业务净收入 446.03 亿元、财务顾问业务净收入 46.22 亿元、投资咨询业务净收入 42.25 亿元、资产管理业务净收入 201.95 亿元、利息净收入 473.35 亿元、证券投资收益（含公允价值变动）560.49 亿元；2022 年前三季度实现净利润 1 167.63 亿元。

资料来源：中国证券业协会。

四、信托公司

信托公司（Trust Company）是指依照《中华人民共和国公司法》和《中华人民共和国信托法》设立的主要经营信托业务的非银行金融机构。在我国目前实行分业经营的体制下，信托公司是可以合法跨越货币市场、资本市场等金融市场和实业领域配置信托资产的金融机构。凭借其灵活的运作方式和制度优势，信托公司在我国现代金融体系中具有独特而重要的地位。

信托公司的业务主要分为信托业务、固有业务和其他业务三块。

（一）信托业务

信托业务是信托公司的主营业务，指信托公司以营业和收取报酬为目的，以受托人身份承诺信托和处理信托事务的经营行为。可经营的信托业务包括资金信托、动产信托、不动产信托、有价证券信托、其他财产或财产权信托等。在目前的信托业务中，资金信托业务，特别是单一资金信托占据主要地位。除上述专属的信托业务外，信托公司同样还可以多种方式开展受托资产管理业务，主要有企业年金业务、QDII 业务等。

（二）固有业务

固有业务是指信托公司运用资本金的业务。信托公司固有业务项下可以开展存放同业、拆放同业、贷款、租赁、投资等业务。其中，投资业务限定为金融类公司股权投资、金融产品投资和自用固定资产投资，信托公司不得以固有财产进行实业投资。

（三）其他业务

信托公司的其他业务主要包括以下三类：一是投资基金业务，可作为投资基金或基金管理公司的发起人从事投资基金业务；二是投资银行业务，可以经营企业资产重组、并购、项目融资、公司理财、财务顾问等中介业务，受托经营国务院有关部门批准的证券承销业务；三是中间业务，可以从事居间、咨询、资信调查等业务，代保管及保管箱业务等。

专栏 1 – 5

中国信托公司概况

　　截至 2022 年末，我国共有 67 家信托公司，较上年减少 1 家，被中国银保监会接管两年的新华信托于 2022 年进入破产程序。信托行业自 2018 年资管新规颁布后进入调整期。2022 年，受疫情反复、宏观经济下行、资本市场波动等复杂环境影响，业绩呈下滑态势。截至 2023 年 1 月底，56 家信托公司已公布年报，与 2021 年相比，净资产增长 5.54%，营业收入总额为 1 127.18 亿元，同比减少 17.8%，利润总额为 583.32 亿元，同比减少 8.95%。

　　资料来源：作者整理。

五、基金管理公司

　　基金管理公司（Fund Company）是指经中国证监会批准，在中华人民共和国境内设立，从事证券投资基金管理业务和中国证监会许可的其他业务的企业法人。

　　目前，证券投资基金管理公司的业务主要是证券投资基金的募集与管理，但随着市场的发展，基金管理公司也可从事其他资产管理业务和提供投资咨询服务。

　　（一）基金管理业务

　　基金管理业务主要是指公募基金的管理，是基金管理公司最核心的一项业务。主要包括基金的募集与销售、基金的投资管理与基金的营运服务。其中，基金的投资管理最为重要，基金公司之间的竞争在很大程度上取决于其投资管理能力的高低。

　　（二）资产管理业务

　　资产管理业务指基金管理公司向特定客户募集资金或接受特定客户财产委托担任资产管理人，由商业银行等其他金融机构担任资产托管人，为资产委托人的利益最大化，运用委托财产进行证券投资的活动。其业务包括特定客户资产管理、企业年金管理、社保基金管理和 QDII 业务。

　　（三）投资顾问业务

　　作为专业资产管理机构，基金管理公司凭借其资产管理能力，可以直接向合格的境外机构投资者、境内保险公司及其他依法设立运作的机构等特定对象提供投资咨询服务。例如，基金管理公司可以担任信托公司证券投资集合资金信托计划的投资顾问。

专栏 1 - 6

中国基金管理公司概况

中国证券投资基金业协会发布的公募基金与私募基金市场数据显示，截至 2022 年 12 月底，我国境内共有基金管理公司 156 家。其中，外商投资基金管理公司 47 家，内资基金管理公司 95 家；取得公募基金管理资格的证券公司或证券公司资产管理子公司 12 家、保险资产管理公司 2 家。以上机构管理的公募基金资产净值合计 26.03 万亿元，环比下降 1.33%。具体来看，截至 2022 年 12 月底，股票基金、混合基金最新基金规模分别为 2.48 万亿元、5 万亿元，分别环比上涨 1.58%、2%。QDII 基金规模则环比下降 0.13%，为 3 267.81 亿元。同时，货币基金、债券基金最新基金规模分别环比下降 2.14%、7.06%，分别为 10.46 万亿元、4.27 万亿元。

截至 2022 年 12 月末，存续私募基金管理人 23 667 家，管理基金数量 145 048 只，管理基金规模 20.03 万亿元，较上月增加 220.91 亿元，环比增长 0.11%。其中，私募证券投资基金管理人 9 023 家，私募股权、创业投资基金管理人 14 303 家，私募资产配置类基金管理人 9 家，其他私募投资基金管理人 332 家。

资料来源：中国证券投资基金业协会。

六、金融控股公司

根据《国务院关于实施金融控股公司准入管理的决定》，金融控股公司（Financial Holding Company）是指依照《中华人民共和国公司法》和该决定设立的，控股或者实际控制两个或者两个以上不同类型金融机构，自身仅开展股权投资管理、不直接从事商业性经营活动的有限责任公司或者股份有限公司。金融控股公司多元化的业务结构可以较好地实现规模经济和范围经济效应，也有助于更好地抵御风险，但也可能由于治理不善导致风险在各金融子系统中迅速传递。2022 年 3 月，中国人民银行批准了中国中信金融控股有限公司（筹）和北京金融控股集团有限公司的金融控股公司设立许可，这也是中国人民银行首次颁发金融控股公司牌照。

专栏 1 - 7

中国中信金融控股有限公司简介

中国中信金融控股有限公司（以下简称中信金控）成立于 2022 年 3 月，是首批获中国人民银行颁发牌照的金融控股公司和持有金融行业牌照齐全、业务范围广泛的综合金融服务企业，旗下主要子公司有中信银行、中信证券、中信信托和中信保诚人寿等。中信金控组织架构见图 1 - 2。

中信金控

监事会 董事会

高级管理层

综合部 | 董办（监办） | 风险合规部 | 财务部 | 财富管理部 | 中信集团职能部门

中信银行 | 中信证券 | 中信信托 | 中信保诚人寿 | 其他

一级分行 | 中信国金 | 信银投资 | 信银理财 | 临安中信村镇银行 | 中信金融租赁 | 中信百信银行 | 阿尔金银行

中信证券（山东） | 中信证券华南 | 金石投资 | 中信证券投资 | 中信证券国际 | 中信期货 | 华夏基金 | 分支机构

聚信资本 | 信惠国际 | 中信保诚基金 | 中信消费金融 | 信诚资管

分公司 | 中信保诚资管 | 其他

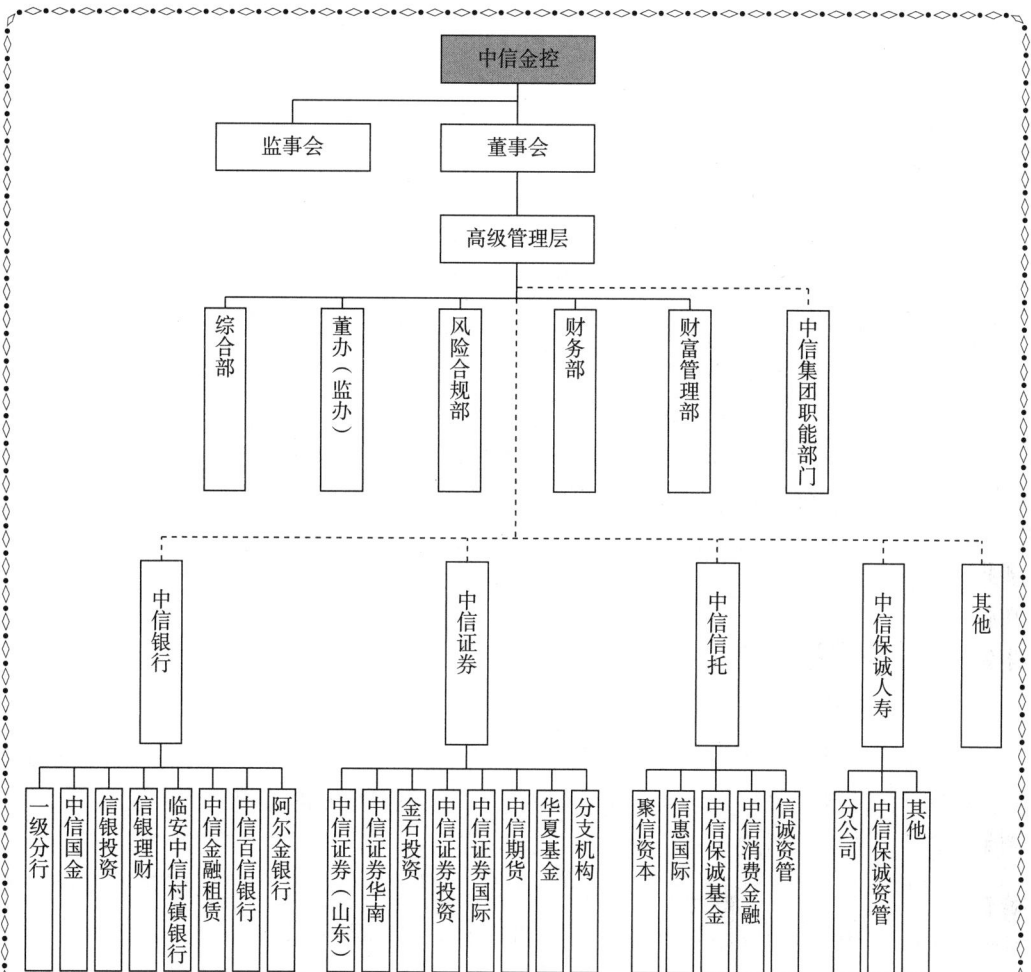

图 1-2 中信金控组织架构

（资料来源：作者整理）

作为中信集团旗下综合金融服务板块的平台公司，中信金控坚持以习近平新时代中国特色社会主义思想为指导，坚定不移走中国特色金融发展之路，贯彻党和国家关于服务实体经济、防控金融风险、深化金融改革的决策部署，落实金融控股公司监管政策要求，坚持"以资本管理为纽带、以公司治理为平台、以风险管理为底线、以财富管理为驱动"的总体思路，按照"一个中信、一个客户"原则，加强对所属金融机构的资本、风险、关联交易和协同发展等方面进行管控，提升"全面风险防控、综合金融服务、统一客户服务、先进科技赋能"四大功能体系，构建"财富管理、资产管理、综合融资"三大核心能力，不断提高金融科技实力，为服务实体经济、创造美好生活提供综合金融解决方案，努力成为具有国际竞争力和全球影响力的金融控股公司。

第三节　金融监管

一、金融监管的必要性

金融监管（Financial Regulation）是国家法律授权的部门（中央银行或特定的金融监管当局），为了维护金融机构的安全和信誉，保护金融体系安全稳健运行，维护公平竞争的市场环境，依法对金融体系行使监督和管理权限的行政行为。

金融是现代经济的核心。习近平总书记指出，"金融活，经济活；金融稳，经济稳""经济兴，金融兴；经济强，金融强""经济是肌体，金融是血脉，两者共生共荣"。金融又是脆弱的，由于信用不对称、市场结构、非理性行为等，金融风险事件时常发生，引发金融危机和经济危机。危机所产生的巨大外部性和经济社会成本，仅依靠市场自律或市场化的约束机制无法弥补市场失灵，无法防范系统性金融风险。为维护公共利益，政府仍需通过"监管"规划金融发展。

二、金融监管体制

（一）分业监管与统一监管

分业监管就是指不同的金融行业分别由不同的监管机构监管，如银行监管机构监管商业银行，证券监管机构负责监管证券业务，保险监管机构负责监管保险业务。统一监管则是一个监管机构负责全部的金融机构监管。

自2003年以来，中国实行的就是分业监管。但分业监管制度导致监管协调难度加大，监管者之间的竞争导致放松监管和监管俘获。为加强金融监管协调、补齐监管短板，2017年11月8日，国务院金融稳定发展委员会成立，它作为国务院统筹协调金融稳定和改革发展重大问题的议事协调机构，主要职责是：落实党中央、国务院关于金融工作的决策部署；审议金融业改革发展重大规划；统筹金融改革发展与监管，协调货币政策与金融监管相关事项，统筹协调金融监管重大事项，协调金融政策与相关财政政策、产业政策等；分析研判国际国内金融形势，做好国际金融风险应对，研究系统性金融风险防范处置和维护金融稳定重大政策；指导地方金融改革发展与监管，对金融管理部门和地方政府进行业务监督和履职问责等。2018年，原来分离的中国银行业和保险监督管理委员会合并成中国银行保险监督管理委员会。

2023年，中国在银保监会基础上成立国家金融监督管理总局，并将人民银行对金融控股集团、金融消费者保护以及证监会对于投资者保护的监管职能移入国家金融监督管理总局，由其统一负责除证券业之外的金融业监管。证监会纳入原国家发展改革委企业债发行审核监管职责，实现了证监会对证券行业内部全监管的有机统一。建立以中央金融管理部门地方派出机构为主的地方金融监管体制，要求地方政府设立的金融监管机构专司监管职责，形成了中央金融委员会和中央金融工作委员会统筹抓总，

"一行一总局一会一局"和地方分工负责的金融监管架构。

（二）机构监管与功能监管

机构监管就是金融监管部门对金融机构的市场准入、持续的稳健经营、风险管控和风险处置、市场退出进行监管。它与分业监管相对应。

功能监管就是对相同功能、相同法律关系的金融产品按照同一规则由同一监管部门监管。比如银行销售基金产品要到证监会获得基金销售牌照。它与统一监管相对应。

（三）审慎监管与行为监管

审慎监管包括微观审慎监管和宏观审慎监管，微观审慎监管是以抑制单个金融机构的异质性风险和保护存款人或投资者的利益为目标，并根据单个金融机构的风险设置控制手段的监管方法。宏观审慎监管是指为抑制金融体系的系统性风险、避免金融不稳定对宏观经济造成巨大冲击而设置的监管机制。

行为监管是从维护整个金融市场有序竞争的角度监管金融机构的行为，保护金融消费者利益。

专栏 1-8

《关于规范金融机构资产管理业务的指导意见》

近年来，我国金融机构资产管理业务包括银行理财产品、信托公司受托管理的资金信托、公募基金、私募基金、证券公司资管计划、基金及其子公司资管计划、保险资管计划多种类型，发展迅速，规模不断攀升。同时，互联网企业、各类投资顾问公司等非金融机构开展资产管理业务也十分活跃。

由于同类资管业务的监管规则和标准不一致，监管套利活动频繁，一些产品多层嵌套，风险底数不清，资金池模式蕴含流动性风险，部分产品成为信贷出表的渠道，刚性兑付普遍，在正规金融体系之外形成监管不足的影子银行，一定程度上干扰了宏观调控，提高了社会融资成本，影响了金融服务实体经济的质效，加剧了风险的跨行业、跨市场传递。在党中央、国务院的领导下，中国人民银行会同中国银保监会、中国证监会、国家外汇管理局等部门，坚持问题导向，从弥补监管短板、提高监管有效性入手，在充分立足各行业金融机构资管业务开展情况和监管实践的基础上，于2018年4月颁布了《关于规范金融机构资产管理业务的指导意见》（以下简称《意见》）。

《意见》根据党中央、国务院"服务实体经济、防控金融风险、深化金融改革"的总体要求，按照"坚决打好防范化解重大风险攻坚战"的决策部署，坚持严控风险的底线思维，坚持服务实体经济的根本目标，坚持宏观审慎管理与微观审慎监管相结合的监管理念，坚持有的放矢的问题导向，坚持积极稳妥审慎推进的基本思路，全面覆盖、统一规制各类金融机构的资产管理业务，实行公平的市场准入和监管，最大限度地消除监管套利空间，切实保护金融消费者合法权益。

　　《意见》按照产品类型统一监管标准，从募集方式和投资性质两个维度对资产管理产品进行分类，分别统一投资范围、杠杆约束、信息披露等要求。坚持产品和投资者匹配原则，加强投资者适当性管理，强化金融机构的勤勉尽责和信息披露义务。明确资产管理业务不得承诺保本保收益，打破刚性兑付。严格非标准化债权类资产投资要求，禁止资金池，防范影子银行风险和流动性风险。分类统一负债和分级杠杆要求，消除多层嵌套，抑制通道业务。加强监管协调，强化宏观审慎管理和功能监管。

　　《意见》坚持防范风险与有序规范相结合，合理设置过渡期，给予金融机构资产管理业务有序整改和转型的时间，确保金融市场稳定运行。

　　资料来源：作者整理。

三、金融机构监管工具

（一）准入与退出监管

　　准入监管是指监管部门采取行政许可手段审查、批准市场主体可以进入某一领域并从事相关活动的机制。人们若想经营金融业务，无论是银行、保险还是证券业务，都必须获得监管当局的批准，获得相应的业务牌照与业务资格。

　　退出是指停止办理金融业务，吊销金融许可证，取消其作为金融机构的资格，使其有序退出，从而维护相关主体的利益和金融体系稳定。金融机构退出也必须遵循一系列的法律法规。

专栏 1-9

中国银保监会颁布《银行保险机构恢复和处置计划实施暂行办法》

　　2021 年 6 月，中国银保监会颁布了《银行保险机构恢复和处置计划实施暂行办法》（以下简称《办法》）。《办法》立足于指导银行保险机构未雨绸缪、防患于未然，从制度上预先筹划重大风险情况下的应对措施，有利于压实金融机构主体责任和股东责任，强化金融机构审慎经营意识，持续提升防范化解风险能力。

　　《办法》借鉴了国际金融监管良好实践标准，充分考虑我国国情，有助于补齐制度短板，进一步健全金融风险预防、预警、处置、问责制度体系，维护金融安全和稳定，切实保障金融消费者合法权益。

　　《办法》共五章30条，包括总则、恢复计划、处置计划、监督管理和附则。同时，《办法》附件分别就商业银行、保险公司提供了恢复计划和处置计划建议示例。

　　资料来源：中国银保监会，http：//www.cbirc.gov.cn/cn/view/pages/ItemDetail.html? docId = 989403&itemId = 915&generaltype = 0，2021 年 6 月 9 日。

（二）业务监管

金融业监督管理相关法律授予监督管理机构对金融机构业务进行监督管理的权力。业务监管主要包括业务范围监管和业务行为监管。业务范围监管是指批准金融机构的业务范围和开办新业务的资质。业务行为监管是指监管机构制定相关业务规范，并对金融机构进行定期或日常的稽核、检查和监督工作。行为监管包括非现场监管与现场监管两种方式。

（三）风险监管

风险监管是指金融监督管理机构通过识别金融机构固有的风险种类，进而对其经营管理所涉及的各类风险进行评估，并按照评级标准，系统、全面、持续地评价一家金融机构经营管理状况的监管方式。这种监管方式重点关注金融机构的业务风险、内部控制和风险管理水平，检查和评价涉及金融机构业务的各个方面，是一种全面、动态掌握金融机构情况的监管。

风险监管主要包括以下四个方面。一是建立风险的识别、计量、评价和预警机制，建立风险评价的指标体系。二是建立高风险金融机构的判断和救助体系。三是建立应对支付危机的处置体系。四是建立金融机构市场退出机制及金融安全网等。对单一金融机构而言，监管部门也高度关注公司治理、内部控制、风险管理系统及风险计量模型的有效性。

风险监管指标是对金融机构风险状况的量化反映，是准确识别、整体评价、持续监测金融机构风险的重要标准，并为监管部门提供识别、评价、监测、对比金融机构风险状况的手段和标准。金融机构风险监管指标设计以风险监管为核心，以法人机构为主体，兼顾分支机构，并形成分类、分级的监测体系。

（四）资本监管

资本（Capital）是金融机构从事经营活动必须注入的资金，可以用来吸收机构的经营亏损，缓冲意外损失，保护机构的正常经营，为机构的注册、组织营业以及负债进入前的经营提供启动资金等。

资本监管是指监管当局规定的金融机构必须持有的与其所面临的风险相匹配的资本。资本监管指标包括资本充足率和杠杆率。1988 年，巴塞尔银行监管委员会（BCBS）发布了《统一资本计量和资本标准的国际协议》（以下简称《巴塞尔协议 I》），第一次确定了商业银行资本监管的三个基本要素，即资本定义、风险加权资产的计量范围和方法、资本充足率最低要求。该协议将资本充足率最低要求确定为 8%，并成为国际银行业普遍遵循的资本监管标准。中国于 2004 年发布的《商业银行资本充足率管理办法》是基于《巴塞尔协议 I》的资本充足率监管理念制定而成。

$$资本充足率 = \frac{合格银行资本}{风险加权资产} \times 100\% \qquad (1-1)$$

20 世纪 90 年代，具有较高资本充足率的巴林银行倒闭，包括日本富士银行、大和银行在内的多家国际性银行因从事金融衍生交易而遭受巨额损失。这些事件充分暴露出《巴塞尔协议 I》在制度规则设计上存在缺陷，对日益突出的市场风险和操作风险缺乏有效防范。2004 年 6 月，BCBS 正式发布《统一资本计量和资本标准的国际协议：

修订框架》（又称新资本协议，简称《巴塞尔协议Ⅱ》），赋予资本充足率更加丰富的风险管理内涵，形成了以最低资本要求、监督检查和市场约束为核心的三大支柱（见图1-3）。2007年，中国借鉴《巴塞尔协议Ⅱ》理念，发布了《中国银行业实施新资本协议指导意见》。

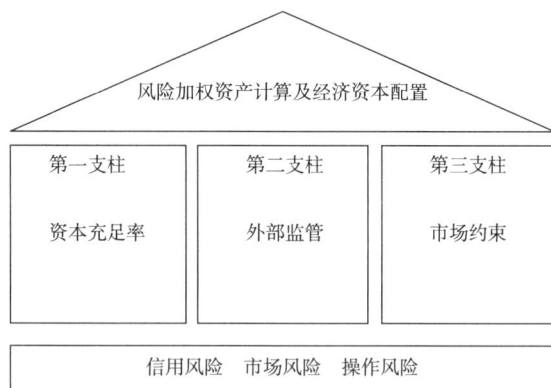

图1-3 《巴塞尔协议Ⅱ》整体框架

针对2008年国际金融危机暴露出银行资本监管机制存在的问题，BCBS着手研究新一轮资本监管改革方案，并于2010年12月正式发布了第三版巴塞尔协议（《巴塞尔协议Ⅲ》）。相比《巴塞尔协议Ⅱ》，《巴塞尔协议Ⅲ》对资本监管的重要改进主要体现在以下四个方面。一是重新界定监管资本的构成，恢复普通股在监管资本中的核心地位，严格各类资本工具的合格标准，从严确定资本扣除项目，强化监管资本工具的损失吸收能力。二是改进风险权重计量方法，大幅度提高高风险业务的资本要求。三是建立逆周期资本监管机制，提升银行体系应对信贷周期转换的能力，弱化银行体系与实体经济之间的正反馈循环。四是显著提高资本充足率监管标准，通常情况下普通商业银行的普通股充足率应达到7%，总资本充足率不得低于10.5%，同时进一步要求全球系统重要性银行须计提1%~3.5%的附加资本要求。2012年，中国借鉴了《巴塞尔协议Ⅲ》，根据国内银行业实践，全方面修订了现行资本监管制度，发布了《商业银行资本管理办法（试行）》。2017年12月，BCBS发布《巴塞尔协议Ⅲ：危机后改革的最终方案》，核心是重新构造风险加权资产计量监管框架。该方案的发布意味着后危机时期资本监管国际规则改革尘埃落定。2023年2月，中国银保监会会同中国人民银行发布了《商业银行资本管理办法（征求意见稿）》，进一步修改完善后将适时发布实施。

监管机构同样对非银行金融机构实施资本监管。2016年中国正式实施第二代偿付能力监管制度体系（简称"偿二代"），其实质在于确保保险公司符合外部要求的资本需求和确保维持健康的资本比例。中国监管机构还先后出台了信托公司、证券公司、金融资产管理公司和商业银行理财子公司等机构的净资本管理办法。

【本章要点】

1. 金融机构是具备金融许可资质，从事金融业务，并接受金融监管部门监管的一类机构。作为金融体系的重要组成部分，金融机构具有资源配置、风险管理、提供流动性、支付与清算、信息提供和监督与激励六项基本功能。金融机构作为金融市场的重要参与者，与金融市场一起组成金融体系，金融体系中不同的参与者之间相互关联，构成了现代经济体系的重要组成部分。

2. 我国的金融机构主要有商业银行、保险公司、证券公司、信托公司、基金管理公司、金融控股公司等，它们分别有不同的业务类别，但在某些业务上也存在交叉。

3. 金融机构监管是国家法律授权的部门（中央银行或特定的金融监管当局），为了维护金融机构的安全和信誉，保护金融体系安全稳健运行，维护公平竞争的市场环境，依法对金融机构行使监督和管理权限的行政行为。金融机构监管体制可以分为分业监管与统一监管、机构监管与功能监管以及审慎监管与行为监管。金融机构监管工具有准入与退出监管、业务监管、风险监管和资本监管。

【重要概念】

金融机构　金融市场　金融体系　商业银行　保险公司　证券公司　信托公司
基金管理公司　金融控股公司　分业监管　统一监管　机构监管　功能监管
审慎监管　行为监管　准入与退出监管　业务监管　风险监管　资本监管

【课后习题】

1. 试述金融机构的主要功能。
2. 访问金融机构的网站，了解金融机构的主要业务。
3. 近年来，中国金融科技发展迅速，请查询相关资料，分析金融科技对金融机构功能的影响。
4. 阅读金融机构年报，了解新冠肺炎疫情对金融机构经营的影响。
5. 如何理解金融机构监管的必要性？
6. 常见的金融机构监管工具有哪些？
7. 访问中国人民银行网站（www. pbc. gov. cn）、中国银保监会网站（www. cbirc. gov. cn）、中国证监会网站（www. csrc. gov. cn），了解中国当前的金融监管体系。
8. 访问中国银行业协会（www. china – cba. net）、中国保险行业协会（www. iachina. cn）、中国证券业协会（www. sac. net. cn）等金融行业协会网站，了解金融行业发展现状。

【进阶阅读】

1. 彭兴韵. 金融学原理（第六版）［M］. 上海：格致出版社，2019.
2. 中国银行间市场交易商协会教材编写组. 现代金融市场：理论与实务［M］. 北京：北京大学出版社，2019.
3. 陆磊. 金融机构改革的道路抉择［M］. 北京：中国金融出版社，2018.
4. Jeff Madura. Financial Markets & Institutions. Cengage, 2020.

第二章

风险管理基础

【学习目标】

1. 掌握风险的相关概念；全面掌握金融机构面临的主要风险。

2. 理解风险管理的相关概念；掌握风险管理的策略与流程；熟悉全面风险管理模式。

3. 掌握金融机构风险治理架构的构成；了解风险管理的三道防线和基础设施。

【开篇导读】

防范化解金融风险攻坚战取得重要阶段性成果

2023 年 1 月 13 日，中国银保监会 2023 年工作会议召开。会议认为，第五次全国金融工作会议以来，在习近平总书记系统谋划、亲自指挥下，防范化解金融风险攻坚战取得重要阶段性成果。一是金融杠杆率明显下降。金融资产脱实向虚、盲目扩张势头得到扭转。二是存量信用风险得到有效缓释。累计处置银行业不良资产约 15 万亿元，超过此前历年处置额总和。三是影子银行野蛮生长得到根本遏制。具有"类信贷"特征的高风险影子银行较历史峰值压降近 30 万亿元。四是金融违法犯罪行为受到严厉惩治。查办非法集资刑事案件 2.2 万起，涉案金额 1.5 万亿元。五是抵御外部冲击风险能力明显增强。六是房地产泡沫化势头得到实质性扭转。持续完善房地产金融管理长效机制。稳妥处置头部房企风险。七是地方政府隐性债务增量风险快速上升势头得到管控，存量风险化解正在持续推进。八是部分大中型企业债务风险化解成效明显。同时，中小银行机构改革化险取得重要进展。保险公司深化改革回归本源。信托业转型发展形成较好态势。华融公司等其他非银机构风险化解稳步推进。平台企业金融业务专项整改基本完成。

下一步，将重点做好以下工作来应对金融领域的风险挑战：一是努力促进房地产与金融正常循环；二是积极稳妥推进中小金融机构风险处置；三是前瞻性应对不良资产反弹风险；四是积极配合化解地方政府隐性债务风险；五是依法将各类金融活动全部纳入监管。

资料来源：www.cbirc.gov.cn。

第一节　风险概述

一、什么是风险

(一) 风险的定义

"风险" (Risk) 一词最早来源于早期的航海贸易, 在 14 世纪的意大利文献中, 风险被理解为客观的危险, 表现为自然现象或者航海遇到礁石、风暴等事件。随着时间的推移, 风险的内涵逐步扩展。尤其是近一个世纪以来, 风险作为一个常用而宽泛的词汇, 频繁出现在经济、政府、社会等领域, 涉及了自然科学、社会科学中的诸多学科。这些学科都从各自的角度对风险进行了定义。从金融风险管理的角度, 归纳起来讲风险有如下三种说法。

1. 风险是未来结果的不确定性。不确定性 (Uncertainty) 是指未来结果的随机性 (Randomness), 由客观事件的性质和人们对这一事故的认知水平决定。不确定性可分为三种情况: 第一种是客观的不确定性 (已知的风险), 即未来可能发生的结果不止一个, 人们知道其结果发生的概率分布, 但事先不知道会有哪个结果出现。第二种是主观的不确定性 (已知的未知风险), 即人们事先知道会有哪些结果发生, 但事前至少对其中一种结果发生的可能性不知道, 也就是说, 主观的不确定性意味着我们事先无法确定事件未来发生的概率分布。第三种是完全不确定性 (未知的未知风险), 即有哪些结果会发生和结果发生的概率都不可知。综上所述, 此定义将风险与不确定性等同起来, 符合经济、政治、社会等几乎所有领域对于风险的理解。

2. 风险是损失的概率分布。损失 (Loss) 是一个事后概念, 反映的是风险事件发生后所造成的实际结果。风险却是一个明确的事前概念, 反映的是损失发生前的事物发展状态。风险是损失的可能性以及潜在的损失规模, 即损失的概率分布 (Loss Distributions), 但绝不等同于损失本身。此定义属于传统意义上对风险的理解, 符合目前金融机构特别是金融监管当局对风险管理的思考模式, 印证了金融机构力图通过改善公司治理结构和提高内部控制质量来控制与降低风险损失、防止破产的管理逻辑。本书对风险的理解更多地侧重于这个方面。

3. 风险是未来结果 (如投资的收益率) 对期望的偏离, 即波动性。按照该定义, 没有限定结果的偏离方向, 认为任何方向的偏离 (有利或不利) 都是风险的表现, 这突出反映在金融投资普遍以收益率标准差作为风险计量指标的主流分析框架之中。不仅损失的可能性是风险, 盈利的可能性同样是风险, 风险不仅是损失的概率分布, 也体现了盈利的概率分布, 因此风险是损益的概率分布。相比较于传统的定义, 这种对风险的理解更加符合现代金融风险管理理念——风险既是损失的来源, 同时也是盈利的基础。例如, 我们去银行购买结构性存款, 客户经理告知该产品的预期年化收益率是 3%, 当产品到期时, 实际到期收益率是 2.5% 或 3.5%, 这种未来结果与期望结果的偏离，就是波动性（Volatility），也就是风险。

（二）风险的特征

1. 普遍性。风险普遍存在于金融业务中，虽然在现实生活中人们常称某些金融产品或业务是"无风险"的，但并不表明这些产品或业务绝对没有风险，而是相比较而言，这些产品和业务的风险极低，乃至可以忽略不计。例如，我们常说国债无风险，实质上是指国债的发行者是政府，因此一般不会出现违约现象，但投资国债可能会出现价值波动的风险。因此，从严格意义上来讲，所有的金融机构的业务活动只存在风险大小之分，不存在完全无风险之说。

2. 隐蔽性。风险有很强的隐蔽性，这主要是由于金融机构具有一定的信用创造能力，并且业务活动不完全透明。因此，在不爆发危机时，金融机构可能因这些特点掩盖其风险。如一个不能按期偿还贷款的企业往往意味着银行的信用风险，但银行可以通过借新还旧的方式将风险掩盖起来而不为外界所知。同时，政府或其他外部力量的干预可能使金融机构风险的隐蔽性得到加强。风险的隐蔽性是一柄"双刃剑"，既可能加剧损失的严重性，也有可能给金融机构提供一些缓冲和弥补的机会。

3. 复杂性。由于金融业务活动日趋复杂，风险的成因十分复杂，某种风险的发生，可能是单一因素变化的结果，也可能是多种因素变化的综合结果。而且多种因素的变化，还可能导致多种风险的发生。

4. 周期性。受经济周期和宏观经济政策的影响，金融风险呈现出周期性的特点。一般而言，在经济复苏和繁荣时期，宏观经济政策宽松，资金充裕，企业经营状况良好，金融风险不易发生；反之，在经济衰退和萧条时期，宏观经济政策收紧，金融市场价格下跌，金融机构容易发生风险。

5. 传染性。作为现代经济的核心，金融业务渗透到了经济生活的各个方面，金融机构之间的联系也日益密切，各种债权债务关系、交易关系错综复杂，金融风险必然会传染、辐射到金融体系或经济运行的各个方面。

6. 可控性。风险虽然有很大的危害，但金融风险管理理论的发展、金融体系的完善、数据的积累和定量技术的进步，都有助于我们找到防范和应对风险的办法，使风险得到有效的控制。

（三）风险与收益

对金融机构而言，收益（Return）可以理解为金融机构在经营活动中获得的收入与成本的差额。通常情况下，风险与收益是一个硬币的两面：若风险较大，可能实现的收益较高；若风险较小，可能实现的收益则较低。因此，风险管理中经常计算收益率及其变化。收益率有算术收益率和几何收益率两种。假设我们在 $t-1$ 时刻以 P_{t-1} 的价格买入资产，并在 t 时刻以 P_t 的价格出售，那么我们在 t 时刻的算术收益率为

$$R_t = \frac{P_t - P_{t-1}}{P_{t-1}} \times 100\% \tag{2-1}$$

几何收益率又称为对数收益率，能简化对多期问题的分析，具有时序可加性等优点，因此更为常用。其计算公式如下：

$$r_t = \ln P_t - \ln P_{t-1} \tag{2-2}$$

此外，由于风险的存在，金融机构未来收益具有不确定性，我们需要考虑其预期收益率（或期望收益率，Expected Return）。假定收益率 R 服从某种概率分布，资产的未来收益率有 n 种可能的取值 $r_1, r_2, \cdots, r_n$，每种收益率对应出现的概率为 $p_i(i = 1, 2, \cdots, n)$，则该资产的预期收益率 $E(R)$ 为

$$E(R) = p_1 r_1 + p_2 r_2 + \cdots + p_n r_n \tag{2-3}$$

其中，$E(R)$ 代表收益率 R 取值平均集中的位置。

例题 2 - 1

预期收益率计算

投资者把 100 万元人民币投资到股票市场。假定股票市场 1 年后可能出现五种情况，每种情况所对应的收益率和概率如表 2 - 1 所示，计算其预期收益率。

表 2 - 1　　　　　　　各种情况收益率与概率

收益率（r）	50%	30%	10%	-10%	-30%
概率（p）	0.05	0.25	0.40	0.25	0.05

则 1 年后投资股票市场的预期收益率为

$E(R) = 0.05 \times 0.50 + 0.25 \times 0.30 + 0.40 \times 0.10 - 0.25 \times 0.10 - 0.05 \times 0.30 = 0.10$，即 10%。

（四）风险与损失

风险可能带来损失，在实践中通常将风险可能造成的损失划分为预期损失（Expected Loss）、非预期损失（Unexpected Loss）和极端损失（Stress Loss，SL）三大类。预期损失是指金融机构业务发展中基于历史数据分析可以预见到的损失，指损失分布的数学期望，简单地说就是一定历史时期内损失的概率平均值，或者说是平均损失值。非预期损失是指利用统计分析方法（在一定的置信区间和持有期内）计算出的对预期损失的偏离，是金融机构难以预见到的较大损失。极端损失是指超出非预期损失之外的可能威胁到金融机构安全性和流动性的重大损失。对不同损失采取不同的管理手段，这是风险量化的基础，也是金融风险管理的前提条件。金融机构通常采取提取损失准备金和冲减利润方式应对和吸收预期损失；利用资本金应对非预期损失；对于规模巨大的极端损失，可通过购买保险、严格限制高风险业务/行为的等方法加以规避。

例题 2 - 2

金融机构预期损失、非预期损失和极端损失的计算

一家金融机构要测算某项金额为 1 000 亿元的资产今后一年的损失值，由于未来是不确定的，只能通过历史数据的分析预测未来。过去 20 年的历史数据显示，

每年金额为 1 000 亿元的同类资产的实际损失如表 2 - 2 所示。请利用历史数据计算其预期损失、非预期损失。

表 2 - 2　　　　　　某金融机构资产过去 20 年损失情况统计　　　　单位：亿元

年份	损失值	数值特征
2001	2	最小值
2002	8	
2003	18	第三高峰值
2004	10	平均值
2005	7	
2006	9	
2007	7	
2008	20	最大值
2009	19	第二高峰值
2010	11	
2011	5	
2012	12	
2013	7	
2014	6	
2015	12	
2016	5	
2017	14	
2018	9	
2019	9	
2020	10	平均值
历年平均	10	

通过前述对过去 20 年的损失情况分析，如果相信过去 20 年的风险规律能够代表下一年的风险情况，那么可以作如下回答：

（1）下一年可能损失的平均值是 10 亿元。

（2）下一年在 95% 可能的情况下，最大损失值不会超过 19 亿元；90% 可能的情况下，最大损失值不会超过 18 亿元。

在此，可以给出预期损失、非预期损失和极端损失的计算。

如图 2 - 1 所示，第一部分是预期损失，即 0 ~ 10 亿元这一段。这部分损失相对来说是比较确定的，因为通常实际损失会围绕平均值波动，导致这部分分布最集中。因此在管理上，可以把平均损失值看成是相对确定的，将其作为一种风险成本计入产品价格中。也正是由于平均损失值的相对确定性，我们认为这种风险产生的损失应该是可以提前预期的，因此也称之为预期损失。

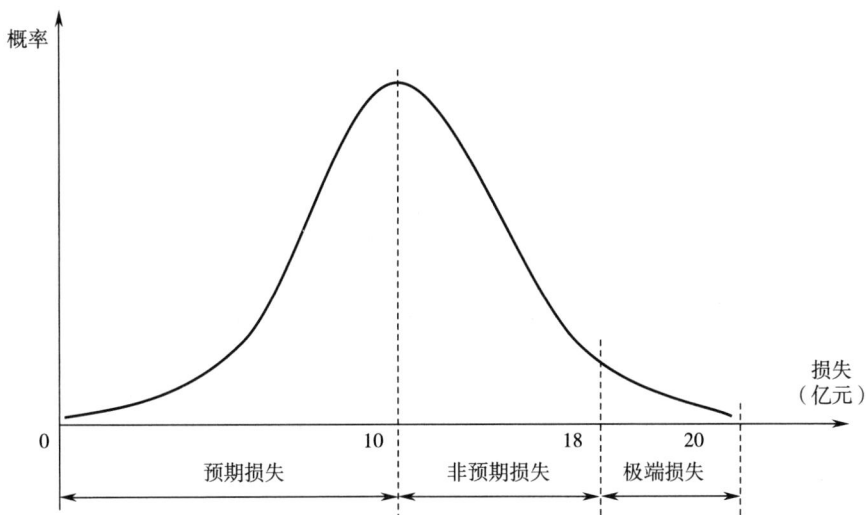

图2-1　风险损失分布图

　　第二部分是一定条件下的最大损失值超过平均损失值的部分，即10亿~18亿元的这一段。如前所述，最大损失值是有条件的，如18亿元是在90%可能情况下的最大损失值。最大损失值当中有一部分是相对确定的平均损失值，因此需要把最大损失值超过平均损失值的部分再分出来。通常实际损失只在平均值附近，不会到达最大损失值，因此称之为非预期损失。

　　第三部分是超过一定条件下的最大损失值的损失，即从18亿元往右的部分。因为所谓的最大损失值是一定条件下的最大，如只有在90%可能情况下最大损失值是18亿元，那么还有10%可能情况，损失会超过这个最大损失值18亿元，达到20亿元、30亿元甚至更大。这部分的最大值无法封顶，在风险管理上也是无法完全解决的一个缺口。由于超过最大损失值的情况发生的概率极小，因此称之为极端损失。

二、金融风险的主要类型

　　由于金融机构面临的风险日趋复杂和多样化，学者们提出了许多划分金融风险的标准和方法。根据驱动因素进行划分，是一种普遍使用的方法。这一方法有助于识别风险源，进而可以更容易也更具针对性地选取或建立与驱动因素相匹配的方法来度量相应风险。按照驱动因素，通常将金融风险分为信用风险、市场风险、流动性风险、操作风险、其他风险五大类型（见图2-2）。大家要清楚的是，整个金融机构所面临的风险远不止这些，同时它们之间的边界定义也并不十分清晰。分析金融风险的理想方式，是将所有类型的风险以及它们之间的相互影响一并考虑来分析。

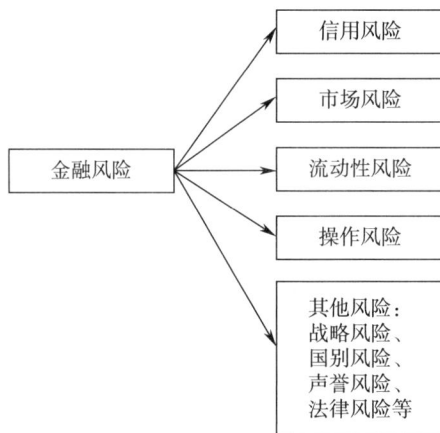

```
                                ┌──────────┐
                          ┌────→│ 信用风险   │
                          │     └──────────┘
                          │     ┌──────────┐
                          ├────→│ 市场风险   │
                          │     └──────────┘
            ┌────────┐    │     ┌──────────┐
            │ 金融风险 │───┼────→│ 流动性风险 │
            └────────┘    │     └──────────┘
                          │     ┌──────────┐
                          ├────→│ 操作风险   │
                          │     └──────────┘
                          │     ┌──────────────┐
                          │     │ 其他风险：     │
                          └────→│ 战略风险、     │
                                │ 国别风险、     │
                                │ 声誉风险、     │
                                │ 法律风险等     │
                                └──────────────┘
```

图 2-2　金融机构风险的主要类型

（一）信用风险

信用是债权人对债务人的承诺或承诺实现的可能性。站在金融机构的角度，信用关系是经济活动中的借贷关系。传统观点上的信用风险（Credit Risk）指的是违约风险（Default Risk），即由于债务人或交易对手未能履行合约规定的义务出现违约（无法偿付或者无法按期偿付）而产生的风险。现代观点认为除违约风险外，信用风险还包括债务人因信用质量发生变化（Credit Rating Volatility）而导致其发行的金融产品（债务工具）市场价值下降的风险。

信用风险是商业银行面临的最主要风险。商业银行信用风险的主要来源包括贷款、资金业务（含存放同业、拆放同业、买入返售、企业债券和金融债券投资等）、应收款项、表外信用业务（含担保、承诺、金融衍生工具交易等）。

保险公司面临的信用风险主要与存放在商业银行的定期存款、债券/债权投资、应收保费、再保险安排、买入返售金融资产及保单质押贷款等有关。

证券公司所面临的信用风险主要由三个方面：一是证券融资类业务的信用风险，包括融资融券、约定购回式证券交易、股票质押式回购等；二是信用类产品投资发生违约的风险；三是场外衍生品交易的对手方违约风险。

（二）市场风险

市场风险（Market Risk）是指由于利率、汇率、权益价格和商品价格等市场因子的变动，引起持有的金融工具公允价值或未来现金流变动，从而可能蒙受损失的风险。根据市场因子的不同，可将市场风险划分为利率风险、汇率风险、权益价格风险和商品价格风险。

利率风险和汇率风险是商业银行面临的主要市场风险。为方便市场风险管理，商业银行将其持有的金融工具划分到银行账簿（Banking Book）和交易账簿（Trading Book）。交易账簿包括为商业银行为交易目的或对冲交易账簿其他项目的风险而持有的金融工具和商品头寸。为交易目的而持有的头寸是指短期内有目的地持有以便出售，或从实际或预期的短期价格波动中获利，或锁定套利的头寸，包括自营业务、做市业务和为执行客户买卖委托的代客业务而持有的头寸。交易账户中的金融工具和商品头寸原则上还应满足以下条件：（1）在交易方面不受任何限制，可以随时平盘；（2）能够完全对冲以规避风险；（3）能够准确估值；（4）能够进行积极的管理。银行账簿由所有未划入交易账簿的金融工具和商品头寸组成，以获取长期持有收益为目的。按照定义，商业银行以获取短期价格波动价差为目的开展的债券交易及代客外汇、商品、衍生品交易等都应划入交易账簿，主要面临利率风险、汇率风险、权益价格风险和商品价格风险。以获取长期持有收益为目的的债券投资、非上市股权及传统存贷业务划入银行账簿，主要面临银行账簿利率风险。

保险公司面临的利率风险和权益价格风险在于持有金融工具的公允价值或未来现金流因市场因子变动而发生变动，以外币计价的保单、境外再保险安排、外币存款/债券、股权投资等面临汇率风险。

证券公司的经纪业务、承销业务、自营投资、资产管理和衍生产品等业务涉及权益价格风险、利率和汇率风险以及商品价格风险，证券公司资产中的货币性存款、债券投资等涉及利率风险。随着证券公司国际化的拓展，其汇率风险也逐步显现。

（三）流动性风险

流动性是将一种资产转换为现金而不遭受损失的能力。流动性风险（Liquidity Risk）指金融机构无法及时获得或无法以合理成本获得充足资金，来偿付到期债务或其他支付义务，满足资产增长或其他业务发展需要的风险。如果流动性是获取现金及现金等价物的能力，那么流动性风险就是缺乏获取现金及现金等价物而招致损失的风险。更明确地讲，是由于不能在经济上比较合理地进行筹资，或者不能以账面价格变卖或抵押资产，以便偿还意料之中或意料之外的债务，因此招致损失的风险。

引起商业银行流动性风险的事件或因素主要包括存款客户支取存款、贷款客户提款、债务人延期支付、资产负债结构不匹配、资产变现困难、经营损失、衍生品交易风险和附属机构相关风险等。

保险公司流动性风险源于保险合同的有关退保、减保或以其他方式提前终止保单，保险的赔付或给付，以及各项债务和日常支出。

证券公司经营过程中，如受宏观政策、市场变化、经营状况、信用程度等因素的影响，或因公司资产负债结构不匹配易产生流动性风险。另外，证券公司投资银行业务大额包销、自营业务投资规模过大、长期资产比例过高等因素，都会导致证券公司资金周转不畅、流动性出现困难。

（四）操作风险

操作风险（Operational Risk）是指由不完善或有问题的内部程序、员工和信息科技系统，以及外部事件所造成损失的风险。金融机构管理中普遍认为操作风险具有以下主要表现形式：内部欺诈，外部欺诈，雇佣及工作现场安全性，客户、产品及经营行为，有形资产损失，经营中断和系统出错，执行、交割以及交易过程管理。操作风险普遍存在于金融机构的各种经营活动中。

（五）其他风险

1. 战略风险。战略（Strategy）是指企业可以采取的实现短期商业目标和长期发展目标的途径、方法或行动过程。战略风险（Strategic Risk）是为金融机构在战略实施的过程中，因为不当的发展规划和战略决策给金融机构造成损失或不利影响的风险。战略是关系金融机构发展的全局性、长远性的重大经营管理问题。新经济形势下，利率、汇率市场化改革不断深化，多层次资本市场体系日益完善以及数字金融业态兴起，金融机构的经营环境已经发生巨大的变化，金融机构之间竞争日趋激烈，整个行业正在重新洗牌，新的格局正在形成，在此环境下，战略风险管理的重要性日益凸显。

2. 国别风险。国别风险（Country Risk）是指某一国家或地区经济、政治、社会变化及事件，导致该国家或地区的借款人或债务人没有能力或拒绝偿付金融机构债务，使金融机构在该国家或地区的商业存在遭受损失的风险。国别风险可能由一国或地区经济状况恶化、政治和社会动荡、资产被国有化或被征用、政府拒付对外债务、外汇管制或货币贬值等情况引发。国别风险体系中的国家或地区是指不同的司法管辖区或经济体。

3. 声誉风险。声誉（Reputation）是金融机构所有利益持有者基于持久努力、长期信任建立起来的无形资产。声誉风险（Reputation Risk）是指金融机构行为、从业人员行为或外部事件等，导致利益相关方、社会公众、媒体等对金融机构形成负面评价，从而损害其品牌价值，不利于其正常经营，甚至影响到市场稳定和社会稳定的风险。声誉事件（Reputation Event）是指引发金融机构声誉明显受损的相关行为或活动。例如，这样的事件可能是由市场传言、严厉的监管制裁或严重的财务损失引起的。金融机构通常将声誉风险看作是对其市场价值最大的威胁，因为金融机构的业务性质要求其能够维持客户和整个市场的信心。

4. 法律风险。法律风险（Legal Risk）是指金融机构因日常经营和业务活动无法满足或违反法律规定，导致不能履行合同、发生争议/诉讼或其他法律纠纷而产生经济损失的风险。法律风险是一种特殊类型的操作风险，包括但不限于因监管措施和解决民商事争议而支付的罚款、罚金或者惩罚性赔偿所导致的风险敞口。

狭义上，法律风险主要关注金融机构所签署的各类合同、承诺等法律文件的有效性和可执行力；广义上，与法律风险密切相关的还有合规风险（或违规风险）和监管风险。

合规风险（或违规风险）所称的规则是指适用于金融业经营活动的法律、行政法规、部门规章及其他规范性文件、经营规则，自律性组织的行业准则、行为守则和职业操守。合规，是指使金融机构的经营活动与法律、规则和准则相一致。合规风险指金融机构由于违反监管规定和原则而招致法律诉讼或遭到监管机构处罚，进而产生不利于金融机构实现商业目标的风险。

监管风险是指由于法律或监管规定的变化，可能影响金融机构正常运营，或削弱其竞争能力、生存能力的风险。例如，2018 年 4 月 27 日，人民银行、银保监会、证监会、外汇局联合发布《关于规范金融机构资产管理业务的指导意见》（简称资管新规），目的在于规范金融机构资产管理业务、统一同类资产管理产品监管标准、有效防范和控制金融风险、引导社会资金流向实体经济，更好地支持经济结构调整和转型升级。资管新规在显著改变金融机构经营管理方式的同时，短期内也可能导致其盈利能力面临新的挑战和困难。

法律风险也存在于金融机构的跨境交易中，如在其他国家的适用法律不清楚或不明确，或者在确定不同国家当局责任时出现管辖权模糊，也会产生法律风险。

在风险管理实践中，金融机构通常将法律风险管理归属于操作风险管理范畴。因此，本书中对法律风险管理不再赘述。

5. 信息科技风险。信息科技是指计算机、通信、微电子和软件工程等现代信息技术在金融机构业务交易处理、经营管理和内部控制等方面的应用，包括进行信息科技治理，建立完整的管理组织架构，制定完善的管理制度和流程。信息科技风险（Information Technology Risk）是指信息科技在金融机构应用过程中，由于自然因素、人为因素、技术漏洞和管理缺陷而产生的操作、法律和声誉等方面的风险。信息科技的广泛应用既提升了金融服务实体经济的质效，也对金融信息科技风险管理提出了更高的要求。

6. 模型风险。模型（Model）是指运用统计学、经济学、金融学或数学的理论、技术和假设处理输入数据得出数量预测的量化方法、系统或途径。模型风险（Model Risk）是指基于不正确的模型或不当使用模型作出的决策导致金融机构损失的风险。

信息科技风险和模型风险在金融机构风险管理实践中日益受到重视，通常归属于操作风险管理范畴，本书将在操作风险管理相关章节中予以阐述。

专栏 2－1

包商银行的风险成因

包商银行前身为包头市商业银行，成立于 1998 年 12 月，2007 年 9 月更名为包商银行，在内蒙古自治区及北京、成都、深圳、宁波等地共设立 18 家一级分行，拥有员工 10 171 人。自 2011 年北京分行成立后，包商银行总行高管、核心部门陆续迁至北京，并在北京聘用大量员工，北京成为包商银行实际总部所在地。

"明天系"控股并占用包商银行资金。从 1998 年开始，"明天系"陆续通过增资扩股和受让股权等方式不断提高其在包商银行的股权占比，截至 2019 年 5 月末，已有 35 户 "明天系"企业共持有 42.23 亿股，占全部股份的 89.27%。在控股包商银行期间，"明天系"通过虚构业务，以应收款项投资、对公贷款、理财产品等多种交易形式，共占用包商银行资金逾 1 500 亿元，占包商银行资产总规模的近 30%。"明天系"长期占用资金，无法归还，严重侵蚀了包商银行的利润和资产质量。

"明天系"股东多次尝试重组包商银行，但均以失败告终。2017年开始，包商银行的风险逐步暴露，经营难以为继。"明天系"大股东尝试邀请多家民营企业、地方国企参与战略重组包商银行，但有的战略投资者明显不具备商业银行股东资格，有的战略投资者在了解资产状况后望而却步，重组工作难以取得实质进展。包商银行持续受到"明天系"污名效应影响，外部融资条件不断恶化，只能通过高息揽储等方式，勉强维持流动性。

截至2019年5月，包商银行的资产规模约5 500亿元，在国内银行中排名前50位，负债规模约5 200亿元。自2018年，"明天系"未偿还包商银行任何资金，全部占款都成为包商银行的不良资产，加之评级公司将包商银行主体评级展望由稳定调整为负面，引发同业市场猜疑，融资成本不断上升，同业融资能力大幅下降，资金头寸严重不足，流动性风险一触即发。接管包商银行面临的最大挑战是妥善处理涉众性风险和防范风险外溢，避免引发系统性风险。截至2019年5月，包商银行客户约473.16万户，其中个人客户466.77万户、企业及金融机构客户6.36万户，不但客户数量众多，还遍布全国各地，一旦债务无法偿付，极易引发银行挤兑等连锁反应，影响社会稳定。同时，包商银行同业负债规模超过3 000亿元，共涉及全国约700家交易对手。如果任何一笔不能兑付，可能给交易对手造成流动性风险，并引发连锁反应和同业恐慌，对金融市场稳定造成严重影响。

资料来源：中国人民银行金融稳定分析小组. 中国金融稳定报告（2021）[M]. 北京：中国金融出版社，2021.

第二节　金融风险管理

一、风险管理的相关概念

（一）风险管理

风险管理（Risk Management）是指金融机构为了最大限度减少或消除风险可能带来的不利影响，运用适当的方法、政策和措施，对风险进行识别、计量、控制、监测与报告的行为过程。金融机构从本质上来说就是经营风险的企业，以经营风险为其盈利的根本手段。金融机构是否愿意承担风险、能否有效管理和控制风险，直接决定金融机构的经营成败。不论是20世纪90年代的一系列金融灾难事件，还是自2007年起由美国次级住房抵押贷款债券市场引发的国际金融危机，以及近年来欧债危机带来的欧元区国家的经济动荡，均不断警告世人，金融机构管理风险、稳健经营、可持续发展对于促进实体经济的繁荣与发展，具有至关重要的现实意义和战略意义。

随着我国金融改革的深化，金融机构面临的风险也呈现出复杂多变的特征，风险管理已经成为金融机构经营管理的核心内容之一。

第一，承担和管理风险是金融机构的基本职能，也是金融机构业务不断创新发展的原动力。金融机构通过吸收和承担客户不愿意承担的风险，成为整个经济社会参与者用来转嫁风险的主要平台。金融机构吸收和承担客户风险的能力主要来自其相较转嫁风险的客户更加专业化的风险管理技能，机构可以利用分散或对冲等方法对从客户方承担过来的风险进行管理。例如，在外汇交易和衍生产品交易过程中，大多数金融机构都是以做市商的方式向客户提供风险管理服务的。

第二，风险管理从根本上改变了金融机构的经营模式，从传统上片面追求扩大规模、增加利润的粗放经营模式，向风险与收益相匹配的精细化管理模式转变；从以定性分析为主的传统管理方式，向以定量分析为主的风险管理模式转变；从侧重于对不同风险分散管理的模式，向集中进行全面风险管理的模式转变。通过风险管理，金融机构可以了解和认识其所面临的外部环境、内部状况和业务开展的不确定性，对影响金融机构盈利性的风险因素进行分析和预测。在此基础上，金融机构可以根据对未来的客观预期，主动、动态地管理潜在风险，为提高收益制定相关策略，将各种风险控制在"可接受的水平"，最终实现风险—收益的合理平衡。

第三，风险管理能够为金融机构风险定价提供依据，并有效管理金融资产和业务组合。金融机构在经营管理过程中，对金融产品和服务进行科学、合理的定价，直接决定了金融机构的竞争能力和盈利能力。通过现代风险管理技术可以准确识别和计量所提供的金融产品和服务的风险成本与风险水平，并据此制定具有竞争力的价格。此外，金融机构可以广泛采用风险管理技术进行动态管理，调整业务组合，发现并拓展新型业务。

第四，健全的风险管理体系能够为金融机构创造价值。健全的风险管理体系具有自觉管理、微观管理、系统管理、动态管理等功能。高水平的风险管理能够降低金融机构的破产可能性和财务成本，保护股东的利益，实现股东价值最大化。此外，健全的风险管理体系也将有效地降低各类风险水平，减少附加的监管要求，降低法律、合规、监管成本。因此，建立和完善全面风险管理体系被认为是金融机构创造价值的重要手段。

第五，风险管理水平体现了金融机构的核心竞争力。从市场经济本质来看，金融机构的核心竞争力主要反映在市场竞争中一家金融机构相对于其他金融机构对良好投资机会的把握能力。市场经济是风险经济，任何投资都是风险和收益的结合，只有那些有能力承担高风险的金融机构，才能获得高收益的投资机会。

（二）风险偏好

风险偏好（Risk Appetite）是对风险的态度和倾向，即金融机构为了追求战略目标过程中愿意接受的风险类型与风险程度。风险管理在很大程度上取决于金融机构的风险偏好。通常情况下，如果金融机构不愿意承担较高的风险，那就会采取一些较为稳健甚至保守的风险管理策略；反之，如果愿意承担较高的风险，则会采取更加激进的风险管理策略。显然，不同的风险偏好决定了金融机构行为方式的不同，进而导致了风险管理结果的不同，因此确定风险偏好是金融机构风险管理的一项重要内容。

金融机构一般采用定性指标描述阐述风险偏好，常见的定性描述有达到或超过目标信用级别、确保资本充足、对压力事件保持较低的风险暴露、维持现有的红利水平、满足监管要求和期望等。风险偏好指标选取需要体现全面性和重要性、稳定性和合规性。

（三）风险限额

风险限额（Risk Limits）是有效传导风险偏好的重要工具，是对风险偏好的进一步量化和细化。它表现为金融机构对可计量风险设置的限制性额度，代表了金融机构在某项业务中所能容忍的最大风险。金融机构应将总体风险偏好分解到客户、行业、产品、区域等的风险限额。

金融机构一般采用定量指标描述风险限额。定量指标通常包括资本类指标、收益类指标、风险类指标和零容忍类指标。资本类指标反映银行希望维持偿付能力、维持持续经营能力的资本水平，主要有一级资本充足率、核心资本充足率等。收益类指标反映金融机构收益水平，主要有收益波动、经风险调整后收益、每股收益增长率等。风险类指标一般包括信用风险、市场风险、操作风险、流动性风险等。

（四）风险文化

风险文化（Risk Culture）是金融机构在经营管理活动中逐步形成的风险管理理念、哲学和价值观，是通过金融机构的风险管理策略、风险管理制度以及广大员工的风险管理行为表现出来的一种企业文化。有组织认为文化是风险管理的第一要素。

金融稳定理事会认为，风险承担机制和薪酬激励机制是风险文化的两个重要内容。风险承担机制包括"谁产生了风险"、"升级程序"和"明确的后果"三大要素，其实质是金融机构应建立一套风险承担的程序，使员工对自己产生风险的行为及其后果负责。薪酬激励机制则要求遵循"薪酬水平与风险成本调整后的经营业绩相适应""短期激励和长期激励相协调"的原则，使薪酬支付期限与相应业务的风险持续时期保持一致。

二、风险管理流程

金融风险管理流程包括风险识别、风险计量、风险控制、风险监测与报告四个步骤（见图2-3）。

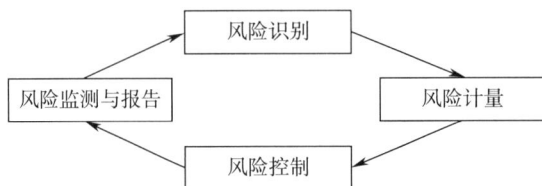

图2-3 风险管理基本流程

（一）风险识别

风险识别（Risk Identify）指对影响金融机构各类目标实现的潜在事项或因素予以全面识别，鉴定风险的性质，进行系统分类并查找风险原因的过程。其目的在于帮助金融机构了解自身面临的风险及其严重程度，为下一步风险计量和控制打好基础。

风险识别工作包括感知风险和分析风险两个环节：感知风险是通过系统化的方法发现金融机构所面临的风险种类和性质；分析风险是深入理解各种风险内在的风险因素。

制作风险清单是金融机构识别风险最基本、最常用的方法。它是指采用类似于备忘录的形式，将金融机构所面临的风险逐一列举，并联系经营活动对这些风险进行深入理解和分析。此外，常用的风险识别方法还有专家分析法、故障树分析法、情景分析法、模糊分析法等。

（二）风险计量

风险计量（Risk Measure）是在风险识别的基础上，对风险发生的可能性、风险将导致的后果及严重程度进行充分的分析和评估，从而确定风险水平的过程。

金融机构风险计量可以采用定性、定量或定性与定量相结合的方式。定性方法主要适用于历史数据较少、预期损失难以通过风险模型计算得出的风险，如战略风险、声誉风险等，可使用专家分析法。定量方法适用于历史数据充足、预期损失较易得出且结果可靠的风险，如市场风险等。金融机构也较常使用定性与定量相结合的方法来评估风险。金融机构应充分认识到不同风险计量法的优势和局限性，适时采用敏感性分析、压力测试、情景分析等方法作为补充。

（三）风险控制

风险控制（Risk Control）是金融机构对已经识别和计量的风险，采取规避、缓释、转移和保留等策略进行有效管理和控制的过程。

对不同的风险，可以根据其各自的风险性质、特征和风险水平采用不同的控制方法。对同一种风险也可以在多种控制方法中进行选择或将多种方法进行组合配置。控制方法的选择要立足于整体，要充分考虑风险偏好、成本与收益比较、潜在的机会。

风险控制可以分为事前控制和事后控制。事前控制是指在金融机构介入某项业务活动之前制定一定的标准或方案，避免金融机构介入风险超过自身承受能力的业务领域或提前采取一定的风险补偿措施。常用的事前控制方法有限额管理、风险定价和制订应急预案等。事后控制是金融机构在对风险持续监控的基础上，根据所承担的风险水平和风险变化趋势，采取一系列的风险管理工具来降低风险水平，从而将风险控制在金融机构的目标范围之内。常用的事后控制方法有资产出售、风险对冲、资本配置调整等。

（四）风险监测与报告

风险监测与报告（Risk Monitor and Risk Report）是指监测各种风险指标以及不可量化的风险因素的变化和发展趋势，并定期报告，以确保风险变化能得到密切关注，以利于风险管理部门作出相应的决定。

金融机构的风险监测主要包括两个层面：一是跟踪已识别风险的发展变化情况，包括在整个考察期内风险的产生条件和导致后果的变化，评估风险控制计划的需求状况；二是根据风险的变化情况及时调整风险控制计划，对已发生的风险及其产生的遗留风险和新增风险及时识别、分析，并采取适当的控制措施等。金融机构的风险监测应该贯穿于风险管理的全过程。实践中，建立风险预警系统是监测风险的一种重要手段。

风险报告是将风险信息传递到内、外部门和机构，使其了解金融机构的风险及其管理状况的重要工具。按风险报告的需求对象不同，通常可将风险报告分为内部报告和外部报告。外部风险报告的内容相对固定，主要包括提供监管数据、反映管理情况、提出风险管理的措施建议等；而内部风险报告的内容则复杂得多，且对于机构的前台、中台、后台以及更高的管理层提供不同的报告信息。

三、风险管理策略

金融机构应基于自身风险偏好，选择其能承担的风险，并制定恰当的风险管理策略控制和管理所承担的风险，确保金融机构稳健运营。金融机构的风险管理策略通常可概括为风险规避、风险缓释、风险转移和风险保留四种。

（一）风险规避

风险规避（Risk Avoid）是一种有意识地避免某项特定风险的事前控制方法，当决策者考虑到风险的存在，主动放弃或拒绝承担该风险的行为。这是一种较为保守的方法，通过规避风险可以完全杜绝损失的发生，但与此同时，也放弃了获取收益的机会。

一般而言，这种方法主要适用于以下情形：

（1）风险承担与回报不对称，即某业务可能预期收益较低，而面临风险却比较大；

（2）风险过于复杂，超过了金融机构现有的管理能力；

（3）管理风险的成本过高；

（4）蕴含此类风险的业务不是金融机构的主要业务。

没有风险就没有收益，规避风险的同时自然也失去了在这一业务领域获得收益的机会和可能。风险规避策略的局限性在于它是一种消极的风险管理策略，不宜成为金融机构发展的主导风险管理策略。

（二）风险缓释

风险缓释（Risk Mitigate）是指金融机构通过一系列的风险管制措施来降低风险敞口、风险的损失频率或风险损失的程度，从而降低金融机构承担的风险。风险缓释作为一种主动的风险管理方法，主要有风险分散、风险对冲、提供合格的抵质押品和完备风险管理制度体系等措施。

风险分散的理论基础源于马科维茨的资产组合理论。根据该理论，组合的风险不仅取决于单个资产的风险，还取决于这些资产间的相关性。由于组合中各资产彼此间相关系数小于1，因此组合的风险小于单个资产风险的加总。进一步，组合中的资产数目越多，或彼此间的相关系数越小，则组合的风险分散效应就会越显著。

风险对冲是指通过投资或购买与标的资产收益波动负相关的某种资产或衍生产品，来冲销标的资产潜在风险损失的一种风险管理策略。风险对冲是管理利率风险、汇率风险、权益价格风险和商品价格风险非常有效的办法。由于近年来信用衍生产品的不断创新和发展，风险对冲也被广泛用来管理信用风险。与风险分散策略不同，风险对冲可以管理系统性风险和非系统性风险，还可以根据投资者的风险承受能力和偏好，通过对冲比率的调节将风险降低到预期水平。利用风险对冲策略管理风险的关键问题在于对冲比率的确定。这一比率直接关系到风险管理的效果和成本。

合格的抵质押品可以降低金融机构的风险敞口，降低客户的违约概率和违约后的损失率，被广泛用来管理信用风险。金融机构接受的抵质押品包括金融质押品、应收账款、商用/居住用房地产以及其他抵质押品等。

风险管理制度是金融机构制定的管理风险的相关制度规定，完善的风险管理制度能同时满足金融机构业务发展和风险管理的需要。

（三）风险转移

风险转移（Risk Transfer）是指通过出售资产、购买某种金融产品或采取其他合法的经济措施将风险转移给其他经济主体的一种风险管理办法。风险转移策略可以有效应对发生概率极小、损失程度高的风险。通常的转移途径有以下几种。

1. 以保费支付为代价，将风险转移给保险公司。例如，由于出口信贷风险较大，许多国家都对其提供保险，金融机构通过购买出口信贷保险就可以把本该由自己承担的风险转移给保险公司。

2. 通过各种衍生品交易把风险转移给交易对手。远期、期货、期权等衍生工具都具有事先将未来金融资产交易的价格确定下来的功能，金融机构通过购买这些衍生工具，可以把价格变动的风险转移给交易对手。

3. 通过资产出售、资产证券化等交易将风险转移给交易对手。

（四）风险保留

风险保留（Risk Keep）是指金融机构直接承担风险并以自有资本来弥补损失。金融机构选择这一方法来处置风险并不一定意味着它无力来管理风险而只能被动地承担，事实上，这也是金融机构在其风险偏好内，对未来的损失和机会成本等变动因素进行综合考虑后，出于经济可行目的而主动承担风险的一种策略。

针对风险的保留，金融机构也不是一味地被动接受，通常也会在损失尚未真正发生之前采取一定的防范性措施以增强自身的抵御能力，如预提风险准备金、扩充资本金等。

四、全面风险管理模式

全面风险管理（Enterprise Risk Management）是指金融机构董事会、高级管理层及全体员工履行相应职责，对机构各个业务层次、各种类型的风险进行全盘管理的过程。

全面风险管理的发展主要是源于金融业的竞争加剧，金融机构面临的风险日益呈现多样化、复杂化、全球化的趋势，原有的风险管理模式已无法适应新的形势需要。金融机构风险管理必须由以前单纯的单一风险管理模式，转向信用风险、市场风险、操作风险、流动性风险管理并举，表内资产与表外资产管理并举，组织流程再造与定量分析技术并举的全面风险管理模式。

金融机构全面风险管理应当遵循以下基本原则。

（一）匹配性原则

全面风险管理应当与风险状况和系统重要性等相适应，并根据环境变化进行调整。

（二）全覆盖原则

全面风险管理应当覆盖各个业务条线，包括本外币、表内外、境内外业务；覆盖所有分支机构、附属机构，部门、岗位和人员；覆盖所有风险种类和不同风险之间的相互影响；贯穿决策、执行和监督全部管理环节。

（三）独立性原则

金融机构应当建立独立的全面风险管理组织架构，赋予风险管理条线足够的授权、人力资源及其他资源配置，建立科学合理的报告渠道，与业务条线之间形成相互制衡的运行机制。

（四）有效性原则

金融机构应当将全面风险管理的结果应用于经营管理，根据风险状况、市场和宏观经济情况评估资本和流动性的充足性，有效抵御所承担的总体风险和各类风险。

全面风险管理代表了国际先进金融机构风险管理的最佳实践，符合各国监管机构的监管要求，已经成为现代金融机构谋求发展和保持竞争优势的重要基石。

第三节　金融风险治理架构

一、风险治理架构的构成

风险治理（Risk Governance）是董事会、高级管理层、业务条线和风险管理部门之间在风险管理职责方面的监督和制衡机制，是金融机构全面风险管理体系建设的组织载体。了解风险管理如何融入整个金融机构的组织系统是十分有帮助的。良好的风险治理架构应该是建立由董事会进行战略决策并承担最终责任、监事会有效监督、高级管理层直接实施，以风险管理部门为依托、相关职能部门和各级经营机构密切配合，能有效进行全面主动风险管理的组织架构。

（一）董事会及其风险管理委员会

董事会对股东大会负责，是金融机构的决策机构。在风险管理方面，董事会对金融机构风险管理承担最终责任，负责风险偏好等重大风险管理事项的审议、审批，对金融机构承担风险的整体情况和风险管理体系的有效性进行监督。在金融机构董事会中，通常可由 3～5 名董事组成风险管理委员会，定期向董事会报告风险管理状况。

（二）监事会

监事会对股东大会负责，是金融机构的监督机构。监事会对董事会、高级管理层履职尽职情况进行监督并向股东大会报告，同时，监事会还负责对金融机构的财务活动、经营决策、风险管理和内部控制进行监督，对金融机构承担的风险水平和风险管理体系的有效性进行独立监督、评价。

（三）高级管理层

高级管理层对董事会负责，是金融机构的执行机构。在风险管理方面，高管层负责组织实施董事会审核通过的重大风险管理事项以及在董事会授权范围内就有关风险管理事项进行决策，负责建设金融机构风险管理体系，组织开展各类风险管理活动，识别、计量、监测和控制金融机构的风险，向董事会就金融机构风险管理和风险承担水平进行报告并接受监督。许多金融机构在高级管理层层面设立了风险管理相关委员会，对风险管理相关重要事项进行讨论或决策。有些金融机构还在高级管理层层面设立首席风险官（Chief Risk Officer），具体负责组织实施金融机构风险管理工作。

（四）风险管理部门

风险管理部门在高级管理层的领导下，负责建设完善包括风险管理政策制度、工具方法、信息系统等在内的风险管理体系，组织开展各项风险管理工作，对金融机构承担的风险进行识别、度量、监测和控制并提供风险敞口的报告，促进金融机构稳健经营、持续发展。风险管理部门的设置应与金融机构的经营管理架构、金融机构业务的复杂程度、金融机构的风险水平相适应，其职能要独立于业务经营等风险承担部门。

（五）相关职能部门

财务部门、法律/合规部门、审计部门对保障金融机构风险管理体系有效性同样起到至关重要的作用。财务部门负责核算并考核金融机构资产、负债、收益损失等，制订财务计划、分配财务资源、考核财务绩效，同时，财务部门还承担银行账户市场风险、流动性风险的日常管理职责。法律/合规部门主要负责识别、评估和监测金融机构潜在的法律风险及违规操作，对金融机构的法律风险、合规风险进行日常管理。内部审计部门可以从风险识别、计量、监测和控制四个主要环节，审核金融机构风险管理能力和效果，发现并报告潜在的风险因素，提出应对方案，监督风险控制措施的落实情况。

（六）各级经营机构

各级经营机构的领导班子承担管理范围内风险管理工作的主体责任，主要负责人承担第一责任，领导班子成员根据分管工作安排承担领导责任。作为执行层，各级经营机构要贯彻执行总部的政策、制度和要求，确保风险责任在基层机构得到落实。

子公司作为独立法人，应承担起风险管理的主体责任，在集团整体风险偏好和风险管理政策的框架下，建立与本机构法人治理结构、风险管理状况、行业特点相匹配的风险管理架构、政策程序、信息系统和风控指标体系，并就管理和控制的有效性对其股东大会和股东负责。

专栏 2 - 2

中国建设银行风险管理架构

中国建设银行风险管理组织架构由董事会及其专门委员会、高级管理层及其专业委员会、风险管理部门等构成。基本架构详见图 2 - 4。

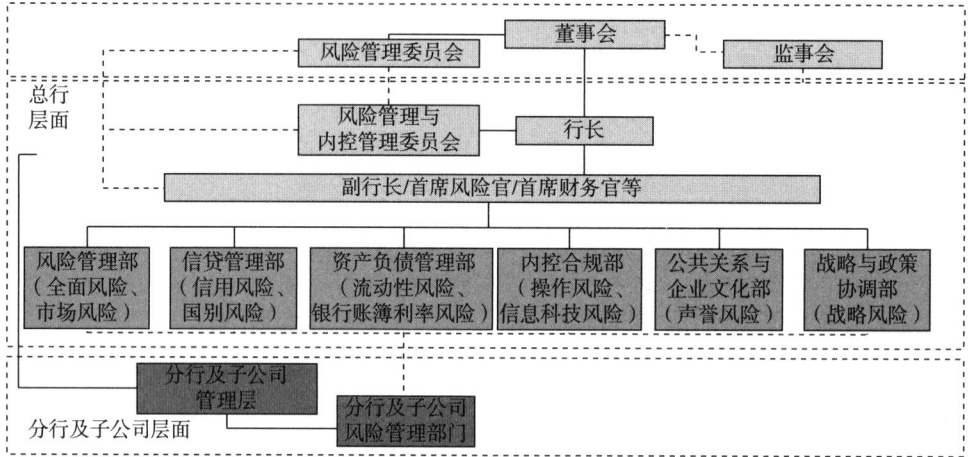

注：1. ——为第一报告路线；……为第二报告路线。

2. 除上述风险之外的其他风险已纳入全面风险管理框架。

图 2 - 4　中国建设银行风险管理组织架构图

中国建设银行董事会按公司章程和监管规定履行风险管理职责。董事会下设风险管理委员会，负责制定风险战略，并对实施情况进行监督，定期对整体风险状况进行评估。董事会定期审议集团风险偏好陈述书，并通过相应政策加以传导。监事会对全面风险管理体系建设及董事会、高管层履行全面风险管理职责情况进行监督。高管层负责执行董事会制定的风险战略，组织实施集团全面风险管理工作。

首席风险官在职责分工内协助行长开展相应的风险管理工作。风险管理部是集团全面风险的牵头管理部门，下设市场风险管理部牵头管理市场风险。信贷管理部是全行信用风险、国别风险的牵头管理部门。资产负债管理部是流动性风险、银行账簿利率风险的牵头管理部门。内控合规部是操作风险、信息科技风险的牵头管理部门。公共关系与企业文化部牵头管理声誉风险。战略与政策协调部牵头管理战略风险。其他类别风险分别由相应的专业管理部门负责。

资料来源：中国建设银行 2021 年年报。

二、风险管理的"三道防线"

在现代企业管理制度下，由于公司所有权与经营权的分离，当股东与管理层之间出现利益冲突时就会滋生代理问题，从而产生代理成本。金融机构内部普遍使用"三道防线"模式,将金融机构内部风险管理组织进行整合,防止产生代理问题,减少代理成本,对风险进行管控。

第一道防线为业务部门(前台经营部门),承担所辖产品和业务风险管理的直接责任。在业务经营中,业务部门遵循全公司统一的风险偏好,有效落实各项风险管理要求,承担日常管理决策和业务运营中相关风险的直接管理职责,并做好条线管理;配合风险管理部门定期对所辖业务的各类风险进行识别、监测、评估并报告,及时发现隐患、弥补漏洞;及时提供风险管理所需数据和信息,并对数据质量负责。

第二道防线为风险管理部门和内控合规部门,其中风险管理部门负责对各业务部门的风险管理活动进行规范、引导、协调、评估、监督及报告,内控合规部门负责督查各业务部门遵守法律法规、监管规定及内部规章制度的情况。

第三道防线为审计部门,负责对风险管理、内部控制、监督体系进行再监督。

"三道防线"的界定并不是风险管理工作顺序的界定,而是前、中、后台在共同管控风险过程中的角色界定。首先,"三道防线"是一体的;其次,"三道防线"都是以客户为中心的;最后,"三道防线"之间是相互支撑的。所以说,不管是"第一道防线"的前台经营部门,还是"第二道防线"的风险管理部门和内控合规部门,以及"第三道防线"的审计部门,都应在金融机构风险管理过程中发挥自身的作用,形成必要的制衡与有力的支撑;都应站在金融机构全局的角度平衡好风险与收益,避免因部门利益或偏见形成对立,或者因部门边界或壁垒形成鸿沟。

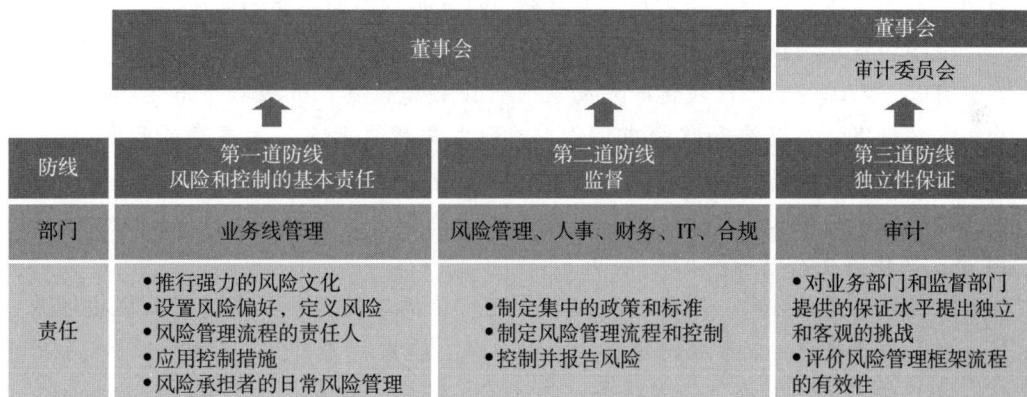

防线	第一道防线 风险和控制的基本责任	第二道防线 监督	第三道防线 独立性保证
部门	业务线管理	风险管理、人事、财务、IT、合规	审计
责任	●推行强力的风险文化 ●设置风险偏好,定义风险 ●风险管理流程的责任人 ●应用控制措施 ●风险承担者的日常风险管理	●制定集中的政策和标准 ●制定风险管理流程和控制 ●控制并报告风险	●对业务部门和监督部门提供的保证水平提出独立和客观的挑战 ●评价风险管理框架流程的有效性

图2-5 金融机构风险管理的"三道防线"

三、风险管理的基础设施

有效的风险管理需要高质量的数据和管理信息系统做支撑,风险管理的数据和管理信息系统是风险管理体系的重要基础设施,它们为高效、准确的风险管理体系提供保障。

在数据方面,金融机构应具有准确的内部和外部数据,以便能够识别、评估并缓释风险,作出战略经营决定以及确保充足的资本和流动性。内部数据(Internal Data)如金融机构内部的交易或相关数据,应以一种合理的方式保存,同时确保数据的真实性、准确性，以便用于分析。外部数据（External Data）如关于宏观经济或特定行业的数据，一些可以从公共来源收集，一些可能必须从供应商处购买。董事会及高级管理层应特别注意作出风险决定所用数据的质量、完整性和准确性。

在管理信息系统方面，金融机构应该设计、搭建和维护好良好的数据结构和管理信息系统，从而在日常以及压力或危机情景下，也能全面地支持金融机构的数据加总能力和风险报告。

风险管理基础设施的复杂程度（尤其包括足够强大的数据基础设施、数据架构及信息技术架构）应与金融机构资产负债表及收入增长，机构业务、风险配置或经营结构的复杂性，扩张和并购需求，新产品或业务条线相适应。

专栏 2 - 3

招商银行打造"最强金融科技银行"

招商银行围绕"十四五"战略规划，以打造"最强金融科技银行"为目标，践行开放与融合理念，着力建设行业领先的信息系统，支持业务转型，强化金融科技的核心竞争力。

业务保障方面，在产出整体增长、"云 + 中台"架构转型全面提速的基础上，信息系统整体运行稳定，核心账务系统和骨干网络可用性保持行业领先。2021 年，深圳平湖云数据中心一期机房顺利投产，以深圳、上海两地三数据中心和深圳、杭州、成都三地软件中心的布局，支撑金融科技银行面向未来的发展。

金融科技基础设施方面，推进上云移植切换工作，云服务能力迈上新台阶，在私有云、人工智能、区块链等方面处于行业领先位置。升级数字中台和技术中台，发挥数字资产沉淀和赋能减负作用。研发流程机器人，大幅降低开发门槛，便利全行和子公司高效、快速、低成本处理大量重复且规则明确的任务。发布睿智审核平台，利用人工智能技术实现各类复杂业务的智能审核。区块链新增场景 14 个，区块链生态进一步扩展。

业务系统建设方面，增强对大财富管理价值循环链的科技支持，加快推进系统平台和生态建设。发布招商银行 App10.0 版，推出"月月宝""季季宝""半年宝"在内的"多宝家族"理财服务；升级"招财号"财富开放平台，对外部合作机构开放线上经营能力；在"人 + 数字化"新模式的探索下，全新上线智能财富助理"AI 小招"。发布薪福通 3.0，赋能企业数字化转型，大力推进企业数字化服务的能力建设，助力企业大幅提升考勤、算薪、算税、代发等方面的工作效率。打通分行数字化转型"最后一公里"，推进全国 44 家分行数据上云，通过分行专区、工具平台和工程管理体系等，赋能分行发展。

资料来源：招商银行 2021 年年报。

【本章要点】

1. 金融机构通常认为风险是损失的概率分布。按照驱动因素，金融机构面临的主要风险有信用风险、市场风险、流动性风险、操作风险和其他风险五大类。

2. 风险管理是指金融机构为了最大限度地减少或消除风险可能带来的不利影响，运用适当的方法、政策和措施，对风险进行识别、计量、控制、监测与报告的行为过程。金融机构风险管理流程包括风险识别、风险计量、风险控制、风险监测与报告四个步骤。金融机构的风险管理策略通常有风险规避、风险缓释、风险转移和风险保留四种。

3. 金融机构风险治理组织架构由董事会及其风险管理委员会、监事会、高级管理层、风险管理部门、相关职能部门和各级经营机构组成。金融机构内部普遍使用"三道防线"模式，将金融机构内部风险管理组织进行整合。风险管理的数据和管理信息系统是风险管理体系的重要基础设施，它们为高效、准确的风险管理体系提供保障。

【重要概念】

信用风险　市场风险　流动性风险　操作风险　国别风险　声誉风险　战略风险
法律风险　风险管理　风险文化　风险偏好　风险限额　风险规避　风险缓释
风险转移　风险保留　风险识别　风险计量　风险控制　风险监测与报告
全面风险管理　风险治理　风险管理"三道防线"

【课后习题】

1. 简述风险的含义和特征。
2. 试对风险可能导致的损失进行分析。
3. 比较信用风险、市场风险、流动性风险和操作风险的异同。
4. 简述金融机构风险管理的重要性。
5. 试述金融机构风险管理的流程。
6. 金融机构有哪些风险管理策略？
7. 什么是全面风险管理模式，它与原有的风险管理模式有什么不同？
8. 简述金融机构风险治理架构的构成。
9. 阅读金融机构的年报，了解金融机构风险管理情况。
10. 阅读《中国金融稳定报告》，了解各金融子行业风险状况。

【进阶阅读】

1. 中国银行业协会银行业专业人员职业资格考试办公室. 风险管理［M］. 北京：中国金融出版社，2021.

2. 赵志宏，金鹏. 未来银行全面风险管理 ［M］. 北京：中国金融出版社，2020.

3. ［美］彼得·L. 伯恩斯坦. 与天为敌：一部人类风险探索史 ［M］. 吴翌，童伟华，译. 北京：机械工业出版社，2020.

4. Clifford Rossi. A Risk Professional's Survival Guide. John Wiley & Sons，2014.

第二篇　金融风险计量

夫尺有所短，寸有所长；物有所不足，智有所不明；数有所不逮，神有所不通。

——屈原《楚辞·卜居》

第三章

信用风险计量

【学习目标】

1. 掌握信用风险的定义和特征；熟悉信用风险的分类；掌握信用风险计量要素的定义；熟练掌握信用风险预期损失计算方法。

2. 熟悉非零售客户的类型与特点；掌握信用评级的方法；熟悉非零售客户信用风险计量的其他模型。

3. 熟悉零售客户的类型与特点；掌握零售客户信用评分模型；熟悉零售客户信用风险计量的其他方法。

4. 掌握资产组合信用风险的定义与特征；熟悉资产组合信用风险计量的方法。

5. 掌握交易对手信用风险的定义和特征；熟悉交易对手信用风险计量方法。

【开篇导读】

信用债 2022 年图鉴

2022 年，我国债券市场违约形势有所缓和。根据同花顺统计，2022 年以来我国债券市场共发生 27 家企业的 84 只债券违约，违约规模为 500.61 亿元，无论从违约数量还是规模上看，较前几年均呈断崖式下降趋势，特别是相比 2021 年的 60 家公司，180 只债券违约，1 603.46 亿元的违约规模，2022 年的违约规模更是同比减少近七成。

据统计，2022 年新增违约企业涉及房地产开发、电影与娱乐和其他金融服务等 7 个行业。就违约主体数量而言，房地产开发仍然是违约高发行业，占比高达 67.5%，其余行业违约企业均为 1 家。

从违约规模来看，房地产也是违约的大户，有 18 只债券的违约规模超过 10 亿元。

不过在违约情况大幅改善之下，债券展期规模却创了新高。根据华福证券统计，2022 年，我国债券市场已有 57 家发行主体对 154 只债券进行展期，展期规模高达 1 704.91 亿元，达到历史新高，规模同比增长 134.42%。展期数量和规模的增长体现了企业试图以时间换空间，暂时纾解流动性困境的意图，尽管这一主动管理行为暂时延缓了信用风险暴露，但后续债务偿还的情况仍不容乐观。

除了展期之外，近期由于债市走弱，信用债一级市场发行表现不佳。2022年11月以来，信用债推迟或取消发行的情况明显增多。据同花顺统计，最近一个半月已有约200只信用债推迟发行或发行失败。

展望2023年，中信证券首席经济学家明明分析称，"地产政策松绑向房企融资环境改善的传递仍需时间，需进一步观察基本面情况以及市场信心恢复进度。对于展期规模较大的发行主体，更应关注其资金状况。"

资料来源：叶麦穗. 信用债2022年图鉴：违约数量、规模"双减"，展期规模创历史新高［N］. 21世纪经济报道，2023－01－03.

第一节　信用风险概述

一、什么是信用风险

信用风险（Credit Risk）是债务人或交易对手未能履行合约规定的义务或信用质量发生变化而导致其债务市场价值下降的风险。形成信用风险的原因很多，既有宏观经济周期波动的因素，也有客户自身原因，但通常表现为两种形式：一是客户的还款意愿出现问题，借款人诚信意识淡薄，虽有还款能力，但并不打算按期归还债务，这是一种明显的道德风险；二是客户的还款能力出现问题，借款人在经营活动中，由于市场、企业经济生产和自然灾害等因素生产经营出现困境或破产，还款能力下降或没有足够的现金流按期归还债务。

信用风险具有以下特征。

1. 信用风险的概率分布为非正态分布。从常态来看，债务人违约属于小概率事件。但因为金融机构，尤其是银行的债务人非常集中，债权人收益和损失的不对称，造成了信用风险概率分布的偏离。因此，信用风险的分布是非对称的，损失分布曲线的一端向右下倾斜，并在右侧出现肥尾（见图3－1）。

2. 信息不对称是信用风险形成的重要因素。信用交易活动存在明显的信息不对称现象，即交易的双方对交易信息的获取是不对等的。一般情况下，受信人因为掌握更多的交易信息，从而处于有利地位。而授信人拥有的信息较少，处于不利地位，这就会事前产生逆向选择，事后产生道德风险问题。此外，受信人为了获取更为有利的信贷条件，可能贿赂或与授信人的办事人员勾结，导致授信人获取的信用信息严重失真。实践中，当受信人在经济状况趋向恶化，违约无可避免时，更倾向于将机构授信提取使用，使机构对其的信用风险敞口进一步放大。

3. 信用风险具有明显的非系统性风险的特征。虽然信用风险也会受到宏观经济环境，如经济危机等系统性风险的影响，但在更大程度上还是由个体因素决定，如授信行业，授信对象经营管理能力、财务状况等，因此，信用风险具有明显的非系统性风险特征。

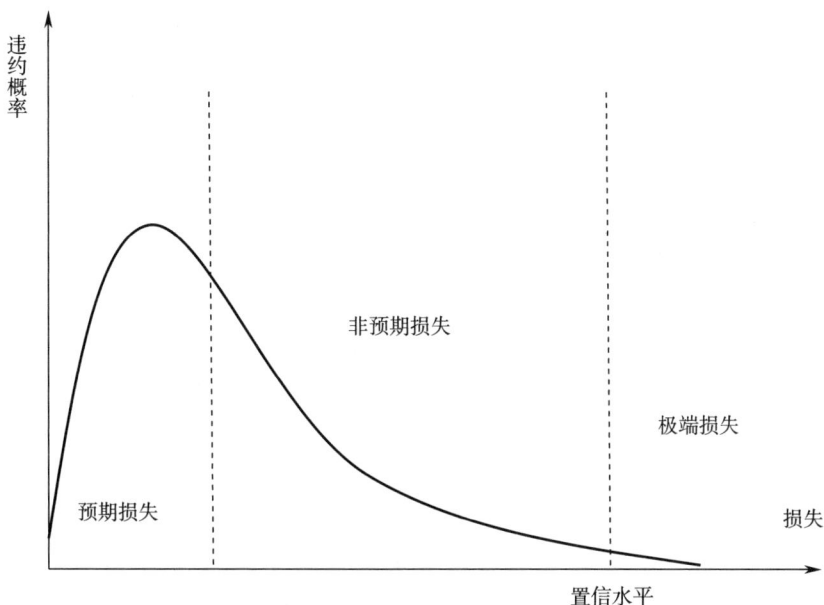

图 3 – 1　信用风险损失分布

4. 信用风险难以量化。贷款等信用产品的流动性差，缺乏高度发达的二级市场，从而给各种数理统计模型的使用带来了不便。加上信息不对称的原因，直接观察信用风险的变化较为困难。另外，由于贷款等信用产品的持有期限较长，即便到期发生了违约，能够观察到的数据也非常少，因而不易获取。

5. 与市场风险相比，信用风险管理存在着信用悖论现象。理论上讲，当金融机构管理存在信用风险时应将投资分散化、多样化，防止信用风险集中。然而在实践中，由于客户信用关系、区域行业信息优势以及授信业务的规模效应，机构信用风险很难分散化。

6. 信用风险难以转移。尽管存在资产证券化等方法，但是由于债务和贷款等信用工具的非标准化，信用风险规避方式仍然非常有限。另外，一旦信用风险发生，就很大可能产生损失，而不产生收益。所以对信用风险的管理应尽可能降低或消除有可能的损失，这是信用风险有别于其他风险的又一典型特征。

二、信用风险的分类

从不同的角度出发，可以将信用风险分为以下类型。

1. 按照信用风险的性质，可将信用风险分为违约风险、信用等级降级风险和信用价差增大风险。违约风险是指借款人或交易对手违约给金融机构带来的风险。信用等级降级风险是指借款人并不违约，但由于信用等级的降级，违约概率的上升造成债务市场价值下降的风险。信用价差是指不同证券之间由于信用质量不同而产生的收益率之差。信用价差增大风险，是指资产收益率波动、市场利率等因素变化导致信用价差增大所带来的风险。

2. 按照授信对象，可将信用风险分为非零售客户信用风险和零售客户信用风险。非零售客户包括工商企业、金融机构和政府（主权政府和地方政府）三大类。零售客户包括自然人和满足一定条件的小微企业。它们在信用风险管理的工具使用上有所不同。本章重点介绍非零售客户、零售客户、资产组合和交易对手的信用风险计量。

3. 按照信用风险所涉及的业务种类，可将信用风险分为表内风险与表外风险。源于银行表内业务的信用风险称为表内风险，如银行传统的信贷风险；而源于银行表外业务的信用风险称为表外风险，如商业票据承兑可能带来的风险。

4. 按照信用风险所产生的部位，可将信用风险分为本金风险和重置风险。当交易对手不按约足额交付资产或价款时，金融机构有可能收不到或不能全部收到应得的资产或价款而面临损失的可能性，这称为本金风险；当交易对手违约而造成交易不能实现时，未违约方为购得金融资产或进行变现就需要再次交易，这将有可能遭受因市场价格不利变化而带来损失的可能性，这就是重置风险。

三、信用风险计量要素

我们以银行贷款为例分析金融机构面临的信用风险。假设某客户向银行申请一笔贷款，银行要度量这笔贷款面临的信用风险，可以从以下四个角度进行分析。

一是客户是否能正常归还贷款，即违约的可能性有多大。对一个客户而言，要么违约，要么不违约，没有违约可能性的问题。但对风险相似的客户而言，就有一个违约比例的问题，其在数值上就体现为违约概率。因此，对于每一类客户，我们需要计量其违约概率。

二是客户违约时的贷款金额是多少，即信用敞口大小问题。对于贷款而言，贷款余额可近似看成信用敞口。

三是如果客户不能正常归还贷款（发生违约），这笔贷款最终会损失的比例是多少。客户不能正常归还贷款，并不表示银行完全损失这笔贷款。我们可以通过不良资产处置收回部分甚至全部贷款，因此贷款在客户发生违约后最终发生损失的比率也是需要计量的。

四是客户完成贷款协议规定的所有义务需要的最长剩余时间。显然，在其他条件相同的情况下，贷款协议剩余时间越长，贷款可能的损失越大。

综上所述，信用风险计量体系就是试图将因对手违约而造成的损失进行量化。而度量信用风险的过程，关键在于度量违约概率（PD）、违约风险暴露（EAD）、违约损失率（LGD）和期限（M）这四大基本要素，这些参数都与交易对手或者客户的信用有关。

（一）违约概率

违约概率（Probability of Default，PD）是借款人在未来一段时间内（通常一年）违约的可能性，是信用发放前金融机构的预先估计。要测算借款人或债项的违约概率，首先需要对违约进行定义。应该说，不同的金融机构对违约的定义是不尽相同的。相对而言，《巴塞尔协议Ⅱ》对违约的定义更为权威，也被广泛接受。《巴塞尔协议Ⅱ》规定了违约的两种情况六条特征，可以归纳为"2+6"定义。

第一种情况是除非采取追索措施，借款人无法全额偿还银行债务，也就是通常所说的第一还款来源不能全额还款。第二种情况是实质性债务逾期90天以上。

六条特征是对上述两种情况的细化：一是银行停止计息；二是银行察觉信贷质量下降而采取核销政策或提取专项准备金；三是银行承担重大的经济损失而出售贷款；四是银行同意消极的债务重组，而由于银行豁免、推迟了本金、利息或相关费用的支付，可能导致银行财务状况下降；五是就借款人对银行的债务而言，银行认定债务人破产或处于类似状况；六是借款人已经寻求破产或处于破产状态，这样可以避免或推迟偿付银行的债务。

如100个风险相似的客户中有3个在未来1年可能违约，那么该类客户的1年期违约概率就是3%。显然，在其他条件相同的情况下，违约概率越大，贷款可能的损失越大。

违约概率永远不会为零，即使非常优质的客户也有违约的可能。违约概率随时间增长而变化——期限越长，违约的可能性越大。金融机构一般至少要求测算1年期的违约概率。对违约概率测算方法和理论依据的不同是形成丰富多样的信用风险计量新技术和模型的主要原因。

（二）违约风险暴露

违约风险暴露（Exposure at Default，EAD）又称为违约风险敞口，是债务人违约时预期表内和表外项目的风险暴露总额。在其他条件既定的情况下，违约风险暴露规模越大，表明信用风险影响的范围越大，信用风险损失也就越大。通常情况下，违约风险暴露既可以用金融工具当前的、可观察到的价值来表示，也可以用潜在的、未来的价值来表示。

（三）违约损失率

违约损失率（Loss Given Default，LGD）是指某一债项违约导致的损失金额占该违约债项风险暴露的比例。与之对应的是回收率（Recovery Rate），为某一债项违约后回收的比例。我们有公式：

$$违约损失率 = 1 - 回收率 \tag{3-1}$$

例如，如果违约造成的回收率为30%，那么违约损失率为该违约风险暴露的70%。违约损失率的度量很重要，因为它可以提供违约事件中金融机构的净损失量，这个数值有可能更接近于最终的真正损失。显然，在其他条件相同的情况下，违约损失率越大，信用风险越大。

（四）有效期限

有效期限（Maturity，M）以年为单位，等于债务人按照协议全部履行合约义务（本金、利息、手续费）的最大剩余时间（通常为该金融工具的名义期限）。《巴塞尔协议Ⅱ》规定一项金融工具的有效期限取1年和实际期限中的最大值，但任何资产的有效期限都不得超过7年。有效期限被认为是最明显的风险因素，它会影响违约概率、违约风险暴露和违约损失率这三大要素。监管当局通常希望金融机构及时提供合约中风险敞口的有效期限。

四、信用风险损失

信用风险损失可分为预期损失（EL）、非预期损失（UL）和极端损失（SL）。其中，极端损失是小概率事件，即发生的概率较小但损失金额巨大，度量和管理难度很大，通常用压力测试法进行大概的估算。预期损失是指可以事前估计的损失，是信用风险损失分布的数学期望值，可以根据历史数据测算来推定可能发生的损失金额。

信用风险预期损失的计算公式为

$$EL = EAD \times PD \times LGD \qquad (3-2)$$

例题 3-1

银行信贷风险预期损失计算

对于一个由1万笔、每笔1万元贷款组成的总额为1亿元的信贷组合来说，其中的每笔贷款1年期的违约概率都为1%，由此，我们可以预期这笔贷款中平均有100笔将会出现违约（假设每笔贷款都不相关）。进一步假设信贷组合的违约损失率为50%，则可以计算出该信贷组合的预期损失为

$$10\,000 \times 1\% \times 50\% = 50\ （万元）$$

信用风险预期损失计算公式的三个因素代表各自的预期值。然而，违约风险暴露、违约概率和违约损失率暗示着实际损失可能不同于它们的预期值。特别是，实际损失可能比预期更高，原因如下：

（1）违约的交易对手的违约风险暴露比预期更高；

（2）实际违约率比事先预测的违约概率更高；

（3）违约损失率比预期更高；

（4）前三者的组合发生。

从事后来看，实际损失与预期损失之间的差异就是非预期损失。更进一步，从事前的视角来看，非预期损失被定义为从资产未来损失的概率分布中读取的极端不利情况下的百分位数的数值与预期损失数值之间的差额。与预期损失相比较，非预期损失的计算要复杂得多，它不仅要考虑违约风险暴露、违约概率、违约损失率，还要考虑到它们各自的波动。根据《巴塞尔协议Ⅱ》的规定，假设这些变量之间相互独立，则信用风险非预期损失的计算公式为

$$UL = EAD \times \sqrt{PD \times \sigma_{LGD}^2 + LGD^2 \times \sigma_{PD}^2} \qquad (3-3)$$

其中，σ_{LGD}^2 为 LGD 的方差，σ_{PD}^2 为 PD 的方差。

从实务的观点来看，预期损失是不可避免的。据此，它们将作为授信业务成本的一部分转移到定价中，并要有足够的准备金来覆盖。反过来，金融机构应当持有资本来应付非预期损失。严格地说，非预期损失才是真正意义上的风险概念，对信用风险损失的计量也就是对非预期损失的计量。

第二节　非零售客户信用风险计量

一、非零售客户信用风险计量基础

金融机构的非零售客户包括工商企业、金融机构和政府（主权政府和地方政府）三大类。工商企业包括从地方性中小企业到全球性大企业集团，按其组织形式不同又可划分为单一法人客户和集团法人客户。金融机构包括保险公司、证券公司等银行和非银行金融机构。政府主要是指国家、省和地方政府以及其下属部门。

基于非零售客户不同的融资需求，金融机构提供给非零售客户的授信产品类型多种多样，以满足不同借款人独特的业务需求。对信用产品进行分类的方法有许多，可以从期限、贷款用途、担保方式、还款方式等角度进行划分。按照授信合同期限可将贷款分为1年以内（含1年）的短期贷款、1～5年（不含1年，含5年）的中期贷款和5年以上（不含5年）的长期贷款。按贷款用途可分为制造业贷款、批发零售业贷款、农业贷款、证券贷款、并购贷款等。按担保方式可分为信用贷款、保证贷款、抵押贷款和质押贷款。按还款方式可分为等额本金、等额本息以及先息后本等。

非零售客户信用风险计量的目的是发现和掌握非零售客户信用风险的演变规律，为金融机构对信用风险实施科学管理提供依据和支持。早期的信用风险计量主要采用定性指标评价的方法，如专家系统或专家分析法等（5C，5W）。随着现代金融理论、数学建模技术和统计分析方法的应用，业界和学术界开发出了更新、更复杂的信用评级和信用风险计量模型。

二、信用评级

（一）定义与分类

信用评级（Credit Rating）是由专业的机构，根据独立、客观、公正的原则，采用一整套科学的综合分析和评价方法，通过收集定性、定量的信息对影响经济主体（主权政府、地方政府、工商企业、金融机构等）或金融工具（债券、结构性融资、商业票据等）的风险因素进行综合考察，从而对这些经济主体或金融工具的信用风险进行评价并给出信用等级的过程。

信用评级的对象包括主体评级和债项评级。主体评级也称为债务人评级，主要是对受评主体如期偿还其全部优先债务及利息的能力和意愿的综合评价，包括主权国家评级、地方政府评级、工商企业评级、金融机构评级等。主体评级主要以受评对象的违约概率来衡量，由于受评主体的违约概率有一定的预测性，因此主体评级通过信用等级的不同揭示了受评主体违约概率水平高低的相对排序，而不是对其违约概率的绝对度量。债项评级主要是针对发行主体发行的特定金融工具的评级，包括短期融资券、中期票据、公司债券、企业债券、可转换债券、资产证券化等，侧重于反映违约损失率或违约回收率。

通过评级机构进行信用评级称为外部评级，标准普尔、穆迪、惠誉是全球三大信用评级机构，中国国内有新世纪评级、中诚信国际、大公资信、中证鹏元等信用评级机构。外部评级的结果通常会向外界公布，以减轻投资者进行金融市场投资所面临的信息不对称问题。金融机构内部自行开发使用的评级系统，称为内部评级法（Internal Rating Based Approach）。开发内部评级系统既是金融机构经营管理的需要，也是为了满足监管当局的要求，内部评级的结果通常不对外公布。

（二）中债资信主体评级思路

中债资信评估有限公司（以下简称中债资信）由中国银行间市场交易商协会代表全体会员出资设立，旨在通过探索投资人付费营运模式，有效切断评级机构与受评对象之间的利益链条，最大限度地保障评级机构运作独立性。

中债资信对于受评主体的评级思路为：在综合评价受评主体偿债能力和偿债意愿的基础上评定受评主体自身的信用风险即个体级别，考虑外部支持对受评主体信用的增级（如有），最终得出受评主体的信用等级（见图3-2）。其中，主体的偿债能力主要考虑资源配置能力与债务政策的评价结果；偿债意愿主要考虑偿债意识与理性决策的评价结果。在全球评级体系下，中债资信还将在主体信用等级基础上进一步考虑国家风险与汇兑风险，从而得到主体的本币与外币信用等级。该评级思路适用于工商企业、金融机构、主权等各类主体的评级业务实践。

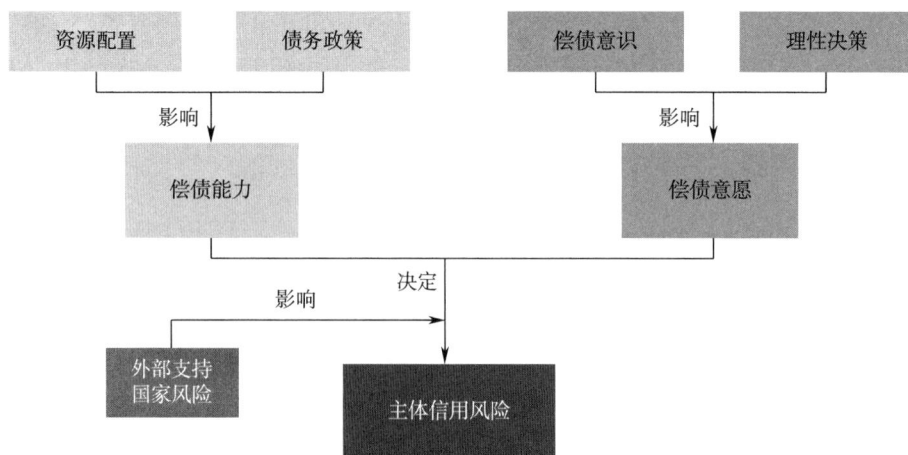

图3-2　中债资信主体评级思路

主体评级实务采用定量与定性相结合的方式，具体应用如下。第一，中债资信围绕资源配置能力和债务政策两个核心要素对信用主体的偿债能力进行评价。具体而言，首先根据行业特征确定影响各类主体资源配置能力和债务政策的要素与指标；其次采用打分卡形式构建各类主体信用评级模型，对主体资源配置和债务政策指标进行打分，进而综合评价主体偿债能力。其中对于工商企业和金融机构，中债资信创新性地提出根据主体所属行业风险推导行业理想分布曲线，结合专家经验指导确定资源配置和债务政策指标的评价标准，而对于主权政府则主要依据专家经验确定指标评价标准，进而得出各类指标得分，并应用可变权重映射矩阵得出主体偿债能力评价结果。第二，偿债意愿是主体信用风险的重要影响因素，中债资信围绕偿债意识和理性决策两方面来评价主体偿债意愿。考虑到偿债意愿较为主观，评级实务中采取定性方式而非定量打分卡形式进行评价。根据偿债意愿的定性评价结果，中债资信在偿债能力基础上以调整项形式反映偿债意愿对于受评主体信用风险的影响，并最终形成受评主体初始级别。第三，资源配置和债务政策中存在对主体信用风险形成短板效应的特殊要素，打分卡对此类要素的常规考察难以充分体现其负面影响。同时打分卡所用评级数据无法全面动态反映受评主体信用风险，为此中债资信应用大数据和人工智能，实时跟踪主体信息，形成受评主体大数据调整因子。评级实务中，中债资信根据短板要素和大数据调整因子的影响程度，对受评主体初始级别进行调整得到个体级别。第四，如果主体可获得一定外部支持，中债资信将在个体级别的基础上根据外部支持程度，考虑信用主体可能获得的增信效果对个体级别进行调整，从而得到受评主体的最终信用等级。此外，在建立全球评级体系时，还需要比较不同国家、地区间国家风险的差异，因此在全球评级体系中，中债资信还会考虑主体面临的国家风险和汇兑风险，根据国家风险与汇兑风险的评价结果进一步调整主体的信用等级，得到主体的本币等级及外币等级。

（三）非金融企业评级思路比较

国际三大评级机构对非金融企业评级的思路（见表3－1）较为相似，都是从受评企业的行业风险、经营风险、财务风险、公司组织架构等各方面提取关键的定性和定量风险因素，通过评级模型得到企业初始信用等级，再对模型中不能完全涵盖的影响因素进行定性或定量分析，得到企业最终信用等级。

表3－1 国际三大评级机构评级思路

评级机构	穆迪	标准普尔	惠誉
评级思路	首先披露打分卡因子、选取原因及对应权重（打分卡因子主要涵盖经营和财务两个方面），然后根据因子相应权重获得分值，最后对应打分卡获得相应级别	首先分析公司的经营风险概况和财务风险概况以确定发行人初始信用等级，然后分析六个可调整因素进行级别微调，最后进行政府或集团的持续支持或负面影响分析，得出最终级别	首先根据行业风险确定信用评级的上限，然后分析国家风险，再对业务概况和财务概况进行分析，以确定最终级别

资料来源：艾仁智，万华伟. 境内外评级行业最佳实践的比较研究［M］. 北京：中国金融出版社，2020.

国内多数评级机构对非金融企业评级的思路也较为相似，本质上都是围绕经营风险和财务风险综合考察受评企业的个体信用能力评级，再考虑包括外部支持等在内的其他调整因素，综合给出受评企业主体的信用级别（见表3－2）。具体来看，各评级机构均针对各行业制定独立的主体评级方法。

表3－2　　　　　　　　　　　　国内评级机构评级思路

评级机构	中诚信国际	大公资信	东方金诚	上海新世纪	联合资信
评级框架	主体自身信用风险（经营风险、财务风险）＋外部支持	主体自身信用风险（偿债环境、财富创造能力、偿债来源与负债平衡）＋调整事项	经营风险＋财务风险＋定性调整	业务风险＋财务风险＋外部支持	主体自身信用风险（经营风险、财务风险）＋定性调整＋外部支持

资料来源：艾仁智，万华伟．境内外评级行业最佳实践的比较研究［M］．北京：中国金融出版社，2020.

（四）评级模型

从评级模型方面来看，国内外评级机构主要采用三种形式（打分卡、打分卡和评级矩阵结合、评级指示器）来给出企业的信用级别。

打分卡的通常做法为：首先赋予各评级因素权重，然后通过加权平均获得指标得分，再通过映射获得基准评级结果，最后再通过评级调整及外部支持得到企业的最终评级。

打分卡和评级矩阵相结合的方式的通常做法为：（1）在三级指标时会使用打分卡获得相应的分值或档位；（2）三级指标的分值得到二级指标和一级指标时选取打分卡或矩阵形式；（3）一级指标最后通过矩阵形式得到基准评级；（4）通过评级调整及外部支持得到企业的最终评级。

评级指示器为惠誉专用，其做法为：（1）给出该行业企业的行业风险上限；（2）通过分析二级指标的具体表现获得指标的评级（类似打分卡形式）；（3）把二级指标的评级反映在评级指示带上，获得二级指标的"三子级带"；（4）通过行业风险上限和二级指标的"三子级带"确定最终评级结果。

（五）信用等级符号及含义

信用评级通过信用等级符号反映信用风险的大小。不同信用等级对应不同的风险相对大小，即高信用等级对应的风险较小，低信用等级对应的风险较大。信用等级也对应不同的违约率。

表3－3给出了标准普尔的信用等级符号体系，信用等级符号体系中对每一信用等级的风险程度和信用风险状况进行了描述，公司信用品质最好的是AAA/Aaa级，按照字母表顺序而递减。为了更好地反映风险，可以在AAA、AA、A……CCC上用加或减表示，如A＋。

表3－4给出了各行业平均一年的违约概率，从表中可观察到，评级越低，违约概率越高，投资级的发行人违约概率非常低，投机级的违约概率处于较高水平。对于不同的行业，同一信用等级的发行人，其违约概率也有所不同。

表 3 – 3　　　　　　　　　　　　标准普尔的信用等级符号体系

评级等级	风险程度	评级等级描述与解析
AAA	最小	在标准普尔的评级体系中，AAA 级债券质量最高，债务人的偿付债务能力最强
AA	温和	AA 级别和最高级别相差不大，债务人的偿付能力也很强
A	平均（中等）	在市场环境和经济条件出现不利变化的情况下，A 级债务的偿付可能会存在问题。不过，债务人偿付债务的能力还是较强的
BBB	可接受	BBB 级债务的保险系数也较高。不过，经济情况或市场环境的不利变化可能会削弱债务人偿付该项债务的能力
BB	可接受但予以关注	BB 级债务的违约风险比其他投机级别要低一些。不过，商业环境、财务状况或经济情况的变化很可能导致债务人无力承担责任
B	管理性关注	B 级债务的风险比 BB 级稍高，但从债务人目前的状况看，他仍有能力承担债务。商业环境、财务状况或经济情况的不利变化会削弱债务人偿债的能力和愿望
CCC	特别关注	CCC 级债务目前的偿付能力较低，只能依赖于经济状况、财务状况或商业环境出现有利变化，债务人才有可能偿付债务
CC	未达标准	CC 级债务违约的可能性很大
C	可疑	C 级债务适用的情形是，债务人已经提交了破产申请或从事其他类似的活动，不过债务偿付仍未停止
D	损失	和其他级别不同，评级 D 不是对未来的一种预期，只有在违约实际发生后，才使用这个级别，所以 D 级不表示违约发生的可能性。在下述情况下，标准普尔会将评级定位于 D： 利率或本金在到期日没有得到偿付。如果存在一定的宽限期或标准普尔认为支付最终会执行的话，可以有所例外，在这种情况下可以保持原级别 在提交自动破产申请或类似活动的情况下。如果标准普尔认为对某类特定债务的偿付仍会继续的话，可以有所例外。如果没有出现支付违约或破产情况，单独的技术性违约（即立约失误）不足以将某项债务评级为 D 级
+ 或 –		从 AA 到 CCC 的每个级别都要用附加的"+"或"–"来进行调整，以表明其在同一信用级别内的相对质量

表 3 – 4　　　　　　　　　　　　各行业平均 1 年违约率

评级等级	运输业	公用事业	电信业	传播业	高技术行业	化工业	建筑业	能源业	汽车业
AAA	0.00	0.00	0.00	0.00	0.00	0.00	0.00	0.00	0.00
AA	0.00	0.00	0.00	0.00	0.00	0.00	0.00	0.00	0.00
A	0.00	0.11	0.00	0.00	0.00	0.42	0.00	0.00	0.00
BBB	0.00	0.14	0.00	0.27	0.73	0.19	0.64	0.22	0.29
BB	1.46	0.25	0.00	1.24	0.75	1.12	0.89	0.98	1.47
B	6.50	6.31	5.86	4.97	4.35	5.29	5.41	9.57	5.19
CCC	19.4	71.4	35.9	29.3	9.52	21.6	21.9	14.4	33.3

注：CCC 级债券的违约率基于一个很小的样本，在统计上可能不够有效。

资料来源：标准普尔信用档案，1981—2001 年。

不同评级机构的信用等级符号体系有所不同。表3-5给出了标准普尔和穆迪的信用等级符号体系比较。总体来说，信用评级包括两个种类：投资级和投机级，即投机的发行人。投资级的公司是相对稳定的发行者，违约风险较小。而投机级的机构发行的债券常常被称做垃圾债券，其违约的可能性大得多。

表3-5 穆迪和标准普尔的信用等级符号体系比较

等级	标准普尔	穆迪	描述
投资级	AAA	Aaa	最安全
	AA	Aa	
	A	A	
	BBB	Baa	
投机级	BB	Ba	
	B	B	
	CCC	Caa	信用最差

内部评级通常采用与外部评级机构基本类似的符号系统，但各金融机构确定的具体信用级别和相应的评级符号会有所差别。从我国商业银行内部评级的具体实践来看，借款人评级等级主要依据违约概率划分，评级等级普遍为十级或十级以上，通常采用AAA-D级的评级符号体系来表示信用风险的大小，有的还引入了"+"和"-"符号进行微调。债项评级方面，有的是依据违约损失率来划分等级，有的只是将贷款分类作为债项评级结果，并没有与违约损失率相对应。表3-6给出了金融机构内部风险评级体系范例。

表3-6 金融机构内部风险评级体系

风险	内部风险评级	对应的外部评级
主权债务	0	无对应
低风险	1	AAA
	2	AA
	3	A
中等风险	4	BBB+/BBB
	5	BBB-
	6	BB+/BB
	7	BB-
高风险	8	B+/B
	9	B-
	10	CCC+/CCC
	11	CC-
	12	发生违约

资料来源：MichealCrough，Risk Management。

（六）信用等级迁移

信用等级迁移（Rating Migration）与债务人的信用质量发生变化的不确定性相关。当银行发放一笔贷款给客户时，客户的信用等级可能是非常优秀的，但随着时间的推移，债务人的信用质量可能改善或恶化，这主要是因为客户的经营状况和财务指标是与宏观经济环境及企业内部管理密切相关的，其现金流量表状况也是随时发生变化的。信用等级迁移矩阵（Credit Rating Migration Probability Matrix）反映了债务人信用在不同信用等级间的变化，揭示了债务人信用变化的趋势（见表3－7）。

表3－7　　　　信用等级迁移矩阵：1年内信用评级的迁移率（1983—2014年）　　　单位：%

原始评级	Aaa	Aa	A	Baa	Ba	B	Caa－C	违约	撤销
Aaa	86.15	8.68	0.47	0.00	0.03	0.00	0.00	0.00	4.66
Aa	0.79	83.725	8.78	0.55	0.06	0.02	0.01	0.02	6.03
A	0.05	2.40	85.14	5.85	0.59	0.12	0.04	0.06	5.76
Baa	0.03	0.16	3.94	84.95	3.76	0.79	0.19	0.17	6.00
Ba	0.01	0.05	0.33	5.64	74.17	7.95	0.73	1.01	10.12
B	0.01	0.03	0.11	0.29	4.38	73.34	6.74	3.43	11.67
Caa－C	0.00	0.01	0.02	0.09	0.35	7.84	64.96	14.03	12.71

资料来源：穆迪，Sovereign Default and Recovery Rates，1983—2014。

（七）边际违约概率与累计违约概率

边际违约概率是指在第 T 年年初正常而在年内发生违约的概率，这是一种条件概率。累计违约概率是指截至 T 年（$T=1,2,\cdots,N$）末时，在累计时期内任何时点发生违约的概率。表3－8展示了标准普尔公布的历史平均累计违约概率数据。这些数据描述了违约的公司所占的比重。例如，BBB级的公司违约概率在接下来的10年里从0.18%增加到4.34%，表示公司违约的数量随时间增加。

表3－8　　　　　　　　　　　平均累计违约概率　　　　　　　　　　　单位：%

评级等级	1	2	3	4	5	7	10	15
AAA	0.00	0.00	0.07	0.15	0.24	0.66	1.40	1.40
AA	0.00	0.02	0.12	0.25	0.43	0.89	1.29	1.48
A	0.06	0.16	0.27	0.44	0.67	1.12	2.17	3.00
BBB	0.18	0.44	0.72	1.27	1.78	2.99	4.34	4.70
BB	1.06	3.48	6.12	8.68	10.97	14.46	17.73	19.91
B	5.20	11.00	15.95	19.40	21.88	25.14	29.02	30.65
CCC	19.79	26.92	31.63	35.79	40.15	42.64	45.10	45.10

资料来源：S&P。

我们可以利用边际违约概率来估计未来 T 年内的累计违约概率。某公司违约的过程如图3－3所示，令 d_i 为第 i 年的边际违约概率，令 c_i 为 i 年内的累计违约概率。这里

d_1表示第一年的边际违约率，d_2表示第二年的边际违约率。要在第二年内违约，该公司必须在第一年生存下来，然后在第二年违约。因此，第二年违约的概率为$(1 - d_1)d_2$。那么，到第二年的累计违约率为$c_2 = d_1 + (1 - d_1)d_2$，将式子进行整理，可得$c_2 = 1 - (1 - d_1)(1 - d_2)$，它表示1减去公司在整个两年期间内生存下来的概率。

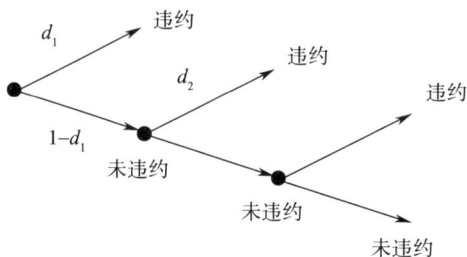

图3-3 某公司违约过程

$$c_1 = d_1$$
$$c_2 = d_1 + (1 - d_1)d_2$$
$$c_3 = d_1 + (1 - d_1)d_2 + (1 - d_1)(1 - d_2)d_3$$

同理，我们可以推出公司在 T 年内的违约概率为

$$c_T = 1 - (1 - d_1)(1 - d_2)\cdots(1 - d_T) \tag{3-4}$$

其中，c_T为公司在 T 年末的累计违约概率；d_1，d_2，$\cdots$，d_T为公司在第1，2，$\cdots$，T 年的边际违约概率。

如果令 $d = d_1 = d_2 = \cdots = d_T$（$d$ 为平均违约率），有

$$c_T = 1 - (1 - d)^T \tag{3-5}$$

例题 3-2

累计违约概率计算（一）

考虑一个B级的公司，其第一年的边际违约概率为5%，第二年的边际违约概率为7%，试计算其累计违约概率。

在第一年里，累计违约概率 $c_1 = d_1 = 5\%$，1年后，生存率为95%。

两年内的累计违约概率 $c_2 = d_1 + (1 - d_1)d_2 = 5\% + 95\% \times 7\% = 11.65\%$。

例题 3-3

累计违约概率计算（二）

假设债务人的信用状态分为A、B、C和D共4个级别，其中D为违约，考虑在0时刻评级为B的公司在2年后的违约率问题。表3-9给出了债务人的信用等级迁移概率。

表 3 – 9 债务人信用等级迁移矩阵（1 年后评级）

原始评级	A	B	C	D
A	0.97	0.03	0.00	0.00
B	0.02	0.93	0.02	0.03
C	0.01	0.12	0.64	0.23
D	0	0	0	1

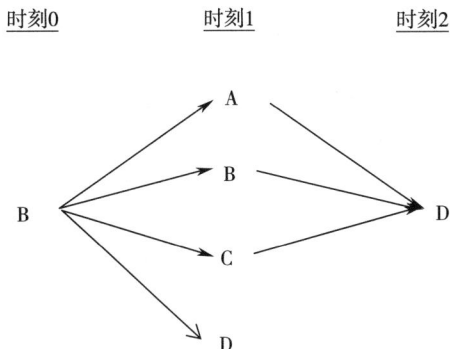

图 3 – 4　B 公司违约路径

在第一年，违约路径：B→D：0.03

在第二年，违约路径：B→A→D：$0.02 \times 0.00 = 0$

B→B→D：$0.93 \times 0.03 = 0.0279$

B→C→D：$0.02 \times 0.23 = 0.0046$

其在第二年发生违约的概率为 $0 + 0.0279 + 0.0046 = 0.0325$

因此，截至第二年末的累计违约概率为 6.25%（$0.03 + 0.0325 = 0.0625$）

三、基于市场数据的违约概率模型

（一）KMV 模型

KMV 信用监控（Credit Monitor）模型是 1993 年由美国 KMV 公司推出的用来估计借款企业预期违约概率（Expected Default Frequency，EDF）的模型。2002 年，穆迪收购了 KMV，并把 KMV 模型重新设计为穆迪 KMV 模型。KMV 模型运用期权定价理论，通过跟踪股票市场上的公司资本价值及其波动性来捕捉资产的市场价值和波动性，从而估计出公开交易上市公司的预期违约概率。

KMV 模型估计公司的预期违约概率共包括以下三个步骤。

第一步，估计公司的市场价值 A 和波动率 σ_A。

$$\overline{E} = f(A, \sigma_A, \overline{B}, r_f, \overline{\tau}) \qquad (3-6)$$

$$\overline{\sigma_E} = g(\sigma_A) \qquad (3-7)$$

其中，A、σ_A、$\overline{B}$、r_f、τ 分别是公司的资产价值、资产价值的标准差、公司的违约点、无风险利率、负债的剩余期限。$\overline{E}$ 和 $\overline{\sigma_E}$ 分别是公司的股权价值和股权价值的标准差。r_f、τ、$\overline{E}$ 和 $\overline{\sigma_E}$ 这四个变量可以通过市场观察和统计得到；$\overline{B}$ 介于总债务和短期债务之间，可以通过公式计算得到。解上述方程（3-6）和方程（3-7），可以得到 A 和 σ_A 的值。

第二步，计算违约距离。

$$违约距离(DD) = \frac{资产价值A - 违约点\overline{B}}{资产价值的波动率\sigma_A} \qquad (3-8)$$

违约距离融合了一个公司三个关键的信用要素：资产价值、资产风险以及资本结构。一般来说，距离越近，违约可能性越大；反之则越小。例如，某公司的资产价值为 10 000 万元，违约点为 8 000 万元，资产价值的标准差为 1 000 万元，则可计算违约距离为 2。

$$违约距离(DD) = \frac{10\ 000 - 8\ 000}{1\ 000} = 2$$

第三步，计算预期违约概率。根据包含大量公司违约信息的历史数据库，对违约距离与违约率进行映射，使违约距离对应于预期违约概率，并利用违约数据库估计预期违约的大小。金融机构可按以下公式计算公司的预期违约概率：

$$预期违约概率(EDF) = \frac{违约距离等于DD的客户在一年内违约的数目}{违约距离等于DD的客户总数} \qquad (3-9)$$

例如，根据金融机构的历史数据库统计，违约距离为 2 的客户共有 100 家，其中有 1 家在未来一年内发生了违约，则违约距离为 2 的公司的预期违约概率为 1%。

KMV 模型的主要优点是该模型以股票市场数据替代了会计数据，使用了公司股票的基本财务数据以及历史交易数据来计算违约距离，这样，模型可以预测所有公开上市交易的授信对象的违约可能性，并利用数据不断进行更新。KMV 模型兼顾了市场数据和财务数据，能够综合地判定企业的基本情况，能够对公司的信用状况作出比较全面的评价。KMV 模型的主要缺点在于不能直接预测非上市公司的预期违约概率，且模型的假设过于严格。

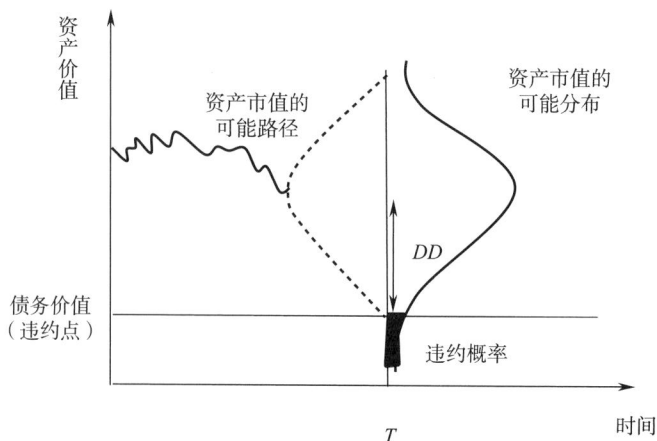

图 3-5　KMV 模型

（二）基于债券价格的隐含违约率模型

基于债券价格的隐含违约率，是指通过债券价格信息推导出来的单只债券在一个付息周期内的边际违约概率。其原理如下，假设一只 1 年期零息债券 B，债券面值为 100，1 年期违约概率为 p，违约后回收金额为 R，1 年期无风险收益率为 r。在风险中性假设下，其理论价格 Price 可以用下列二叉树模型表示：

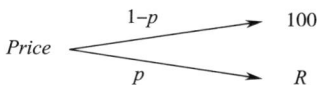

$$Price \xrightarrow{\ \ 1-p\ \ } 100$$
$$\qquad\searrow_{\ p}\ R$$

图 3 - 6　债券价格二叉树模型

即
$$Price = \frac{p \times R + (1 - p) \times 100}{1 + r} \qquad (3 - 10)$$

在有效市场假设下，债券的均衡价格应等于其理论价格。因此，将债券的市场价格代入式（3 - 10），可反向求解出违约概率 p 值。

隐含违约率不同于客观的违约可能性。一方面，基于市场价格推导出的隐含违约率，反映的是市场对某只债券违约风险的预期与定价，而非其客观的违约可能性。另一方面，实务中投资者大多是风险规避型的，债券价格中不可避免地包含了对多种风险（并不仅限于信用风险）的溢价补偿。隐含违约率基于风险中性假设，实质是将各种风险溢价补偿一并视为预期违约损失，其计算结果在一定程度上夸大了客观的违约可能性。尽管隐含违约率并不等同于客观的违约可能性，但其对违约风险的计量和对违约风险变化趋势的反映仍具有较高的指示价值。在国际成熟债券市场中，隐含违约率因与实际违约率有较高的关联性，被广泛应用于信用风险定价，比如信用衍生品的定价。

隐含违约率的计算基于两个假设：一是投资者是风险中性的，债券价格中的风险溢价全部是对预期违约损失的补偿；二是市场是充分有效的，债券价格信息反映了市场对预期违约损失的共性判断。因此，债券的理论价格等于经预期违约损失因素调整后的各期现金流的无风险折现值。其中，预期违约损失等于违约概率与预期违约损失率的乘积。在给定预期违约损失率的情况下，则可分离出违约概率的计量值。

四、其他模型

（一）线性判别模型

线性判别模型可根据借款人所表现出的特征，将其分为高违约风险和低违约风险等不同级别。其基本原理是利用统计方法，对金融机构过去的贷款案例进行统计分析，选择出最能反映借款人财务状况、对信用质量影响最大且最具预测或分析价值的比率指标；然后，利用所选择的比率指标，设计出一个能最大限度区分信用风险的统计模型；最后，借助于该模型，对借款人的信用风险及资信情况进行评估、判别，将借款人划分为高违约风险和低违约风险等不同级别。图 3 - 7 是线性判别模型不同效果图示，由图 3 - 7 可见，优秀的线性判别模型能较好地区分好公司和坏公司两种类型的企业。

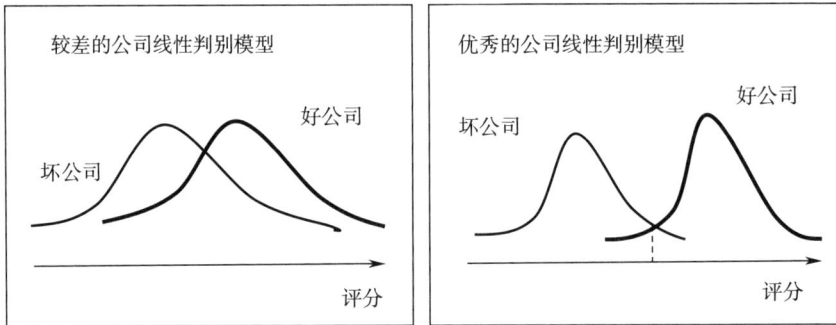

图 3 - 7　线性判别模型不同效果图示

最著名的线性判别模型是 E. I. Altman 的 Z - score 模型，此模型是针对美国制造业中的上市公司设计的。Z 是借款人的违约风险级别，它是根据借款人不同的财务比率值 X_j 及其重要性权数得出的，重要性权数是由基于判别式分析模型得出的违约、非违约借款人的观察经验而得到的。

Altman 的判别式函数如下所示：

$$Z = 1.2X_1 + 1.4X_2 + 3.3X_3 + 0.6X_4 + 1.0X_5 \qquad (3-11)$$

其中，X_1 为营运资本/总资产比率，X_2 为保留盈余/总资产比率，X_3 为除息税前盈余/总资产比率，X_4 为净资产市场价值/长期负债的账面价值比率，X_5 为销售额/总资产比率。

Z 的值越高，借款人的违约风险级别越低。Z 值与违约风险之间的关系见表 3 - 10。

表 3 - 10　　　　　　　　　　　Z 值与违约风险之间的关系表

Z 值	违约风险
3.0 及以上	从财务数据来判断，是安全的，当然，有些因素可能会造成难以预见的问题
2.7 ~ 3.0	从预测破产的角度，可能是安全的，但处于灰色区域中
1.8 ~ 2.7	可能在两年内破产。处于灰色区域，要幸存，必须进行较大变革
1.8 以下	很可能正在走向破产

我们通过下面的案例来说明 Z - score 模型的应用。

例题 3 - 4

Z - score 模型应用

假设一潜在的借款公司的金融比率值如下：

$X_1 = 0.21, X_2 = 0.02, X_3 = -0.25, X_4 = 0.12, X_5 = 1.5$

试用 Z - score 模型判断其违约风险。

根据财务指标，我们可以发现：X_1指标说明该公司有较好的流动性；X_2指标说明该公司留存收益非常低；X_3指标说明该公司税前收益为负，出现了亏损；X_4说明该公司有非常高的杠杆率；X_5说明该公司销售情况尚可。下面我们计算其Z值。

$$Z = 1.2 \times 0.21 + 1.4 \times 0.02 + 3.3 \times (-0.25) + 0.6 \times 0.12 + 1.0 \times 1.5$$
$$= 0.252 + 0.028 + (-0.825) + 0.072 + 1.5$$
$$= 1.027$$

此公司Z的分值低于1.8，处于高违约风险区。因此，金融机构不应该向其提供贷款，如已提供贷款，发生损失的可能性非常大，要尽快清收。

多变量的线性判别模型可以用于度量债务人在一定时间内违约与不违约等信用状况，并可对债务人经营前景作出早期预警，具有较强的操作性、适应性和预测能力。但是，模型假设变量必须符合正态分布，各种变量之间是相互独立的，这在财务比率中很难达到。

（二）Probit/Logit 模型

使用线性判别模型不能直接观测到给定公司的违约概率。为了解决这一问题，可以使用 Probit/Logit 模型。与多元判别模型相同，Probit/Logit 模型选取可以描绘事物不同侧面特征的若干变量作为自变量，这些变量用 $x_1, x_2, \cdots, x_n$ 来表示。对于因变量，选取发生事件（违约/不违约）的概率，用 $P(x = 1)$ 或 $P(x = 0)$ 表示。自变量与因变量之间的关系通过回归方法来实现。

单纯从统计学上分析，Probit/Logit 模型具备很多优点。首先，模型非常契合违约预测问题，因为违约问题可以用二值变量（0，1）来表示，违约与不违约组内样本是离散的，没有重叠且可以辨识；其次，回归模型产生的因变量的值为 0 和 1 之间的数值，可以用于表示客户的违约概率；再次，该模型不需要对待分析的变量作严格的正态分布和同方差的假设，因此，适用范围更广，更符合实际问题特征；最后，回归模型产生的系数可以直接翻译成变量对违约行为的重要程度，即系数越大，该系数所对应的变量对违约概率影响越大，所以必须重点关注。

五、违约风险暴露与违约损失率计量

（一）违约风险暴露计量

1. 违约风险暴露概念辨析。根据巴塞尔协议对银行业的规定，违约风险暴露概念可以从以下几个方面加以把握。

第一，违约风险暴露应包括已使用的授信余额、应收未收利息、未使用授信额度的预期提取数量以及可能发生的相关费用。

第二，可以考虑净额结算。一个客户在银行同时有贷款和存款的情况是普遍的，如果银行和客户之间有明确约定，则可能将贷款和存款进行扣减计算其净头寸。

第三，违约风险敞口不考虑专项准备和部分核销的影响。对有些贷款，银行会计提专项准备，在会计上，往往把扣除专项准备后的贷款额作为贷款净额。巴塞尔协议对此明确不扣除，其内在的原因是巴塞尔协议将计算所有风险敞口的非预期损失作为资本要求，如果扣除专项准备，非预期损失就不全面。但专项准备超过预期损失部分可以作为二级资本。

第四，表外业务的转换系数。表外项目同样要计提资本，计提的依据是转换后的敞口金额。转换系数按监管协议中的规定进行。

2. 违约风险暴露计量模型。违约风险暴露取决于两个因素：第一，从现在看，未来一年后是否违约；第二，如果违约，风险暴露是多大。下面，我们以银行的三类产品为例，说明违约风险暴露的计量。

第一类是一次性按期限还款的信贷产品，这类产品有明确的期限和还款计划，还款方式可以多种多样，如一次还款、本息均摊、按季/月还款等。银行大部分的信贷产品，如流动资金贷款、固定资产贷款、个人按揭贷款等都属于这一类。对这一类产品，一般都可以用当前的风险暴露作为违约风险暴露。

第二类是授信额度。授信额度（也被称为贷款承诺）是预告确定的最大放款金额——公司可以根据实际资金需要在此限额内使用资金款项。这意味着银行并不能非常准确地确认一笔贷款的违约风险敞口。历史经验告诉我们，即将出现违约的公司提取款项的趋势会较健康的公司大一些。有三种形式的授信额度 EAD 模型，具体使用哪一种模型，要看金融机构可用数据有哪些。

$$EAD = A \times 客户已提取贷款额, A \geqslant 1$$

$$EAD = B \times 授信额度, 0 \leqslant B \leqslant 1$$

$$EAD = 客户已提取贷款额 + C \times (授信额度 - 客户已提取贷款额), 0 \leqslant C \leqslant 1$$

$$(3 - 12)$$

其中，客户已提取贷款额是指公司客户已经使用的贷款，授信额度是该客户最大贷款限额。常数 A、B、C 需要通过对曾经发生违约损失公司在违约发生几个月前历史数据的研究，比较当前的风险敞口计算得到。

第三类是表外业务，比如保函、信用证、承兑汇票等。这类业务客户违约时会形成垫款，违约时的风险暴露与表外业务的名义余额有很大的差异，一般使用名义余额乘以相关比率计算。

（二）违约损失率计量

1. 违约损失率概念辨析

我们可以从以下五个方面去理解违约损失率这一概念。

第一，违约损失率是一个比率，而不是一个绝对量。

第二，损失计算的起点是发现借款人违约，终点是直至对该笔债项的追偿行为结束。

第三，借款人相同，违约损失率可能不同，这与债项的期限、抵押条件、区域等多种因素有关。

第四，这里讲的损失是一种经济损失，包括债务人违约造成的较大的直接和间接的损失或成本，以及违约债项回收金额的时间价值、银行自身处置和清收能力对贷款回收的影响。关于直接成本和间接成本的划分，请参见表3-11。

第五，债项的风险敞口包括本金和利息。如果是分期现金流，要把未来各期应偿还金额进行折现。

表3-11　　　　　　　　　　　直接成本与间接成本划分规则示例

成本大类	成本小类	分摊原则
直接成本	法律费用	单笔诉讼按照债项逐笔记录，多笔按照金额分摊
	权证费用	单笔办证按照债项逐笔记录，多笔按照金额分摊
	拍卖费用	单笔拍卖按照债项逐笔记录，多笔按照金额分摊
	直接负责客户经理费用	按照负责债项金额逐笔分摊
间接成本	资产保全部门人力费用	按照负责债项金额逐笔分摊
	资产保全部门运营费用	按照负责债项金额逐笔分摊

资料来源：杨军. 风险管理与巴塞尔协议十八讲［M］. 北京：中国金融出版社，2013.

2. 影响违约损失率的因素

影响违约损失率的因素主要包括以下几个方面。

（1）产品因素。这类因素直接与债项的具体设计相关，反映了违约损失率的产品特性，也反映了金融机构在具体交易中通过交易方式的设计来管理和降低信用风险的努力，包括清偿优先性、抵押品等。清偿优先性是债务合同规定的债权人所拥有债权的重要特性，是指在负债企业破产清算时，债权人从企业残余价值中获得清偿时相对于该企业其他债权人和股东的先后顺序。显然，贷款合同中要求借款企业提供特定的抵押品以提高抵押贷款的清偿优先性，从而提高借款企业破产清算时金融机构的回收率，降低违约损失率。当然，利用抵押有效降低违约损失率的前提是金融机构对抵押品要进行有效的管理。除了传统的抵押品，金融机构也不断通过金融创新来发展其他防范或转嫁企业违约损失的方法，如利用信用衍生产品对冲等，这些技术被《巴塞尔协议Ⅱ》称为风险缓释技术，并通过予以不同的违约损失率数据而纳入到新的资本监管框架。

（2）宏观经济周期因素。宏观经济的周期性变化是影响违约损失率的重要因素。根据对穆迪评级公司债券数据的研究，经济萧条时期的债务回收率要比经济扩张时期的回收率低1/3。而且，经济体系中的总体违约率（代表经济的周期性变化）与回收率呈负相关。

（3）行业因素。许多研究表明，企业所处的行业对违约损失率有明显的影响，即在其他因素相同的情况下，不同的行业往往有不同的违约损失率。例如，有形资产较少的行业（如服务业）的违约损失率往往比有形资产密集型行业（如公用事业部门）的违约损失率高。

（4）地区因素。对于国内金融机构而言，由于不同地区经济发展水平、法律环境、社会诚信文化、分支机构管理水平等存在较大差异，因此，企业所处的地区对违约损失率也具有明显的影响。

（5）公司因素。公司因素指与特定的借款企业相关的因素，但不包括其行业特征。影响违约损失率的公司因素主要是借款企业的资本结构：一方面表现为企业的融资杠杆率，即总资产和总负债的比率；另一方面表现为企业融资结构下的相对清偿优先性。在公司因素中，企业规模的大小对违约损失率的影响备受关注，但目前各界对企业规模如何影响违约损失率的认识并不统一。《巴塞尔协议Ⅱ》也规定，仅反映债项交易风险和同时反映债项、客户风险的债项评级都是可以接受的。

上述五个方面的因素共同决定了违约损失率的水平及其变化，但其对违约损失率的影响程度是有差异的。2002年，穆迪公司在违约损失率预测模型LossCalc的技术文件中所披露的信息表明，清偿优先性等产品因素对违约损失率的影响贡献度最高，为37%左右；其次是宏观经济环境因素，为26%左右；再次是行业性因素，为21%左右；最后是企业资本结构因素，为16%左右。

3. 违约损失率计量方法

计量违约损失率的方法主要有以下三种。

（1）市场违约损失率法。市场违约损失率是指违约贷款或违约债券在交易市场上的市场价值与其面值的比率。这种估计方法反映了市场对未来回收现金流折现的预期。但遗憾的是，它只适用于一小部分金融机构授信。

（2）回收现金流法。根据违约历史清收情况，预测违约贷款在清收过程中的现金流并计算出LGD，即

$$LGD = 1 - 回收率 = 1 - \frac{\sum\left[\frac{(回收金额 - 回收成本)_t}{(1 + 折现率)^t}\right]}{违约风险暴露} \tag{3-13}$$

（3）市场数据隐含分析法。通过市场上类似资产的信用价差和违约概率推算违约损失率，其假设前提是市场能及时有效反映债券发行企业的信用风险变化，这种方法不常用。

计量违约损失率应当注意以下两个问题。

由于不同种类的借款人个体差异很大，加上样本数据的来源较多，所有关于回收率方面的经验研究结果都是示意性的。正是考虑到这一点，《巴塞尔协议Ⅱ》对回收率的估计采取了比较谨慎的态度，根据其内部评级法初级法，对于抵押品未获认定的优先级公司债，违约损失率取50%；对于抵押品未获认定的次级公司债，违约损失率取75%。

对于存在抵押品的债务，在估计违约损失率时，必须考虑到抵押品的风险缓释效应，将有抵押品的和未获抵押的风险暴露分开处理。根据《巴塞尔协议Ⅱ》，对于获得抵押的公司债，如果是不足额抵押（抵押品的市值小于违约风险暴露），则需要参照有抵押部分与未获抵押部分的比例对违约损失率进行调整；如果是全额抵押（抵押品的市值大于或等于违约风险暴露），则在原违约风险暴露的违约损失率基础上乘以0.15，

该系数即《巴塞尔协议Ⅱ》所称的"底线"系数。

无论是从资本监管的角度还是金融机构内部管理的角度,计量违约损失率无疑都是十分重要的,也是一项非常具有挑战性的工作。

第三节　零售客户信用风险计量

一、零售客户信用风险计量基础

零售客户是由自然人和满足一定条件的小微企业组成。金融机构提供给零售客户的信贷业务按借贷用途可分为住房抵押贷款、消费贷款、信用卡类贷款、经营贷款等。

对金融机构而言,零售信贷业务具有两大特点:一是单笔零售信贷业务违约的风险特别小,一般不足以影响金融机构整体;二是零售信贷业务客户数目巨大,相关性弱,从而具有风险分散的显著特点。这两大特点决定了基于大数定律的信用评分模型(Crcdit Scoring Model)在零售客户信用风险计量中大有用武之地。信用评分是利用数理统计技术和数据挖掘技术,通过对客户的人口特征、信用历史、交易行为等信息进行挖掘、分析和提炼,形成反映客户信用风险的评分。信用评分是对借款人信用风险的序数排序,分数越高代表其信用程度越好,违约概率越低,但信用评分不能给出借款人的具体违约概率是多少。非零售信用风险评级在宏观经济分析、行业分析、公司财务分析等各个方面都需要专家参与,且这种参与不仅体现在建模过程中,还直接应用到评级体系的使用过程中;而零售客户信用评分模型选择的指标几乎都是客观的客户信息,这使得模型在零售客户信用风险管理体系中居于十分核心的地位。

对于信用评分模型不成熟的业务领域,金融机构也会使用资产基础评估、现金流分析和关系型授信等方法去计量信用风险。

二、信用评分模型

(一)信用评分模型的开发主体与使用时机

目前,信用评分模型开发主体主要有征信机构、第三方顾问公司和金融机构三类。

征信机构皆拥有庞大的客户信用数据,而由这些数据所建立起来的评分卡被称为征信机构评分(Credit Bureau Score)。征信机构除拥有完整的数据之外,还有极高的公信力。对于未开发专属信用评分卡的中小型金融机构而言,征信机构评分具有很大的吸引力。由于它并非以特定金融机构的数据建立模型,因此也可视为通用型评分卡的一种。

通用型评分多为第三方顾问公司依据手中收集的资料所开发的评分卡。由于建立模型所需数据收集不易,且其定位为多用途信用评分,因此,未针对特殊主体或条件做个别考虑。其优点是不需要从头开始发展模型,可节省开发成本,并可快速部署在风险管理流程中,但其精准度比其他类型信用评分卡略逊一筹。

金融机构内部定制化评分是完全依照各家金融机构的客户资料及特殊需求量身打造的评分卡。由于目标明确且针对性高，若历史数据完整且质量良好，其预测效果就会高于通用型及征信机构两种评分。其缺点为整体建立时间较长，初期开发成本较高，后续也需要自行负责模型监控与调校的工作。

按照信用评分模型的使用时机区分，可分为申请评分（Application Score）、行为评分（Behavior Score）和催收评分（Collection Score）三类。

申请评分用于贷前，主要是对客户进行审核，信用评分模型所使用的变量除了申请资料数据之外，还包括联合征信中心的信用资料。在申请评分的协助下，授信人员可将重心放在批准和拒绝临界点的案件上。

行为评分多用于贷中，主要是预测信用卡客户的动态风险，评分模型的变量以客户的交易及还款形态数据为主。由于动态行为的风险预测较为复杂，因此，行为评分模型所采用的变量通常比申请评分模型多。

催收评分多用于贷后，主要是被使用于案件量较多的前段催收，最主要的功能是预测客户还款概率，属于行为评分的延伸应用。许多人将其与上述两种信用评分卡合称为"ABC评分卡"（Application Scorecard，Behavior Scorecard & Collection Scorecard）。

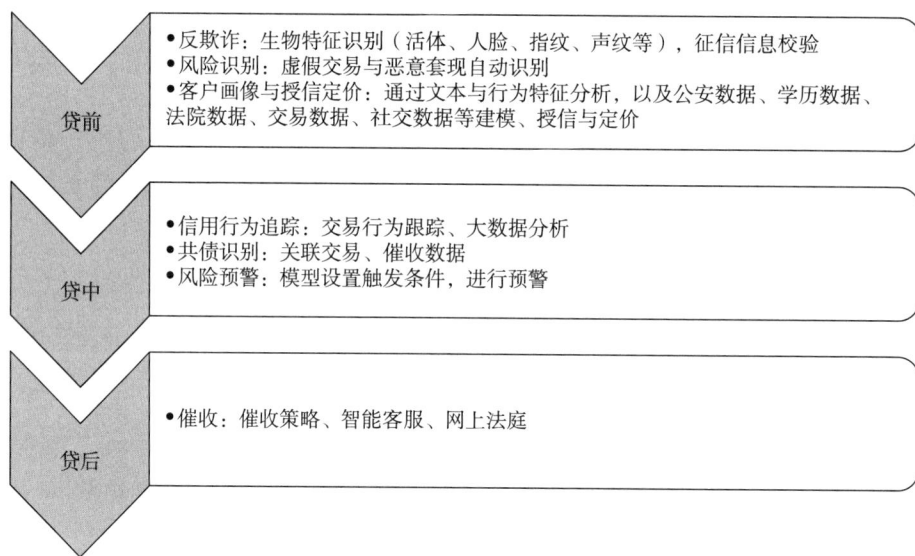

贷前
- 反欺诈：生物特征识别（活体、人脸、指纹、声纹等），征信信息校验
- 风险识别：虚假交易与恶意套现自动识别
- 客户画像与授信定价：通过文本与行为特征分析，以及公安数据、学历数据、法院数据、交易数据、社交数据等建模、授信与定价

贷中
- 信用行为追踪：交易行为跟踪、大数据分析
- 共债识别：关联交易、催收数据
- 风险预警：模型设置触发条件，进行预警

贷后
- 催收：催收策略、智能客服、网上法庭

图3-8 线上信用风险控制流程图

（二）常见评分模型

1. 申请评分模型

申请评分模型又可以分为两大类：一类是通用模型，往往由信用评分模型的主要供应商开发，例如较为著名的有Fair Isaac（FICO）公司开发的信用评分模型，其分数的设置是为了衡量一个申请者将在任何一种消费信贷上90天后违约或者两年后才还贷的可能性。在通用模型中，涵盖贷款申请的一些典型特征，比如月收入、负债收入比

率等，但来自征信机构的信息占有重要地位。

另一类是金融机构内部定制模型，它们以金融机构自身的贷款数据为基础建立，往往针对特定人群或特定的金融产品，如专门针对信用卡的发放（授信）或住房抵押贷款。事实上，绝大多数的贷款机构都拥有自身定制的消费信贷许可模型。在实践中，大多数金融机构一般是将通用与定制的信用评分模型结合使用，以兼顾效率与风险控制。通用模型可以用来对拥有最高信用分数的消费者作出快速决策。在这种情况下，这种通用的分数通常和申请者提供的其他数据一起被审查，然后得出一个初步的风险评估。如果借款人的信用评分值很高即风险很低，贷款就不再需要审查即可发放。如果通用分数对申请者的风险有任何疑问，就需要获得更多的信息，从而计算出专用的消费信用分数。比如，只要特定的贷款参数未超标，很多间接贷款人都会基于一个较高的 FICO 分数而给借款人放贷。而对于那些 FICO 分数较低的申请者来说，就需要提供另外的信息，在作出决策之前先要算出专用消费信用分数。这种做法在房屋抵押领域非常典型。根据借款申请人提供的最基本信息，贷款人用通用模型计算出相应的分数值，并由该分数值来决定借款人需要进一步提供的文书数量，这些文书主要被用来确保收入和流动资产的拥有情况。如果被评估出来的信用风险很低，申请者就只需要提供较少的关于其收入和资产的文书资料。

申请评分模型中，客户基本面数据包括客户的基本情况、工作情况、经济情况，主要来自客户申请贷款时填写的申请表。如果该客户曾经在任何一家银行办理过信贷业务，就会存在征信报告，理论上至少应该包括：银行信用记录；社会保障数据，如是否参加养老保险、是否参加失业保险、是否缴纳公积金、是否参加医疗保险；其他信用情况，如移动电话缴费情况，水、电、煤、气缴费记录；其他特殊或不良记录，如破产记录、偷逃税记录、公安机关处罚记录。不过目前人民银行征信中心的征信报告的数据都来自银行，主要数据为银行信贷历史数据，具体内容如图 3－9 所示。

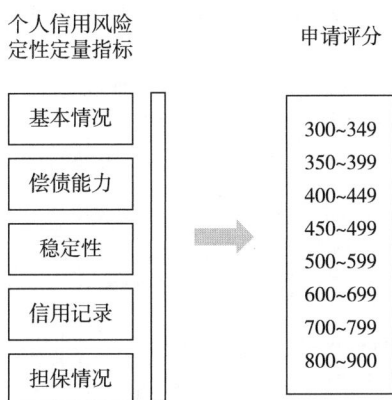

图 3－9 消费信贷申请评分模型

2. 行为评分模型

控制消费者贷款的信用风险可以从两个方面着手。一是谨慎选择客户，在兼顾市场与效益的同时，尽可能剔除高风险申请者；二是在贷款发放后密切观察借款人的信用使用及偿付行为，及时掌握借款人的信用状况，通过调整、改变对待借款人的方式来遏制坏账的产生。前者推动了申请评分模型的开发与运用，而后者则是行为评分模型建立和运用的基本动因。

行为分数的计算涉及借款人还款方式的诸多特征，如最近受到信用调查的次数，来自信用机构的最差信用记录，在过去 1 年里偿付逾期 30 天、60 天、90 天的次数，严重毁约的次数，合约的数额，平均信用额度的使用率，等等。其中，在借贷期间，该借款人违约的次数、违约的严重程度，以及在还款期间所得到的信用基点，是计算行为分数时所考虑的最主要因素。由于这些因素直接揭示了借款人的还款意愿，也在相当程度上反映了借款人慎重考虑之后为特定的贷款进行支付的能力，因而成为对借款人未来行为预测的主要因素，并且往往比许可分数预测的准确率更高。事实上，贷款许可模型及其授信分数的确定也要根据贷款发放后的行为信息来建立。

消费信贷行为评分模型及校准示意图分别如图 3－10 和图 3－11 所示。

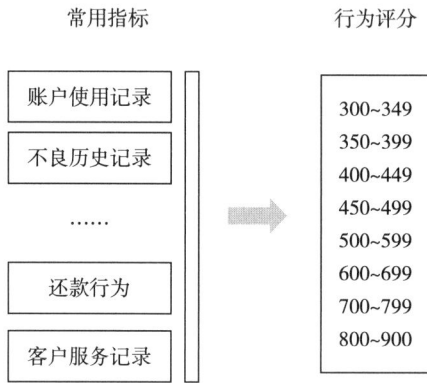

图 3－10　消费信贷行为评分模型

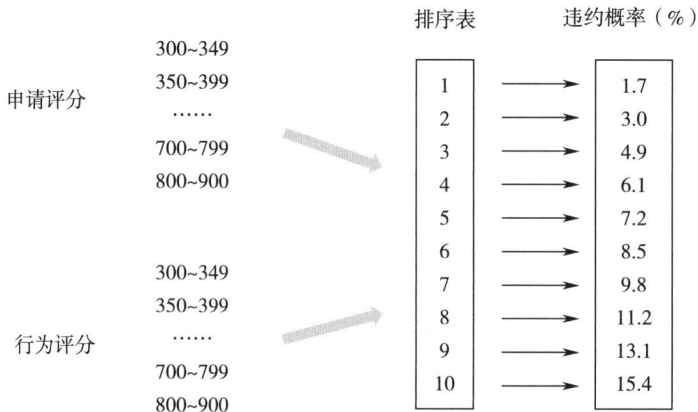

图 3－11　消费信贷行为评分校准示意图

3. 催收评分模型

金融机构催收管理的重点在于逾期预防和逾期早期催收。逾期预防主要针对目前尚未逾期但有较大逾期风险的客户，逾期预防可以大幅度降低金融产品逾期率，加速回款。相关模型为逾期前（Pre – delinquency）风险评估模型。该模型以过去某段时间内没有逾期行为的客群为建模样本，评估并预测客群在未来一段时间内会不会产生逾期行为。该模型主要以客群的历史消费和还款等数据为预测数据。

逾期早期催收主要针对轻度逾期客户，轻度逾期客户通常指逾期时间较短的客户，此类客户数量多，回款率高。相关模型为早期逾期（Early Stage）风险评估模型，旨在预测客户未来一段时间内逾期滚动至更严重程度的概率。模型中一般会用到客群的历史消费、还款记录及信贷产品相关行为数据等。

此外还有中期/晚期逾期风险评估模型、核销评估模型等。

（三）信用评分模型的优势与不足

1. 优势

信用评分模型能成为零售客户信用风险计量的主流手段，首先在于其使用简单。信用评分所需要采集的数据信息往往以数字形式体现。客户对表格中每一个问题的回答都关联着最后的评分结果，即申请者违约概率的测算结果。相对于其他对客户信用风险的度量，信用评分模型信息采集标准、迅速、简单，具有广泛的适用性。

简单而快速的信息采集及处理确保了授信审批的高效率。基于上面的原因，信用评分系统可以以最少的人力快速处理大量的信用申请，从而极大地提高工作效率，扩大客户选择范围，是金融机构发展与扩张零售客户资产业务的重要工具和手段。

其次，信用评分模型可以减少贷款审批过程的主观性，保持贷款审批和管理的客观与连续一致性。在传统方法中，对申请者的评判标准很容易被信贷审查人员所左右。信贷审查人员的判断也很容易受到过去经验的影响，并可能存在某些根深蒂固的偏见。在信用评分的支持下，贷款人可以确保他们所参照的是完全相同的申请标准，而不再顾虑到种族、性别以及其余的申请者特质。对于那些没有经验的信贷官员，信用评分模型更是对其自身判断力的一种有效替代；而对于缺乏强有力的信用文化支持的金融机构，信用评分模型的客观一致性更具有重要意义。

再次，由于信用评分模型的建立过程中需要对借款人各方面的信息进行全面考量，甄别出不同因素对信用风险的影响程度，依托信用评分模型所作出的授信决策可以将更多的参考因素纳入其中，现代信息技术在金融和征信业的广泛使用也使得信息的收集和处理速度大大加快，不仅可以做到快速、高效，而且更为准确、科学。

最后，信用评分模型的用途广泛。在当今的金融业，信用评分模型不仅被广泛地运用于评估信用风险，建立初步而持续的信用临界点，还被用于设定信用规模和授信额度，调整财务关系的盈利性，并成为一系列授信服务的重要基础，包括发现欺诈行为、违约行为、中介干扰行为以及损失稀释。这些多样化的应用方式，在促进效率、拓展授信系统以及扩展力所能及的借款者的人数范围上起着主要作用。

2. 不足

（1）从模型本身看，在大多数情况下，这些模型只是简单地复制在金融机构占主流地位的实际操作，使之自动化而已，因此，它也就无法消除特定机构在授信对象选择上的历史偏差。

（2）在模型开发过程中，还需要对消费者及其信用作出隐含的假设，如符合多元正态分布等，但实际上，消费者信用并不必然符合正态分布的假设，这直接影响了模型的统计有效性。

（3）各评分模型通常都是针对一些静态标准进行检验，但坏账和坏账损失往往是在一段很长时间内积累的结果。在信用生命周期的早期，违约可能根本就不会发生，当然也不会有损失。随着信用生命周期的增长，违约率和坏账率逐渐上升。这一动态的变化过程很难在模型中得到体现。例如，根据一般的消费者信用评分模型，预期违约和坏账率会很快达到峰值，然后长期保持稳定，而实际的情况却是违约和坏账率在整个信用生命周期内持续上升。由于在运用模型时采用更严格的许可标准也难以消除预期与实际的差异，因此，对于任何信用筛选模型的评价都需要结合账户余额即整个组合生命周期内的累计坏账率。

（4）大多数消费者信用评分模型属于历史评分模型，所依托的主要是信用报告机构档案中所存储的信息。虽然这种模型可以被用于反映几乎任何一个潜在的消费者，然而由于模型只是以较少的信息为依据，预测准确性不足就成为一个潜在缺陷。特别是在信用历史评分模型中没有考虑到有关经济或消费者个人环境的情境信息，即模型的构成通常没有考虑消费者信用记录信息与消费者生活工作相关的经济环境信息，或其他与消费者个人环境有关的背景信息之间的相互关系和相互作用。因此，对于一个因地区经济衰退或疾病等个人不良事件等短期原因而产生信用问题的消费者，与一个由于长期持续性超额透支或无意还债等原因而产生信用问题的消费者，模型通常会给出相似的分数记录。而实际上，这两个消费者未来在新的或已有的信贷方面的表现是有很大差异的。

（5）信用评分模型的问题还来自银行或金融机构对模型的依赖上。在完全剔除了贷款过程的人为判断后，部分客户会由于所计算出的分值较低而被金融机构拒绝，而事实上，这些客户中也有一定比率是具有较高信用的。因此，完全依赖信用评分模型会导致对某些客户的不公平评价，这不仅是这些客户利益的潜在损害，不利于社会的公平均衡发展，从长远来看也有损金融机构的长期利益。

随着时间的推移，受消费者结构、消费观念与信用观念及经济、社会发展水平变化的影响，原本可接受的信用评分模型可能会逐渐失去效力。如果施用模型的对象和构建模型时使用的样本特征不一致就更是如此。因此，即使模型在此时表现良好，也仍然需要不断对模型进行检验与评价，并适时根据各种条件的变化及时调整或重新开发。

三、其他方法

（一）资产基础评估法

资产基础型授信强调以可提供的担保或抵押的资产为授信决策的依据。抵押一般以房产居多。抵押需要评估，抵押资产的销售及进展情况也必须给予密切监控，这都会引起不菲的成本。而在小微企业中，抵押不足或无法提供合格的抵押是比较普遍的现象。因此，以抵押为前提的授信对小微企业而言有一定难度。此外，外部机构的担保也是小微企业获得授信的重要保障。在中国，目前对小微企业贷款提供担保的最重要机构是融资担保公司。

（二）现金流分析法

现金流分析法是最重要的授信评估工具。现金流量是一个公司在一年内由于经营、筹资、投资等活动而产生的现金注入与流出的数量，它反映了公司的生存能力，也是公司过去和未来偿债能力的体现，现金流的规模越大越确定，贷款形成呆账的可能性越低，而现金流不稳定往往与信用等级低下相关，也与该企业的客户、资金供给者及原往来银行背弃该企业有关，这些现象都预示着该借款人的风险。

对借款人现金流的分析所依托的是现金流量表。现金流量表由经营活动产生的现金流、投资活动产生的现金流和融资活动产生的现金流三部分构成。对每一项都要细致地追溯或分解现金流以确定现金的来源和运用。

借款人提供的现金流量表只是金融机构考虑发放贷款的始点。信贷人员需要对现金流量进行深入的研究以发现企业现金流的真实情况。在这一过程中，对引起现金增长和下降的业务交易要特别关注。借款人越弱，越要求金融机构深入获取必需的信息以判断是否存在严重的营运或财务问题。

金融机构将借款人的财务报告分解为基本或核心因素，再将这些零散的因素重新构造成需要的现金流量表，这样可以确保充分了解借款人的细节情况，并作出明智的信贷决策。

（三）关系型授信

关系型授信将贷款决策建立在金融机构对借款人所掌握的私有信息上，这些信息涉及企业及其所有人的各个方面，其来源渠道多种多样，包括在过去办理贷款、存款、结算以及提供其他金融服务的过程中建立的业务联系，金融机构客户经理与企业主的私人交往，甚至还可能来源于企业的供应商和客户，等等。随着时间的推移，这些来源于各种渠道的信息的价值会远超过财务报表、抵押甚至信用评分，对解决借贷双方信息的不对称及小微企业财务、经营上的不透明具有极为重要的作用。

第四节　资产组合信用风险计量

一、组合信用风险概述

传统上，金融机构信用风险管理侧重于单笔业务、单项交易，但是现代风险管理的经验和实证都表明，仅从个体角度管理信用风险是有局限的，必须综合考虑组合内各业务之间风险的对冲、转移、分散等因素，辅助违约相关性分析，才能超越对单项交易的风险管理，避免资产配置失误。

资产组合管理理论最初是在证券投资领域发展起来，随后被应用于信用风险管理领域。证券组合与信贷组合有共同之处：它们都是通用的融资方式，且都受系统性风险和非系统性风险的影响。但也存在以下三点差异：一是两者的损益分布不同，信贷组合的回报是固定的，而证券投资的回报取决于所产生的利润可能是无限的；二是集中的影响不同，证券投资组合集中于少数几只股票可能是可接受的，但是对于信贷组合来说，出现损失的风险大，集中的成本较高，因此组合多元化是必需的；三是清算时享有的权益不同，在企业清算时，信贷投资优先受偿于证券投资。

资产组合的信用风险由系统性风险和非系统性风险两部分构成。系统性风险是指由所有的信用发行人（或借款人）共同面临的风险因素引起的风险，如经济的景气状况、借款人的信用意识等。非系统性风险是指由个别的信用发行人（或借款人）所特有的信用风险因素造成的风险，如企业管理层人事变动、企业破产等。因此，信用风险是系统性风险因素和非系统性风险因素的函数，系统性风险不可能通过持有多元化的资产组合而消除，非系统性风险可通过持有大量多元化的资产组合而消除。

组合信用风险 = 系统性风险(不可分散风险) + 非系统性风险(可分散风险)

$$(3-14)$$

组合风险管理可以有效分散金融机构资产组合的信用风险，降低整体风险水平。由于资产组合内的资产具有内在的关联性，只要资产之间不是完全相关的，就具有分散化效应，就能降低整体的风险。比如商业银行向客户 A 和客户 B 分别发放了 1 000 万元的贷款，两笔贷款各自的风险分别为 50 万元和 40 万元。那么两笔贷款形成的组合的风险未必是 50 + 40 = 90 万元。只有当两笔贷款完全正相关时，风险才是 90 万元（A 和 B 同时违约）。否则，资产组合的风险是低于 90 万元的。违约事件之间的相关性可以用资产价值之间的相关性推出。

二、简单计量方法

（一）信用等级迁移矩阵

该方法运用的前提是外部评级机构或金融机构内部对各行业、各部门的企业进行了信用评级。贷款组合的管理者跟踪分析这些贷款企业的信用质量变化情况，根据历史数据建立起该贷款组合中贷款企业的信用等级迁移矩阵。一旦某行业的信用等级下降的速度超过了经验数据，则银行会减少对该行业的贷款。这一方法的缺点是金融机构是在承受了违约或降级带来的损失以后才对后来的贷款决策作出反应，可能为时已晚。

例题 3-5

行业贷款信用等级变化判断

表 3-12 是一张假设的银行内部使用的信用等级迁移矩阵表，它反映了某行业贷款信用等级变化状况。

表 3-12	某行业信用等级迁移矩阵表（1 年后评级）			
原始评级	1	2	3	D
1	0.85	0.10	0.04	0.01
2	0.12	0.83	0.03	0.02
3	0.03	0.13	0.80	0.04

注：D 为违约，信用质量从 1 至 3 下降。

假设银行对某行业的贷款进行信用等级迁移概率分析，发现年初 2 类贷款降级为 3 类贷款的概率上升到 0.07，大于表中的 0.03，则说明 2 类贷款的信用风险增大，应减少 2 类贷款，同时对降级的贷款进行处理。

（二）集中度与大额风险暴露指标

集中度风险是金融机构对源于同一或相关业务领域、客户、产品等而直接或间接形成的过大风险敞口。集中度越高，资产组合中一笔资产的违约越容易引发更多高相关性资产同时违约，可能给金融机构带来巨额损失，甚至危及金融机构安全。同一或相关业务领域，包括市场环境、行业、地理区域或国家等；同一或相关客户，包括借款人、存款人、交易对手、担保人和融资产品的发行主体等；同一或相关产品，包括融资来源、业务、币种、期限和风险缓释工具等产品要素。常用的集中度风险指标有同一行业贷款数额占全部贷款数额的比重等。

大额风险暴露是指金融机构对单一客户或一组关联客户的风险暴露，如果资产组合中存在大额风险暴露，很有可能一笔资产表现欠佳就会对整个资产组合产生较大负面影响。

金融机构可以通过集中度风险指标和大额风险暴露来计量与控制资产组合信用风险。

三、组合信用风险模型

（一）基础原理

根据资产组合理论，计算出各种资产的收益 $\overline{R}_i$ 和风险 σ_i，金融机构就能计算出资产组合的预期收益 $\overline{R}_p$ 和风险 σ_p^2。

$$\overline{R}_p = \sum_{i=1}^{N} \omega_i \overline{R}_i \qquad (3-15)$$

$$\sigma_p^2 = \sum_{i=1}^{2} \omega_i^2 \sigma_i^2 + \sum_{i=1}^{2} \sum_{j=1}^{2} \omega_i \omega_j \sigma_{ij} \qquad (3-16)$$

其中，$\overline{R}_p$ 为资产组合的平均收益率，ω_i 为第 i 种资产在资产组合中所占的比例，$\overline{R}_i$ 为第 i 种资产的预期收益率，σ_p^2 为资产组合的方差，$\sum$ 为加总求和符号，σ_i^2 为第 i 种资产的方差，σ_{ij} 为第 i 种资产和第 j 种资产的协方差。

当组合中各资产不完全相关，就会降低风险，特别是负相关时，其资产组合的风险就会降低。

例题 3 – 6

贷款组合信用风险计量

若某银行的贷款管理者有一个两笔贷款的组合，贷款 1 的权重为 30%，预期收益率为 10%，贷款收益的方差为 0.0225；贷款 2 的权重为 70%，预期收益率为 15%，贷款收益的方差为 0.04，两笔贷款收益的协方差为 – 0.0006，每笔贷款的相关数据如表 3 – 13 所示，试计算贷款组合的收益率和风险。

表 3 – 13　　　　　　　　　　贷款组合特征表

贷款	权重	预期收益率	方差
1	30%	10%	0.0225
2	70%	15%	0.04

当两笔贷款的协方差为 $\sigma_{ij} = -0.0006$ 时，

（1）计算贷款组合的预期收益率为 13.5%：

$$\overline{R}_p = \omega_1 \overline{R}_1 + \omega_2 \overline{R}_2 = 30\% \times 10\% + 70\% \times 15\% = 13.5\%$$

（2）计算贷款组合的方差为 0.0213：

$$\sigma_p^2 = \omega_1^2 \sigma_1^2 + \omega_2^2 \sigma_2^2 + 2\omega_1 \omega_2 \sigma_{12}$$
$$= (30\%)^2 \times 0.0225 + (70\%)^2 \times 0.04$$
$$+ 2 \times 30\% \times 70\% \times (-0.0006) = 0.0213$$

从计算结果可以看出，此贷款组合中的贷款收益之间的协方差为负，组合的风险小于单独持有某一种贷款的风险。

（二）实践应用

在实践中金融机构可使用资产组合信用风险模型计量资产组合的信用风险，通过对资产组合中单笔资产的违约状况进行逐期模拟，从而得到资产组合的违约分布、损失分布和违约时间分布。其具体应用流程如图 3 – 12 所示，主要包括两大计算过程。

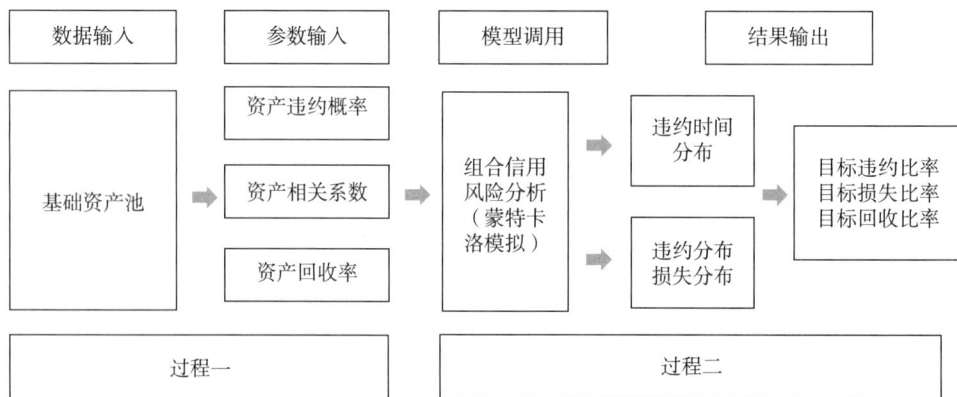

图 3 – 12　组合信用风险模型

过程一是确定组合资产信用风险模型输入所需的重要参数，包括计算单个资产违约概率、资产相关系数及资产回收率，各个参数通过资产组合的相关信息及基础参数表根据一定的公式计算得到。对于单个资产违约概率，需用到借款人信用等级、贷款期限、标准违约率表、借款人集中度、行业集中度、地区集中度等数据；资产相关系数则主要与行业、地区、企业间的关联关系相关；资产回收率包括借款人自身回收率、考虑保证人的调整回收率、抵押物的价值等。

过程二是将过程一所得的参数结果代入蒙特卡洛模拟模型中，对资产组合的信用风险进行量化分析。蒙特卡洛方法的发展在于它能够处理多变量间的复杂关系，它通过模拟系统中每一部分的变化来模拟系统的行为，即通过模拟资产组合中每笔资产的违约行为来模拟整个资产组合的违约行为。因此，使用蒙特卡洛模拟的关键是要有足够多的模拟次数，一般要在10万次以上，依靠现在很强的计算机技术，蒙特卡洛方法使用起来不再困难。蒙特卡洛模型输出结果包括违约分布图、损失分布图、违约时间分布以及不同信用水平下目标评级违约率、目标评级损失率。

四、商用组合信用风险模型

（一）CreditMetrics 模型

CreditMetrics 是由 J. P. 摩根公司联合美国银行、KMV、瑞士联合银行等金融机构合作开发于 1997 年推出的信用风险定量模型。它是在 1994 年推出的计量市场风险的RiskMetrics 基础上提出的，旨在提供一个可对银行贷款等非交易资产的信用风险进行计量的 VaR 框架。

风险价值（Value at Risk，VaR）又称在险价值，是一种基于统计基础的风险计量技术，其原理是根据资产价值变化的统计分布，寻找与置信度对应的分数位，该分数位即为 VaR 值。CreditMetrics 模型是一种信用风险的 VaR 模型。信用风险的 VaR 是指在给定的信用风险期限内，在一定的置信水平下，信贷资产可能遭受的最大损失。相对于市场风险的 VaR，信用风险的 VaR 度量更加困难。

CreditMetrics 模型认为，信用状况可由债务人的信用等级表示，债务人的信用等级变化可能有不同的方向和概率。贷款的价值由信用等级（价差）决定。如果金融机构有以下这四类数据：

（1）借款人当前的信用评级数据；

（2）信用等级在 1 年内改变的概率数据（即信用等级迁移矩阵）；

（3）违约贷款的回收率；

（4）债券的（到期）收益率曲线。

即可计算贷款的市场价值及其波动性，进而得出个别贷款和贷款组合的 VaR 值，从而度量信用风险。

CreditMetrics 模型的优点在于：

一是创造性地运用市场价值的在险价值方法进行信用风险计量，提供了信用工具组合信用风险计量和管理的方法；

二是在模型中，资产价值的变化始终与债务人的信用转移相联系，这既反映了债务人的违约风险，也反映了其信用等级变化可能引起的潜在损失；

三是该模型是一种盯市模型，能够同时考虑到资产价值的高低值。

由于模型的违约率直接取自历史数据的平均值，并假设信用等级迁移概率在不同借款人之间以及不同经济周期阶段都是稳定的，同时假设迁移概率遵循马尔可夫过程，因此 CreditMetrics 模型也存在其局限性。

CreditMetrics 模型关于信用风险量化管理的思想及其操作过程已经在信用风险管理领域得到了广泛的应用。

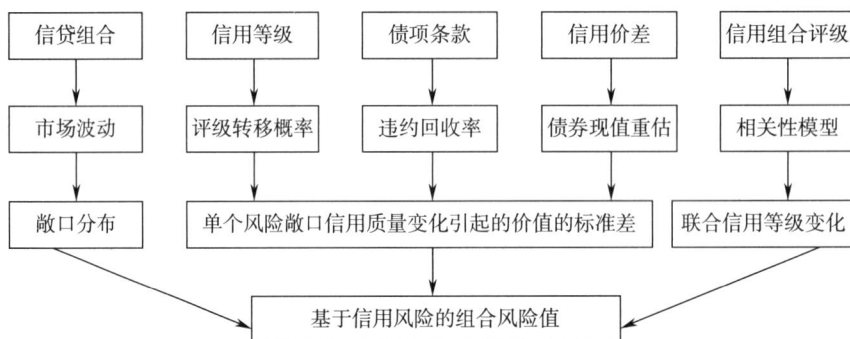

图 3 - 13   CreditMetrics 模型分析流程

（二）CreditPortfolio View 模型

在上面的 CreditMetrics 模型中，存在着信用等级迁移矩阵具有稳定性的假设。但是，实证研究表明，信用等级的迁移往往取决于经济的状态。因此，各种影响违约概率以及信用等级迁移概率的宏观因素也应予以考虑。麦肯锡公司 1997 年开发的信贷组合（Credit Portfolio View，CPV）模型通过直接将信用等级迁移概率和宏观经济冲击之间的关系模型化，并通过制造对模型的宏观冲击来模拟信用等级迁移矩阵的跨时演变状况来解决这一问题。

CPV 模型是一个多因素信用风险计量模型，该模型认为信用等级在不同时期的迁移概率不是固定不变的，而是受到诸如国别、经济周期、失业率、GDP 增长率、长期利率水平、汇率水平、政府支出、总储蓄率、产业等多种因素的影响。CPV 模型的思路是，首先通过多因素系统违约风险模型来模拟宏观经济状态，然后把信贷组合按类别细分为若干个子组合，并对每个子组合确定相应的转换函数，这样就将模拟的经济状态转换为特定部门的条件违约概率和信用等级迁移概率，最后以此模拟计算出整个信贷组合的损失分布。

CPV 模型的优点在于：第一，模型考虑了各种影响违约概率和信用等级变化的宏观因素，给出了具体的损失分布模型；第二，CPV 模型克服了 CreditMetrics 模型中不同时期信用等级迁移矩阵固定不变的缺点，可以看成是对 CreditMetrics 模型的补充。

CPV 模型的局限性在于：第一，模型关于违约事件与宏观经济变量之间关系的假设太过牵强，忽略了影响违约事件的一系列微观经济因素，尤其是单个借款人的特定情况；第二，模型依赖于大量的宏观经济和行业数据，数据处理过于复杂，而且各个国家、行业的违约信息往往不易取得，给模型的应用造成了困难。

（三）信用风险附加模型

信用风险附加（CreditRisk +）模型是瑞士信贷银行于 1997 年开发的信用风险管理系统。该模型尝试估计信贷组合的预期损失和损失分布。

CreditRisk + 的关键思想来自保险文献（尤其是火灾保险），其中保险公司遭受损失由事件的频率（如房屋被烧毁的概率）和损失的严重程度（如房屋被烧毁后损失的价值）决定。金融机构将这一方法应用于信贷组合，信贷组合的损失分布反映了贷款违约概率及其严重程度的组合。该框架如图 3 – 14 所示。

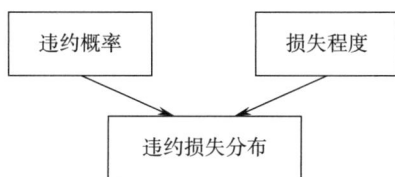

图 3 – 14　CreditRisk + 模型分析流程

CreditRisk + 模型通常使用如下假设：一是组合中任何一笔贷款的违约概率为随机变量，二是任何两笔贷款违约的相关性为零，当单笔贷款的违约概率很小并且违约概率独立于信贷组合时，违约概率的频率分布可以用泊松分布建模。该模型最适合分析大型小额贷款组合（如小企业贷款、抵押贷款和消费贷款）的违约风险。其优点是要求输入的数据少，计算简便。但模型也存在忽略信用等级的变化和需要假设违约概率都固定不变等缺陷。

第五节　交易对手信用风险计量

一、什么是交易对手信用风险

金融机构信用风险管理的重点是信贷业务，衍生品交易的信用风险往往被忽视，容易形成风险管理的空白点。衍生品通常仅存在短期价格波动导致的市场风险，但购买和持有的衍生品交易组合还存在着由市场风险因子驱动的随机信用风险，其源于持有期内交易对手信用状况的变化。交易对手信用风险（Counterparty Credit Risk，CCR）是指交易对手在一笔交易的现金流最后结算之前违约的风险，金融机构与违约交易对手的交易或组合具有正的经济价值时，会出现经济损失。20 世纪 90 年代以来，随着场外衍生品市场的快速扩张，交易对手信用风险逐步成为欧美大型金融机构面临的主要风险之一。著名的信孚银行、长期资本管理公司和雷曼兄弟破产重组与交易对手信用风险密切相关。

交易对手信用风险存在与传统信用风险所不同的特征，主要体现在以下三个方面：首先是双向性，交易对手信用风险是双向的，参与交易的双方都有因对方违约而面临损失的可能性；其次是风险敞口的不确定性，交易对手信用风险在未来的敞口由合约的未来市场价值所决定，而这个价值则是不确定的；最后是风险影响的多样性，在对交易对手信用风险进行度量时，应注意到有关市场风险与信用风险间的联系。

但是并非所有衍生品的交易对手信用风险都是双向的，如期权交易中，只有买方才有交易对手信用风险，卖方不存在交易对手信用风险。另外，对于在交易所集中交易和清算的衍生品交易，由于逐日盯市估值，并且清算机构基于相应的收益或损失逐日调整保证金，交易对手信用风险几乎可以忽略，因此交易对手信用风险主要源于场外衍生品、融资融券等交易中。

近年来，交易对手信用风险的概念有所扩大，不仅指交易对手违约给另一方带来的损失，而且包括交易对手信用状况恶化（如评级降低）导致交易合约估值下降给另一方带来的损失，即所谓的信用估值调整损失。

专栏 3-1

银监会加强衍生工具交易对手违约风险管理

2018 年 1 月 16 日，中国银监会发布通知，要求商业银行将交易对手信用风险管理纳入全面风险管理框架，建立健全衍生产品风险治理的政策流程。

《衍生工具交易对手违约风险资产计量规则》借鉴巴塞尔银行监管委员会发布的衍生工具资本计量国际标准，大幅提高了衍生工具资本计量的风险敏感性。规则重新梳理了衍生工具资本计量的基础定义和计算步骤，明确了净额结算组合、资产类别和抵消组合的确定方法，考虑净额结算与保证金协议的作用，并分别规定了重置成本与潜在风险暴露的计算步骤和公式。

银监会有关部门负责人表示，近年来，我国商业银行衍生工具交易增长加快，同时商业银行国际业务加速扩张，境外衍生品交易数量增长。而现行资本计量规则风险敏感度不足，不能充分捕捉衍生工具交易对手信用风险的波动和增长。规则旨在强化商业银行衍生工具风险管理和计量能力，适应国际监管标准变化和衍生工具业务发展趋势。

资料来源：李延霞. 银监会要求加强衍生工具交易对手违约风险管理［EB/OL］. 新华社，http://www.gov.cn/xinwen/2018-01/16/content_5257253.htm.

二、交易对手信用风险暴露

从原理上讲，交易对手信用风险的计量与信用风险计量方法是一致的，要计量交易标的违约概率、违约损失率和违约风险暴露。由于交易对手的信用风险暴露受利率、汇率和商品价格等市场因子所驱动，市场因子不仅变化频率高，且未来走势难以预测，因此估计风险暴露是计量交易对手信用风险的关键。虽然所有衍生品交易都有名义本金，但直接使用名义本金作为风险暴露不符合衍生品交易的经济实质，因为交易双方无须交换名义本金，只需交换该衍生品合约的经济价值；况且衍生品交易中通常都有净额结算、交换抵押品和保证金等风险缓释安排，交易双方实际承担的风险暴露要远远小于衍生品交易的名义本金。如 2019 年底全球场外衍生品合约的名义本金高达 559 万亿美元，市场价值达 11.6 万亿美元，考虑净额结算后总信用暴露仅 2.4 万亿美元。

（一）单笔衍生品交易风险暴露

单笔衍生品交易在计量日的风险暴露就是该笔交易的未实现收益（若市值为正）或零（若市值为负），此为当前风险暴露（Current Exposure，CE）。当前信用风险暴露以数学式表示为

$$当前风险暴露 = \max(V,0) \tag{3-17}$$

V 即该笔交易的未实现收益，包括按市场交易价格定价以及按模型定价。

然而，对于面向未来的资本监管而言，当前风险暴露是远远不够的，金融机构必须考虑市场因子变动导致风险暴露上升的情形，核心是计量衍生品交易的潜在风险暴露（Potential Future Exposure，PFE），潜在风险暴露是金融机构在未来各个时点可能面临的客户风险暴露。因此，违约风险暴露的计算公式可表示为

$$EAD = 1.4 \times (当前风险暴露 + 潜在风险暴露) \tag{3-18}$$

与当前客户敞口不同，由于在各个时点（比如一周后、两周后、一个月后等）交易的估值存在不确定性，因此潜在风险暴露可以有不同的表现方式，一般较为常用的表现方式有峰值敞口以及平均敞口。其中，峰值敞口是指在一定置信度水平下可能达到的最大敞口，例如 95% 置信度峰值敞口表明只有 5% 的可能性金融机构面临的敞口会超过该数值。

（二）单个交易对手信用风险暴露

若金融机构与单个交易对手同时开展多笔衍生品交易，不同衍生品交易的价值受不同的市场因子驱动，可能为正值或负值，为此交易双方通常签署净额结算协议，以缓释交易对手违约的风险，如 ISDA 净额结算协议和国内的 NAFMII 协议等。根据净额结算协议，若交易一方违约，双方可以将所有衍生品交易加在一起，以净额为基础进行清算。若交易双方未签署净额结算协议，需对衍生品交易逐笔清算，金融机构面临的交易对手信用风险将明显上升，并且要付出相当的诉讼成本和时间成本。

（三）衍生品交易组合风险暴露

大量从事衍生品交易的金融机构通常将所有衍生品交易汇总到一个核心风险暴露系统，在组合层面利用蒙特卡洛模拟等技术计量衍生品交易组合风险暴露。组合层面的风险暴露计量除考虑上述单笔衍生品交易的结构特征与客户签署的净额结算协议和抵押品协议（CSA）之外，还需考虑不同风险因子之间的相关性、组合的分散化效应、组合的期限结构及其变化等。组合层面的风险暴露计量可用于客户层面的集中度分析、

限额管理、经济资本计算、绩效考核等。

（四）错向风险

错向风险（Wrong Way Risk）是指交易对手违约概率与风险暴露之间的正相关性，即随着风险暴露的增加，交易对手违约概率上升。错向风险又分为一般错向风险（General Wrong Way Risk）和特定错向风险（Specific Wrong Way Risk）。一般错向风险是指违约概率与一般市场风险因子之间的正相关性；特定错向风险是指由衍生品交易特征导致的违约概率与风险暴露之间的正相关性。近年来，随着金融市场波动性的扩大以及衍生品交易结构的日趋复杂化，风险暴露短期内可能迅速膨胀，加大了交易对手债务负担，导致其履约能力恶化，违约概率与风险暴露之间呈现出较高的正相关性。《巴塞尔协议Ⅱ》已注意到错向风险，但考虑到错向风险计量的复杂性，仅原则性要求建立必要的程序识别和控制错向风险，尤其是特定错向风险。

三、信用估值调整

风险暴露的问题在于只考虑了交易的风险，而没有考虑交易的收益。信用估值调整（Credit Valuation Adjustment，CVA）可以较好地解决这一问题。信用估值调整是因为交易对手信用恶化而引起的预期损失，为一个交易或组合的价值与其无风险价值（该价格假设没有交易对手风险）的差额，也通常称为单向信用估值调整。

$$CVA = 交易的无风险价值 - 交易的价值 \qquad (3-19)$$

信用估值调整的计算公式是：

$$CVA \approx LGD \sum_{i=1}^{m} DF_i\, EE_i\, PD_i \qquad (3-20)$$

其中，LGD 为交易对手违约情况下的违约损失率，DF_i 为第 i 期的无风险贴现因子，EE_i 为第 i 期风险敞口的期望值，PD_i 为第 i 期的边际违约概率，i 从 1 到 m，该交易持续 m 期。显然，CVA 的计算公式涉及违约的时间和概率、违约时衍生品的交易价值、无风险贴现因子等几个不确定因素。因此，CVA 建模通常比复杂衍生品更具挑战。

CVA 还有一些其他的存在形式，分别是增量 CVA 和边际 CVA。增量 CVA 是指加入一笔新交易对 CVA 的影响；边际 CVA 是指将整个资产组合拆分成每个资产对于 CVA 的影响，可以求出单个资产对资产组合 CVA 的贡献程度。

专栏 3-2

人工智能是信用风险管理的发展方向

世界上最早的评级公司已经成立超过 100 年，评级公司在中国也已经发展了近 30 年，形成了一套相对成熟的信用风险评价体系。

相对传统信用风险评价体系，人工智能模型被证明可以在债券违约预测上取得明显优势，是一个前景光明的发展方向。

人工智能评级最大的优势在于能够处理海量数据，从中找出规律，从而预测企业是否接近违约。通过人工智能模型，投资者和风险管理人员所处理的数据量是传统评级方法无法企及的。同时，数据量越大，对应的数据间关系就越复杂，人脑无法完成如此海量数据之间的逻辑思考，只有通过人工智能技术才能处理全面数据之间的全部潜在关系。从某种程度上看，人工智能模型可能是处在"上帝视角"观察违约事件的最好办法，避免了盲人摸象、各说各话的现实困境。

人工智能的独立性和权威性远高于传统评级。理论上，人工智能评级只有输入因子、目标变量和建模方法三类输入变量，计算机本身自主学习发现客观规律，学习的过程中不需要人为设定参数，也无法进行人工干预。模型开发人员为了达到某种目的而修改评价结果的可能性几乎为零，更不可能单独对某一个发行主体进行修正。这种完全基于客观数据的评价结果具有天然的合理性、独立性和权威性。

人工智能没有记忆，没有情绪。"记忆"是一把"双刃剑"，可以提高业务能力，也会造成从业人员的选择性偏差。人不可能没有情绪，朋友圈文章、好友观点、舆论导向都会潜移默化地对从业人员产生影响。优秀的投资经理和信评人员可以很大程度上对抗记忆和情绪的负面影响，但是人工智能评级天然没有这些问题，更不会被负面影响左右。

除此之外，人工智能评级反应迅速，不会疲劳，表现始终如一地稳定，并且能够完成人脑无法完成的分析和推理。相对于现有的传统评级方法，人工智能模型的优势将会越来越显著。

人工智能技术的发展已经到了颠覆传统金融分析研究方法的临界点，未来纯人工的分析研究将日渐式微，人工智能技术的应用能力将成为金融机构最重要的基础设施。

资料来源：卓逸．人工智能是信用风险管理的发展方向［EB/OL］．财新网，2021 - 07 - 27.

【本章要点】

1. 信用风险是债务人或交易对手未能履行合约规定的义务或信用质量发生变化而导致其债务市场价值下降的风险。度量信用风险的关键在于度量违约概率、违约风险暴露、违约损失率和期限这四大基本要素。信用风险的预期损失是违约风险暴露、违约概率和违约损失率的乘积。

2. 金融机构的非零售客户包括工商企业、金融机构和政府（主权政府和地方政府）三大类。信用评级是对受评者的信用风险进行评估并给出信用等级的过程。它是金融机构计量信用风险最重要的方法。资本市场数据也可用于计算违约概率。常用的度量信用风险的方法还有线性判别模型和 Probit/ Logit 模型。

3. 零售客户是由自然人和满足一定条件的小微企业组成。信用评分模型是零售客户信用风险计量的主要方法。对于信用评分模型不成熟的业务领域，金融机构也会使用资产基础评估、现金流分析和关系型授信等方法去计量信用风险。

4. 资产组合的信用风险由系统性风险和非系统性风险两部分构成。简单的组合信用风险计量法有信用等级迁移矩阵、集中度与大额风险暴露指标。组合信用风险模型是较为复杂的方法。此外，还有 CreditMetrics 模型、CreditPortfolio 模型等商用组合信用风险模型。

5. 交易对手信用风险是指交易对手在一笔交易的现金流最后结算之前违约的风险，金融机构与违约交易对手的交易或组合具有正的经济价值时，会出现经济损失。交易对手信用风险可用交易对手信用风险暴露和信用估值调整计量。

【重要概念】

违约概率　违约风险暴露　违约损失率　有效期限　主体评级　债项评级
信用等级迁移　边际违约概率　累计违约概率　线性判别模型　Probit/ Logit 模型
信用评分模型　集中度风险　大额风险暴露　交易对手信用风险　错向风险
信用估值调整

【课后习题】

1. 试述信用风险计量要素。

2. 试述主体评级的思路。

3. 选取一家上市公司的财务数据，利用 Z – score 模型对公司的信用状况进行分析。

4. 查找相关资料，尝试选取一家上市公司，用 KMV 模型估计其违约概率。

5. 查找相关资料，尝试选择一家 AAA 级债券的市场数据，计算其隐含违约率。

6. 简述线性判别模型及 Probit/Logit 模型的优点与局限性。

7. 试比较申请评分、行为评分和催收评分模型。

8. 试述信贷组合的特点和组合信用风险的构成。

9. 有哪些简单方法可以计量组合信用风险？

10. 什么是交易对手信用风险？如何计量交易对手信用风险？

11. 阅读上市金融机构年报，了解金融机构如何识别和计量信用风险。

12. 访问信用评级公司网站，了解你感兴趣的细分行业评级方法。

13. 访问中国货币网（https://www.chinamoney.com.cn/chinese/），阅读相关公司评级报告与跟踪评级报告。

【进阶阅读】

1. 冯光华，等. 信用评级原理与实务［M］. 北京：中国金融出版社，2019.

2. 林亚臣. 零售金融风险管理概论［M］. 北京：中国金融出版社，2020.

3. 刘元庆. 信贷的逻辑与常识［M］. 北京：中信出版集团，2016.

4. 杨军. 风险管理与巴塞尔协议十八讲（第二版）［M］. 北京：中国金融出版社，2020.

5. ［英］乔恩·格雷戈里. 交易对手信用风险和信用价值调整（第二版）［M］. 杨超，等译. 北京：北京大学出版社，2019.

6. Ciby Joseph. Advanced Credit Risk Analysis and Management. John Wiley & Sons，2013.

7. Sylvain Bouteillé，Diane Coogan – Pushner. The Handbook of Credit Risk Management. John Wiley & Sons，2013.

第四章

市场风险计量

【学习目标】

1. 掌握市场风险的特征和分类。

2. 掌握市场风险暴露的计量方法。

3. 掌握波动率的概念和历史波动率的计量方法；熟悉隐含波动率的计算和波动率指数。

4. 掌握敏感性的概念；掌握银行账簿利率和权益资产价格敏感性的计量方法；熟悉金融衍生工具价格敏感性的计量方法。

5. 掌握风险价值 VaR 的概念；掌握风险价值 VaR 计算的方差—协方差法和历史模拟法；了解风险价值 VaR 计算的蒙特卡洛模拟法；了解一致性风险测度理论；熟悉预期尾部损失的定义。

【开篇导读】

新型变异新冠病毒触发金融市场大幅震荡

受南非等国报告新型变异新冠病毒等利空消息影响，投资者对经济复苏前景感到担忧，2021 年 11 月 26 日国际金融市场大幅震荡，全球主要股指、大宗商品价格显著下跌，避险需求上升推动欧美多国国债收益率走低。26 日适逢美国"黑色星期五"开启购物季，《华尔街日报》网站刊文称，美股遭遇史上表现最糟的"黑色星期五"。

南非等一些国家近日报告了新冠病毒新型变异毒株，世界卫生组织 26 日将其列为"需要关注"的变异毒株，并以希腊字母"奥密克戎"（Omicron）命名。当天，美国纽约股市三大股指跌幅均超 2%，欧洲和亚洲股市主要股指也显著下跌。

多国当天宣布的旅行限制措施令石油需求前景承压，国际油价在当天跌幅超 10%，创 2020 年 4 月底以来最大单日跌幅。纽约商品交易所 2022 年 1 月交货的轻质原油期货价格下跌 10.24 美元，收于每桶 68.15 美元，跌幅为 13.06%。

与此同时，欧美多国政府 10 年期国债收益率大幅下降，美国和英国 10 年期国债收益率降幅分别达 16.19 个基点和 14.16 个基点。

衡量市场投资者恐慌情绪和市场风险的芝加哥期权交易所波动指数（又称"恐慌指数"）当天大幅上涨54.04%，收于28.62点。

美国外汇交易平台坦帕斯公司26日表示，投资者担忧新型变异新冠病毒令全球经济复苏脱轨，导致从亚洲到欧美的全球主要股市出现暴跌。

纽约梅隆银行投资者解决方案公司策略师阿杰纳·奥登表示，26日很多交易员没有上班，当天的交易提前收盘，流动性降低可能导致市场出现一些回调。

资料来源：刘亚南. 新型变异新冠病毒触发金融市场大幅震荡［EB/OL］. 新华网，（2021-11-27）. https：//www. cs. com. cn/xwzx/hg/202111/t20211127_6223564. html.

第一节　市场风险概述

一、什么是市场风险

市场风险（Market Risk）是指由于利率、汇率、权益价格和商品价格等市场因子的变动，引起的金融机构金融工具的公允价值或未来现金流变动，从而可能蒙受损失的风险。市场风险具有以下特征。

1. 市场风险主要由利率、汇率、权益价格、商品价格等市场风险因子的变化引起。

2. 市场风险种类众多、影响广泛、发生频繁，是各个经济主体所面临的最主要的基础性风险。

3. 市场风险常常是其他金融风险的驱动因素，例如，利率风险往往会加大企业按期偿还债务的难度，容易使发行贷款的银行面临信用风险；证券持有者有可能因为权益价格的剧烈波动而产生流动性风险，等等。

4. 相对于其他类型的金融风险而言，市场风险的历史信息和历史数据的易得性较高，从而便于采用各种数理、统计、计算机等方法去研究。因此，目前度量、研究市场风险的方法相对比较成熟，而且对度量其他类型的金融风险有很大的启示。

二、市场风险的分类

根据金融市场风险不同的驱动因素或者不同类型的市场风险因子，可以把市场风险进一步划分为利率风险、汇率风险、权益价格风险和商品价格风险。

（一）利率风险

利率风险（Interest Rate Risk）是指市场利率变动的不确定性给金融机构造成损失的风险，具体而言是指市场利率波动造成金融机构净利息收入（利息收入－利息支出）损失或资本损失的风险。利率风险的产生取决于两个条件：一是市场利率发生波动，二是金融机构的资产和负债期限不匹配。利率风险的大小取决于市场利率波动幅度的大小及金融机构资产和负债不匹配的程度。

根据巴塞尔银行监管委员会的原则，利率风险主要有重定价风险、基准风险、收益率曲线风险、期权风险四种表现形式。银保监会 2018 年 5 月颁布的《商业银行银行账簿利率风险管理指引（修订）》把重定价风险和收益率曲线风险合并为缺口风险。

1. 缺口风险。缺口风险是指利率变动时，不同金融工具重定价期限不同而引发的风险。利率变动既包括收益率曲线平行上移或下移，也包括收益率曲线形状变化。由于金融工具的重定价期限不同，利率上升时当负债利率重定价快于资产利率，或利率下降时当资产利率重定价快于负债利率，银行就会在一定时间内面临利差减少甚至负利差，从而产生损失。

> **例题 4－1**
>
> **缺口风险与净利息收入**
>
> 假定某银行年初资产负债表有如下业务发生。
>
> 资金来源：1 年期浮息定存 100 亿元，每 6 个月重新定价。
>
> 资金运用：1 年期浮息贷款 100 亿元，每 3 个月重新定价。
>
> 简化假设：为简单起见，暂不分析其他资产负债业务，实际中会把所有业务都按照期限汇总。
>
> 利率冲击：3 月 31 日，资产、负债端利率同向调降 25 个基点。
>
> 净利息收入影响测算分析：
>
> $$\Delta NII = 100 \times (-0.25\%) \times \frac{9}{12} + (-100) \times (-0.25\%) \times \frac{6}{12} = -0.0625(亿元)$$
>
> 因贷款的重定价周期短于存款的重定价周期，贷款利率调整的速度快于存款，所以利率下降使利差收益下降。

2. 基准风险。基准风险是指金融机构资产负债业务定价基准利率不同，尽管期限相同或相近，但由于基准利率的变化不一致而形成的风险。在利息收入和利息支出所依据的基准利率变动不一致的情况下，虽然资产、负债和表外业务的重定价特征相似，但因其现金流和收益的利差发生了变化，所以也会对金融机构的收益或内在经济价值产生不利影响。

> **例题 4－2**
>
> **基准风险与净利息收入**
>
> 例如，某银行以央行存款基准利率为基准进行重定价［实际存款利率＝央行存款基准利率（1.5%）＋30 个基点］，以 1 年期 LPR 为基准对贷款进行重定价［实际贷款利率＝1 年期 LPR（3.85%）＋75 个基点］，假定年初存款和贷款均为 100 万元，则银行初始收益为
>
> 100 ×（3.85% ＋75 个基点）－100 ×（1.50% ＋30 个基点）=2.8（万元）

若央行将 1 年期 LPR 下调 25 个基点，但存款利率保持不变，则重定价之后的收益为

$$[100 \times (3.85\% + 75 \text{ 个基点}) - 100 \times (1.50\% + 30 \text{ 个基点})]$$
$$\times 6/12 + [100 \times (3.60\% + 75 \text{ 个基点}) - 100$$
$$\times (1.50\% + 30 \text{ 个基点})] \times 6/12 = 2.675(\text{万元})$$

银行净利息所受影响为

$$\Delta NII = 2.8 - 2.675 = 0.125(\text{万元})$$

当降息时，如果 LPR 下降的幅度大于存款基准利率下降的幅度，即利息收入减少的幅度大于利息支出减少的幅度，那么银行的息差会缩小，将面临基准风险。

3. 期权风险。期权风险是指金融机构持有的期权衍生工具，或其金融产品与服务存在嵌入式期权条款或隐含选择权，使金融机构或交易对手可以改变金融工具的未来现金流水平或期限从而形成的风险。期权风险可分为自动利率期权风险和客户行为期权风险。自动利率期权风险来源于独立期权衍生工具，或金融工具合同中的嵌入式期权条款（例如浮动利率贷款中的利率上限或利率下限）。对于这类期权，如果执行期权符合持有人的经济利益，那么持有人会选择执行期权，因此称为自动期权。客户行为期权风险来源于金融工具合同中的隐含选择权（例如借款人的提前还款权，或存款人的提前支取权等）。利率变化时，这类选择权有可能会影响客户行为，从而使未来现金流发生变化。例如，对于一笔本金为 1 亿元、利率为 4.6% 的 1 年期贷款，若正常到期银行可获得利息收入 460 万元；若 LPR 瞬时下调 25 个基点，客户要求提前还款，经银行同意以 4.35% 的利率重新贷款，那么银行利息收入就会减少 25 万元。

（二）汇率风险

汇率风险（Currency Risk）是指汇率变化而给金融机构带来损失的风险。例如，金融机构所持有的某种特定的外币债权，在未来某个时间与本币或其他外币兑换时，因为汇率波动而发生损失的可能性。具体来说，汇率风险包括以下三种类型。

1. 交易风险，是指在运用外币进行计价收付的交易中，经济主体因外汇汇率的变动而可能蒙受的损失。金融机构自身持有的外汇头寸及相应的外汇衍生工具都面临此类风险。

2. 折算风险，又称会计风险，是指经济主体在对资产负债表进行会计处理，将功能货币转换成记账货币时，因汇率变动而可能蒙受的账面损失。功能货币指在经济主体与经营活动中流转使用的各种货币，记账货币指在编制综合财务报表时使用的报告货币，通常是本国货币。所有以不同于金融机构记账货币的外币计价的、与汇率相关的产品和头寸都面临此类风险。

3. 经济风险，又称经营风险，是指意料之外的汇率变动通过影响金融机构的经营

管理，引起金融机构未来一定时期收益或现金流量减少的一种潜在损失。经济风险主要是由经济环境、经济事项引起的，而不是由交易活动直接引起的。

专栏4-1

中国银行股份有限公司2021年汇率风险

中国银行大部分的业务以人民币进行，此外有美元、港元和少量其他外币业务。中国银行的主要子公司中银香港集团大部分的业务以港元、人民币及美元进行。中国银行通过合理安排外币资金的来源和运用以最大限度减少潜在的货币错配。中国银行通过控制外汇敞口以实现对汇率风险的管理。针对交易账簿，本集团通过风险价值对交易账簿的外汇风险进行监控。同时，中国银行对汇率风险进行汇率敏感性分析，以判断外币对人民币的潜在汇率波动对税前利润和权益的影响。表4-1计算了当其他项目不变时，美元及港元相对人民币升值1%对税前利润和权益的影响。负数表示可能减少税前利润或权益，正数表示可能增加税前利润或权益。该分析未考虑不同货币汇率变动之间的相关性，也未考虑管理层在资产负债表日后可能已经或可以采取的降低汇率风险的措施，以及外汇敞口的后续变动。

表4-1　　　　美元及港元相对人民币升值1%对税前利润和权益的影响

单位：百万元人民币

币种	汇率变动	对税前利润的影响		对权益的影响	
		2021-12-31	2020-12-31	2021-12-31	2020-12-31
美元	+1%	424	450	726	620
港元	+1%	(89)	(181)	2289	2340

资料来源：中国银行股份有限公司2021年年报。

（三）权益价格风险

权益价格风险（Equity Risk）是指权益价格的不确定变化而导致金融机构资产组合发生损失的风险。导致权益价格风险的因素很多，包括政治因素、经济因素、社会因素、心理因素，甚至还包括一些偶然因素。权益价格风险可分为系统性风险和非系统性风险。系统性风险是指政治、经济及社会环境的变动而影响市场上所有权益资产的风险，包括市场风险、利率风险、通胀风险等。系统性风险无法通过投资多样化的方法加以回避与消除。非系统性风险是指市场、行业及企业本身等因素影响个别企业权益资产的风险，它包括行业风险、企业个体风险等。非系统性风险属于个别风险，能够通过投资多样化的方法将其分解并且可以进行有效的防范。

专栏 4 – 2

自营业务"拖后腿"

2022 年 12 月初，中国证券业协会披露的数据显示，2022 年前三季度 140 家证券公司实现营收 3 042.42 亿元，同比下滑 16.95%；实现净利润 1 167.63 亿元，同比下滑 18.90%。从主营业务收入来看，仅有证券承销保荐、投资咨询业务实现了同比增长，经纪业务、信用业务、资产管理业务均有不同幅度下滑，而自营业务收入下滑最为明显。受权益类市场低迷影响，2022 年前三季度，140 家券商实现证券投资收益（含公允价值变动）560.49 亿元，相比 2021 年同期的 1 064.04 亿元近乎"腰斩"，成为拖累券商业绩的主要原因。以国元证券为例，2022 年前三季度，由于交易性金融资产处置收益减少，国元证券投资收益 8 765.51 万元，同比减少 87.53%。同时由于交易性金融资产公允价值变动收益下降较大，报告期内公司公允价值变动收益为 −2.09 亿元，同比减少 343.62%。

资料来源：第一财经，2022 – 12 – 06。

（四）商品价格风险

商品价格风险（Commodity Risk）是指可交易商品价格的波动给金融机构带来损失的风险。可交易商品包括农产品、矿产品、贵金融及能源商品等，所有商品衍生品和资产负债表头寸受商品价格变化的金融产品也包括在内。

近年来，金融机构陆续开展商品交易与大宗商品套期保值业务，商品价格风险逐渐显露。商品价格风险主要来源于以下几类风险：供给性风险、需求性风险、季节性价格风险及突发性价格风险。供给性风险是指可供应市场的商品数量变化而导致价格的波动；需求性风险是指市场需求的异常波动对价格变动产生的不确定性；季节性价格风险是指季节、气候变动对商品价格产生的影响；突发性价格风险是指自然灾害、流行疾病等突发事件对商品价格产生的影响。

专栏 4 – 3

银行贵金属业务再收紧

近期，多家银行再次发布调整贵金属业务的通知。从调整业务种类来看，包括账户贵金属、双向账户贵金属、代理个人上海黄金交易所竞价交易服务。

业内人士告诉第一财经记者，此次银行账户贵金属业务调整是监管措施执行的延续，预计接下来银行可能会逐步关闭交易类型的贵金属投资产品，最终清退客户，只保留实物投资产品。

而就在两个多月前，监管部门还要求银行停止向个人投资者出售与商品期货相关的投资产品，旨在控制大宗商品价格波动造成的风险。

一位期货业内人士对第一财经记者称，银行暂停账户贵金属业务新开户，与上述标的价格波动幅度较大有关。与商品期货相关的投资产品都是带杠杆的，和银行的黄金白银 T＋D 产品一样，对个人投资者而言风险比较高。另一方面，通过此前的原油宝事件，这类有杠杆属性的产品，在监管边界、投资者适当性等方面仍然存在争议，出于审慎考虑，监管采取所谓的"逐步清退"举措。

资料来源：齐琦. 银行贵金属业务再收紧，杠杆属性产品或将逐步清退［EB/OL］. 第一财经，2021－08－03.

第二节　市场风险暴露

市场风险暴露（Market Risk Exposure）又称为市场风险敞口，是指在金融活动中容易受到市场风险因子影响的资产和负债的价值，或者说暴露在市场风险中的头寸状况。市场风险暴露是市场风险计量的基础，准确计量风险暴露，实时了解风险暴露，有助于合理评估自身面临的风险大小。风险暴露越大，同样情况下承担的市场风险就越大。

一、金融资产风险暴露

金融机构的金融资产包括债券、权益工具、基金、信托产品等，金融资产风险暴露可以从名义金额和市场价值两个角度分析。

（一）名义金额

名义金额即金融资产的历史价值，通常情况下等于金融资产到期时收到的本金。由于利率、汇率等市场价格处于频繁的变化中，名义金额通常不等于金融资产的市场价值。但名义金额作为金融资产上市初期的价值，通过对比市场价值（净价）与名义金额的差异，可以看出在金融资产存续期内利率、发行体信用、汇率等风险因子对金融资产价值的综合影响，因此也具有一定的参考价值。

（二）市场价值

市场价值可以通过以下几种方式得到。

1. 盯市（Mark to Market）。按照市场成交价格计值。例如，通过交易对手报价、交易所报价、市场最新成交价等来确定债券的价值。

2. 盯模（Mark to Model）。按照模型计算价值。当市场价格计值存在困难时（如一些流动性差的私募债券鲜有市场报价），金融机构可以按照数理模型确定债券的价值。即以某一些市场变量为基础，计算出交易的价值。盯模方法容易受到人为的影响，因此，监管机构对此类模型的开发、验证、数据质量等进行了明确规定，以控制模型风险。

二、外汇风险暴露

外汇风险暴露是金融机构较早采用的汇率风险计量方法。一般而言，金融机构在计算外汇风险暴露时，应将涉及类似汇率风险的交易包括在内，例如持有的黄金头寸。在进行外汇风险暴露计量分析时，金融机构应当分析单币种的外汇风险暴露和各币种风险暴露折成报告货币的累计总暴露，以反映分币种及整体汇率风险承担。

（一）单币种风险暴露计量

在计算单币种的外汇风险暴露时，应包括该货币的资产与负债、未到期现货及远期交易、期货合约和期权等的多头头寸与空头头寸形成的暴露。其计算公式如下。

$$单币种风险暴露 = 即期净暴露 + 远期净暴露 + 期权头寸$$
$$= （即期资产 - 即期负债） + （远期买入 - 远期卖出） + 期权头寸$$

$$(4-1)$$

如果某种货币外汇风险暴露是正数，意味着金融机构在此种货币上处于外汇净多头，即在该种外汇上的买入多于卖出，当外币对本币的币值下降时金融机构将面临外汇亏损；反之，如果净的外汇风险暴露为负数，意味着金融机构在此种货币上处于外汇净空头，即在该种外汇上的卖出多于买入，当外币对本币的比值上升时金融机构面临外汇亏损。

例题 4-3

计算某金融机构的美元风险暴露

某金融机构持有美元资产折合人民币 500 万元，美元负债折合人民币 430 万元，远期买入美元折合人民币 410 万元，远期卖出美元折合人民币 500 万元，持有美元净期权头寸折合人民币 30 万元，计算该机构的美元净暴露。

$$（500 - 430） + （410 - 500） + 30 = 10 （万元）$$

该机构持有美元净暴露 10 万元。

（二）累计总暴露的计量

计算总暴露时，需要把非报告货币的暴露进行汇总。外汇风险暴露汇总主要有三种方法：净总暴露法、累计总暴露法和短边法。

1. 净总暴露法（Net Aggregate Position，NAP）。净总暴露法即金融机构各种外币多头头寸形成的暴露与空头头寸形成的暴露相减后的绝对值。当外汇风险暴露组合中的货币汇率变动高度相关时，多头头寸与空头头寸呈现负相关，所形成的汇率风险可以相互抵消，在这种情况下适合采用净总暴露法进行汇总。但该种方法有可能低估了金融机构面临的实际外汇风险，是一种较为激进的方法。

2. 累计总暴露法（Gross Aggregate Position，GAP）。在此种方法下，金融机构各种外币多头头寸形成的暴露和空头头寸形成的暴露不是相互抵消，而是相加。当外汇暴露组合中的货币变动完全不相关时，多头头寸形成的暴露和空头头寸形成的暴露之间彼此独立，形成的汇率风险就不能相互抵消，只能累积。在这种情况下，适合采用累计总暴露法进行汇总。采用此方法计算出的汇率风险暴露数值偏大，其结果趋于保守，估计的风险程度较高，可促使运用者及早采取防范措施。

3. 短边法（Shorthand Aggregate Position，SAP）。短边法即在金融机构各种外币多头头寸形成的暴露与空头头寸形成的暴露两者间取数值较大者，该方法较为中性。该方法最早由英国银行监管当局提出，后被广泛采用。

中国银保监会要求银行在报告汇率风险暴露时采用短边法。在填报汇率风险暴露表时，首先计算单货币的暴露头寸，然后把多个货币暴露头寸综合汇总，得到总暴露。

例题 4 - 4

计算金融机构的外汇总暴露

某金融机构的外汇风险暴露及外汇总暴露计算见表 4 - 2。

表 4 - 2 　　　　　　　　　　金融机构外汇风险暴露

币种	多头	空头	净暴露	总暴露	短边法
美元	20 000				
欧元	10 000				
澳大利亚元		- 8 000	= 多头空头抵消	= 多头 + 空头	= max（多头，空头）
港元		- 2 000			
英镑	5 000				
合计	35 000	- 10 000	25 000	45 000	35 000

我们可以把净暴露与汇率预期的变动联系起来，用公式表示如下：

以本币计价的某种外币的亏损或盈利

= 以本币计价的净外汇风险暴露 × 本币 / 外币汇率变动值 　　　（4 - 2）

该等式表明，金融机构在某外币上存在的净外汇风险暴露越大，或者该种外币的汇率变动幅度越大，它的潜在的以本币计价的亏损或盈余也越大。

例题 4 - 5

汇率风险损益计算

某金融机构英镑的净暴露是 500 万元人民币，如果英镑的汇率升值 1%，预期的损益是多少？

根据上述等式，英镑汇率升值 1%，则该金融机构预期的损益是 500 × 1% = 5 万元人民币。

三、金融衍生工具风险暴露

金融衍生工具的风险暴露计量较为复杂。名义金额、市场价值都不适合作为衍生工具的风险暴露。这是因为衍生工具的名义金额通常只是合约中明确的计价基础，并不一定会产生真正的现金流。比如名义金额为 1 000 万元的利率互换并不一定真的要交割 1 000 万元的本金，而是以 1 000 万元为基础计算每期固定利息和浮动利息的差额作为交割金额。市场价值虽然代表了当前时点衍生工具的风险暴露，但是由于衍生工具的市场价值是不断波动的，其风险暴露也是在不断波动的，当前时点的市场价值不能代表未来存续期内的市场价值，因此也不适合作为衍生工具的风险暴露。

衍生工具风险暴露的计量方法有三种：系数法、附加因子法（又叫现期风险暴露法）和蒙特卡洛模拟法。目前国内同业使用较多的衍生工具风险暴露的计算方法是附加因子法。附加因子法的计算规则如下：

$$EAD = MTM + Add - on \qquad\qquad (4-3)$$

其中，MTM 为按盯市价值计算的重置成本与零之间的较大者，$Add - on$ 为反映剩余期限内潜在风险暴露的附加因子。潜在风险暴露的附加因子等于衍生工具的名义金额乘以相应的附加系数。

第三节　波 动 率

一、什么是波动率

波动率（Volatility）是用来描述标的资产价格变动的不确定性，是衡量标的的资产价格偏离其平均值的度量。波动率通常用资产收益率的标准差来衡量，比如股票的波动率可以用股票的收益率标准差来度量。资产收益率通常使用几何收益率计算方法。波动率的时间长度默认是 1 年，如股票的波动率是指按连续复利计算的 1 年的股票收益率的标准差。历史波动率和隐含波动率是在实际中运用最多的两种波动率。

历史波动率是基于过去的统计分析得出的，且假定未来是过去的延伸，通过计算标的资产在过去一段时间的收益率的标准差而来。历史波动率通常是指标的资产的日收益率在过去一段时间的年化标准差。过去一段时间可以是最近的 30 天、90 天或其他合适的天数。

隐含波动率是根据期权的价格反推导出来的，是市场上交易的期权价格所隐含的波动率。标的资产价格、无风险利率、近期股息率、期权执行价格、期权到期日和波动率是影响期权价格的六个因素，把这六个参数代入公式就可以获得期权的理论价格。标的资产价格、无风险利率、近期股息率、期权执行价格、期权到期日都很容易从市场上获得，只有波动率是未知的因素，因此，可以利用期权定价模型，将期权市场价格以及除波动率外的其他参数代入期权定价公式后推导出波动率，由此得出的波动率称为隐含波动率。

二、历史波动率

（一）等权重标准法

假设某种金融资产收益率 r 为随机变量，其预期收益率即数学期望为 μ，标准差为 σ。σ 即为波动率，可反映资产收益率偏离于其预期收益率即数学期望 μ 的幅度。σ 越大，说明该资产收益率的波动率越大，从而该资产面临的市场风险就越大；反之，说明该资产面临的市场风险越小。

例题 4-6

波动率判断

假定一个资产的价格是 100 元，日波动率为 3%。这意味着一天中资产价格出现一个标准差的变化等于 $100 \times 3\% = 3$ 元。如果我们假设资产价格变化服从正态分布，我们有 95% 的把握确信，在一天结束时，资产的价格将在 $100 - 1.96 \times 3 = 94.12$ 元和 $100 + 1.96 \times 3 = 105.88$ 元之间。

一般情况下，风险管理使用历史波动率方法估计随机变量的波动率。我们可以利用任何一组历史数据来计算历史波动率。计算历史波动率使用时间序列，定义时间序列需要先定义观测期间和观测频率。定义 σ_n 为第 $n-1$ 天所估计的市场变量在第 n 天的波动率，相应的方差为 σ_n^2。假定市场变量在 t 天末的价格为 S_t。定义 r_t 为在第 t 天的连续复利收益率（第 $t-1$ 天末至第 t 天末的收益），于是有

$$r_t = \ln \frac{S_t}{S_{t-1}} \tag{4-4}$$

一种估计 σ_n 的方法是令其等于 r_t 的标准差，利用 r_t 最近 m 天的观察数据和标准差的一般公式，我们得出

$$\sigma_n = \sqrt{\frac{1}{m-1} \sum_{t=1}^{m} \left(r_{n-t} - \bar{r}\right)^2} \tag{4-5}$$

其中，$\bar{r}$ 为 m 天内连续复利收益率 r_t 的平均值。

$$\bar{r} = \frac{1}{m} \sum_{t=1}^{m} r_{n-t} \tag{4-6}$$

例题 4-7

历史波动率计算

表 4-3 显示了股票价格的一个可能的序列。假设我们希望根据前 20 天对 u_t 的观察数据估计第 21 天的波动率，即 $n=21$，$m=20$。

日期	收盘价	价格比 $\frac{S_t}{S_{t-1}}$	日对数收益率 $\ln\frac{S_t}{S_{t-1}}$
0	11.75		
1	12.5	1.0638	0.0619
2	11.98	0.9584	−0.0425
3	12.07	1.0075	0.0075
4	12.13	1.0050	0.0050
5	12.19	1.0049	0.0049
6	12.74	1.0451	0.0441
7	12.58	0.9874	−0.0126
8	12.42	0.9873	−0.0128
9	12.56	1.0113	0.0112
10	12.62	1.0048	0.0048
11	12.75	1.0103	0.0102
12	12.2	0.9569	−0.0441
13	12.13	0.9943	−0.0058
14	12.18	1.0041	0.0041
15	12.33	1.0123	0.0122
16	12.37	1.0032	0.0032
17	12.63	1.0210	0.0208
18	12.57	0.9952	−0.0048
19	12.69	1.0095	0.0095
20	13.03	1.0268	0.0264

表 4 – 3　　　　　　　　　　　股票波动率计算

于是有 $\sum\limits_{i=1}^{20} r_i = 0.1034$，代入式（4 – 5）得 $\sigma = 0.02416$，每日标准差为 2.42%，即为股票的日波动率。

在实际使用过程中，也会对这种方法进行一定的假设与简化。当样本容量比较大时，除以 $m-1$ 可用除以 m 代替；由于日回报属于短期回报值，短期回报均值近似为 0，因此可将回报的均值 $\bar{r}$ 设置为 0。简化近似后，第 n 天的标准差的估计值为

$$\sigma_n = \sqrt{\frac{1}{m}\sum_{t=1}^{m} r_{n-t}^2} \tag{4 – 7}$$

在估计过程中，m 的大小（选择多大的时间窗口）将影响波动率的计算结果。如果 m 太小，那么估计误差会比较大，并且如果在时间窗口中出现或者剔除极端值时，估计结果将出现较大变动；如果 m 太大，那么将加入过多的久远数据，久远数据和当前实况的相关性较低，最终也会使估计结果不可靠。

此外，对于历史回报设置相等的权重并不是最理想的处理，因为靠近当前的数据和预测结果的相关性更大，应当被设置更大的权重，对应地，相对久远的数据应当被设置更小的权重。

（二）指数加权移动平均法

指数加权移动平均法（Exponentially Weighted Moving Average，EWMA），改进了上述等权重问题，它赋予最近的数据最大的权重，而对于更加久远的数据，则施以指数递减的权重。例如，如果需要估计明天的数据，那么最近（今天）数据的权重为 w_0，昨天数据的权重为 $w_0\lambda$，前天数据的权重为 $w_0\lambda^2$，依此类推。其中，λ 是一个介于 0 和 1 之间的权重参数。EWMA 对于第 n 天的波动率（标准差）的估计可表示为

$$\sigma_n = \sqrt{w_0 r_{n-1}^2 + w_0\lambda r_{n-2}^2 + w_0\lambda^2 r_{n-2}^2 + \cdots + w_0\lambda^{m-1} r_{n-m}^2} \qquad (4-8)$$

在所有历史数据权重等于 1 的条件下，我们可以推出 $w_0 = 1 - \lambda$，且对于式（4-8）中从第 2 项往后的各项可以表示为 λr_{n-1}^2。式（4-8）可简化为

$$\sigma_n = \sqrt{(1-\lambda) r_{n-1}^2 + \lambda \sigma_{n-1}^2} \qquad (4-9)$$

例题 4-8

用指数加权移动平均法计算波动率

某资产今天波动率的估计值为 3%，今天的资产回报率为 1%，假设 λ 为 0.94，请用 EWMA 模型估计明天该资产的波动率。

根据 EWMA 模型的公式，我们有

$$\sigma_n = \sqrt{(1-\lambda) r_{n-1}^2 + \lambda \sigma_{n-1}^2} = \sqrt{(1-0.94) \times (1\%)^2 + 0.94 \times (3\%)^2} = 2.92\%$$

（三）平方根法则

适当的规则允许在日波动率、月波动率和年波动率之间轻松转换。如果我们假设，每日回报相互独立且具有同样的方差，则 T 天回报的方差为 T 乘以每日回报方差的积。这意味着，T 天回报的波动率（标准差）是日回报标准差的 $\sqrt{T}$ 倍。

$$\sigma_T = \sigma_1 \sqrt{T} \qquad (4-10)$$

这和"不确定性随时间长度的平方根增长"这一法则是一致的。显然，波动率随时间的增加而增加，但低于时间变化的比率。

例题 4-9

平方根法则

例题 4-6 中资产的价格是 100 元，日波动率为 3%，则 5 天连续复利回报率的标准差是 $\sqrt{5} \times 3\% = 6.71\%$。因为 5 天是一个较短的时间，我们可以认为这和 5 天来价格相对变化的标准差相等。一个标准差的移动对应的价格变化为 $100 \times 6.71\% = 6.71$。如果我们假设，资产价格的变化服从正态分布，则我们有 95% 的把握确信，在第 5 天结束时，资产的价格在 $100 + 1.96 \times 6.71 = 113.15$ 和 $100 - 1.96 \times 6.71 = 86.85$ 之间。

（四）资产组合的波动率

和单种资产风险计量的思想一样，我们也可用资产组合收益率的标准差来度量资产组合的风险。下面给出求资产组合收益率波动率的方法。

假设资产组合 $\omega = (\omega_1, \omega_2, \cdots, \omega_n)^T$，$\omega_i$ 为第 i 项资产在资产组合中所占的比重，且满足 $\sum_{i=1}^{n} \omega_i = 1$；$r_i$ 为第 i 项资产的收益率。于是，资产组合的收益率为 $r_P = \sum_{i=1}^{n} \omega_i r_i$，资产组合收益率的预期收益率和波动率（标准差）为

$$\mu_P = E(r_P) = \sum_{i=1}^{n} \omega_i \mu_i \qquad (4-11)$$

$$\sigma = \sqrt{\sum_{i=1}^{n} \sum_{j=1}^{n} \omega_i \omega_j Cov(r_i, r_j)} = \sqrt{\sum_{i=1}^{n} \sum_{j=1}^{n} \omega_i \omega_j \rho_{ij} \sigma_i \sigma_j} \qquad (4-12)$$

其中，μ_i 是 r_i 的数学期望，σ_i 是 r_i 的标准差，$Cov(r_i, r_j)$ 是 r_i，r_j 的协方差，ρ_{ij} 是 r_i，r_j 的相关系数。

三、隐含波动率

（一）隐含波动率的计算

隐含波动率是风险管理人员从期权价格隐含反推计算出的波动率。寻找隐含波动率的常规方法是引入样本波动率数值，通过不断代入波动率来计算期权价格，直到计算出的期权价格与市场期权价格一致。期权价格与波动率成正比，当计算的期权价格低于期权市场价格时，采用更高的波动率；当计算的期权价格高于期权市场价格时，采用更低的波动率。通过不断试错波动率，计算的期权价格逐渐与市场价格接近，从而得到隐含波动率。

假设某股票价格为 21 元，期权行使价格为 20 元，无风险利率为 10%，期权期限为 3 个月，期权类型为欧式看涨期权，基础资产不支付任何股息。期权的市场价值为 1.875 元，隐含波动率是对应于期权价格为 1.875 元时，Black-Scholes 公式中 σ 的取值。开始时令 $\sigma = 0.20$，对应这一波动率，期权价格为 1.76 元，这一价格比市价 1.875 元要小；由于期权价格为 σ 的递增函数，令 $\sigma = 0.30$，对应的期权价格为 2.10 元，此值高于市价，这意味着波动率一定介于 0.2~0.3；接下来，令 $\sigma = 0.25$，此值对应期权价格也偏高，所以 σ 应该在 0.20~0.25，这样继续下去，每次迭代我们可以使得所在的区间减半，由此可以计算出满足任意精度的近似值。在本例中，隐含波动率为 $\sigma = 0.235$。即每年 23.5%。[①]

上述计量方法的核心是基于 Black-Scholes 公式，而 Black-Scholes 公式本身是一个假设很强的模型，当市场发生变化导致部分模型假设无法满足时，通过模型计算的结果将变得不再准确。目前也常用无模型隐含波动率的方法，该方法是通过一系列执行

---

① 实践中这一计算是通过电脑软件完成，根据期权定价公式，将已知的 4 个参数和期权的市价代入公式内，则计算出隐含波动率。

价格的同期限期权来复制资产在未来一段时间上的波动率。无模型隐含波动率的最大优势在于不需要借助具体的模型公式来推导波动率，从而有效规避了模型带来的风险。

隐含波动率被认为在某些方面优于历史波动率，因为它是一种前瞻性的方法，而不是向后看的方法。但是隐含波动率除了受到波动率预测的影响，还受到期权市场上供求的影响，无法保证就是未来实际波动的最好预测指标。因此，一些金融机构在预测其重要风险时，把隐含波动率和历史波动率结合在一起使用。

（二）波动率指数

波动率指数（VIX）是通过一定的方式根据期权价格计算得到的隐含波动率指标，用于衡量投资者对短期标的市场的波动预期。最早的波动率指数由美国芝加哥期权交易所（Chicago Board Options Exchange，CBOE）在 1993 年发布，经过 20 多年的发展，波动率指数已经得到了投资者的广泛认可，不仅成为衡量市场波动率的基准，而且也已成为诸多波动率衍生品的标的基础。

波动率指数以年化百分比表示，如果波动率指数为 15，表示年波动率为 15%。波动率指数上涨说明投资者预期标的市场近期波动将会加剧，波动率指数下跌则说明投资者预期标的市场近期波动将趋于缓和。

四、波动率方法优缺点评述

波动率方法的含义清楚，应用也比较简单，但也存在着明显的问题。一是对资产组合未来收益概率分布的准确估计比较困难，普遍使用的正态分布常常偏离实际；二是波动率方法仅仅描述了资产组合未来收益的波动程度，并不能说明资产组合价值变化的方向；三是波动率方法不能给出资产组合价值变化的具体数值。

第四节 敏 感 性

一、什么是敏感性

敏感性（Sensitivity）衡量的是组合中某一风险因子发生细微变化（如变化 0.01% 单位）所造成组合价值变化的程度（变化?% 个单位）。主要的市场风险因子包括利率、股票价格、汇率、隐含波动率、流通产品价格（如黄金和石油）等，包括这些因子的即期价格和远期价格。

假设金融资产的价值为 P，其市场因子为 $x_1, x_2, \cdots, x_n$，价值 P 为市场因子 $x_1, x_2, \cdots, x_n$ 的函数，有 $P = P(x_1, x_2, \cdots, x_n)$。

市场因子 x_i 出现变化 ε，将导致金融资产 P 的价值发生变化，我们可以使用相关性变化、一阶导数以及最佳线性估计这三种等价的方法考察敏感性。

1. 相关性变化

相关性变化是指当某项风险因素 x_i 发生微小变化 ε 时，金融资产价值 P 变化与风

险因素的变化量 ε 之比。

$$敏感性 = \frac{P(x_1,\cdots,x_i+\varepsilon,\cdots,x_n) - P(x_1,\cdots,x_i,\cdots,x_n)}{\varepsilon} \qquad (4-13)$$

2. 一阶导数

一阶导数表示当 ε 趋于 0 时，相关性变化的极值：

$$敏感性 = \left[\frac{P(x_1,\cdots,x_i+\varepsilon,\cdots,x_n) - P(x_1,\cdots,x_i,\cdots,x_n)}{\varepsilon}\right]_{\varepsilon \to 0} = \frac{\partial P}{\partial x_i} \quad (4-14)$$

3. 线性估计

线性估计是指与下式拟合程度最高的敏感性：

$$P(x_1,\cdots,x_i+\varepsilon,\cdots,x_n) = P(x_1,\cdots,x_i,\cdots,x_n) + \varepsilon \times 敏感性 \qquad (4-15)$$

显然，高敏感性意味着比低敏感性具有更高的风险。例如，债券价格对单位利率变动的敏感性是 3，意味着利率 0.01% 的变动会带来债券 0.03% 的相对价格变动。如果另一债券的敏感性是 1，则相对价格变动就只有 0.01%。

二、银行账簿利率敏感性

（一）重定价缺口

1. 重定价缺口定义

重定价缺口分析是衡量利率变动对金融机构净利息收入影响的一种敏感性方法。具体而言，就是将金融机构的所有生息资产和付息负债按照重定价的期限划分到不同的时间段（如 1 个月以下、1 个月至 3 个月、3 个月至 1 年、1 年至 5 年、5 年以上等），在每个时间段内，用利率敏感性资产减去利率敏感性负债，就得到该时间段内的重定价"缺口"。重定价缺口的计算公式为

$$GAP_i = RSA_i - RSL_i \qquad (4-16)$$

其中，GAP_i 为金融机构第 i 期的重定价缺口，RSA_i 为金融机构第 i 期利率敏感性资产，RSL_i 为金融机构第 i 期利率敏感性负债。

利率敏感性资产（Interest Rate Sensitive Assets，RSA）与利率敏感性负债（Interest Rate Sensitive Liability，RSL）是指在一定时期内可重新定价的资产和负债。换言之，在一定时期内，如果资产（负债）的利息收入（支出）是随利率变动而变动的，那么这种资产或负债就被称为利率敏感性资产或利率敏感性负债；如果在此期间内，资产（负债）的利息收入（支出）不受利率变动的影响或者所受影响较小，我们就把这类资产或负债称为非利率敏感性资产或非利率敏感性负债。

例题 4-10

利率敏感性资产与利率敏感性负债判别

某金融机构资产负债表见表 4-4，分析其 1 年内的利率敏感性资产和利率敏感性负债。

表 4-4	某金融机构资产负债表		单位：百万元人民币	
资产			**负债**	
1 年期消费贷款	50	活期存款（有息）		40
2 年期消费贷款	20	3 个月定期存款		60
3 个月的国库券	30	6 个月定期存款		30
6 个月的国库券	30	1 年定期存款		20
3 年期长期国债	70	2 年定期存款		40
10 年期浮动利率抵押贷款（每 9 个月重新定价）	20	股权资本		30
合计	220			220

观察表 4-4 资产负债表的资产部分，以下四项为利率敏感性资产：

（1）1 年期消费贷款，5 000 万元。这些会在年末重新定价，并且期限正好为 1 年。

（2）3 个月的国库券，3 000 万元。这些会在到期日，即每 3 个月再定价一次。

（3）6 个月的国库券，3 000 万元。这些也会在到期日，即每 6 个月再定价一次。

（4）10 年期浮动利率抵押贷款，3 000 万元。这些会在每 9 个月再定价一次。

总计可得 1 年内利率敏感性资产（RSA）为 14 000 万元人民币。

再观察表 4-4 资产负债表的负债部分，以下四项为利率敏感性负债：

（1）活期存款，4 000 万元。活期存款支付利息，并根据央行利率政策进行调整。

（2）3 个月定期存款，6 000 万元。这些将在 3 个月后到期并续期时再定价。

（3）6 个月定期存款，3 000 万元。这些将在 6 个月后到期并续期时再定价。

（4）1 年定期存款，2 000 万元。这些正好在 1 年期末重新进行定价。

总计可得 1 年内利率敏感性负债（RSL）为 15 000 万元。

累计缺口（CGAP）即按考察期内不同到期日来累计计算重定价缺口的方法。累计缺口计算公式为

$$CGAP_n = \sum_{i=1}^{n} (RSA_i - RSL_i) \qquad (4-17)$$

其中，$CGAP_n$ 为金融机构前 n 期的累计重定价缺口，i 代表到期级距，n 代表到期级距的总数，$\sum$ 为累加符号。

例题 4-11

重定价缺口计算

表 4-5 为某金融机构的利率敏感性资产/负债到期日结构。试计算其各期重定价缺口和累计缺口。

表4-5	某金融机构利率敏感性资产/负债到期日结构表			单位：百万元
期限	利率敏感性资产	利率敏感性负债	重定价缺口	累计缺口
1天	20	30	−10	−10
1天至3个月	30	40	−10	−20
3个月至6个月	70	85	−15	−35
6个月至1年	90	70	+20	−15
1年至5年	40	30	+10	−5
5年以上	10	5	+5	0
总计	260	260	0	0

我们以1天和6个月至1年为例进行计算。

从表4-5中，我们可以得出：

该银行1天内的重定价缺口为−10，即

$$GAP_{1天} = RSA_{1天} - RSL_{1天} = 20 - 30 = -10$$

6个月至1年的重定价缺口为20，即

$$GAP_{6\sim12月} = RSA_{6\sim12月} - RSL_{6\sim12月} = 90 - 70 = 20$$

该银行1年内的累计缺口为−15，即

$$CGAP = \sum_{i=1}^{n} (RSA_i - RSL_i) = (-10) + (-10) + (-15) + 20 = -15$$

2. 重定价缺口应用

重定价缺口度量了利率变化对净利息收入（NII）的影响，其计算公式为

$$\Delta NII = \sum_{i=1}^{n} (RSA_i - RSL_i) \times \Delta i = CGAP_n \times \Delta i \tag{4-18}$$

其中，ΔNII 为净利息收入的变化值，$CGAP_n$ 为金融机构的累计缺口，Δi 为利率变化值。

一般来说，当CGAP为正时，NII的变化与利率变化正相关；相反，当CGAP（或缺口比率）为负时，即使RSAs与RSLs的利率上涨幅度相同（如表4-6的第3行）也会带来NII的下降（因为金融机构的RSLs比RSAs多）。因此，在预期利率会上升的情况下，金融机构倾向于保持正的CGAP；相似地，若RSAs与RSLs利率下降幅度相同（如表4-6的第4行），负的CGAP会带来NII的增加。当利率下跌时，利息支出比利息收入减少的程度要大。因此一般而言，当CGAP为负数时，NII的变化与利率变化负相关。因此，在预期利率会下调的情况下，金融机构往往会保持负的CGAP，以获取利益。我们把这些称为CGAP效应（CGAP Effects）。

表 4-6　利率变动对金融机构净利息收入的影响（RSA 和 RSL 的利率变化相同）

行	CGAP	利率变化	利息收入变化	比较	利息支出变化	净利息收入变化
1	正	上升	增加	>	增加	增加
2	正	下降	减少	>	减少	减少
3	负	上升	增加	<	增加	减少
4	负	下降	减少	<	减少	增加
5	零	上升	增加	=	增加	不变
6	零	下降	减少	=	减少	不变

例题 4-12

CGAP 为正时利率变化对净利息收入的影响

假设某金融机构 1 年内的资产负债组合如表 4-7 所示。

表 4-7　　　　　　　某金融机构资产负债组合　　　　　单位：百万元

期限	1 年以内
非利率敏感性资产	50
利率敏感性资产	50
资产合计	100
非利率敏感性负债	70
利率敏感性负债	30
负债合计	100

计算 RSA 和 RSL 利率同时上升 1% 时对金融机构净利息收入的影响。

RSA 和 RSL 利率变化对非利率敏感性资产的利息收入和非利率敏感性负债的利息支出没有影响，在此可不考虑。

方法一：

RSA 利率上升 1%，导致利率敏感性资产利息收入增加 0.5，为 50×1% =0.5。

RSL 利率上升 1%，导致利率敏感性负债利息支出增加 0.3，为 30×1% =0.3。

净利息收入增加 0.2，为 0.5-0.3 =0.2。

方法二：

考虑到 CGAP =50-30 =20>0，我们有 20×1% =0.2。

净利息收入增加 0.2。

3. 重定价缺口扩展

实践中更一般的情况是 RSA 和 RSL 两者的利率变化情况往往是不同的。在这种情况下，除了考虑 CGAP 效应之外，还要考虑利差效应。

例题 4 – 13

关于利差效应的计算

假设某个时点 RSA 与 RSL 相等，均为 2 亿元人民币。假设 RSA 的利率上升 1.1%，RSL 的利率上升 1%（RSA 与 RSL 的利率差增加了 1.1% – 1% = 0.1%），此时虽然 CGAP 为 0，但是 NII 因为利率差变化而产生变化。

$$\Delta NII = RSA \times \Delta i_{RSA} - RSL \times \Delta i_{RSL} = 2 \times 1.1\% - 2 \times 1\% = 0.002（亿元）$$

由例题 4 – 13 可见，虽然 CGAP 为 0，但是由于利差变化，金融机构还是面临利率风险。

如果 RSAs 与 RSLs 的利率差增加，当利率上升（下降）时，利息收入比利息支出增加（减少）得更多（少）；相反，若 RSAs 与 RSLs 之间的利差减少，当利率上升（下降），利息收入比利息支出增加（减少）得更少（多），这种效应称为利差效应（Spread Effect）。也就是无论利率变化方向如何，利差（RSA 与 RSL 之间的利率差异）变化与 NII 变化正相关。利差增加（减少），NII 增加（减少）。

表 4 – 8 是 CGAP、利差变化以及它们对 NII 影响的各种组合，前 4 行是金融机构拥有正的 CGAP 的情况，后 4 行为 CGAP 为负的情况。我们可以从表 4 – 8 看到，CGAP 与利差对 NII 会产生同样的影响。在上面的例子中，金融机构的管理者在利率变化时，能准确地预测 NII 的变化方向。然而，当两者的作用方向相反时，如果管理者不知道 CGAP 的规模以及预期的利差变化，就无法判断 NII 的变化。

表 4 – 8　　　　　　　　　**RSA 和 RSL 的利率变化不同时，金融机构的利率风险**

行	CGAP	利率变化	利差变化	NII 变化
1	正	上升	增加	增加
2	正	上升	减少	不确定
3	正	下降	增加	不确定
4	正	下降	减少	减少
5	负	上升	增加	不确定
6	负	上升	减少	减少
7	负	下降	增加	增加
8	负	下降	减少	不确定

4. 重定价缺口的评价

重定价缺口的显著优点是计算方便、清晰易懂。通过对缺口的分析，金融机构管理人员可以很快地确定利率风险的头寸，并采取措施来化解相应的利率风险。但是，重定价缺口模型也有以下几点不足。一是过于笼统。重定价缺口模型将资产和负债的到期期限划分为几个较宽的时间段，这样的时间段划分过于笼统，它忽视了在各个时间段内资产和负债的具体分布信息。二是资金回流问题。例如大部分中长期贷款每个月至少向金融机构偿还一定的本金，这种回流资金是利率敏感的。三是没有考虑到内含的期权性风险因素。以住房抵押贷款为例，它赋予客户改变还款计划的权利，当客户提前还款时，这部分资金是利率敏感的。四是忽视了表外业务所产生的现金流。金融机构很可能运用利率期权来规避风险，利率变化导致利期权产生的现金流被忽略了。五是忽视了市场价值效应。利率变动除了会影响以账面价值计价的净利息收入外，还会影响资产和负债的市场价值。

（二）久期与久期缺口

1. 久期的计算

久期（Duration）也称持续期，最初由美国经济学家弗雷德里克·麦考利（Frederick Macaulay）于 1936 年提出。从经济含义上讲，久期是固定收益资产现金流的加权平均时间，也可以理解为金融工具各期现金流抵补最初投入的加权平均时间。在计算中，麦考利久期的一般表达式为，固定收益资产各期现金流发生的相应时间乘以各期现金流现值之和与该固定收益资产现值的商，即

$$D = \frac{\sum\limits_{t=1}^{N} CF_t \times DF_t \times t}{\sum\limits_{t=1}^{N} CF_t \times DF_t} = \frac{\sum\limits_{t=1}^{N} PV_t \times t}{\sum\limits_{t=1}^{N} PV_t} \qquad (4-19)$$

其中，D 为以年为单位的久期；CF_t 为在 t 时间内收到的证券的现金流量；N 为固定收益资产的期限；$DF_t = \dfrac{1}{(1+R)^t}$ 为贴现因子，其中 R 为年化收益率；$PV_t = CF_t \times DF_t$，是 t 时期末现金流的现值。

对于每半年支付一次利息的债券，其麦考利久期公式为

$$D = \frac{\sum\limits_{t=\frac{1}{2}}^{N} \dfrac{CF_t \times t}{\left(1 + \dfrac{R}{2}\right)^{2t}}}{\sum\limits_{t=\frac{1}{2}}^{N} \dfrac{CF_t}{\left(1 + \dfrac{R}{2}\right)^{2t}}} \qquad (4-20)$$

这里，$t = 0.5, 1, 1.5, 2, \cdots, N$。

下面我们通过几个例题来熟悉麦考利久期计算。

例题 4-14

6 年期付息债券麦考利久期计算

某 6 年期付息债券，年息和到期收益率都为 8%，价格为 1 000 元，计算其麦考利久期。

该债券麦考利久期计算过程见表 4-9。

表4-9		6年期付息债券麦考利久期计算		
t	CF_t	DF_t	$CF_t \times DF_t$	$CF_t \times DF_t \times t$
1	80	0.9259	74.07	74.07
2	80	0.8573	68.59	137.18
3	80	0.7938	63.51	190.53
4	80	0.7350	58.80	235.20
5	80	0.6806	54.45	272.25
6	1 080	0.6302	680.58	4 083.48
汇总			1 000	4 992.71

久期 $D = 4\ 992.71/1\ 000 = 4.993$（年）

例题4-15

半年付息债券麦考利久期计算

某2年期付息债券，每半年付息一次，年息票率为8%，年到期收益率为12%，面值为1 000元，计算其麦考利久期。

该债券麦考利久期计算过程见表4-10。

表4-10		半年付息债券麦考利久期计算		
t	CF_t	DF_t	$CF_t \times DF_t$	$CF_t \times DF_t \times t$
0.5	40	0.9434	37.74	18.87
1	40	0.8900	35.60	35.60
1.5	40	0.8396	33.58	50.37
2	1 040	0.7921	823.78	1 647.56
汇总			930.70	1 752.40

久期 $D = 1\ 752.40/930.70 = 1.883$（年）

在实践中，我们还要熟知以下几种金融工具的久期。

（1）零息债券的久期。对于附息债券来说，债券的久期小于它的到期期限。因为附息债券不但会在最后一期收到本金及最后一次利息的现金流，还会在早先的一些期限里收到定期支付的利息的现金流，这样就缩短了现金流的平均到期时间，进而使其久期小于其到期时间。但零息债券不同，零息债券所有的现金流都是在最后一期收回。这样，根据久期公式，零息债券的久期就等于它的到期期限。所以，当且仅当债券是零息债券时，债券的久期等于它的到期期限。

（2）永久债券的久期。对于永久债券，其久期公式为

$$D = 1 + \frac{1}{R} \tag{4-21}$$

其中，R 为永久债券的到期收益率。

（3）固定收益资产组合的久期。固定收益资产组合的久期是资产组合的有效平均到期时间，它的计算方法是对组合中所有固定收益资产的久期求加权平均数，权重是各种固定收益资产的市场价格占资产组合总价值的比重。

$$D_A = \omega_1 D_1 + \omega_2 D_2 + \cdots + \omega_n D_n \tag{4-22}$$
$$\omega_1 + \omega_2 + \cdots + \omega_n = 1$$

其中，D_A 为固定收益资产组合的久期；$D_1, D_2, \cdots, D_n$ 为资产组合中各项固定收益资产的久期；$\omega_1, \cdots, \omega_n$ 是以市值计算的各项资产在资产组合中所占的比重。

例题 4-16

资产组合久期计算

某金融机构的资产组合结构如表 4-11 所示，计算其资产组合的久期。

表 4-11 金融机构资产组合结构

资产	当前市价	利率	资产久期
现金	200		
商业贷款	500	12	5.4
国库券	300	8	8.5
总计	1 000		

资产加权平均久期为

$$D_A = \omega_1 D_1 + \omega_2 D_2 + \omega_3 D_3 = \frac{200}{1\,000} \times 0 + \frac{500}{1\,000} \times 5.4 + \frac{300}{1\,000} \times 8.5 = 5.25 \; （年）$$

---

2. 久期的特点与经济含义

根据久期的计算公式，债券的票面利率、到期收益率和到期期限的变化都会对久期产生影响，这让久期具有以下几个特点。

特点一：假定其他因素不变，则票面利率越低的债券，债券久期值越大。我们假定债券的到期期限和折现的必要收益率不变。于是，票面利率越低，意味着早期收到的利息越少，它们占债券价格的权重也就越小，这样使债券现金流到来时间的加权平均值延长，从而久期就越长。

特点二：假定其他因素不变，则到期期限越长的债券，债券久期值越大。我们假定债券的票面利率和折现的必要收益率不变。于是，到期期限越长，债券现金流到来时间的加权平均值也就越长，从而久期就越大。

特点三：假定其他因素不变，则必要收益率越低，债券久期值越大。我们假定债券的票面利率和到期期限不变。于是，折现的必要收益率越低，后期的债券现金流的现值越大，它们占债券价格的比重也就越大，这样使债券现金流到来时间的加权平均值延长，从而久期就越大。

现在，我们将久期与资产的利率敏感性直接联系起来。

久期不但从现金流量的角度衡量资产的平均期限，而且还是一种直接衡量资产的利率敏感性或利率弹性的方法。也就是说，资产久期的数值越大，资产价格随利率变化的敏感性就越大。

下面的方程式说明了债券的现行价格等于债券将要支付的息票利息和本金的现值的总和：

$$P = \frac{C}{1+R} + \frac{C}{(1+R)^2} + \cdots + \frac{C+F}{(1+R)^n} \qquad (4-23)$$

其中，P 为债券的价格，C 为债券年息票利息，R 为债券的到期收益率，n 为债券到期的期限数，F 为债券的面值。

我们希望了解债券的价格（P）是如何随收益率（R）的上升而变化的，我们知道收益率上升，债券价格下降，但我们想知道债券价格下降的幅度有多大，即其价格变化的敏感性。

求债券的价格（P）对到期收益率（R）的导数，我们可以得到[①]

$$\frac{\mathrm{d}P}{\mathrm{d}R} = -\frac{1}{1+R} \times P \times D \qquad (4-24)$$

整理后，有

---

① 对等式（4-23）求一阶导，有

$$\frac{\mathrm{d}P}{\mathrm{d}R} = \frac{-C}{(1+R)^2} + \frac{-2C}{(1+R)^3} + \cdots + \frac{-N(C+F)}{(1+R)^{N+1}} \qquad (A)$$

整理后得到

$$\frac{\mathrm{d}P}{\mathrm{d}R} = -\frac{1}{(1+R)}\left[\frac{C}{(1+R)} + \frac{2C}{(1+R)^2} + \cdots + \frac{N(C+F)}{(1+R)^N}\right] \qquad (B)$$

根据久期定义，有

$$D = \frac{1 \times \dfrac{C}{(1+R)} + 2 \times \dfrac{C}{(1+R)^2} + \cdots + N \times \dfrac{(C+F)}{(1+R)^N}}{\dfrac{C}{(1+R)} + \dfrac{C}{(1+R)^2} + \cdots + \dfrac{(C+F)}{(1+R)^N}} \qquad (C)$$

分母就是债券的价格，这样，可得

$$D = \frac{1 \times \dfrac{C}{(1+R)} + 2 \times \dfrac{C}{(1+R)^2} + \cdots + N \times \dfrac{(C+F)}{(1+R)^N}}{P} \qquad (D)$$

整理，有

$$P \times D = 1 \times \frac{C}{(1+R)} + 2 \times \frac{C}{(1+R)^2} + \cdots + N \times \frac{(C+F)}{(1+R)^N} \qquad (E)$$

将（E）代入（B），有

$$\frac{\mathrm{d}P}{\mathrm{d}R} = -\frac{1}{1+R} \times P \times D$$

$$\frac{\dfrac{\mathrm{d}P}{P}}{\dfrac{\mathrm{d}R}{1+R}} = -D \qquad\qquad (4-25)$$

从经济学意义上理解，久期 D 就是利率弹性，即债券价格对微小利率变化的敏感性。D 代表了必要收益率有一定的变化时 $\left(\dfrac{\mathrm{d}R}{(1+R)}\right)$，债券价格变化的百分比 $\left(\dfrac{\mathrm{d}P}{P}\right)$。即

$$\frac{\mathrm{d}P}{P} = -D \times \frac{\mathrm{d}R}{1+R} = -D^* \times \mathrm{d}R \qquad\qquad (4-26)$$

从式（4-26）可以看到，当利率发生微小变化时，债券价格会按照相反的方向发生变化，其变化值为利率变化的 D 倍。显然，在利率变化一定的情况下，如果利率上升（下降），久期较长的债券将比久期较短的债券遭受更大的价格损失（获得更大的价格上升）。我们通常将 $D^* = \dfrac{D}{1+R}$ 称为修正久期。

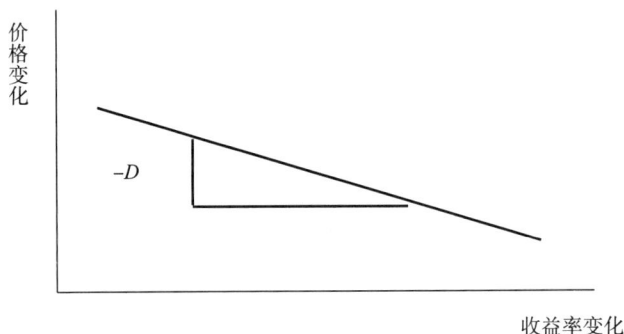

图4-1 久期模型所表示的价格变化与收益率变化之间的比例关系

我们通过下面的例子来说明如何使用久期模型度量某项资产的利率风险。

例题 4-17

利用久期模型度量资产利率风险

在例题 4-14 中，我们计算了息票率为 8%，收益率为 8% 的 6 年期债券的久期为 5 年。假设现在市场上到期收益率上升 1 个基点（0.01%），即从 8% 上升到 8.01%，那么

$$\frac{\mathrm{d}P}{P} = -5 \times \left(\frac{0.0001}{1.08}\right) = -0.000462$$

根据久期模型，如果收益率上升 1 个基点，债券的价格将下降 0.0462%，即 0.462 元。

3. 久期缺口模型

我们考虑一个简化的金融机构资产负债表（见表 4 – 12）。

表 4 – 12　　　　　　　　　　　　简化资产负债表

资产	负债
$A = 100$	$L = 92$
	$E = 8$
100	100

由表 4 – 12 可得

$$A = L + E$$
$$\Delta A = \Delta L + \Delta E$$
$$\Delta E = \Delta A - \Delta L \tag{4 - 27}$$

也就是说，当利率变化时，金融机构净值的变化等于资产市值的变化与负债市值的变化的差额。根据久期模型，可得

$$\frac{\Delta A}{A} = - D_A \times \frac{\Delta R}{1 + R}$$

$$\frac{\Delta L}{L} = - D_L \times \frac{\Delta R}{1 + R}$$

其中，D_A 为金融机构资产组合的久期，D_L 为金融机构负债组合的久期。

$$\Delta A = - D_A \times A \times \frac{\Delta R}{1 + R} \tag{4 - 28}$$

$$\Delta L = - D_L \times L \times \frac{\Delta R}{1 + R} \tag{4 - 29}$$

我们将等式（4 – 28）和等式（4 – 29）代入等式（4 – 27）中，整理可得

$$\Delta E = - \left[D_A - D_L \times \frac{L}{A} \right] \times A \times \frac{\Delta R}{1 + R}$$

令 $k = L/A$，即金融机构的杠杆比，有

$$\Delta E = - \left[D_A - D_L \times k \right] \times A \times \frac{\Delta R}{1 + R} \tag{4 - 30}$$

其中，利率变化对金融机构股权资本的市值或净值（ΔE）的影响可分为以下三个部分。

（1）杠杆调整久期缺口：$\left[D_A - D_L \times k \right]$，这个缺口是以年为单位计算的，反映了金融机构资产组合与负债组合久期期限不匹配的程度。这个缺口的绝对值越大，金融机构面临的利率风险越大。

（2）金融机构的规模：A，金融机构规模越大，对于任一既定的利率变化，金融机构净值面临的风险越大。

（3）利率冲击的大小：$\dfrac{\Delta R}{1 + R}$，利率的冲击越大，金融机构面临的风险越大。

综上所述，我们可以用下面的式子表示金融机构的净值面临的利率风险大小：

$$\Delta E = -[杠杆调整久期缺口] \times 资产规模 \times 利率冲击程度 \qquad (4-31)$$

表 4-13 给出了杠杆调整的久期缺口、利率变动与金融机构净值变化的关系。

表 4-13　　　　　　　久期缺口、利率变动与金融机构净值变化

行	久期缺口	利率变化	资产价值变动	比较	负债价值变化	净值变化
1	正	上升	下降	>	下降	下降
2	正	下降	上升	>	上升	上升
3	负	上升	下降	<	下降	上升
4	负	下降	上升	<	上升	下降

下面我们通过一个例子来进行说明。

例题 4-18

金融机构久期缺口计算

某金融机构的资产负债表如表 4-14 所示，所有表中金额都以当前市场价格计算，当前市场利率为 10%。为简便起见，假定所有的利息都是按年收付，没有提前支付和提早取款，也不存在不良贷款。请分析该金融机构面临的利率风险。

表 4-14　　　　　　　　某金融机构资产负债表

资产	当前市价	利率	资产久期	负债和所有者权益	当前市价	利率	负债久期
现金	100			定期存款	500	6	2
商业贷款	700	12	3.6	可转让定期存单	400	10	3.5
国库券	200	8	7.5	总负债	900		
				股东权益	100		
总计	1 000				1 000		

步骤一：计算各项资产与负债的久期，计算过程略，结果见表中数据。

步骤二：计算资产和负债的加权平均久期。

资产加权平均久期为

$$D_A = \omega_{1A} D_1^A + \omega_{2A} D_2^A + \omega_{3A} D_3^A = \frac{100}{1\ 000} \times 0 + \frac{700}{1\ 000} \times 3.6 + \frac{200}{1\ 000} \times 7.5 = 4.02(年)$$

负债加权平均久期为

$$D_L = \omega_{1L} D_1^L + \omega_{2L} D_2^L = \frac{500}{900} \times 2 + \frac{400}{900} \times 3.5 = 2.67(年)$$

步骤三：计算杠杆调整的久期缺口。

杠杆调整的久期缺口为

$$D_A - D_L \times \frac{L}{A} = 4.02 - 2.67 \times \frac{900}{1\ 000} = 1.617(年)$$

步骤四：结果分析。

这个结果的含义就是：该金融机构杠杆调整的久期缺口大于 0，当市场利率上升 1% 时，资产和负债的市值都会下降，但是由于资产的加权平均久期比负债的大，因此资产市值下降的幅度比负债市值下降的幅度大，杠杆调整的久期缺口衡量了这种变化的大小。最终结果是该金融机构的净现值下降了 14.7。

$$\Delta E = -\left[D_A - D_L \times \frac{L}{A} \right] \times A \times \frac{\Delta R}{1+R} = -1.617 \times 1\,000 \times \frac{1\%}{1+10\%} = -14.7$$

反之，如果市场利率下降，则结论刚好相反，该金融机构的净现值会上升。

4. 久期模型的评价

久期模型计量利率风险对金融机构经济价值的影响，即估算利率风险对所有头寸未来现金流现值的潜在影响，从而能够对利率变动的长期影响进行评估，更为准确地估算了利率风险对金融机构的影响。然而，久期模型仍然存在一定的缺陷。

第一，久期模型基本假设存在缺陷。久期模型有两个基本的假设：（1）收益率曲线是平直的，当市场利率变化时，该收益率曲线以平行的方式移动；（2）市场利率的变化幅度必须很小。只有当满足这两个假设条件时，久期才是严格有效的敞口指标。对于假设 1，我们知道，平直的曲线只是收益率曲线可能形状中的一种，在现实中，收益率曲线更多的是呈现出其他形状。因此，以平直的收益率曲线假设为基础，得出的久期同现实有一定的差距。由于预期及市场本身的复杂性，当发生利率冲击时，并不是所有不同期限的到期收益率都上升同样的幅度，而是有升有降并且幅度各异。因此实践中需要根据对收益率曲线及变化的不同假设，采用不同的模型来解决这个问题。对于假设 2，由于久期是利率敞口的线性近似，当市场利率变化幅度很小时，这种线性近似是有效的。但是，如果市场利率冲击比较大，其预测的准确性将大大降低。当市场利率上升时，它倾向于高估债券价格的下降；当市场利率下降时，它又倾向于低估债券价格的上升。

第二，久期缺口计算中所需要的资产、负债等项目未来现金流的数值较难取得，其计算过程比较复杂，要对资产负债重新定价的时间进行分析，这对大多数中小金融机构来说，有一定难度。

第三，调整久期的成本太高。在实践中，要对一个规模较大、业务复杂的金融机构进行久期调整却是非常费时费力，成本较高。随着金融市场的迅猛发展和各种金融创新工具的涌现，金融机构已经能够在不需要支付很高的交易成本的同时，很快地实现对资产负债结构的重构。比如，利用资产证券化和贷款销售市场等。除此之外，金融机构还可通过持有衍生证券等对冲头寸实现利率免疫，如远期、期货、期权、上限、下限、区间和互换等。

第四，久期的调整是一个动态过程。事实上，利率水平可以在持有期内任何时点发生变动。债券的久期也会随时间而变化，即随着到期日的临近而变化。因此，以久期模型为基础的利率风险管理是一个动态的过程。理论上，金融机构需要不断地调整其资产组合。由于持续地调整组合头寸实际上很难实现，而且交易成本过高，因此，大部分金融机构只是近似地定期进行调整，如每季度一次。

（三）凸性

关于资产的利率敏感性，久期仅是一种近似表达。由图 4-2 可见，对于 30 年期、票面利率为 8%，最初以 8% 的到期收益率出售的债券价格变化百分比，直线代表的是根据久期预测的债券价格变化百分比。对于债券到期收益率较小的变化，久期的度量相当精准。但是对于较大变化，久期越来越不准确。

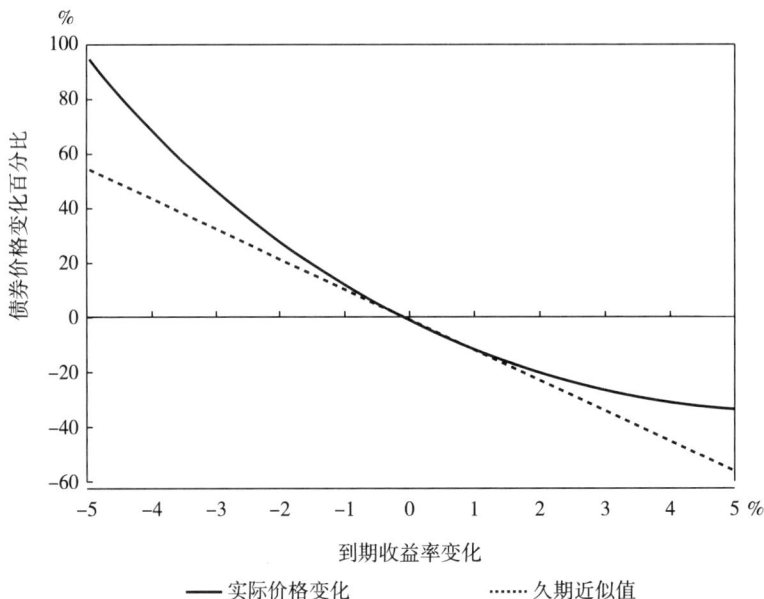

图 4-2　债券价格的凸性

在图 4-2 中，久期近似值（直线）总是低于债券的价值：当收益率下降时，它低估了债券价格的上升程度，而当收益率上升时，它高估了债券价格的下降程度。这是因为真实价格—收益关系的曲率。曲线的形状，比如价格—收益关系的形状是凸的。价格—收益曲线的曲率被称为债券的凸性（Convexity）。

数学上，凸性定义为

$$C = \frac{1}{P} \frac{\mathrm{d}^2 P}{\mathrm{d}R^2} \qquad (4-32)$$

这里，$\frac{\mathrm{d}^2 P}{\mathrm{d}R^2}$ 是价格—利率函数的二阶偏导数。正如一阶偏导数描述价格随利率的变化，二阶偏导数描述一阶偏导数随利率的变化。如果存在一个明确的价格—利率函数，我们就可以利用式（4-32）计算凸性。

理解凸性，对于金融机构利率风险管理非常重要，在式（4-26）中考虑凹凸性可以得到更加准确的价格近似值。

$$\frac{\mathrm{d}P}{P} = -D^* \times \mathrm{d}R + \frac{1}{2}C\,(\mathrm{d}R)^2 \tag{4-33}$$

三、权益资产价格敏感性

（一）单个权益资产价格敏感性

单个权益资产价格敏感性通常是对其系统性风险的分析，用该种权益资产的收益率和市场组合收益率之间的 β 系数来测度。

根据 Sharp（1964）等人提出的资本资产定价模型（CAPM），在证券市场处于均衡状态时，单个权益资产的收益率的期望值可以表示为

$$E(r_i) = r_f + \beta_i\big[E(r_m) - r_f\big] \tag{4-34}$$

其中，$E(r_i)$ 为某权益资产的期望收益率，r_f 为无风险利率，$E(r_m)$ 为市场组合的期望收益率，β_i 为某权益资产 i 的系统性风险。

β_i 反映了权益资产 i 与市场组合期望收益率的相关关系。因为市场组合已分散掉全部非系统性风险，其变化直接反映系统性风险。β_i 反映了权益资产收益率对系统性风险的敏感性。

β 系数的绝对值越大，表明该权益资产的系统性风险越大。假设一个权益资产的 β 系数为 0.8，说明当市场股指涨 1% 时，它有可能涨 0.8%；同理，市场股指跌 1% 时，它有可能跌 0.8%。但是如果另一个权益资产的 β 系数为 1.5 时，市场股指涨跌对它的影响大于前一个 β 系数为 0.8 的权益资产。当 β 系数为 1 时，说明该权益资产的系统性风险为 1，市场股指的变化引起该权益资产价格的同步变化。无风险资产的 β 系数为 0。

（二）权益资产组合价格敏感性

知道了单个权益资产的 β 系数，还可以计算出权益资产组合的 β 系数。权益资产组合的 β 系数等于组合中各权益资产 β 系数的加权平均，即

$$\beta_P = \sum_{i=1}^{n} \omega_i \beta_i \tag{4-35}$$

其中，β_P 为权益资产组合的 β 系数，β_i 为组合中权益资产 i 的 β 系数，ω_i 为组合中某权益资产 i 的价值占整个权益资产价值的比重。

同样，β_P 系数大表示该权益资产组合的系统性风险大，反之 β_P 系数小表示系统性风险小。

四、金融衍生工具价格敏感性

根据金融衍生工具定价公式，金融衍生工具的价格 F 总可以表示成下面的形式：

$$F = F(S,t,r,\sigma) \tag{4-36}$$

其中，S 为标的资产的当前价格，t 为当前时间，r 为无风险利率，σ 为标的资产价格的波动率。

根据多元函数的泰勒展开式，金融衍生工具的价格变化可以近似地表示为

$$\Delta F \approx \frac{\partial F}{\partial S}\Delta S + \frac{\partial F}{\partial t}\Delta t + \frac{\partial F}{\partial r}\Delta r + \frac{\partial F}{\partial \sigma}\Delta \sigma + \frac{1}{2}\frac{\partial^2 F}{\partial^2 S}(\Delta S)^2 \qquad (4-37)$$

其中，$\frac{\partial F}{\partial S}$、$\frac{\partial F}{\partial t}$、$\frac{\partial F}{\partial r}$、$\frac{\partial F}{\partial \sigma}$ 分别表示金融衍生工具价格 F 对标的资产价格 S、时间 t、无风险利率 r、标的资产价格的波动率 σ 的敏感系数，并依次称为 Delta、Theta、Rho、Vega，$\frac{\partial^2 F}{\partial^2 S}$ 是金融衍生工具价值对基础资产价格 S 的二阶导数，称为 Gamma。

（一）Delta

Delta（希腊字母为 Δ）是指金融衍生工具价值变化与基础资产价格变化的比率，它反映了金融衍生工具价值关于基础资产价格的敏感性。

$$衍生工具价值变化 = Delta \times 基础资产价格变化 \qquad (4-38)$$

当 Delta 的绝对值很小时，金融衍生工具价值相对基础资产价格变化缓慢；当Delta 的绝对值很大时，金融衍生工具价值相对基础资产价格变化就变得很敏感。假定某看涨期权 Delta 为 0.6，这意味着当股票价格变化一个很小的值时，相应期权价值变化大约等于股票价值变化的60%。

（二）Gamma

一个金融衍生工具的 Gamma（希腊字母为 Γ）是指金融衍生工具的 Delta 的变化与基础资产价格变化的比率，它被定义为金融衍生工具对基础资产价格的二阶偏导数。

$$Delta 变化 = Gamma \times 基础资产价格变化 \qquad (4-39)$$

当 Gamma 的绝对值很小时，Delta 变化缓慢；当 Gamma 的绝对值很大时，金融衍生工具的 Delta 对基础资产的价格就变得很敏感。

（三）Vega

Vega（希腊字母为 Λ）是指金融衍生工具价值变化与基础资产价格波动率变化的比率。

$$衍生工具价值变化 = Vega \times 波动率变化 \qquad (4-40)$$

如果一个金融衍生工具的 Vega 绝对值很大，此金融衍生工具的价值会对波动率的变化非常敏感；当一个金融衍生工具的 Vega 绝对值较小时，基础资产价格波动率的变化对金融衍生工具价值的影响也会很小。

（四）Rho

Rho（希腊字母为 ρ）是指金融衍生工具价值变化与利率变化的比率。

$$衍生工具价值变化 = Rho \times 利率变化 \qquad (4-41)$$

对于某些金融衍生工具，如外汇期权，由于存在两种利率——本币利率和外币利率，就会得到两个 Rho 量。

（五）Theta

一个投资组合的 Theta（希腊字母为 Θ）是指在其他条件不变的情况下，金融衍生工具的价值变化与时间变化的比率，Theta 常常被称为金融衍生工具的时间损耗。

$$衍生工具价值变化 = Theta \times 距到期日的时间变化 \qquad (4-42)$$

期权长头寸方的 Theta 通常为负，这是因为在其他条件不变的情况下，随着期权期限的接近，期权价值会有所降低。同时，Theta 与 Delta 等值有所不同。这是因为时间走向没有不确定性，而将来基础资产的价格有很大的不确定性。

五、敏感性方法优缺点评述

敏感性分析因具有计算简便且易于理解的显著优势，在市场风险计量中得到了广泛的应用。但需要注意的是，敏感性分析也有一定的局限性。

首先，敏感性分析假设基础变量（如利率、汇率、股指等）变动与目标变量（如资产的损益）变动之间的关系呈线性，而现实中，许多金融工具或资产相对于市场风险要素的变化却具有非线性特征。

其次，敏感性只能告诉我们基础变量变动与目标变量变动之间的关系，也就是说，在基础变量变动为既定的条件下，可测算出目标变量的变动量，然而，敏感性方法并不能告诉我们基础变量到底会如何变动。

最后，灵敏性依托于变量间的当前关系，与实际变动之间会存在一定差异。

因此，在使用灵敏性分析时要注意其适用范围，并在必要时辅以其他的风险分析方法。

第五节　风险价值

一、什么是风险价值

（一）风险价值的定义

风险价值（Value at Risk，VaR）是指在一定的置信水平（如 95%、99% 等）下，某一金融资产或资产组合价值在未来特定时间内（1 天、1 周或 10 天等）的最大可能损失。用公式可以表示为

$$Prob(\Delta P > VaR) = 100\% - c\% \qquad (4-43)$$

其中，ΔP 表示投资组合在持有期 T 内的损失；$c\%$ 为置信水平，$Prob$ 为概率分布函数，VaR 为风险价值。

例如，金融机构的某个资产组合在持有期为 1 天，置信水平为 99% 下，估计的 VaR 值为 100 万元，即意味着该资产组合在未来 1 天中的损失有 99% 的可能性不超过 100 万元。或者说，该资产组合未来 1 天中损失超过 100 万元的可能性只有 1%。其公式表达为 $Prob(\Delta P > 100 万元) = 100\% - 99\%$，这里 1% 的概率反映了金融资产管理者的风险厌恶程度，可根据不同的投资者对风险的偏好程度和承受能力来确定。

图 4-3 给出了相应的示意图，图中曲线为 ΔP 的分布，左端为损失，右端为收益；而 VaR 实际上是 ΔP 分布的 $100\% - c\%$ 分位数。

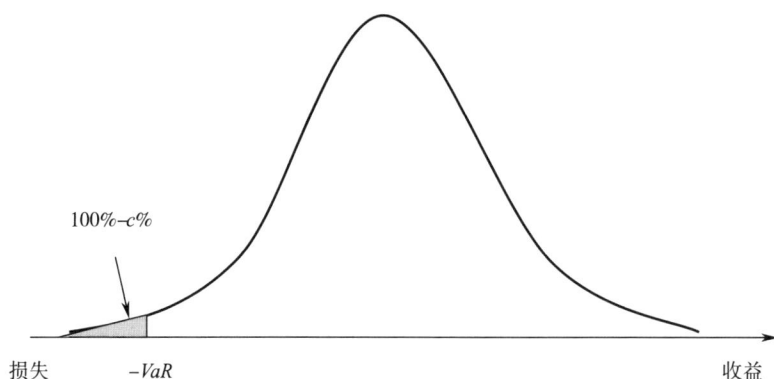

图 4 – 3　VaR 示意图

　　为了满足风险管理人员对 VaR 的不同使用需求，实践中对 VaR 进行了分类。主要包括以下三种。

　　（1）边际 VaR（Marginal VaR），是指某一金融资产或者投资组合增加一单位或者 1% 时，该组合 VaR 值的变化，该指标有利于反映新增资产对整个资产或资产组合的风险贡献。

　　（2）成分 VaR（Component VaR），是指从某一金融资产或者投资组合中减少某项资产对整个资产组合的风险影响。

　　（3）条件 VaR（Conditional VaR），也称为预期尾部损失，是指某一金融资产或者资产组合在超限区间内损失的期望值。

专栏 4 – 4

VaR 历史回顾

　　风险价值之所以在今天被得到广泛采用应归功于 JP 摩根。在最初，JP 摩根的总裁丹尼斯·韦瑟斯通对他每天收到的冗长的报告非常不满意，风险报告中的大量信息是关于不同风险暴露的敏感性报告（希腊值），这些报告对于银行的整体风险管理的意义不大，丹尼斯·韦瑟斯通希望收到更为简洁的报告，报告应该阐明银行的整体交易组合在今后的 24 小时所面临的风险。最初丹尼斯的下属认为产生这样的报告是不可能的事情，但在最后，管理人员以马科维茨交易组合理论为基础建立了风险价值报告，这一报告被称为 16：15 报告，因为这一报告要在每天 16：15 时呈现在总裁的办公桌上。

　　为了产生风险价值报告，管理人员需要采集银行在全世界不同地区的交易数据，这些交易所处的时区往往会不同。为了产生报告，风险管理人员还要对市场变量波动率及相关性有一定的估计，另外风险管理人员必须开发出产生报告的计算机系统。JP 摩根大约在 1990 年完成了自己的系统开发工作，这样的系统带给银

行最主要的好处是使银行高管对于银行自身所面临的风险有了清醒的认识。基于这样的系统，银行也能够更合理地分配资本金。与此同时，其他银行也纷纷采用了类似的方法来计算自己的整体风险。到 1993 年，风险价值度已经成了测定风险的一个重要工具。

资料来源：约翰·赫尔. 风险管理与金融机构［M］. 北京：中国金融出版社，2013.

（二）持有期、置信水平与概率分布函数

根据以上定义，计算 VaR 需要确定三个方面的信息：一是持有期 T，二是置信水平 $c\%$，三是投资组合未来价值变动 ΔP 的分布函数。T 和 $c\%$ 是重要的参数。

1. 持有期 T 的选择

选择持有期 T 就是确定要计算金融资产在未来多长时间内的最大损失，原则上应根据金融资产的特点和投资组合管理的需要确定。一般来说，流动性很强的交易头寸往往需以每日为周期计算 VaR 值。例如银行交易账户中的头寸往往流通性较好，因此计算交易组合的每日 VaR 值就很有必要，而一些期限较长的头寸如养老基金和其他投资基金则可以每月为周期。持有期 T 越长，VaR 值越大。除此之外，投资组合调整、市场数据收集和套期保值等的频率也是影响时间长度选择的重要因素。在金融机构中，内部 VaR 的计算最常选用 1 天的时间期限。巴塞尔协议规定的计算银行监管资本的 VaR 的时间长度则为 10 天。在实际中，即使选择的时间长度不是 1 天，其 VaR 值的计算也通常以 1 天的 VaR 值为基础。为了从 1 天推断出一个较长时期的序列，我们通常需要假定回报是独立同分布的。这样就可以通过日数据乘以时间的平方根的方式，从 1 天推断出多天。我们还需要假定日回报的分布在较长的时期内也是不变的，如果是这样，则

$$VaR(T\ \text{天}) = VaR(1\ \text{天}) \times \sqrt{T} \tag{4-44}$$

2. 置信水平的选择

置信水平 $c\%$ 的选择代表了对结果需要多大的把握和信心。例如 95% 置信水平的含义是有 95% 的把握认为最大损失不会超过 VaR 值；99% 的置信水平则将把握度提高到 99%。如果放在时间上来理解，95% 置信水平意味着预期 100 天内只有 5 天的损失会超过 VaR 值；99% 的置信水平则表示预期 100 天内只有 1 天的损失会超过 VaR 值。显然，置信水平 $c\%$ 越高，VaR 值越大。置信水平的选择在一定程度上反映了金融机构对于风险承担的不同态度或偏好。较大的置信水平意味着较高的风险厌恶程度，希望能够得到把握性较大的预测结果，希望模型在对极端事件进行预测时失败的可能性较小。

从现实来看，不同金融机构或不同风险管理系统对置信水平的选择各不相同，但大体在 95% ~ 99%。例如中国的商业银行在度量交易账户的市场风险时大多选择 99% 的置信水平，而证券公司多选择 95% 的置信水平。

3. ΔP 的分布函数

相对来说，持有期和置信水平这两个参数都比较容易实现。由于 VaR 实际上是投

资组合未来价值变动 ΔP 在特定置信水平下的分位数，VaR 计算的最关键要素是 ΔP 的分布函数。事实上，ΔP 分布函数我们很难知晓。因此，我们可以给出关于 ΔP 分布函数的一些假设或通过历史数据进行估计，从而计算出 VaR 值。

（三）VaR 在风险管理中的应用

VaR 一经推出便受到金融机构的重视，其简洁的定义和直观的风险描述，已经广泛地应用于金融监管机构和金融机构。VaR 之所以具有吸收力是因为它把金融机构的风险概括为一个简单的数字并以价值计量单位来表示风险管理的核心——潜在损失。这对金融机构的风险管理具有非常重要的意义。

VaR 在风险管理中的应用主要体现在以下几个方面。

首先，VaR 可用于金融机构风险计量与控制。目前已有众多的银行、保险公司、投资基金、养老金基金以及非金融公司采用 VaR 方法作为风险计量与控制的手段。利用 VaR 方法进行风险管理，可以使每个交易员或交易单位都能确切地了解他们在进行多大风险的金融交易，风险管理者可以将这些交易的风险简明清晰地与董事会、高管层沟通，并且可以为每个交易员或交易单位设置 VaR 限额，以防止过度投机行为的出现。事实上，如果执行了严格的 VaR 管理，一些金融交易的重大亏损也许就可以完全避免。

其次，用于金融机构风险调整的业绩评估。在金融投资中，高收益总是伴随着高风险，交易员可能不惜冒巨大的风险去追逐巨额利润。公司出于稳健经营的需要，必须对交易员可能的过度投机行为进行限制。所以，有必要引入 VaR 这一风险计量指标进入业绩评价体系。

最后，估算经济资本（Economic Capital）。以 VaR 来估算投资者面临市场风险时所需的适量资本，经济资本的要求是国际清算银行对金融监管的基本要求，其中 VaR 值被视为投资者所面临的最大可接受（可承担）的损失金额，若发生时须以自有资本来支付，防止公司发生无法支付的情况。

二、基于方差—协方差法的 VaR 计算

（一）基本思路

方差协方差法，也称参数法（Parametric Approach），一般是通过分析历史数据，并假定数据服从一定的分布，通常为正态分布，然后利用历史数据拟合分析得到这个分布的参数，最后借助得到的参数计算风险价值。图 4-4 描述的是单风险因子的方差—协方差法的示意图。

（二）计算步骤

用方差—协方差法计算 VaR 的步骤如下。

1. 确定风险因子，计算其敏感性

首先确定影响现值的风险因子，再计算风险因子影响现值变化的敏感性。例如，如果风险因子是各期限的利率，其敏感性可以用久期；如果风险因子是股价或者汇率，敏感性即为所对应资产的头寸。

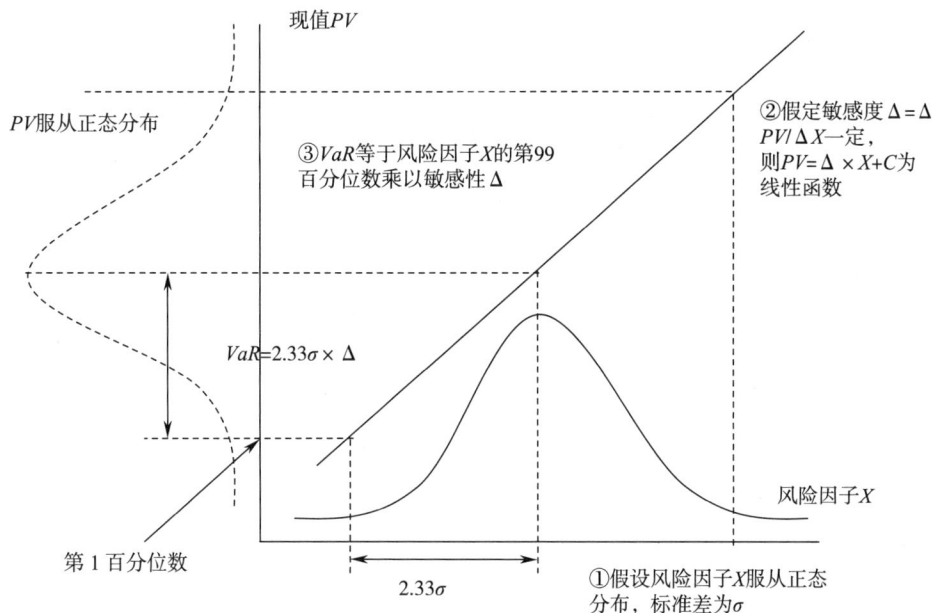

图 4 - 4 单风险因子方差—协方差法示意图（置信水平为 99%）

2. 计算风险因子的相关系数矩阵或方差—协方差矩阵

对于多风险因子而言，不但要计算各风险因子的方差、标准差，还需要计算多风险因子之间的协方差或相关系数，而这些指标的计算是以观察期间的各风险因子的历史数据为样本。相关系数矩阵与方差—协方差矩阵的关系如下式：

$$
\begin{pmatrix} \sigma_1 & 0 & \cdots & 0 \\ 0 & \sigma_2 & 0 & 0 \\ \vdots & 0 & \ddots & \vdots \\ 0 & \cdots & 0 & \sigma_N \end{pmatrix} \begin{pmatrix} 1 & \rho_{12} & \cdots & \rho_{1N} \\ \rho_{21} & 1 & \cdots & \rho_{2N} \\ \vdots & \vdots & \ddots & \vdots \\ \rho_{N1} & \rho_{N2} & \cdots & 1 \end{pmatrix} \begin{pmatrix} \sigma_1 & 0 & \cdots & 0 \\ 0 & \sigma_2 & 0 & 0 \\ \vdots & 0 & \ddots & \vdots \\ 0 & \cdots & 0 & \sigma_N \end{pmatrix}
$$

$$
= \begin{pmatrix} \sigma_1^2 & \rho_{12}\,\sigma_1\,\sigma_2 & \cdots & \rho_{1N}\,\sigma_1\,\sigma_N \\ \rho_{21}\,\sigma_2\,\sigma_1 & \sigma_2^2 & \cdots & \rho_{2N}\,\sigma_2\,\sigma_N \\ \vdots & \vdots & \ddots & \vdots \\ \rho_{N1}\,\sigma_N\,\sigma_1 & \rho_{N2}\,\sigma_N\,\sigma_2 & \cdots & \sigma_N^2 \end{pmatrix} \qquad (4-45)
$$

3. 计算 VaR

根据以上步骤所计算的敏感性指标和方差—协方差矩阵，由式（4-46）可计算 VaR 值。在市场上，风险因子的标准差通常变化较大，而收益率本身相对于标准差来说，变化并不大。所以在一般情况下，会假设收益率变化的期望值为 0，即假设均值 μ 为 0。在以下公式中，Δ、σ、ρ、临界值分别表示风险因子的敏感性、标准差、相关系数、一定置信水平下标准正态分布的临界值。

（1）单风险因子的情形。当资产组合的风险因子只有一个时，VaR 的计算公式如下，示意图可参考图 4 - 4。

$$VaR = \Delta \times \sigma \times 临界值 \tag{4-46}$$

作为一个常用的例子，如果设定置信水平为 99%，资产组合的价值变动服从正态分布，则 VaR 的计算公式为

$$VaR = \Delta \times \sigma \times 2.33 \tag{4-47}$$

例题 4 - 19

单一资产 VaR 值计算

假设一个价值为 100 万元的股票头寸，该股票的日波动率为 2%。假定该投资组合的价值变动服从正态分布，投资组合价值的预期变动为 0。试计算持有期 1 天，置信水平为 99% 的 VaR。

在这个例子中，$\Delta = 100$ 万元，$\sigma = 2\%$，$c\% = 99\%$，根据公式，有

$VaR = \Delta \times \sigma \times 2.33 = 100 \times 0.02 \times 2.33 = 4.66$（万元）

因此，该投资组合在 99% 的可能下，1 天最大的损失不超过 4.66 万元。

（2）多风险因子的情形。当资产组合的风险因子有 N 个时，需要考虑 N 个风险因子之间的相关性，VaR 的计算公式如下：

$$VaR = \sqrt{(\Delta_1 \quad \Delta_2 \quad \cdots \quad \Delta_N) \begin{pmatrix} \sigma_1^2 & \rho_{12}\sigma_1\sigma_2 & \cdots & \rho_{1N}\sigma_1\sigma_N \\ \rho_{21}\sigma_2\sigma_1 & \sigma_2^2 & \cdots & \rho_{2N}\sigma_2\sigma_N \\ \vdots & \vdots & \ddots & \vdots \\ \rho_{N1}\sigma_N\sigma_1 & \rho_{N2}\sigma_N\sigma_2 & \cdots & \sigma_N^2 \end{pmatrix} \begin{pmatrix} \Delta_1 \\ \Delta_2 \\ \vdots \\ \Delta_N \end{pmatrix}} \times 临界值 \tag{4-48}$$

利用单风险因子的 VaR 计算公式，并稍作矩阵运算，式（4 - 48）可变换为如式（4 - 49）的另一个多风险因子 VaR 计算公式，其中，VaR_i 为只考虑风险因子 i 的在相同置信水平下的单独 VaR 值。

$$VaR = \sqrt{(VaR_1 \quad VaR_2 \quad \cdots \quad VaR_N) \begin{pmatrix} 1 & \rho_{12} & \cdots & \rho_{1N} \\ \rho_{21} & 1 & \cdots & \rho_{2N} \\ \vdots & \vdots & \ddots & \vdots \\ \rho_{N1} & \rho_{N2} & \cdots & 1 \end{pmatrix} \begin{pmatrix} VaR_1 \\ VaR_2 \\ \vdots \\ VaR_N \end{pmatrix}} \tag{4-49}$$

（三）计算示例

例题 4 - 20

方差—协方差法的计算示例一：单风险因子

假设有投资于上证指数的投资组合 100 亿元（$\beta = 1$），风险因子为上证指数

（假设上证指数变化率服从标准差为 σ 的正态分布），VaR 计量日为 2011 年 5 月 27 日，观测期间 250 天，持有期为 10 天，置信水平为 99%。

由前述 VaR 计算公式可知：

现值变化 = 100 亿元 × 上证指数 10 天的变化率

VaR = 敏感性 Δ × 风险因子标准差 × 临界值 = 100 亿元 × σ × 2.33

因此，VaR 计算的关键转变为风险因子标准差 σ 的计算。

首先，根据风险因子的日次市场数据直接计算日次变化率，并计算日次变化率的标准差为 $\sigma = 1.341\%$。由于观测期间为 250 天，则日次变化率数据为 250 个，日次上证指数数据需 251 天。

其次，用 $\sqrt{T}$ 倍法对持有期为 10 天进行调整处理，做法是将日次变化率的标准差乘以 $\sqrt{10}$，作为 10 天变化率的标准差，其结果为 $\sqrt{10}\sigma = 4.241\%$。

最后，考虑本例是置信水平为 99% 的单因子情形，利用 $VaR = \Delta \times \sqrt{10}\sigma \times 2.33$，计算得到 $VaR = 9.881$。

投资组合	100亿元
置信水平	99.00%
临界值	2.33

观测期间	250天

持有期	10天
持有期调整	$\sqrt{10}$=3.162
日次标准差（σ）函数STDEVA	1.341%

日次标准差×临界值×$\sqrt{T}$

日期	股价指数
2011–05–27	2 709.95
2011–05–26	2 736.53
2011–05–25	2 741.74
2011–05–24	2 767.06
2011–05–23	2 774.57
2011–05–20	2 858.46
2011–05–19	2 859.57
2011–05–18	2 872.77
2011–05–17	2 852.77
2011–05–16	2 849.07
2011–05–13	2 871.03
2011–05–12	2 844.08
2011–05–11	2 883.42

日次变化率
–0.976%
–0.190%
–0.919%
–0.271%
–2.979%
–0.039%
–0.461%
0.699%
0.130%
–0.768%
0.943%
–1.374%
–0.250%

10天变化率（99%点）	敏感度	VaR
9.881%	100	9.881

$VaR = \Delta PV = \Delta \times X$
ΔPV：投资组合现值的变化额
X：股价指数的变化率=σ×临界值×$\sqrt{T}$
Δ：敏感度，即投资组合现时点的头寸

变化率：对数变化率

图 4–5 方差—协方差法的 Excel 示意

运用 $\sqrt{T}$ 倍法调整持有期的标准差的示意如图 4–6 所示。

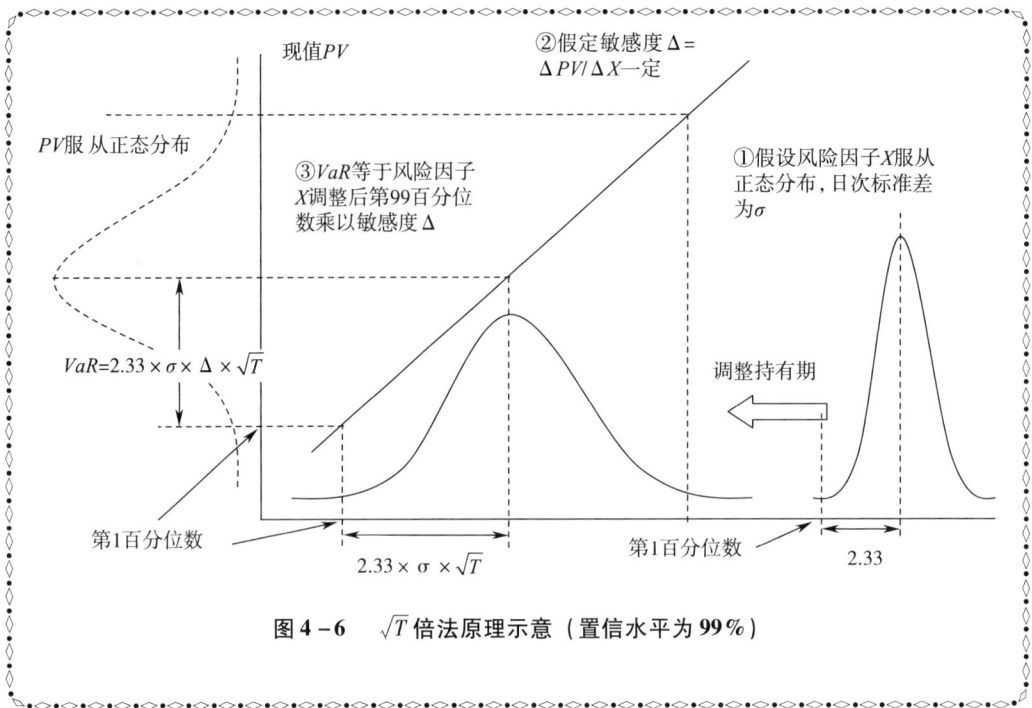

$VaR=2.33\times\sigma\times\Delta\times\sqrt{T}$

图 4-6　$\sqrt{T}$ 倍法原理示意（置信水平为 **99%**）

例题 4-21

方差—协方差法的计算示例二：多风险因子

某资产组合由上证指数的股票投资 100 亿元（β=1）和国债投资 100 亿元构成，其风险因子分别为上证指数和国债价格，VaR 计量日为 2011 年 5 月 27 日，观测期间 250 天，持有期为 10 天，置信水平为 99%。

关于多风险因子资产组合的 VaR 计算，可参考本节"计算 VaR"部分"多风险因子的情形"中的两个公式。在 Excel 中进行矩阵运算，用方差—协方差法计算两风险因子资产组合的 VaR 的示意。主要步骤如下：

（1）利用上证指数、国债价格的历史数据，计算 10 天的变化率序列（移动窗口法），并计算其方差、标准差和相关系数矩阵、方差—协方差矩阵。

（2）暂且不考虑风险因子间的相关性，单独计量股票投资和国债投资的风险，结果为

$$VaR（股票）=10.21 \text{ 亿元} \quad VaR（国债）=1.99 \text{ 亿元}$$

（3）考虑风险因子间的相关性，无论是根据多风险因子情形下 VaR 计算的两个公式中的哪一个，其结果均为

$$VaR=9.54 \text{ 亿元}$$

股票投资	100亿元
10年期国债	100亿元
置信水平	99.00%
持有期	10天
观测数据	250天

	单独VaR	标准差	临界值	敏感度
股票	10.21亿元	4.3833%	2.33	100
国债	1.99亿元	0.8568%	2.33	100

不考虑相关性VaR	考虑相关性VaR
12.20亿元	9.54亿元

变化率历史数据

日期	股指	国债
2011-5-27	-5.774%	-0.098%
2011-5-26	-3.855%	0.010%
2011-5-25	-5.038%	0.177%
2011-5-24	-4.369%	0.315%
2011-5-23	-3.467%	0.687%
2011-5-20	-0.190%	0.560%
2011-5-19	-0.448%	-0.088%
2011-5-18	0.235%	0.295%
2011-5-17	-2.746%	-0.010%
2011-5-16	-2.168%	0.098%
2011-5-13	-0.556%	-0.197%
2011-5-12	-2.820%	-0.187%
2011-5-11	-1.909%	0.403%

股票VaR	国债VaR
10.21	1.99

相关系数矩阵

1	-0.423	10.21	股票
-0.423	1	1.99	国债

计算公式

矩阵运算结果=VaR^2	91.02
$\sqrt{\text{结果}}$=VaR	9.54

股票Δ	国债Δ
100	100

方差—协方差矩阵

0.19%	-0.016%	100	股票
-0.016%	0.007%	100	国债

计算公式

矩阵运算结果	16.77
结果开根号	4.10
临界值	2.33
VaR	9.54

图4-7 多风险因子 VaR 计算的 Excel 示意

（4）对于资产组合整体，如果不考虑相关性（假定两者完全正相关），则

$$VaR = VaR(股票) + VaR(国债) = 10.21 + 1.99 = 12.20（亿元）$$

将以上结果与考虑风险因子间相关性的结果对比，可以明显看出，风险因子之间的相关性使得 VaR 值下降，体现了资产组合降低总体风险的效果。

（四）优缺点评述

方差—协方差法的优势在于易于操作，由于主要直接使用方差—协方差矩阵和公式计算，即使资产数目较多，也可以很快得到结果。但是，方差—协方差法一般都假定正态分布，而金融资产的收益率通常不服从正态分布。金融资产收益率的分布有下列性质。

1. 肥尾。与正态分布相比，肥尾分布的左右两端概率较高。如果一个分布与正态分布有相同的均值和方差，但是在尾部的概率较大，称该分布有肥尾。从图 4-8 可以看出，肥尾分布的峰值比正态分布高，峰部两边比正态分布矮，到尾部又比正态分布高。肥尾分布给估计 VaR 带来很大麻烦，因为 VaR 关注的就是尾部的概率。

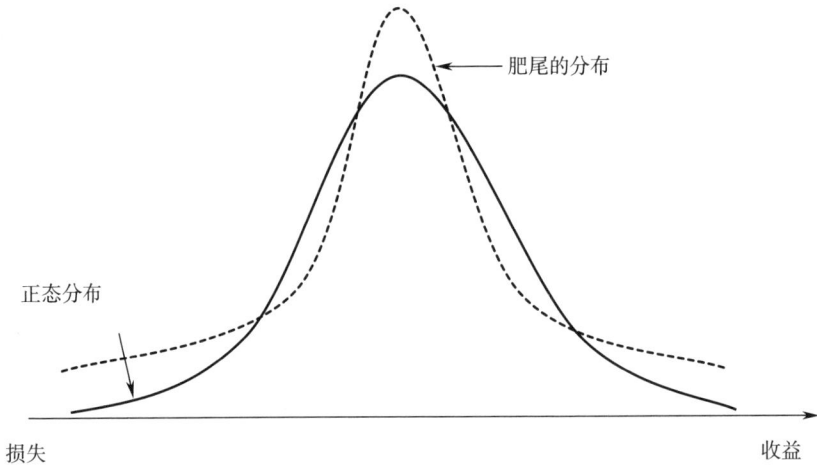

图 4 – 8　肥尾的分布

2. 有偏。经验显示，金融资产收益率通常是有偏的，通常情况下，金融资产价格下跌要比上涨更厉害，造成收益率的分布左偏而非对称。

3. 不稳定。不同的市场情况作用于波动率，造成波动率的分布不稳定。

正是因为方差—协方差的这一不足，基于正态分布假设的模型会低估实际的风险值。

三、基于历史模拟法的 VaR 计算

（一）基本思路

历史模拟法（Historical Simulation Method，HS）是一种简单的完全估值法，假定历史可以在未来重复，通过收集一定历史期限内全部的风险因素收益信息，模拟风险因素未来的变化。首先选择合适观察期的风险因素历史收益率时间序列，用历史观测期间所观测到的风险因子的频率分布，来预测风险因子的未来变化；其次根据由此得来的风险因子未来预期价格对现有头寸进行重新估值，计算现有头寸的预期价值变化；最后，将现有头寸（金融资产组合）的预期损益从小到大排序，得到预期损益的频度分布，并通过给定置信水平下的相应分位数求得 VaR 值。历史模拟法对风险因子的分布几乎不需要任何假定，其示意如图 4 –9 所示。

（二）计算步骤

历史模拟法的主要模型有一般历史模拟法、加权历史模拟法、拔靴法。近期有研究表明：一般历史模拟法存在高估或低估风险的可能，在风险因子剧烈变动时该模型有可能不能通过事后检验；在小样本的情形下，加权历史模拟法、拔靴法的表现优于一般历史模拟法；若同时考虑修正效果与计算性能，加权历史模拟法是较好的选择。因此，金融机构在模型导入时，应该充分考虑自身数据量的大小、算法优化的可能性、历史数据的可得性、硬件配置水平等因素来选择合适的风险计量模型。以下分别介绍

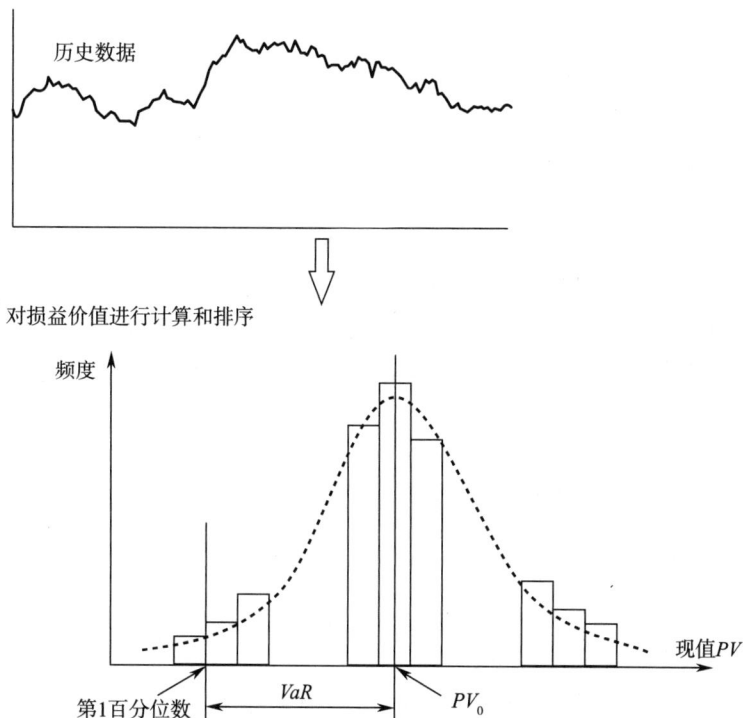

图 4 - 9　历史模拟法示意

一般历史模拟法、加权历史模拟法的计算过程。

1. 一般历史模拟法的计算步骤

（1）假设当前时点为 T 时点，历史观测期间为 $0,1,\cdots,T$ 时点。首先确定金融资产组合的风险因子，例如有 K 个风险因子。把观测期间内 K 个风险因子的历史价格 $P_{i,t}$ 的变化率作为风险因子的预期变化率，从而计算出风险因子的预期价格 $S_{i,t}$。

$$S_{i,t} = (1 + r_{i,t}) \times P_{i,T} = \frac{P_{i,t}}{P_{i,t-1}} \times P_{i,T} \qquad (4-50)$$

其中，$i = 1, \cdots, K, \ t = 1, \cdots, T$。

（2）由风险因子的预期价格，可以得到金融资产组合的 T 个预期现值。

$$PV_t = PV(S_{i,t}, W_{i,T}) \qquad (4-51)$$

其中，$i = 1, \cdots, K, \ t = 1, \cdots, T$，$W_{i,T}$ 是风险因子 i 对应资产在当前 T 时点的头寸。

（3）将金融资产组合的 T 个预期现值减去当前 T 时点的价值，可得到预期损益的序列。

$$\Delta PV_t = PV_t - PV_0 \qquad (4-52)$$

其中，$t = 1, \cdots, T, \ PV_0 = PV(P_{i,T}, W_{i,T})$。

（4）将以上得到的预期损益序列，按不利到有利的顺序排序，根据置信水平的相应百分位数确定 VaR 值。

2. 加权历史模拟法的计算步骤

加权历史模拟法的实质是历史模拟法和风险计量法的结合，其计算方法是：按照从新到旧的顺序对历史数据赋予指数递减的权重，再用与一般历史模拟法相同的方法计算并排列预期损益序列，然后将累计权重与显著性水平相比较而得到 VaR 值。

相对于一般历史模拟法赋予每一个历史数据相同的权重，加权历史模拟法对近期的数据赋予较大的权重，对越久远的数据赋予越小的权重。因此，如果波动最大的几个数据是近期的数据，那么近期的累计权重会较大、百分位数会靠前，这样得到的 VaR 值就较大，如果波动最大的几个数据是比较久远的数据，由于这些数据对应的权重较小，那么百分位数就会后移，这样得到的 VaR 值就较小。加权历史模拟法的主要计算步骤如下。

（1）R_t 为时点 $t-1$ 到时点 t 的变化率。对 T 个历史变化率 $R_T, R_{T-1}, \cdots, R_1$，分别赋予权重 $\dfrac{1-\lambda}{1-\lambda^k}, \dfrac{1-\lambda}{1-\lambda^k}\lambda, \cdots, \dfrac{1-\lambda}{1-\lambda^k}\lambda^{k-1}$。显然，所赋予的权重和为 1。

（2）重复与一般历史模拟法相同的步骤，得到预期损益序列及其对应的权重，并将预期损益序列从小到大排序。

（3）设定置信水平，针对已经排序的预期损益序列，从最大损失开始累计权重直到累计权重超过所设定的显著性水平，使用插值法即可求得该置信水平下的 VaR 值。

（三）计算示例

例题 4-22

一般历史模拟法的计算示例

假设有投资于上证指数的投资组合 100 亿元（$\beta=1$），风险因子为上证指数（假设上证指数变化率服从标准差为 σ 的正态分布），VaR 计量日为 2011 年 5 月 27 日，观测期间 250 天，持有期为 10 天，置信水平为 99%。

图 4-10 是在 Excel 中用一般历史模拟法计算 VaR 的示意图，其计算步骤如下：

（1）用移动窗口法得到上证指数 10 天变化率的 250 个数据，将此历史数据作为未来 10 天上证指数变化率的预测值；

（2）将上述预测值乘以现有头寸得到 PV 变化额的序列；

（3）利用函数 PERCENTILE 计算 PV 变化额序列的置信水平所对应的百分位数，得到

$$VaR = 9.51 \text{ 亿元}$$

股票投资	100亿元
置信水平	99.00%
持有期	10天
观测期间	250天

VaR	9.51亿元

置信水平的百分位数
PERCENTILE

日期	上证指数	10天变化率	现有头寸	PV变化额
2011-5-27	2 709.95	-5.774%	100	-5.774
2011-5-26	2 736.53	-3.855%	100	-3.855
2011-5-25	2 741.74	-5.038%	100	-5.038
2011-5-24	2 767.06	-4.369%	100	-4.369
2011-5-23	2 774.57	-3.467%	100	-3.467
2011-5-20	2 858.46	-0.190%	100	-0.190
2011-5-19	2 859.57	-0.448%	100	-0.448
2011-5-18	2 872.77	0.235%	100	0.235
2011-5-17	2 852.77	-2.746%	100	-2.746
2011-5-16	2 849.07	-2.168%	100	-2.168
2011-5-13	2 871.03	-0.556%	100	-0.556
2011-5-12	2 844.0828	-2.820%	100	-2.820
2011-5-11	83.42	-1.909%	100	-1.909

MV法

图4-10 一般历史模拟法的 Excel 示意

（四）优缺点评述

标准历史模拟法直观、简单、便于理解，计算过程比较容易为人们掌握和实施，也容易为人们所接受。相对于方差—协方差法，由于不需要假定市场风险因子未来变化服从诸如正态分布等某种特定的概率分布，因此该法可以处理一些非对称和尖峰厚尾等问题。历史模拟法不需要估计诸如波动率、相关性等有关风险因子参数，可以减少参数估计风险和模型风险。

但历史模拟法在使用中也存在一定的缺陷：（1）所隐含的概率密度函数不随时间变化的假设可能与实际金融市场情况不一致；（2）不能预测和反映未来的突然变化和极端事件（可能低估风险）；（3）不能对近期的市场变化快速作出反应（可能高估风险）；（4）过度依赖样本区间的选择并要求有足够的历史数据。

四、基于蒙特卡洛模拟法的 VaR 计算

（一）基本思路

蒙特卡洛模拟法（Monte Carlo Simulation）主要是利用计算机随机模拟出风险因子的随机价格走势，并以此来近似地揭示该风险因子的市场特性。这个随机模拟的过程实际就是重构投资组合价值分布的过程。具体地，它要求通过分析历史数据建立风险因子的随机过程模型，然后反复模拟风险因子变量的随机过程，每次模拟都

可以得到风险因子对应一个未来变化情景，以及投资组合在持有期期末的一个可能价值。因为蒙特卡洛模拟可以进行大量模拟，所以投资组合价值的模拟分布将最终收敛于这个投资组合的真实分布，根据这个分布，可以计算风险价值，其流程如图4-11所示。

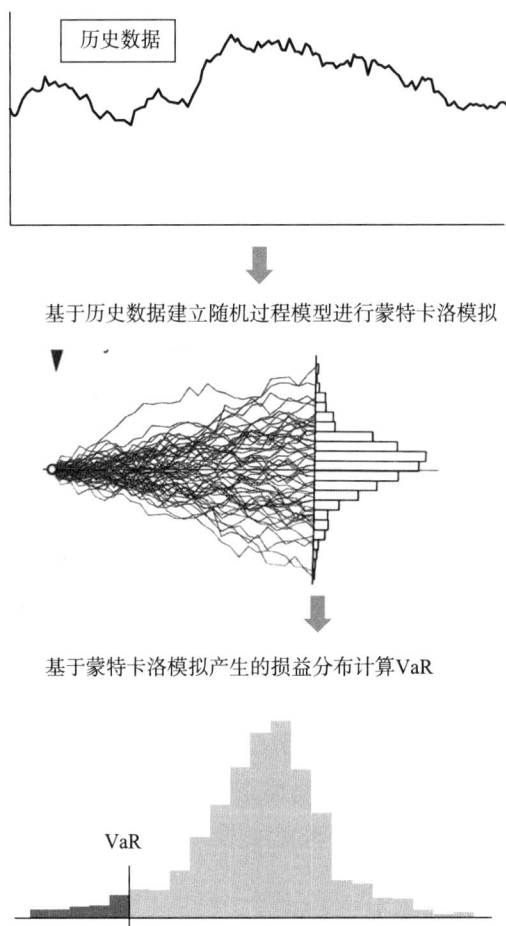

历史数据

基于历史数据建立随机过程模型进行蒙特卡洛模拟

基于蒙特卡洛模拟产生的损益分布计算VaR

VaR

图4-11　基于蒙特卡洛模拟法的 VaR 计算示意

（二）计算步骤

第一步，确定风险因子所服从的随机过程及随机参数。其中方差和相关系数等可以从历史数据或期权数据中得到。第二步，根据随机模型，依此产生相应的伪随机数，计算得到风险因子模拟价格。第三步，根据第二步中得到的模拟价格计算投资组合在目标时刻的价格。第四步，重复第二步和第三步，如果重复 10 000 次，得到 10 000 个投资组合的模拟价格，根据这一系列价格估计目标时刻的组合分布，并利用该分布计算出 VaR 值。

（三）优缺点评述

蒙特卡洛模拟法的优点包括：它是一种全值估计方法，可以处理非线性、大幅波动及肥尾问题；产生大量路径模拟情景，比历史模拟法更精确和可靠；可以通过设置削减因子，使模拟结果对近期市场的变化更快地作出反应。其缺点包括：对于基础风险因素仍然有一定的假设，存在一定的模型风险；计算量很大，且准确性的提高速度较慢，如果一个因素的准确性要提高 10 倍，就必须将模拟数增加 100 倍以上；如果产生的数据序列是伪随机数，可能导致错误结果。

五、预期尾部损失

（一）一致性风险测度理论

一致性风险测度理论（Coherent Risk Measure）是 Artzner（1999）提出的用于风险计量方法评价的一个标准。如果风险计量方法同时满足单调性、次可加性、正齐次性和平移不变性四个性质，即为满足一致性风险测度。一般认为，满足一致性风险测度的风险计量方法较优。

我们设 X 和 Y 表示任意两个投资组合未来损益，设 $\rho(\cdot)$ 是给定时间区间上的风险测度。若风险测度 $\rho(\cdot)$ 是一致的，则它满足以下性质：

（1）单调性：若 $Y \geqslant X$，有 $\rho(Y) \geqslant \rho(X)$；

（2）次可加性：有 $\rho(X) + \rho(Y) \geqslant \rho(X + Y)$；

（3）正齐次性：若 $\lambda > 0$，有 $\rho(\lambda X) = \lambda \rho(X)$；

（4）平移不变性：对于某个给定的数 C，有 $\rho(X + C) = \rho(X) - C$。

单调性使得较小风险水平的资产必有更小的可能损失，满足次可加性意味着能通过分散化投资降低风险，正齐次性意味着风险水平与资产规模成正比，而平移不变性意味着如果损失能得到弥补，资产的风险水平也会对应地下降相同的幅度。

VaR 是不是一个好的风险计量方法呢？次可加性指出了 VaR 的问题，因为 VaR 不具有次可加性。我们考虑下面的例子。

假设我们有两只完全相同的债券 A 和 B。每只债券的违约率都为 4%，债券若发生违约我们将损失 100，若不发生违约则损失 0。因此每只债券 95% 的 VaR 都为 0，所以 $VaR(A) = VaR(B) = VaR(A) + VaR(B) = 0$。现在假设违约是独立的。简单的计算表明，债券组合 A + B 损失为 0 的概率是 $0.96 \times 0.96 = 0.9216$，损失为 200 的概率是 $0.04 \times 0.04 = 0.0016$，损失为 100 的概率为 $1 - 0.9216 - 0.0016 = 0.0768$。所以 95% 的 $VaR(A + B) = 100$。于是，$VaR(A + B) > 0 = VaR(A) + VaR(B)$，故 VaR 违反了次可加性条件。事实证明，只有对投资组合价值分布的形式作出某种限制才能使 VaR 具有次可加性。

（二）预期尾部损失

预期尾部损失（Expected Shortfall，ES）用于度量损失超过 VaR 时所遭受的平均损失程度，它可以告诉我们当损失发生时，损失的期望值为多大。使用条件概率的公

式，我们可以定义预期尾部损失为

$$ES_\alpha = E[L \mid L \geqslant VaR_\alpha] \qquad (4-53)$$

其中，ES 为预期尾部损失，L 为损失，α 为置信区间。如果损失 L 为连续分布，则可表示为

$$ES_\alpha = \frac{1}{1-\alpha} \int_{-\infty}^{VaR} xL(x)\,dx \qquad (4-54)$$

如果损失的分布为离散分布，则上述积分方程相应地表示如下：

$$ES_\alpha = \frac{1}{1-\alpha} \sum_{p=0}^{\alpha} 第\ p\ 个最大损失 \times 第\ p\ 个最大损失发生的概率 \qquad (4-55)$$

预期尾部损失满足一致性风险测度，相对于 VaR 的单一分位数而言，预期尾部损失能更好地计量尾部风险。

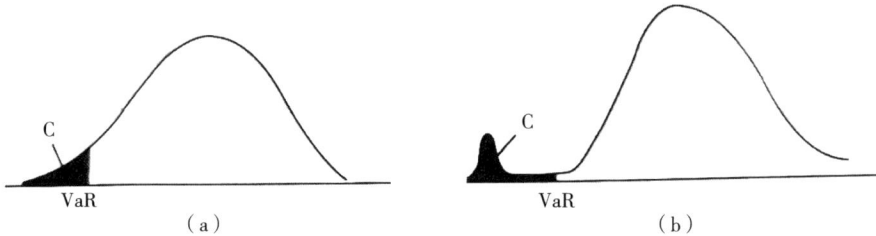

图 4-12　不同分布 VaR 相同而尾部损失可能不同

【本章要点】

1. 市场风险是指由于利率、汇率、权益价格和商品价格等市场因子的变动，引起的金融机构金融工具的公允价值或未来现金流变动，从而可能蒙受损失的风险。根据金融市场风险不同的驱动因素或者不同类型的市场风险因子，可以把市场风险进一步划分为利率风险、汇率风险、权益价格风险和商品价格风险。

2. 暴露是指在金融活动中存在金融风险的部位以及受金融风险影响的程度。风险暴露计量是市场风险计量的基础，准确计量风险暴露，实时了解风险暴露，有助于合理评估自身面临的风险大小。风险暴露越大，同样情况下承担的市场风险就越大。

3. 波动率是衡量标的的资产价格偏离其平均值的度量，通常用资产收益率的标准差来衡量。历史波动率通常是指标的资产的日收益率在过去一段时间的年化标准差。隐含波动率是根据期权的价格反推导出来的，是市场上交易的期权价格所隐含的波动率。

4. 敏感性衡量的是组合中某一风险因子发生细微变化（如变化0.01%单位）所造成组合价值变化的程度（变化?%个单位）。银行账簿利率敏感性计量的常用方法有重定价缺口和久期。权益资产价格的敏感性通常用 β 系数度量。金融衍生工具价格敏感性的计量指标有 Delta、Gamma、Theta、Rho、Vega。

5. 风险价值（VaR）是指在一定的置信水平（如95%、99%等）下，某一金融资

产或资产组合价值在未来特定时间内（1 天、1 周或 10 天等）的最大可能损失，是广泛使用的市场风险计量方法。计算 VaR 至少需要三个方面的信息：一是持有期 T，二是置信水平 $c\%$，三是投资组合未来价值变动 ΔP 的分布函数。VaR 可使用方差—协方差法、历史模拟法、蒙特卡洛模拟法计算。VaR 不满足一致性风险测度理论，ES 指标能更好地计量尾部风险。

【重要概念】

利率风险　汇率风险　权益价格风险　商品价格风险　缺口风险　基准风险
期权风险　交易风险　折算风险　经济风险　名义金额　市场价值
历史波动率　隐含波动率　平方根法则　敏感性　利率敏感性资产/负债
重定价缺口　累计缺口　CGAP 效应　利差效应　麦考利久期　修正久期
杠杆调整久期缺口　凸性　VaR　ES　方差—协方差法　历史模拟法
蒙特卡洛模拟法

【课后习题】

1. 如何计算外汇敞口，如何利用外汇敞口计量汇率风险？
2. 试对波动率方法的含义、特点和局限性进行分析。
3. 试比较历史波动率和隐含波动率。
4. 试对敏感性方法的含义、特点和局限性进行分析。
5. 试比较重定价缺口和久期缺口。
6. 试对 VaR 方法的含义、特点和局限性进行分析。
7. 简述在 VaR 方法中设定置信区间和持有期时应考虑的基本因素。
8. 请利用中国民生银行股价的历史数据，计算其波动率。
9. 请利用中国民生银行的波动率，运用方差—协方差法，计算其 VaR。
10. 请利用中国民生银行股份的历史数据，运用历史模拟法，计算其 VaR。
11. 试根据上述计算数据，比较 VaR 的两种计算方法：方差—协方差法与历史模拟法。
12. 试比较预期尾部损失和 VaR。
13. 阅读上市金融机构年报，了解金融机构如何识别和计量市场风险。

【进阶阅读】

1. ［英］凯文·多德. 市场风险测度［M］. 李雪，译. 北京：中国财政经济出版社，2011.
2. 中国银行间市场交易商协会教材编写组. 金融市场风险管理：理论与实务［M］. 北京：北京大学出版社，2019.
3. 滋维·博迪. 认识投资（原书第 10 版）［M］. 北京：机械工业出版社，2020.

4. Michael B. Miller. Quantitative Financial Risk Management. John Wiley & Sons, Inc. , 2019.

5. Anthony Saunders, Marcia Millon Cornett. Financial Institutions Management: A Risk Management Approach. McGraw – Hill Education, 2020.

第五章

流动性风险计量

【学习目标】

1. 掌握流动性风险的概念和分类；掌握流动性风险产生的内生因素与外生因素。
2. 掌握资产流动性风险的衡量维度和计量方法。
3. 掌握融资性流动性风险的计量方法。

【开篇导读】

河南村镇银行取款难

2022 年 4 月 18 日开始，河南的部分村镇银行发生了取款异常现象，主要涉及禹州新民生村镇银行、上蔡惠民村镇银行、柘城黄淮村镇银行等，这几家村镇银行的大股东均为河南许昌农商行。有多位储户反映，4 月 18 日一早发现这 3 家河南的村镇银行线上系统突然关闭，网上银行、手机银行 App 和微信小程序上电子账户中的存款，以及部分通过度小满金融等第三方互联网平台买的互联网存款，都不能取出。此后，取款难还波及了许昌农商行在安徽固县和黔县控股的两家村镇银行，以及河南新郑农商行旗下的一家村镇银行。

银保监会与人民银行持续关注河南 4 家村镇银行线上服务渠道关闭问题，已责成河南银保监局和人民银行郑州中心支行切实履行属地监管职责，密切配合地方党委政府和相关部门稳妥处置。

7 月 10 日深夜，"平安许昌"微信公众号发布了警情通报。经许昌市公安机关全力侦查，现进一步查明：2011 年以来，以犯罪嫌疑人吕奕为首的犯罪团伙通过河南新财富集团等公司，以关联持股、交叉持股、增资扩股、操控银行高管等手段，实际控制禹州新民生等几家村镇银行，利用第三方互联网金融平台和该犯罪团伙设立的君正智达科技有限公司开发的自营平台及一批资金掮客进行揽储和推销金融产品，以虚构贷款等方式非法转移资金，专门设立宸钰信息技术有限公司删改数据、屏蔽瞒报。上述行为涉嫌多种严重犯罪。

7 月 11 日晚间，河南银保监局、河南省地方金融监管局发布河南村镇银行风险处置方案。公告称，根据案件查办和资金资产追缴情况，经研究，对禹州新民生村镇银行、上蔡惠民村镇银行、柘城黄淮村镇银行、开封新东方村镇银行账外业务客户本金分类分批开展先行垫付工作。2022 年 7 月 15 日开始首批垫付，垫付对象为单家机构单人合并金额 5 万元（含）以下的客户。单家机构单人合并金额 5 万元以上的，陆续垫付，垫付安排另行公告。经过多轮垫付后，至 2023 年 1 月，银行开启了 50 万元以上资金的兑付。

资料来源：作者根据相关资料整理。

第一节　流动性风险概述

一、什么是流动性风险

流动性风险（Liquidity Risk）是指金融机构无法及时获得或无法以合理成本获得充足资金，来偿付到期债务或其他支付义务，满足资产增长或其他业务发展需要的风险。该定义包含三个维度：第一是资金，第二是成本，第三是时间。只要是无法获取充足的资金、获取资金的成本太高、资金无法及时到位，都属于流动性风险的范畴。

与其他风险不同，流动性风险的一些特性使其具有不确定性强、冲击破坏力大等特点，且随着金融市场的迅速发展，这些特性日益凸显，使得金融机构的流动性管理难度不断加大。

第一，流动性风险与其他风险密切相关。金融机构面临的流动性风险不一定是流动性管理问题直接导致的，其他风险如信用风险、声誉风险、市场风险、操作风险等得不到有效控制，最终也会以流动性风险的形式表现出来。例如，由市场信心缺失带来的挤兑风波就是声誉风险转化为流动性风险的一种表现。

第二，金融机构的顺周期性在流动性风险度量中得以集中体现。经济上行时，企业产能扩张以及日益增长的消费者需求刺激金融机构不断扩张资产规模，对抵押品价值的估计也偏向乐观，金融机构资产组合中高风险资产比重逐步提高。当经济情况发生逆转时，原来过高的资产价格中潜在的问题迅速暴露，变现能力迅速下降导致原来的高流动性资产出现贬值，金融机构融资能力受到影响，进而缩小资产规模，引发市场流动性收紧，加速经济的衰退。

第三，流动性风险具有较强的传染性和系统性。单一机构，特别是系统重要性金融机构的流动性不足可能对整个系统产生负面影响。随着经济一体化进程的加快，金融机构与金融市场之间的关联度越来越高。单一金融机构流动性出现问题，其对市场提供流动性的能力大幅减弱，市场资产价格波动导致其他金融机构的资产负债结构恶化，金融机构的公众信用度下降，即使是与出现危机的机构相关度不高的其他金融机构偿付能力也会出现问题，进而危机范围扩大，可能导致全球性的金融危机。

第四，流动性风险对金融机构来说具有较强的破坏性。充足的流动性是金融机构稳健经营的基石。与其他风险相比，流动性风险对金融机构及金融系统的破坏往往是致命的。例如，次贷危机引发的流动性危机，不仅使很多中小银行难逃破产的厄运，被迫进行合并或被收购，即使像花旗银行、瑞士联合银行等风险管理水平较高的国际性银行也遭受了巨大损失。

二、流动性风险的分类

流动性风险可分为以下两类。

一是资产流动性风险（Asset Liquidity Risk）。资产流动性强调的是资产的变现能力，譬如可变现的债券、股票等，这些都可以通过变卖或抵押来获得现金。资产流动性风险是由于市场深度不足或市场动荡，金融机构无法以合理的市场价格出售资产以获得资金的风险，反映了金融机构在无损失或微小损失情况下迅速变现的能力。资产变现能力越强，金融机构的流动性状况越佳，其流动性风险也越低。

二是融资流动性风险（Funding Liquidity Risk）。融资流动性强调的是获得未担保债务的可能性，可以短期和长期债务形式来获取现金。融资流动性风险是指金融机构在影响很大日常经营或财务状况的情况下，无法及时有效地满足资金需求的风险，反映了金融机构在合理的时间、成本条件下迅速获取资金的能力。如果金融机构获取资金的能力较弱，则容易导致金融机构流动性状况欠佳，其流动性风险也越高。

在实际情况中，资产流动性和融资流动性问题常常是并存的，因而使得风险的程度递增，称之为资产与融资联合流动性风险，即既不能获得融资途径，也不能将资产变现，因而无法应对债务而招致损失的风险。极端情况下，有可能发展成清偿能力风险。此外，金融机构的表外业务扩张，如或有负债、或有资产等也常常可以导致资产负债表内流动性不足而出现流动性风险。

三、流动性风险识别

对于金融机构而言，流动性风险既有可能是由自身因素（如期限错配加剧、信用风险暴露增加等）引发的，也有可能是由外部因素（如市场波动、支付中断等）或者是内外因素共同引发的。

（一）流动性风险的内生因素

1. 资产负债期限结构错配。资产负债期限结构错配，是所有金融机构的经营特征。这种错配有以下三个方面的原因：第一，某些资产或负债的期限本身就不确定，从而难以与相对应的负债或资产期限直接匹配，例如，银行的活期存款；第二，也是更为重要的，资产和负债的期限分布本身不同，这是由实体的真实需求决定的，例如，债券和贷款资产的期限分布，很难与存款的期限分布一一匹配；第三，资产和负债的期限错配是金融机构的重要盈利方式之一，普遍存在于银行、证券公司和基金。当较短期限的负债搭配了较长期限的资产，负债到期而资产尚未到期时，金融机构则面临了刚性的资金需求，流动性风险上升。

2. 资产负债分布结构错配。金融机构资产和负债的分布结构一方面受到金融机构战略的影响，另一方面也受到实体的真实需求影响。如果金融机构的资产负债分布结构不合理，资金来源或资金运用方向单一，过度集中于个别对手、产品或市场，流动资产储备不足，一旦出现不利的市场情况时，流动性风险必然上升。

3. 资产负债币种结构错配。对于从事国际业务的商业银行而言，多币种的资产负债期限结构与分布结构增加了流动性风险管理的复杂程度。在本国或国际市场出现异常状况时，外币债权方通常因为对债务方缺乏足够了解并且无法对市场发展作出正确判断，而要求债务方提前偿付债务。在这种不利的市场条件下，金融机构如果不能迅速满足外币债务的偿付需求，将不可避免地陷入外币流动性危机，并严重影响其在国际市场上的声誉。

4. 其他风险向流动性风险转化。流动性风险与其他风险的内在联系紧密，如果其他风险日积月累，逐渐蔓延，最后也可能引发流动性风险，导致金融机构面临流动性危机。具体来看，信用风险不仅使银行无法收回贷款，降低资产端的流动性，而且会影响银行信用评级，致使融资成本上升，流动性危机随时会爆发。次贷危机充分体现了市场流动性风险的危害，次级抵押贷款价格的迅速下跌使得人们争相抛售资产，金融机构很难从市场中获得融资，流动性枯竭导致许多机构破产。操作风险在清算和交易系统方面比较突出，管理人员需要确保交易能够及时处理，否则客户之间的流动性往来会受到影响，引起偿付危机。

（二）流动性风险的外生因素

1. 中央银行的货币调控政策。中央银行是宏观经济中最重要的流动性供给者，中央银行通过适当的货币政策工具影响宏观经济的流动性状况，进而对金融机构流动性产生作用。当货币政策宽松时，金融机构取得资金较为便利，遭受流动性危机的可能性较小。如果随着经济形势的转变货币政策开始收紧时，金融市场的流动性就会减少，金融机构获取资金的难度提升，如果金融机构无法从市场上以合理的成本及时筹集资金应对偿付需求，就会遭遇流动性危机。

2. 金融市场流动性。金融市场流动性是指交易某一类别资产的市场的流动性，强调市场为资产变现提供便利的能力，金融市场流动性会随着市场环境的变化而变化。如果市场的流动性不佳，金融机构的资产无法在市场上以合理的价格变现，就会引发金融机构流动性危机。

3. 其他外生因素。此外，经济周期、产业政策、危机传导等多种因素，也可能引发金融机构流动性危机。经济周期与流动性风险正相关，当经济下滑时，企业和居民对未来经济发展感到悲观，易发生流动性危机。产业政策影响金融机构资产投放，如果金融机构资产投放不当，损害金融机构资产安全，易引发流动性危机。随着全球一体化和金融体系的发展，外部金融危机很容易通过资产负债表等渠道传导到金融机构，引发流动性危机。

第二节　资产流动性风险计量

一、资产流动性的衡量维度

资产流动性风险是指由于市场深度不足或市场动荡，金融机构无法以合理的市场价格出售资产以获得资金的风险，反映了金融机构在无损失或微小损失情况下迅速变现的能力。

资产流动性可以从宽度、深度、即时性和弹性四个维度去衡量（见图 5-1）。宽度是指交易价格偏离市场中间价格的程度，一般用价差来衡量，宽度越大，资产流动性越差。深度反映某一特定价格水平下的交易数量，是衡量市场价格稳定程度的指标，可用在不影响市场价格条件下可能的交易量或某一给定时间做市商委托单上的委托数量来表示；深度较大，资产流动性越强。即时性是指投资者有效报单成交的速度；即时性越快，资产流动性越强。弹性是指单位交易量引起价格波动的幅度或委托单不平衡的调整速度，市场富有弹性，则资产的流动性越强。四个维度中宽度和深度指标、即时性和宽度都可能存在矛盾。基于这四个维度，金融机构发展出了多种资产流动性风险计量方法。

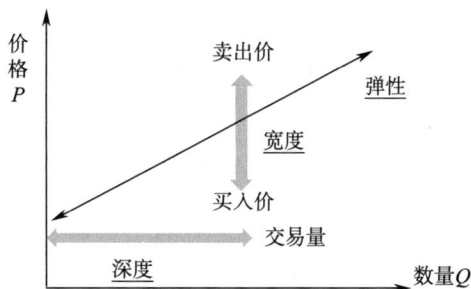

图 5-1　资产流动性度量

要买 100 万元相当于 1/7 天的交易量。从这个意义上讲，这只股票的流动性比较差，因为在你不冲击股价的前提下能够交易的金额非常少。比如，2017 年 8 月 18 日，最后成交价为 7.01。在这个价位上，如果不想让你的买单冲击现有价格，那么，最多能买 16 手，也就是 1 600 股，相当于 1.12 万元。

在这个情况下，为了买下 100 万元的 ST 亚太，你有几个选择：要么慢慢地，每次 1.12 万元地买进，以避免冲击股价，这需要 89 笔交易，花上半天时间才能完成，也因此要承担整个股市上涨的风险；要么就通过市价委托单立即执行（市价委托单指的是不管价格是多少，要赶快执行，抢时间的委托单），但是根据市价委托单的规则，一次最多只能扫清五档限价委托卖单（限价委托卖单指的是只能在限定的价格内卖出的委托单），就是 7.02 元到 7.06 元的各委托卖单，一共 836 手，大约是 59 万元，然后再下市价委托单买下剩下的 41 万元。你这样做，一方面平均价大概是 7.08 元，比当前价高 1%；另一方面在市场上制造一定恐慌，因为你这么猛，会让很多人以为有人要大买了，把价格炒到更高。换句话说，如果你要买 ST 亚太，你要么必须牺牲时间，慢慢买进，减少你对股价的冲击；要么牺牲价格，花大成本才能买进 100 万元价值的股票。当然，你也可以在这两个极端之间找到折中办法，既牺牲一些时间，也牺牲一些价格，或者你就干脆少买 ST 亚太，只买 10 万元或者 50 万元。

而如果你要买的股票是浙大网新，那就很容易。同一天里，浙大网新的股价为 15.6 元，市盈率 53 倍，市净率 6.3 倍，日成交量 145 万手，交易额超过 2.2 亿元。就在收盘之前，如果你不想让买单冲击现有价格，那么，最多能买 408 手，也就是 4.08 万股，相当于 64 万元。这样，不用两笔交易就能买下 100 万元浙大网新，速度快而且不冲击股价。

从上面的例子可以看到，像浙大网新这样的流动性好的股票，交易 100 万元甚至上亿元的仓位都比较容易：仓位容量大、速度快、交易成本和价格冲击小。而如果是要交易 ST 亚太这样的流动性差的股票，就反过来：容量小、速度慢、成本高，尤其是你的交易会冲击标的价格。这就是为什么一般投资者特别是机构投资者更喜欢流动性好的股票，避开流动性差的。

资料来源：陈志武. 股票流动性是啥意思［N］. 经济观察报，2020 – 07 – 13.

二、时间法

资产流动性风险的即时性度量可以用时间法，即将资产变卖所需要的时间长短作为度量流动性风险大小的标准。常用指标有清算时间。清算时间表示一个资产组合平仓所需的交易天数，它取决于头寸的大小和清算方法，一个简单的规则是定义每天可清算资产的最大数量，市场惯例是考虑每天可清算资产占 3 个月平均日交易量（Average Daily Volume，ADV）的比例，如果占 ADV 的比例较高，则交易成本较大。在给定条件下，买卖一项资产所需要的时间越少，则意味着该资产的流动性越高，其流动性风险越低。

例题 5-1

机构 A 持有 3 000 万元的股票，该股票 3 个月平均日交易量为 1 620 万元。为最大限度减少交易影响，机构 A 计划每日清算日交易量的 25%，计算机构 A 几天可以将该股票平仓。

根据清算方法，机构 A 每天可清算 405 万元。

$$1\ 620 \times 25\% = 405（万元）$$
$$3\ 000 \div 405 = 7.4（天）$$

机构 A 需要 8 天才能将该股票平仓。

时间法非常直接地衡量了金融资产买卖交易完成的速度，但是缺乏对市场环境和交易价格的考虑，较为片面。比如，在金融危机发生时，即便是通常认为流动性较高的国债，也不能够按照正常的时间完成交易，而且其价格也不见得能够达到预期水平。

三、交易量法

如果一项金融资产在交易量很小的情况下，仍然能够造成其交易价格的大幅波动，我们则认为该金融资产所在市场是缺乏深度的；而如果相反，一项金融资产即使在交易量很大的情况下，其价格仍然没有太大的波动，我们则认为该金融资产所在市场是有深度的。通常情况下，我们认为金融资产的深度越大，其流动性越高，流动性风险越低。

交易量法主要度量的是流动性风险的深度，即在不过分影响买入或卖出价格的情况下，金融资产可以完成交易的最大可能数量。交易量法可以通过各种指标去衡量流动性风险的深度，最简单的指标为某项资产的每日交易量乘以收盘价，其他常用的指标有：

（1）市场深度指标，即某个特定价位上可以进行交易的数量；

（2）成交深度指标，即在最优买入或卖出价上成交的数量；

（3）成交率，即买卖交易实际被执行的比例；

（4）换手率，有"成交量/流通数量""成交金额/流通市值"两种算法。

例题 5-2

股票 A 共发行流通股 500 万股，在市场上日平均成交 1.2 万股，股价为 135 元，试用换手率法评估其流动性。

该股票每日成交金额为 $135 \times 1.2 = 162$ 万元，日换手率为 $1.2 \div 500 = 0.24\%$，总流通市值为 $500 \times 135 = 6.75$ 亿元，若一年交易日为 250 天，则年化换手率约为 $0.24\% \times 250 = 60\%$。

交易量法是当前应用最为广泛的流动性度量方法，因为我们通常所认为的价格—数量函数，其重要的一个含义就是数量能够推动价格的变化。当交易数量增大或减小时，买入价会相应地下降或上升，卖出价则会相应地上升或下降。

交易量法也是有缺陷的。股票交易所的一些数据证明，高交易量并不意味着高流动性。假设某个时点，交易所收到大量交易指令，如果订单超过系统可以处理执行的数量，那么看似高涨的交易量其实是被大量未完成订单撑起的。因此基于该交易量所得出的高流动性结论是有误差的。

四、流动性成本法

（一）买卖价差法

因为流动性是金融资产在短时间内以较低的成本在市场进行大量交易而不造成价格大幅变化的能力，因此，衡量资产流动性的高低通常需要对资产的流动性成本进行衡量，而买卖价差被认为是度量流动性成本最直接的指标。

在资产交易过程中，除了显性交易成本如税费和佣金等，还存在隐性交易成本如存货成本和信息不对称成本。为了覆盖这些成本，作为市场中介的做市商，通常设定了买卖价差。买卖价差有绝对买卖价差和相对买卖价差两种计算方法。

$$绝对买卖价差\ P = 资产卖出价 - 资产买入价 \tag{5-1}$$

$$相对买卖价差\ S = \frac{资产卖出价 - 资产买入价}{\frac{1}{2}(资产卖出价 + 资产买入价)} \tag{5-2}$$

对于资产而言，买卖价差越大，流动性越差，流动性风险越高。

（二）清算成本法

清算成本是金融机构减持一项资产所产生的成本。假设清算成本是买卖双方各付一半，则清算成本的计算方法为

$$清算成本 = \frac{1}{2} \times 绝对买卖价差 = \frac{1}{2} \times 相对买卖价差 \times 金融资产价值 \tag{5-3}$$

这里的金融资产价值为市场中间价值。

例题 5-3

清算成本计算（一）

假设某银行持有 100 万股 A 公司股票，现需要平仓。A 公司股票在当月的卖出价是每股 52 元，买入价为每股 50 元。该银行所持有的 A 公司股票的中间市场价值为 5 100 万元。试计算其清算成本。

A 公司股票的中间价格为每股 51 元，相对买卖差价为 2/51，即 A 公司股票的清算成本为

$$\frac{1}{2} \times \frac{2}{51} \times 5\ 100 = 100\ （万元）$$

如果一个金融机构持有 n 项资产，那么在正常市场环境下，其资产组合的清算成本为

$$清算成本 = \frac{1}{2} \times \sum_{i=1}^{n} 绝对买卖价差_i = \frac{1}{2} \times \sum_{i=1}^{n} 相对买卖价差_i \times 金融资产价值_i$$

$$(5-4)$$

例题 5-4

清算成本计算（二）

假设一家金融机构持有某公司股票 100 万股和黄金 2 万克。股票的买方报价是 50 元，卖方报价是 52 元，黄金买方报价为 340 元，卖方报价为 350 元。股票的中间市场价值是 510 万元，黄金的中间市场价值是 690 万元。试计算其清算成本。

公司股票的比例价差为 1/51，黄金的比例差价为 1/345。

那么，正常市场中的清算成本为

$$\frac{1}{2} \times 510 \times \frac{1}{51} + \frac{1}{2} \times 690 \times \frac{1}{345} = 6（万元）$$

更复杂的清算成本法是计算在压力市场条件下的清算成本。分别定义 μ_i 和 σ_i 是持有的资产组合中第 i 项资产相对买卖价差的均值和标准差，参数 λ 是相对买卖价差分布所需置信区间下的分位点。那么：

$$清算成本（压力市场条件下） = \frac{1}{2} \times \sum_{i=1}^{n} (\mu_i + \lambda \sigma_i) \times 金融资产价值_i \quad (5-5)$$

例如，如果我们想求得"99%的最坏情况"下（即相对买卖价差只有 1% 的可能被超出的情况下）的清算成本，在假定相对买卖价差服从正态分布的情况下，对于所有的资产，参数 λ 为 2.33（注意是单边的分位点）。

五、价格和交易量结合法

前面几种度量方法都只是片面考虑了价格—数量函数的深度和广度，在此基础上，不少学者提出了将价格—数量函数的深度和广度相结合的弹性度量。弹性度量克服了单纯以买卖价差或者交易量大小来衡量流动性风险的缺点，考虑了交易量与价格之间的相互影响。弹性度量方法对于数量大或次数多的交易非常有用，如果与买卖价差和交易量法相结合，则构成了流动性或流动性风险的全景。但是由于该度量方法需要的数据较难获得，它在实时操作中受到很大限制。

六、流动性调整后的风险价值

流动性会对所持有的金融工具的价值变化产生很大的影响，传统的风险价值 VaR 的计量忽略了金融资产在交易过程中发生的损失。因此，在计算金融资产的 VaR 时，

不仅要考虑传统的市场风险 VaR，还要将流动性的影响施加到 VaR 上去。学者提出将流动性风险融入其中的流动性调整后的风险价值（Liquidity - Adjusted VaR）。流动性调整后的风险价值的基本原理则是在 VaR 计算的基础上，再加上一个因子表示流动性带来的交易成本。结合前面的清算成本法，单一资产流动性调整后的风险价值可以表示为

$$LVaR = VaR + \frac{1}{2} \times 相对买卖价差 \times 金融资产价值 \tag{5-6}$$

资产组合的流动性调整后的风险价值可表示为

$$LVaR = VaR + \frac{1}{2} \times \sum_{i=1}^{n} 相对买卖价差_i \times 金融资产价值_i \tag{5-7}$$

压力市场条件下资产组合的流动性调整后的风险价值为

$$LVaR = VaR + \frac{1}{2} \times \sum_{i=1}^{n} (\mu_i + \lambda \sigma_i) \times 金融资产价值_i \tag{5-8}$$

第三节　融资流动性风险计量

一、流动性缺口[①]

流动性缺口是将金融机构表内外业务的未来现金流按照一定方法分别计入特定时间段，以现金流入减现金流出取得各时间段现金流净额，其中现金流入包括各类资产的到期或还款，现金流出包括各类负债的到期或提取。现金流净额为负（负缺口），说明现金流出比流入多，需要筹集资金以应对资金的给付；现金流净额为正（正缺口），说明现金流入比流出多，即有盈余资金可以运用。计算公式如下：

$$未来各个时间段的流动性缺口 = 未来各个时间段现金流入（到期的表内外资产）$$
$$- 未来各个时间段现金流出（到期的表内外负债）$$
$$\tag{5-9}$$

流动性缺口表的纵向维度是业务类别，可以根据分析需要进行组合或细分，比如，我们通常会区分表内外和不同业务类型，来分别观察流动性缺口。流动性缺口表的横向维度是时间区间，可以根据分析需要进行或粗或细的设置，从内部管理角度一般要求区分出次日、7 天、30 天、90 天等关键时点。次日期间缺口 = 次日资产到期 + 次日表外流入 - 次日负债到期 - 次日表外流出，2 日至 7 日期间缺口 = 2 日至 7 日资产到期 + 2 日至 7 日表外流入 - 2 日至 7 日负债到期 - 2 日至 7 日表外流出，7 日累计缺口 = 次日期间缺口 + 2 日至 7 日期间缺口，30 日累计缺口 = 7 日累计缺口 + 8 日至 30 日期间缺口，依此类推。从对外披露角度，流动性缺口的时间区间划分则要简化很多，关注重点也略有不同，通常需要披露当日、1 个月内（含）、1～3 个月（含）、3 个月至 1年（含）、1～5 年（含）、5 年以上，此外还要列示无期限和已逾期等情况的规模。

---

① 王良，薛斐. 商业银行资产负债管理实践［M］. 北京：中信出版集团，2021.

表 5 - 1 为某金融机构在未来各个时段的现金流入、流出情况，可以看出在"次日"和"2~7 日"的时间段，该行的现金流入不能覆盖现金流出，存在现金流缺口。其主要原因是资产负债的错配较为严重，该行的负债主要为存款，而且短期限的存款占比较高，存款到期形成的现金流出较多；相对于负债端，该行资产端的贷款期限较长，前期贷款到期产生的现金流入较少，因期限错配形成较大现金流缺口，需要通过主动负债、吸收中长期期限的存款来弥补缺口。

表 5 - 1　　　　　　　　　某金融机构流动性缺口表实例　　　　　　单位：万元

项目	剩余期限					
	次日	2 日至 7 日	8 日至 30 日	31 日至 90 日	91 日至 1 年	1 年以上
资产总计	7 483.60	320.84	3 996.74	3 987.15	17 292.68	1 395.36
现金	408.95					
存放中央银行款项	210.48	0.00	0.00	0.00	0.00	0.00
存放同业款项	6 864.17	0.00	2 000.00	1 000.00	0.00	0.00
拆放同业	0.00	0.00	0.00	0.00	0.00	0.00
买入返售资产	0.00	0.00	0.00	0.00	0.00	0.00
各项贷款	0.00	320.00	1 934.49	2 987.00	17 292.68	1 395.36
债券投资和债权投资	0.00	0.00	0.00	0.00	0.00	0.00
其他有确定到期日的资产	0.00	0.84	62.25	0.15	0.00	0.00
表外收入	0.00	0.00	0.00	0.00	0.00	0.00
负债合计	12 331.79	1 429.87	2 368.72	3 149.15	9315.76	5 139.57
向中央银行借款	0.00	0.00	0.00	0.00	0.00	0.00
同业存放款项	0.00	0.00	0.00	0.00	0.00	0.00
同业拆入	0.00	0.00	0.00	0.00	0.00	0.00
卖出回购款项	0.00	0.00	0.00	0.00	0.00	0.00
各项存款	12 330.58	1 427.12	2 166.41	3 098.99	9 210.15	4 927.47
发行债券	0.00	0.00	0.00	0.00	0.00	0.00
表外支出	0.00	0.00	0.00	0.00	0.00	0.00
到期期限缺口	-4 848.19	-1 109.03	1 628.02	838.00	7 976.92	-3 744.21
累计到期期限缺口	-4 848.19	-5 957.22	-4 329.20	-3 491.20	4 485.72	741.51

注：数据为四舍五入，因此个别合计数有误差。

资料来源：王祖继，许一鸣. 大型商业银行资产负债管理［M］. 成都：西南财经大学出版社，2020.

流动性缺口计量的关键点在于到期日的确定。对于有确定到期日的业务，原则上按照合同到期日计量。对于没有确定到期日的业务，以及实际到期日与合同到期日有差异的业务，则需要通过建模等方式对现金流分布进行调整。此类调整需遵循审慎原则。在现金流计量上所采用的各类假设和参数，需在经过充分论证和适当程序审核批准后执行，并进行事后检验，确保其合理性（见表 5 - 2）。

表 5 - 2　　　　　　　　　　　　常用现金流调整参数

负债流失参数	活期流失率：活期存款合同期限为隔夜到期，实际存续期较长。通过流失率参数将其到期情况分摊
	具体方法：根据历史数据统计规律计量出活期存款流失率，对未来趋势修正流失率
	相似参数：与活期流失率相似的还有定期滚存率，即定期存款到期后继续按照原期限滚存
或有表外资金需求参数	贷款提取率：银行承诺给企业无条件贷款的额度并不一定即刻被企业全部提出，通过提取率将到期情况分摊
	具体方法：通过历史数据统计规律计量出提取率，结合专家判断法修正

除了用缺口绝对值计量流动性风险外，也可以采用流动性缺口率的方法定义缺口程度。流动性缺口率是指未来各个时间段的流动性缺口与相应时间段现金流入（到期的表内外资产）的比例，主要用于反映金融机构未来一定期限内的流动性状况。计算公式如下：

$$流动性缺口率 = 未来各个时间段的流动性缺口 \div$$
$$相应时间段现金流入（到期的表内外资产）\times 100\% \qquad (5-10)$$

二、动态流动性缺口

流动性缺口的高阶分析则是动态流动性缺口。上述介绍的流动性缺口计量是基于当前业务数据，观测其在未来的现金流，未考虑未来不同时间段新发生的业务，是静态分析。在此基础上，增加未来各时间段业务量发生规模以及新业务叙作期限等假设，则是动态分析。动态现金流缺口能够反映未来各种新业务发生场景下的流动性风险，也能够以此为基础开展多项流动性风险综合指标的动态计量，是当前商业银行流动性风险计量技术的应用热点之一。

三、流动性风险指标

金融机构通过计量各种流动性风险指标来反映流动性风险。流动性风险指标通常从不同维度出发各有侧重，通常还区分本外币进行计量。商业银行流动性风险管理经验丰富，其流动性风险指标一定程度上适用于其他金融机构。2018 年 5 月，中国银保监会发布了《商业银行流动性风险管理办法》，下面重点介绍《商业银行流动性风险管理办法》中的监管指标和监测指标。

（一）监管指标

1. 流动性覆盖率

流动性覆盖率考察商业银行是否具有充足的优质流动性资产，能够在银保监会规定的流动性压力情景下，通过变现这些资产满足未来至少 30 天的流动性需求，用于衡量商业银行短期流动性风险。计算公式如下：

$$流动性覆盖率 = 优质流动性资产 \div 未来 30 天现金净流出量 \qquad (5-11)$$

2. 净稳定资金比例

净稳定资金比例考察银行中长期流动性管理能力，计量分析银行资金来源和资金结构能否满足业务持续发展需要，衡量商业银行长期流动性风险。计算公式如下：

$$净稳定资金比例 = 可用稳定资金 ÷ 业务所需稳定资金 \qquad (5-12)$$

3. 流动性比例

流动性比例是指一个月到期的流动性资产与流动性负债之比，它能够从一般企业财务角度衡量商业银行短期流动性风险水平，是一个静态指标。计算公式如下：

$$流动性比例 = 流动性资产 ÷ 流动性负债 \qquad (5-13)$$

4. 流动性匹配率

流动性匹配率衡量商业银行主要资产与负债的期限配置结构，旨在引导商业银行合理配置长期稳定负债、高流动性或短期资产，避免过度依赖短期资金支持长期业务发展。计算公式如下：

$$流动性匹配率 = 加权资金来源 ÷ 加权资金运用 \qquad (5-14)$$

5. 优质流动性资产充足率

优质流动性资产充足率旨在确保商业银行保持充足的、无变现障碍的优质流动性资产，在压力情况下商业银行可通过出售或抵质押的方式变现这些资产，满足未来30天内的流动性需求。计算公式如下：

$$优质流动性资产充足率 = 优质流动性资产 ÷ 短期现金净流出 \qquad (5-15)$$

（二）监测指标[①]

1. 核心负债比例

核心负债比例是指中长期较为稳定的负债占总负债的比例。核心负债包括距离到期日3个月以上（含）的定期存款和发行债券，以及活期存款中的稳定部分。该比例主要用于衡量金融机构资金来源的稳定性，要求不低于60%。计算公式如下：

$$核心负债比例 = 核心负债 ÷ 总负债 × 100\% \qquad (5-16)$$

2. 同业融入比例

同业融入比例是指商业银行从同业机构交易对手获得的资金占总负债的比例。同业市场负债通常是对市场流动性高度敏感的不稳定融资来源，该比例越高，银行负债结构越不稳定，流动性风险也越高。计算公式如下：

$$同业融入比例 = (同业拆放 + 同业存放 + 卖出回购 + 委托方同业代付$$
$$+ 发行同业存单 - 结算性同业存款) ÷ 总负债 × 100\% \qquad (5-17)$$

3. 前十大户存款比例

前十大户存款比例是指前十大存款客户存款合计占各项存款的比例。该指标旨在预防集中度风险，防止因存款大户提款而造成商业银行流动性困难。计算公式如下：

$$前十大户存款比例 = 前十大存款客户存款合计 ÷ 各项存款 × 100\%$$
$$(5-18)$$

4. 前十大同业融入比例

前十大同业融入比例是指商业银行从前十大同业机构交易对手获得的资金占总负

---

① 《商业银行流动性风险管理办法》中公布了9个监测指标，流动性缺口指标和流动性缺口率在前面已有论述。

债的比例。该指标旨在预防融资来源过度集中和同业风险传染。计算公式如下：

$$前十大同业融入比例 = (来自前十大同业机构交易对手的同业拆放$$
$$+ 同业存放 + 卖出回购 + 委托方同业代付$$
$$+ 发行同业存单 - 结算性同业存款) \div 总负债 \times 100\%$$

$$(5-19)$$

5. 超额备付金率

超额备付金率是指商业银行的超额备付金与各项存款的比例。超额备付金由商业银行在中央银行的超额准备金存款和库存现金组成，是银行主要的流动性资产。超额备付金率越高，银行流动性越高。计算公式如下：

$$超额备付金率 = 超额备付金 \div 各项存款 \times 100\% \qquad (5-20)$$

6. 重要币种的流动性覆盖率

重要币种的流动性覆盖率是指对某种重要币种单独计算的流动性覆盖率。计算公式同流动性覆盖率。

7. 存贷比

存贷比是指商业银行调整后贷款余额与调整后存款余额的比例。存贷比简单直观，存贷比高意味着流动性低，存贷比低意味着流动性高。计算公式如下：

$$存贷比 = 调整后贷款余额 \div 调整后存款余额 \times 100\% \qquad (5-21)$$

【本章要点】

1. 流动性风险指金融机构无法及时获得或无法以合理成本获得充足资金，来偿付到期债务或其他支付义务，满足资产增长或其他业务发展需要的风险。流动性风险可分为资产流动性风险和融资流动性风险。对于金融机构而言，流动性风险既有可能是由自身因素（如期限错配加剧、信用风险暴露增加等）引发的，也有可能是由外部因素（如市场波动、支付中断等）或者是内外因素共同引发的。

2. 资产流动性风险是指由于市场深度不足或市场动荡，金融机构无法以合理的市场价格出售资产以获得资金的风险，反映了金融机构在无损失或微小损失情况下迅速变现的能力。资产流动性可以从宽度、深度、即时性和弹性四个维度去衡量。基于这四个维度，金融机构发展出时间法、交易量法、流动性成本法、价格和交易量结合法、流动性调整后的风险价值等计量方法。

3. 融资流动性风险是指金融机构在对日常经营或财务状况的影响很大情况下，无法及时有效地满足资金需求的风险，反映了金融机构在合理的时间、成本条件下迅速获取资金的能力。金融机构融资流动性风险计量可使用流动性缺口、动态流动性缺口和流动性风险指标法。

【重要概念】

资产流动性风险　融资流动性风险　时间法　交易量法　流动性成本法

价格和交易量结合法 流动性调整后的风险价值 流动性缺口 流动性覆盖率
净稳定资金比例

【课后习题】

1. 试述引发金融机构流动性风险的原因。

2. 一个金融资产的流动性可以从哪几个维度去度量？分别有哪些度量方法？

3. 什么是流动性缺口，如何使用流动性缺口计量金融机构流动性风险？

4. 动态流动性缺口的优点是什么？

5. 试述商业银行流动性风险的监管指标。

6. 阅读上市金融机构年报，了解金融机构如何识别和计量流动性风险。

【进阶阅读】

1. 尚航飞. 商业银行流动性风险管理——国际经验与中国实践 [M]. 北京：中国金融出版社，2020.

2. Gudni Adalsteinsson. The Liquidity Risk Management Guide. John Wiley & Sons, Ltd.，2014.

3. Michael B. Miller. Quantitative Financial Risk Management. John Wiley & Sons, Inc.，2019.

第六章

操作风险计量

【学习目标】

1. 掌握操作风险的特征、分类及识别；
2. 掌握操作风险计量的方法；
3. 熟悉信息科技风险和模型风险的定义、特征和风险计量。

【开篇导读】

企业存款被莫名质押？银保监会回应：
已进驻银行开展现场调查

两起超亿元的企业存款被莫名质押案件引发市场关注。2021 年 11 月 19 日，银保监会回应称，已第一时间要求相关银保监局组成工作组，进驻银行开展现场调查。目前，调查工作正在加紧进行。如调查发现银行存在违规行为，将依法依规严肃处罚问责。如调查发现涉嫌违法犯罪行为，将依法移交司法机关处理。案件相关方也已向公安机关报案，案件侦办工作正在开展。

11 月 15 日晚，科远智慧（002380. SZ）突发风险提示性公告，称其公司全资子公司南京科远智慧能源投资有限公司于 2020 年 11 月 10 日使用暂时闲置的自有资金 4 000 万元购买了上海浦东发展银行股份有限公司南通分行的定期存款，产品到期日为 2021 年 11 月 10 日。但该笔定期存款在公司不知情的情况下，被作为南通瑞豪国际贸易有限公司开具银行承兑汇票的质押担保。

在此之前，济民可信与渤海银行南京分行间的 28 亿元存款质押风波尚未明了，并多次冲上话题热搜。

企业存款在企业不知情的情况下被用于第三方贷款或开具银行承兑汇票的质押担保，也引发社会各界对于银行存款安全的担忧。

银保监会指出，银行承兑汇票业务是商业银行的重要金融服务业务，在便利企业支付结算、支持实体经济发展等方面发挥了积极作用。但一些商业银行的票据业务也出现了发展不规范、有章不循、内控失效等问题。为有效防范和控制票据业务风险，促进票据市场规范有序发展，人民银行、银保监会强化了票据业务监管制度建设，并不断加大监管执法力度。

近年来，银保监会先后组织开展了"巩固治乱象成果 促进合规建设"、市场乱象整治"回头看"、"内控合规管理建设年"等工作，均将票据业务管理作为工作重点，督促商业银行强化内控建设，加强员工行为管控，强化银行承兑汇票业务统一授信管理，坚持贸易背景真实性要求，加强质押存单的真实性、合规性及合理性审核，规范票据交易行为，严禁机构和员工参与各类票据中介和资金掮客活动。

银保监会强调，各银行机构要不断提升内部控制水平，进一步规范银行承兑汇票业务管理，按照"了解你的客户"原则，严把业务准入标准，既要充分满足金融消费者的服务需求，又要避免给不法分子留下任何可乘之机，侵害商业银行及金融消费者合法权益。

资料来源：杜川. 企业存款被莫名抵押？银保监会回应：已进驻银行开展现场调查 ［EB/OL］. 第一财经，（2021－11－19）. https：//www. yicai. com/news/101235012. html.

第一节　操作风险概述

一、什么是操作风险

操作风险（Operational Risk）是指由不完善或有问题的内部程序、员工和信息科技系统，以及外部事件所造成损失的风险，包括法律风险，但不包括战略风险和声誉风险。操作风险与其他风险相比，具有以下特点。

1. 内生性。从风险的诱发因素来看，除外部欺诈、自然灾害、恐怖袭击等外部事件之外，操作风险主要是由内部因素引发的，风险因子很大比例上来源于金融机构的内部操作，属于金融机构的内生风险。

2. 复杂性。一方面，引发操作风险的因素较为复杂，操作风险往往来源于制度流程、系统缺陷、人员舞弊行为、外部突发事件等，通常难以充分预测和准确计量。另一方面，操作风险的内容和表现形式会随着管理实践的发展、内外部环境和业务流程的变化而不断变化和增加；操作风险与信用风险、市场风险等其他各类风险紧密关联，操作风险管理不善，极易引起风险的转化，导致其他风险的产生。

3. 广泛性。操作风险覆盖了金融机构经营管理的各个方面，涉及金融机构内部的所有部门，而且与其他各类风险相互交叠，涉及面极广。操作风险管理不可能由一个部门单独完成，必须建立起操作风险管理体系，各部门、各级分支机构和全体员工全面参与、共同管理。

4. 差异性。一方面，不同业务领域的操作风险存在差异，业务规模小、交易量小、结构变化不太迅速的业务领域，虽然操作风险造成的损失不一定低，但发生操作风险的概率较低；而业务规模大、交易量大、结构变化迅速的业务领域，受到操作风险冲击的可能性较大。另一方面，不同类型的操作风险也具有各自的具体特征。操作风险事件前后可能存在关联，但单个操作风险因素与操作风险损失之间并不一定存在可以定量界定的数量关系，所以表现出较大的个体差异。

5. 单边性。与信用风险、市场风险的风险收益特征不同，金融机构无法通过承担更多的操作风险而获得更高收益。金融机构应建立相对完善的操作风险管理体系和内控检查机制等，通过采取相应的管理措施，实现在合理经营成本下的操作风险最小化。

二、操作风险的分类

（一）按损失发生原因分类

从操作风险的定义来看，可将操作风险分为内部程序、人员风险、系统风险和外部事件四类。

内部程序引起的操作风险是指因金融机构业务流程、制度管理存在不当或偏差而没有及时完善，导致操作或执行困难，甚至给不法分子留下漏洞而导致损失的风险。内部程序问题主要包括财务或会计错误、文件或合同缺陷、产品设计缺陷、错误监控或报告、结算或支付错误、交易或定价错误等方面。

人员风险源于主观和客观因素，前者为金融机构员工不遵守职业规范，违法、违规或违章操作，单独或参与骗取、盗用金融机构资产和客户资产，或者工作疏忽等行为导致损失的风险；后者为人员数量配备不足或员工的自身能力与岗位要求不符而导致损失的风险。

系统风险指 IT 系统、机具设备因技术故障、设备失灵造成系统服务中断或错误服务以及系统数据风险影响业务正常运行而导致损失的风险。它包括系统设计和维护不完善产生的风险。其具体表现为数据或信息质量风险、违反系统安全规定、系统设计或开发风险以及系统的稳定性、兼容性、适用性方面存在问题等风险。

外部事件引起的操作风险指外部主观或客观的破坏性因素导致损失的风险，包括与外部服务供应商、合作伙伴相关的风险，外部欺诈风险以及与政治、社会、文化和环境因素有关的风险。外部事件具体包括外部人员故意欺诈、骗取或盗用金融机构资产及违反法律规定对金融机构的客户、员工、财务资源或声誉可能造成或已经造成负面影响的事件。该类事件可能是内部控制的失败或内部控制的薄弱环节，或者是外部因素对金融机构运作或声誉造成的威胁。

（二）按损失事件类型分类

按照操作风险损失事件类型，操作风险可分为七大类。

1. 内部欺诈事件，指故意骗取、盗用财产或违反监管规章、法律或公司政策导致的损失事件。此类事件至少涉及内部一方，但不包括歧视及差别待遇事件。

2. 外部欺诈事件，指第三方故意骗取、盗用、抢劫财产、伪造要件、攻击金融机构信息科技系统或逃避法律监管导致的损失事件。

3. 就业制度和工作场所安全事件，指违反就业、健康或安全方面的法律或协议，个人工伤赔付或者因歧视及差别待遇导致的损失事件。

4. 客户、产品和业务活动事件，指未按有关规定造成未对特定客户履行分内义务（如诚信责任和适当性要求）或产品性质或设计缺陷导致的损失事件。

5. 实物资产的损坏，指自然灾害或其他事件（如恐怖袭击）导致实物资产丢失或毁坏的损失事件。

6. 信息科技系统事件，指信息科技系统生产运行、应用开发、安全管理以及软件产品、硬件设备、服务提供商等第三方因素，造成系统无法正常办理业务或系统速度异常所导致的损失事件。

7. 执行、交割和流程管理事件，指交易处理或流程管理失败，以及与交易对手方、外部供应商及销售商发生纠纷导致的损失事件。

需要注意的是，一起操作风险损失事件，可能会涉及多个损失事件类型，如内外勾结作案形成的操作风险损失就涉及内部欺诈事件、外部欺诈事件两个事件类型。

表 6 – 1　　　　　　　　　　操作风险损失事件类型目录

事件大类	具体分类	三级目录
内部欺诈	未授权的行为	交易不报告（故意）；交易品种未经授权（存在资金损失）；头寸计价错误（故意）
	偷窃及欺诈	欺诈/信贷欺诈/假存款；盗窃/勒索/挪用公款/抢劫；盗用资产；恶意损毁资产；伪造；多户头支票欺诈；走私；窃取账户资金/假冒开户人等；违规纳税/逃税（故意）；贿赂/回购；内幕交易（不用企业的账户）
外部欺诈	偷窃及欺诈	盗窃/抢劫；伪造；多户头支票欺诈
	系统安全	黑客攻击损失；盗窃信息（存在资金损失）
就业制度和工作场所安全	雇佣关系	薪酬、福利、解雇后安排；有组织的劳工行动
	安全环境	一般责任（滑倒和跌落等）；违反员工健康及安全规定时间；劳方索偿
	歧视事件	所有涉及歧视的事件，如种族歧视、性别歧视等
客户、产品和业务活动	适当性、披露和信托关系	违背信托责任/违反规章制度；适当性/披露问题（了解客户等）；违规披露零售客户信息；泄露隐私；冒险销售；为多收手续费反复操作客户账户；保密信息使用不当；贷款人责任
	不恰当的业务和市场行为	垄断；不良交易/市场行为；操纵市场；内幕交易（不用企业的账户）；未经当局批准的业务活动；洗钱
	产品瑕疵	产品缺陷；模型误差
	客户选择、业务提起和风险暴露	未按规定审查客户；超过客户的风险限额
	咨询活动	咨询业务产生的纠纷

续表

事件大类	具体分类	三级目录
实物资产损坏	灾害和其他事件	自然灾害损失；外力（恐怖袭击、故意损坏）造成的人员伤亡和损失
信息科技系统	系统	硬件；软件；电信；动力输送损耗/中断
执行、交割和流程管理	交易认定、执行和维持	错误传达信息；数据录入、维护或登载错误；超过最后期限或未履行义务；模型/系统误操作；财务处理错误；交易归属错误；其他任务履行失误；交割失误；担保品管理失败；交易相关数据维护
	监控和报告	未履行强制报告职责；外部报告失准（导致损失）
	招揽客户文件记录	客户许可/免责声明缺失；法律文件缺失/不完备
	个人/企业账户管理	未经批准登录账户；客户记录错误（导致损失）；客户资产因疏忽导致的损失或毁坏
	交易对手方	与同业交易处理不当；与同业交易对手方的争议
	外部销售商和供应商	外包、与外部销售商的纠纷

资料来源：中国银保监会. 商业银行资本管理办法（征求意见稿）. 2023.

其中，外部欺诈，执行、交割和流程管理是金融机构操作风险损失的主要来源。

三、操作风险识别

操作风险识别是对金融机构经营活动和业务流程中可能影响经营管理目标实现、可能带来财务或非财务损失的所有操作风险的根源或者是不确定性因素，按其产生的背景原因、表现特点和预期后果进行定义、识别，并对所有的风险因素进行科学的分类。

（一）识别方法

操作风险识别有四种常用方法，包括流程图分析法、专家意见法、风险树图解法和操作风险损失事件分析法，其中前三种是常见的操作风险识别方法，而操作风险损失事件是传统的重要的操作风险识别路径。金融机构通过对历史上发生的操作风险事故或事件的收集、记录和剖析，可以清晰地锁定现有业务的关键操作风险所在，并实现量化的操作风险评估，从而明确操作风险控制的重点。

（二）识别关注要素

操作风险识别应注重当前操作风险特征和未来潜在操作风险因素，主要包括以下几个方面。

一是内部因素。操作风险识别应详细分析金融机构面临的各种内部因素，如金融机构的组织结构、战略目标、人力资源、产品和服务、新设备和新系统的应用、人员流动等因素。

二是外部环境。操作风险识别应认真判断和分析金融机构面临的外部环境，如技术进步、法律法规变化、行业变化、市场结构调整、经济周期性波动等因素。

三是潜在操作风险的整体情况。操作风险识别应借助操作风险损失事件的历史数据和业务检查、内外部审计和外部监管，了解各项业务或各个业务部门的操作风险情况。

四是产品和服务的变化。操作风险识别应注重了解新的产品业务流程和系统的实施与推广情况、操作风险事件损失影响程度较大或频率上升较快的产品、外包的产品和业务、业务产品的重要操作流程、规则的重新制定或重大修订等。

第二节 操作风险计量

一、风险与控制自我评估

（一）定义与作用

风险与控制自我评估（Risk and Control Self – Assessment，RCSA）是指业务流程的参与者、经营管理活动的实施者根据操作风险管理的基本原理，采用一定的方法，对业务流程、经营管理活动中存在的操作风险状况与控制措施效果进行的定性评价活动。

RCSA 是一种全员合作的风险识别和评估方法。当金融机构面临操作风险历史数据不充分时，可以使用 RCSA 对操作风险进行度量。RCSA 可用于识别和评估存在于所有产品、活动、流程和系统中的操作风险。RCSA 的主体可以是一个业务线，也可以是一个业务部门、一个网点、一个地区甚至整个集团。RCSA 可以采取引导会议法、调查问卷法、情景模拟法、专家预测法等方法开展。

（二）实施步骤

RCSA 的实施主要包括准备、评估和报告三个步骤。

第一步是准备阶段，包括制订评估计划、识别评估对象、绘制流程图和收集评估背景信息等工作。

第二步是风险识别和评估阶段，包括识别对业务和管理目标的实现有重要影响的主要风险点，开展风险评估和制定改进方案等工作。开展风险评估需要从三方面展开：一是固有风险评估，固有风险是指在没有任何管理控制措施的情况下，经营管理过程本身所具有的风险。金融机构通常用损失发生频率和损失严重程度矩阵来分析固有风险。二是控制有效性评估，主要是评估金融机构的操作风险管理水平。控制有效性评估可以从机制健全性和执行有效性两个维度进行，机制健全性反映操作风险管理制度、流程建设等方面的完备程度，执行有效性体现日常工作中对管理机制执行的有效程度。三是剩余风险评估。综合考虑固有风险评级和控制有效性评级，根据"剩余风险 = 固有风险 – 控制有效性"原则确定剩余风险水平。很多金融机构会采用风险矩阵来呈现风险评估水平，风险矩阵利用颜色和图形的方式提供了一个直观的操作风险水平的画面。

图 6 – 1 为某金融机构的操作风险矩阵。横轴表示操作风险发生的概率，由高到低

分为五个级别：极可能、很可能、可能、不可能、极不可能，统一采用五分制计分标准，其计算值由高到低为5~1。纵轴表示操作风险的影响程度，由高到低分为特别严重、严重、一般、轻度、微小五个级别，统一采用五分制计分标准，其计算值由高到低为5~1。格子内所显示的数值为严重程度。严重程度＝发生概率×影响程度。金融机构根据风险容忍度，决定可接受的风险，其余区分将采用风险规避、缓释、转移等风险处置措施。

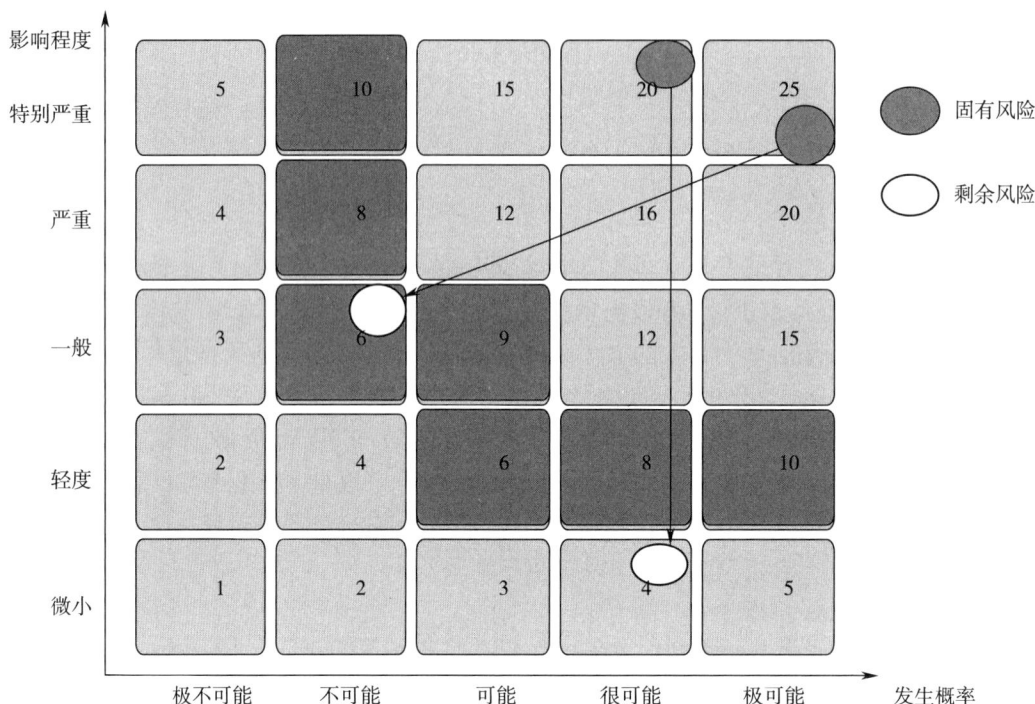

图6-1　操作风险矩阵

第三步是报告阶段，各部分自我评估后，应整合评估结果，明确被评估业务的主要风险，填写自我评估工作表，并向上级对口部门和同级操作风险管理部门报告。

二、关键风险指标

（一）定义与作用

关键风险指标（Key Risk Indicators，KRI）是基于操作风险与某些数量指标具有内在的紧密联系的假设，通过研究这些数量指标的变化来反映操作风险水平的变化的。关键风险指标依附于某一产品线或实体中已识别的操作风险，具有可计量性和一定的预警功能，能帮助金融机构提升风险透明度和风险意识，使管理层发现和重视当前与未来可能出现的操作风险问题。

（二）设计原则

设计良好的关键风险指标体系要满足具体性、可测量性、可实现性、相关性和及时性（SMART）原则。

1. 具体性（Specific）。操作风险指标必须有明确的定义。

2. 可测量性（Measurable）。关键风险指标有确定的计算方法，在技术上可以利用数据来描述操作风险可能的损失。

3. 可实现性（Attainable）。关键风险指标的设立应考虑指标数据获取难易程度、量化指标的选择标准，并对选择的指标进行值的划分，保证指标数据的可获取、可监测，并兼顾准确与完整。

4. 相关性（Relevant）。关键风险指标要与操作风险事件密切相关，并能够及时预警风险变化，有助于实现对操作风险的事前和事中控制。

5. 及时性（Timely）。针对每个关键风险指标都详细制定了指标更新日程。为切实有效地监控各指标所覆盖的操作风险领域，应按照指标的具体要求及时收集并录入指标数据。

对于每个关键风险指标，都必须设定如下标准：指标名称；被监测的风险；计算方法；指标类型；关键风险指标的负责部门与负责人；阈值及触发机制；报告周期。

（三）指标分类

从层级角度分类，关键风险指标可以分为企业级和条线级关键风险指标。

从对操作风险的反应时间分类，关键风险指标可分为先行指标、同步指标和滞后指标。

从设计角度分类，关键风险指标可以分为损失监测、原因追踪和控制失败的关键风险指标。

从风险类型分类，关键风险指标可以分为员工能力、系统能力、流程效果和外部环境类的关键风险指标。

从事件类型分类，关键风险指标可以分别归属于不同事件类别，个别指标也可以作为跨事件类别的综合类指标。

（四）实施步骤

概括来说，操作风险关键风险指标工作实施主要包含关键风险指标设立、监控、检视与调整三方面的内容。

1. 关键风险指标设立

关键风险指标设立包括建立关键风险指标清单、指标筛选及确定、明确指标信息和数据收集计划与阈值设定四个步骤。

第一，建立关键风险指标清单。即通过充分识别关键操作风险与控制，设计出可反映操作风险及控制水平变化的或总结实际损失次数或金额的备选指标。

第二，指标筛选及确定。主要依据指标参考性、数据可获取性、数据质量、指标更新频率及专家意见等，从关键风险指标清单中挑选出可使用的关键风险指标。

第三，明确指标信息和数据收集计划。针对已确定的关键风险指标，需明确指标基本信息，并根据业务实践和管理经验，综合判断关键风险指标的数据收集要求，制订指标的数据收集计划。

第四，阈值设定。针对每一个指标，都需要根据业务实践和管理经验，综合判断其各项数值区域所对应的风险可接受程度及后续对应管理措施，并结合部门现行管理标准对已确定指标进行阈值设定。一个指标可设置多个阈值，依据风险管理的需求，可赋予各阈值前后区间不同的意义（见表6-2）。

表6-2 关键风险指标阈值设定示例

指标	安全区域	警示区域	警报区域
日交易量	<500 000	500 001 ~ 1 000 000	>1 000 000

2. 关键风险指标监控

关键风险指标监控即按照所制订的数据收集计划，定期收集所需监测关键风险指标的数据，统计关键风险指标取值情况。同时，定期关注关键风险指标的数值变动情况，并在日常关键风险指标监测中针对指标落入的不同区间，发出不同的风险预警信号，采取不同的操作风险管理方式或及时发起行动计划。

3. 关键风险指标检视与调整

关键风险指标检视与调整即对关键风险指标基本要素及管理体系的运行质量和效果进行评估和质量验证，并结合公司经营管理及风险变化情况对关键风险指标进行检视与调整。关键风险指标的调整包括对指标本身的调整、替换或取消、对数据收集计划的调整以及对阈值的调整等。示例见表6-3。

表6-3 合规管理关键风险指标示例

基本指标	描述	可使用的风险参数
监管机构发出的问询函的数量	要求金融机构回应的监管机构问询函	函件数量： 问题已解决函件数量； 需要采取补救措施的函件数量
监管机构罚款	损失数据的一个子集，可深入了解金融机构合规情况	罚款次数； 罚款金额：月度/季度/年度罚款总额
合规检查频率	合规部门合规检查	检查频率； 上次检查以来的时间长度
未完结合规问题数量	需要业务与合规部门采取补救行动	正在采取行动的数量； 延后采取行动的数量； 正在优先采取行动的数量
完成反洗钱检查的时间	衡量完成反洗钱检查的及时性	从提出到完成的天数/小时数
未经新产品审批程序而进行交易的新产品数量	新产品未经审批，可能会增加金融机构的风险	月度新产品审批数量； 未经新产品审批程序的新产品数量

资料来源：Philippa Girling. Operational Risk Management：A Complete Guide to a Successful Operational Risk Framework. John Wiley & Sons，Inc.，2013.

三、损失数据收集

（一）定义与作用

损失数据收集（Loss Data Collection，LDC）是对操作风险事件损失数据的识别与收集、填报、管理、分析和报告等。这些信息主要包括损失事件的发生时间、发现时间、损失金额、回收金额、损失事件分类、业务条线以及事件情况说明等。操作风险损失数据是实际损失与风险管理、控制决策之间的桥梁。开展损失数据收集，可以增强对操作风险成本的认识，提升操作风险管理意识；有助于金融机构有效识别操作风险管理薄弱环节，有效配置资源以获取最大效益；为风险估计实证分析和验证及操作风险资本计量奠定基础，便于从资本的视角衡量和预测公司整体操作风险暴露；通过完整标准的收集机制，实现信息和资源共享。

（二）收集原则

在收集损失数据时，金融机构应考虑谁负责收集（Who）、收集什么（What）、从哪里收集（Where）、什么时候收集（When）和为什么要收集（Why）这五个"W"。具体而言，损失数据收集应遵循以下基本原则。

1. 全面性。应当对所发生的符合本规定的操作风险事件予以完整确认、记录和报告，严禁瞒报、漏报。

2. 重要性。应对影响较大、发生频率较高的操作风险损失事件进行重点关注和确认。

3. 及时性。应按要求及时确认、记录并报送操作风险事件及其所导致的直接和间接损失，落实整改计划，并定期撰写分析报告。

4. 统一性。对操作风险事件的判定标准、范围、程序和方法应保持一致，以确保统计结果客观、准确且具有可比性。

5. 客观性。应客观、公允地统计操作风险损失数据，并准确计量已确定的损失金额。

6. 全员参与。金融机构全体员工负有与其岗位责任相应的操作风险事件报告责任，发现或知悉操作风险事件，应及时报告。

（三）实施步骤

损失数据收集流程分为操作风险损失事件识别、数据记录、数据审核、数据入库、数据更新、入库数据维护、分析报告、监督检查等步骤。损失数据收集范围应全面覆盖所有重要的经营管理活动。

操作风险损失数据收集范围包括但不限于以下情况：一是因发生操作风险而形成实际或预计财务损失的事件；二是因发生操作风险而形成实际或预计财务损失，但通过保险及其他手段收回部分或全部损失的事件；三是与信用风险、市场风险等其他风险相关的操作风险损失事件。

损失数据的收集存在两个来源：内部损失数据、外部损失数据。内部损失数据指的是金融机构内部在历史上发生的操作风险损失数据。外部损失数据是其他机构经历的损失事件信息，又可以分为两类：外部公开的损失数据和外部数据协会提供的数据。

从表 6-4 的统计数据中可以清楚地看出，在这个数据库中，大多数操作风险都落在客户、产品和业务活动中，占了 46.11% 的损失记录和 48.25% 的损失金额。虽然内部欺诈只占损失金额的 20.63%，但是占了 26.20% 的损失记录。实物资产仅占损失记录的 3.18%，但是占了损失金额的 19.22%，是平均损失最高的类别。

表 6-4 Algo FIRST 操作风险损失记录

事件类型	损失金额	损失金额占比（%）	损失记录	损失记录占比（%）	平均损失
内部欺诈	301 091 891 856	20.63	1 921	26.20	156 737 060
外部欺诈	57 551 520 972	3.94	712	9.71	80 830 788
就业制度和工作场所安全	12 793 739 772	0.88	438	5.97	29 209 452
客户、产品和业务活动	704 366 741 158	48.25	3381	46.11	208 330 891
实物资产损坏	28 055 683 5241	19.22	233	3.18	1 204 106 589
业务中断和系统失效	5 941 530 424	0.41	113	1.54	52 579 915
执行、交割和流程管理	97 465 053 049	6.68	534	7.28	182 518 826
总计	1 459 767 312 472	100.00	7 332	100.00	199 095 378

资料来源：IBM Algo FIRST for Web Edition on Cloud, Q4 2012.

金融机构还可以从业务线出发对损失数据进行检查分析。表 6-5 为国际清算银行（BIS）从业务线角度进行的损失数据统计。

从表 6-5 中可以看出，尽管大约 10.33% 的损失事件发生在零售经纪业务中，但该业务条线只产生了 1.30% 的损失，平均损失相对较小。相比之下，公司金融业务仅发生 9.00% 的损失记录，但是损失金额占比为 17.56%，平均损失是零售经纪业务的15.5 倍。

表 6-5 BIS 业务线损失数据统计

业务线	损失金额	损失金额占比（%）	损失记录	损失记录占比（%）	平均损失
代理服务	4 092 601 937	0.35	174	2.22	23 520 701
资产管理	169 054 229 189	14.40	1 284	16.37	131 662 172
商业银行	274 983 936 373	23.42	1 388	17.70	198 115 228
公司金融	206 271 120 093	17.56	706	9.00	292 168 725
支付清算	31 938 754 339	2.72	463	5.90	68 982 191
零售银行	278 008 980 318	23.67	1 631	20.79	170 453 084
零售经纪	15 260 092 920	1.30	810	10.33	18 839 621
交易及销售	194 759 791 628	16.58	1 388	17.70	140 316 853
合计	1 174 369 506 797	100.00	7 844	100.00	149 715 643

资料来源：Philippa Girling. Operational Risk Management：A Complete Guide to a Successful Operational Risk Framework. John Wiley & Sons, Inc., 2013.

第三节　信息科技风险与模型风险计量

一、信息科技风险计量

（一）定义与特征

信息科技风险（Information Technology Risk），是指金融机构在运用信息科技过程中，由于自然因素、人为因素、技术漏洞和管理缺陷产生的操作、法律和声誉等风险。

信息科技风险呈现以下特征。

1. 隐蔽性强。金融机构许多业务流程已经实现了信息化，如果系统的设计者对金融机构业务流程不熟悉或对风险点考虑不周，可能在系统设计之初留下隐患，随着内外部环境的发展和变化，如果不采取风险缓释措施，可能会发生衍生风险事件。

2. 突发性强，应急处置难度大。信息科技风险是唯一能够导致金融机构瞬间瘫痪的风险，外部因素的突然变化可能导致风险事件的发生，如黑客攻击、地震、火灾等，这些因素变化事前难以预测，一旦发生就可能失去控制、迅速蔓延，对金融机构的应急处置能力提出了很大的挑战。

3. 影响范围广，后果具有灾难性。信息科技风险贯穿于金融机构各级机构、各部门和各条线的管理和业务流程之中，一旦核心系统和主干网络发生故障，可能引发连锁反应，造成整个金融机构的业务停顿、资金损失和客户流失，甚至可能导致机构倒闭等灾难性后果。

（二）风险分类

业界从多种角度对信息科技风险进行了分类，包括日常管理领域、风险来源、风险影响的对象和风险对组织的影响等。

1. 按信息科技日常管理领域分，可划为以下几类：开发风险，即信息系统在采购、开发、测试、上线的管理过程中存在的风险；运维风险，即信息系统在日常运行和维护管理的过程中存在的风险；信息安全风险，即信息系统数据在使用、维护和管理过程中存在的风险；以及外包风险、业务持续性风险等。

2. 按信息科技风险来源分，可划为四类：一是自然原因导致的风险，包括地震、台风等自然灾害造成的风险；二是系统风险，由信息系统相关软硬件缺陷引起，包括基础设施和硬件设备老化、应用和系统软件质量缺陷等；三是管理缺陷导致的风险，主要体现在管理制度的缺失或组织架构的制衡机制不完善，管理流程不足；四是人员违规操作引起的操作风险。

3. 按信息科技风险影响的对象分，可划为三类：一是数据风险，银行提供的金融服务反映在信息科技领域就是数据处理，一旦管理不善将出现客户信息泄密、资金差错等数据风险；二是运行平台风险，金融服务涉及的数据处理都需要稳健的运行平台，硬件设备、网络、操作系统、数据库、中间件以及应用系统内在缺陷或管理差错，将影响信息系统运行平台的质量，出现运行平台风险；三是物理环境风险，信息系统的安全运行有赖于适宜的物理环境，地震、雷雨、群体事件以及机房设备故障将影响机房供电、温度、湿度等，形成物理环境风险。

4. 按信息科技风险对组织的影响分，可划为四类：一是安全风险，即信息被篡改、盗用或被非授权组织使用的风险；二是可用性风险、即系统的失败、自然灾害等导致信息或应用程序不可用的风险；三是绩效风险，指系统、应用程序或人员的表现不佳，从而导致公司交易和运营效率降低和公司价值下降的风险；四是合规风险，指对信息的处理加工不能满足法律、监管要求或 IT 和公司政策需求而导致公司声誉受损的风险。

（三）风险计量

1. 信息科技风险自评估。信息科技风险自评估（RCSA）是金融机构识别和评估自身业务活动潜在信息科技风险、现有控制措施有效性和适当程度的风险管理工具。RCSA 主要通过组织责任制度的建立及组织内部各部门的参与投入，由自评单位主导，主动地辨识各种运营活动中的信息科技风险，以提升风险意识，并对信息科技风险暴露程度加以评估、衡量及监控，同时提出应对行动计划，以期降低信息科技风险。

2. 信息科技风险指标监测量化模型。《商业银行信息科技风险管理指引》第十八条提到"商业银行应建立持续的信息科技风险计量和监测机制"，指标监测作为信息科技风险管控的有效手段，通过触发阈值及变化趋势来实现对信息科技风险事前、事中控制。信息科技风险指标监测量化模型从指标定义、指标计量、指标监测三个方面，构建出动态、分层、实时的指标监测量化方式，及时跟踪信息科技风险状况及变化趋势，实现风险动态监测及分级预警。其中，在指标定义中，指标领域应全面涵盖《商业银行信息科技风险管理指引》要求，包括信息科技治理、信息科技风险管理、信息安全、信息科技开发与测试、信息科技运行管理、业务连续性、信息科技外包及信息科技审计；在指标计量中，根据指标设定的采集频率，获取各个指标分量数值，运用科学的计算方法得到指标量化结果；在指标监测中，除设计阈值预警模式外，还应考虑到正向指标、逆向指标不同的风险变化趋势。

3. 信息科技风险损失事件统计模型。信息科技风险事件是指金融机构在运用信息科技过程中，自然因素、人为因素、技术漏洞和管理缺陷对金融机构造成财务损失或其他负面影响的事件。信息科技风险事件的损失计算可以借鉴《巴塞尔协议Ⅲ》提出的计量方法，通过对损失事件的分类收集、多因子损失计量以及风险点映射，形成一套科学度量事件损失的基本标准。

例如某行通过对多年信息科技风险损失事件的分析，总结出对业务运行造成的直接金额损失、恢复业务运行产生的成本损失、客户影响、法律声誉损失、监管声誉损失、品牌声誉损失、管理运行损失 7 个损失因子，通过对损失因子的量化及其权重计算加权求出信息科技风险事件的损失值。损失事件的风险点映射是通过对大量信息科技风险事件的损失值量化统计，建立损失事件库及风险库的映射关系。事件损失值计算与风险点映射共同构成信息科技风险事件损失统计模型，该模型有助于建立损失事件分类标准（重大、一般、轻微等），形成风险事件的管理评价与考核体系；同时，对于一段时间内损失事件高发的风险领域，可将其作为信息科技风险评估、信息科技风险指标监测的阶段性重点，有针对性地开展风险治理。

二、模型风险计量

（一）定义与特征

模型风险（Model Risk）是指基于不正确的模型或不当使用模型作出的决策导致金融机构损失的风险。近年来，模型在金融业得到了广泛的应用，应用领域包括客户营销、风险管理、金融工具估值、智能投顾、会计核算、信息披露等。随着高级分析技术和大数据技术的快速发展，模型的应用将会推广至更多的业务领域。这些模型在提升金融业务管理水平和自动化程度的同时，也加剧了模型风险管理的复杂性，对模型风险管理提出了严峻挑战。

（二）风险识别

模型主要由三个部分组成：一是信息输入部分，指模型所依据的数据和假设；二是数据加工部分，把数据变成预测参数；三是结果报告部分，把预测参数转变成商业决策信息。

金融机构一般认为模型风险主要来自两个方面：一是模型自身的错误，包括模型设计、开发以及 IT 实施时发生的错误（如统计理论应用的错误、目标变量设定的错误、样本选择的错误、变量挑选和衍生的错误、算法的错误、在信息系统中执行与开发时不一致等）；二是模型被不恰当地使用，比如说把为原有产品设计的模型直接套用在新产品上，或者是在市场环境或消费者行为习惯已经发生重大变化的情况下继续使用原有模型，等等。

（三）模型验证

管理模型风险的一个指导原则在于模型的"有效性挑战"，即能够识别模型的局限，这一工作由模型验证完成。模型验证必须由专业且独立的模型验证团队来执行。模型验证的对象包括内部开发的模型和供应商/顾问开发的模型。模型验证的范围必须包括模型的所有组件，即输入、处理、报告组件。模型验证的严格性和复杂性应与下述情况相配称：模型的使用量、模型的复杂性和重要性、金融机构业务的规模和复杂性。

模型的验证有三类：初始验证、持续验证和定期复查。

初始验证是在首次使用模型之前进行的验证。如果验证发现模型有重大缺陷，则在解决问题之前，不应允许或仅应在非常严格的限制条件下才允许使用模型。如果缺陷太严重，无法在模型的框架内解决，则应拒绝该模型。如果由于缺乏数据或其他限制而无法在模型使用前进行必要的验证活动，则应将该事实记录在案，并将报告传达给使用者、高级管理层和其他相关方。

持续验证是在模型投入使用后持续进行的验证，以跟踪已知的模型问题并识别任何新的问题。持续验证是对模型使用的重要检查，有助于确保市场、产品、风险敞口、活动、客户或业务实践的变化不会造成新的模型问题。比如说，如果信用风险模型没有及时纳入审批政策的变更，那么在模型性能恶化变得明显之前，模型的使用者和业务部门可能就已经作出了成本高昂的、有缺陷的业务决策。

金融机构应定期复查（必要的时候可以更加频繁），以确定模型是否正常工作且现有的验证活动是否足够。这项工作可以是简单地确认以前的验证工作、建议对以前的验证活动进行更新或者要求额外的验证活动。

有效的验证框架应包括三个核心要素：概念健全性评估、持续监控、结果分析。

概念健全性评估包括评估模型设计和构造的质量，它要审查相关文件与实践证据，确保在模型设计和建造中使用的方法、判断及变量的选择是有充分信息的、经过仔细考虑的，并且与已发表的研究和成功的行业实践相一致。

持续监控包括过程检验和基准比较。过程检验检查所有模型组件是否按设计运行，包括内部和外部数据输入是否继续准确、完整、符合模型目的和设计以及达到可用的最高质量。在模型开发中采用的许多测试和稳定性检查都应包括在持续监控中定期进行，以便在可获得时纳入更多信息。持续监控还应包括对越控（Overrides）① 进行分析并记录。基准比较是将给定模型的输入和输出与来自其他内部或外部数据或模型进行比较。模型输出和基准之间的差异应引起对其来源和程度的调查，并依据比较的方式，检查这些差异是否在预期或适当的范围内。

结果分析即将模型输出与相应的实际结果的比较。比较的精确性取决于模型的目标，可以包括评价估算或预测的准确性、评价排序能力或其他适当的测试。如果结果分析发现了模型表现不佳的证据，金融机构应采取行动解决这些问题。

【本章要点】

1. 操作风险是指不完善或有问题的内部程序、员工和信息科技系统，以及外部事件所造成损失的风险，包括法律风险，但不包括战略风险和声誉风险。操作风险具有内生性、复杂性、广泛性、差异性和单边性。操作风险可按损失发生原因、损失事件类型分类。

2. 操作风险计量的方法有风险与控制自我评估、关键风险指标和损失数据收集等。

3. 信息科技风险是指信息科技在金融科技运用过程中，自然因素、人为因素、技术漏洞和管理缺陷产生的操作、法律和声誉等风险。信息科技风险可使用风险自评估、风险指标监测量化法、损失事件统计法等方法计量。

4. 模型风险是指基于不正确的模型或不当使用模型作出的决策导致金融机构损失的风险。模型风险主要来自两个方面：一是模型自身的错误，二是模型被不恰当地使

---

① 越控是指模型在某些方面没有按预期表现或存在局限，如果越控率很高，通常表明模型需要修改或重新开发。

用。管理模型风险的一个指导原则在于模型的"有效性挑战"，即能够识别模型的局限，这一工作由模型验证完成。

【重要概念】

风险与控制自我评估　关键风险指标　损失数据收集　信息科技风险
模型风险　模型验证

【课后习题】

1. 试述操作风险的定义与特征。
2. 试述风险与控制自我评估的实施步骤。
3. 试述关键风险指标的实施步骤。
4. 试述损失数据收集的实施步骤。
5. 试述信息科技风险的计量方法。
6. 试述模型风险的风险来源，以及如何进行模型验证。
7. 阅读上市金融机构年报，了解金融机构如何识别和计量操作风险、信息科技风险和模型风险。

【进阶阅读】

1. 阎庆民. 操作风险管理"中国化"探索：中国商业银行操作风险研究 ［M］. 北京：中国经济出版社，2012.

2. 尼克·李森. 我是如何弄垮巴林银行的 ［M］. 北京：中国经济出版社，1996.

3. Philippa Girling. Operational Risk Management：A Complete Guide to a Successful Operational Risk Framework. John Wiley & Sons，Inc. ，2013.

4. Ariane Chapelle. Operational Risk Management：Best Practices in the Financial Services Industry. John Wiley & Sons，Inc. ，2019.

第七章

其他风险计量

【学习目标】

1. 熟悉战略风险的定义、分类、识别和计量方法。
2. 熟悉国别风险的定义、分类、识别和计量方法。
3. 熟悉声誉风险的定义、分类、识别和评估方法。

【开篇导读】

金融壹账通称正开辟多元增长曲线

2022 年 11 月 10 日，壹账通金融科技有限公司（OCFT. US，6638. HK）公布 2022 年前 9 个月期间（未经审计）业绩。

2022 年前三季度，金融壹账通实现营业收入 32.2 亿元人民币，同比增长 13%；毛利润 11.3 亿元，同比增长 15%；归母净利润率较 2021 年前三季度提升 11 个百分点。

金融壹账通为平安集团的联营公司。金融壹账通董事长兼 CEO 沈崇锋表示，宏观环境的不确定性给金融壹账通的业务增长带来挑战。依托"一体两翼"的战略升级为公司打造长期的产品核心竞争力奠定基础。

据介绍，目前，"一体两翼"战略转型正纵深推进，如通过智慧语音、智慧银行家、数字化信贷等一系列拳头产品的升级迭代，金融壹账通与华夏银行、北京银行、宁波银行、重庆银行、苏州银行、四川发展融资担保等机构均达成合作，同时为国开银行、浦发银行、贵州银行、北京农商行、贵州农信社、黑龙江农信社等机构提供了智能风控、智慧管理等数字化解决方案。与此同时，金融壹账通升级迭代了"横向一体化、纵向全覆盖"的数字化银行、数字化保险产品。2022 年前三季度，金融壹账通共完成了 60＋版本的产品迭代，智慧语音产品已形成五大知识库，覆盖超 1 600 个 AI 服务场景流程，AI 识别率达到 94%。

为助力提升金融服务的触达面和效率，金融壹账通与地方政府、监管机构合作打造数字金融服务生态，以数字技术精准捕捉中小企业的融资需求。目前，金融壹账通已与66个政府及监管机构开展合作，生态服务链接政府、企业和金融机构，约200万中小企业从中受益。

"多点开花"是金融壹账通的境外业务生态。截至目前，金融壹账通业务覆盖新加坡、泰国、马来西亚、印度尼西亚、阿联酋、菲律宾、越南等20个国家和地区以及118家境外金融机构，客户包括东南亚前三大区域性银行和全球前十大保险公司中的两家。

作者：胡录．金融壹账通称正开辟多元增长曲线　前三季度营业收入同比增长13%．21世纪经济报道，2022 – 11 – 11.

第一节　战略风险计量

一、什么是战略风险

战略风险（Strategic Risk）是指金融机构在战略实施的过程中，因为不当的发展规划和战略决策给金融机构造成损失或不利影响的风险。

战略风险产生于金融机构运营管理的各个层面和环节，与市场风险、信用风险、操作风险、流动性风险等交织在一起，具有全局性、长期性、伴生性等特点。

金融机构的战略风险管理具有双重内涵：一是有利于金融机构针对政治、经济、社会、科技等外部环境和内部可利用资源，系统识别和评估金融机构既定的战略目标、发展规划和实施方案中潜在的风险，并采取科学的决策方法和风险管理措施来避免或降低可能的风险损失；二是有利于金融机构从长期、战略的高度，良好规划和实施信用风险、市场风险、操作风险、流动性风险等风险管理，确保金融机构健康、持久运营。

二、战略风险的分类

（一）按战略层次分类

按照战略的层次，可将战略风险分为总体战略风险、业务单位战略风险和职能战略风险。

总体战略又称公司战略。在金融机构里，总体战略是最高层次的战略。它需要根据金融机构的目标，选择金融机构可以竞争的经营领域，合理配置经营所必需的资源，使各项经营业务相互支持、相互协调。公司战略常常涉及整个金融机构的财务结构和组织结构方面的问题。总体战略风险是指不当的总体战略给金融机构造成损失或不利影响的风险。

公司的二级战略常常被称作业务单位战略或竞争战略。业务单位战略涉及各业务单位的主管以及辅助人员。这些管理人员的主要任务是将公司战略所包括的企业目标、发展方向和措施具体化，形成本业务单位具体的竞争与经营战略。业务单位战略要针对不断变化的外部环境，在各自的经营领域中有效竞争。为了保证企业的竞争优势，各经营单位要有效地控制资源的分配和使用。业务单位战略风险是指不当的业务单位战略给金融机构造成损失或不利影响的风险。

职能战略，又称职能层战略，主要涉及企业内各职能部门，如营销、财务、生产、研发（R&D）、人力资源、信息技术等，如何更好地配置企业内部资源，为各级战略服务，并提高组织效率。职能战略风险是指不当的职能战略给金融机构造成损失或不利影响的风险。

（二）按战略管理过程分类

一般来说，战略管理包含三个关键阶段：战略分析阶段——了解组织所处的环境和相对竞争地位；战略决策阶段——战略制定、评价和选择；战略实施阶段——采取措施使战略发挥作用。

战略风险在战略分析、决策和实施阶段均可能发生，其引发因素主要包括：信息获取不充分、战略定位失误、治理架构不健全、实施战略的资源不足、对经营环境变化的应对不当；调控能力不足、危机处理不当、人员素质不匹配等。因此，按战略管理过程可将战略风险分为战略分析阶段风险、战略决策阶段风险和战略实施阶段风险。

三、战略风险识别

金融机构战略风险来源于其内部经营管理活动，以及外部政治、经济和社会环境的变化，主要体现在四个方面：一是金融机构战略目标缺乏整体兼容性；二是为实现这些目标而制定的经营战略存在缺陷；三是为实现目标所需要的资源匮乏；四是整个战略实施过程的质量难以保证。

金融机构战略风险可以从内部和外部两方面进行识别，内部因素包括发展战略、经营策略、经营计划、结构调整、产品创新、组织变革、资源配置等。外部因素包括行业风险、竞争对手风险、品牌风险、技术风险、项目风险、其他外部风险等。

专栏 7 - 1

商业银行金融科技战略中的风险

一是投入成本引发的财务风险。科技的研发投入耗费资金较大，产出周期也较长。若银行经营出现波动，容易加重财务负担。对我国银行业而言，还有一些渠道成本的因素。金融科技作用不断发挥后，大量网点的效用已经大幅下降，而维持这些网点运转需要较大的费用支出。当前阶段，虽然银行在主动收缩物理网点，但需要缓步进行。

二是技术本身带来的风险。第一是技术本身不够成熟而形成的风险。对金融行业而言，一旦类似的技术漏洞被利用，就可能会出现重大风险。第二是技术应用中形成的操作风险。如信用评分模型更新不及时，导致客户信用卡额度被过度调整。同时，技术应用后可能会让现有的管理作出调整，过往的操作风险控制经验不再适用，新形成的操作风险存在被忽略的可能。

三是技术应用过程中的法律冲突。例如在将区块链技术融入供应链金融服务中，就需要解决大量的合规性的问题。因此，基于区块链的解决方案需要严格遵守供应链金融现行的法律规则开展研究应用。其他还有如与数字代币和数字资产相关的权利义务关系，在现行法律框架中并未明确界定，需通过详细分析确定法律适用问题。

四是信息安全问题需要引起高度重视。在未来，银行必将汇集大量信息，信息安全将成为重中之重。但银行常见的安全防御手段主要针对传统业务和技术架构进行设计和部署，当业务和架构发生变化后，原有安全防御手段可能无法完全满足新环境下安全保障的需求。伴随着信息安全相关的问题就是个人隐私保护。未来，信息安全将会从技术问题转变为社会问题。

资料来源：宋效军，李一阳，陈庆祥. 我国银行业金融科技战略的误区与风险［J］. 当代金融家，2019（10）.

四、战略风险计量

战略风险计量可以采用打分卡的方法，围绕外部环境、行业因素、金融机构管理、决策者、其他相关因素进行打分，判断战略风险水平。

（一）外部环境评估

1. 外部经济环境。未来 3 年整体宏观经济景气状况是否发生重大变化。

2. 政策环境。未来 3 年产业政策、区域政策、财政政策、货币政策、监管政策或其他相关经济金融政策是否发生重大变动预期。

（二）行业因素评估

1. 行业景气程度。未来 3 年金融机构战略涉及行业和地区的景气情况。

2. 市场竞争环境。未来 3 年金融机构战略业务涉及行业及地区的市场竞争环境。

3. 行业技术变革。未来 3 年本机构对于行业技术变化的应对情况。

（三）金融机构管理因素评估

1. 战略全局性。未来 3 年战略风险管理是否立足于本机构改革发展全局。

2. 机构资源利用。未来 3 年金融机构应对新战略资源和条件。

3. 战略匹配。未来 3 年战略是否围绕机构统一的风险偏好，是否与全面风险管理的政策和程序保持一致。

4. 战略执行。未来 3 年战略执行是否得到有效落实，是否将战略风险发生的可能性及可能损失降到最低。

（四）决策者因素评估决策管理能力

未来 3 年对于本机构发展战略的决策管理能力。

（五）其他相关因素评估

1. 结果监测评估机制：各风险部门是否对战略风险发展演化情况进行跟踪监测与

分析，并及时调整战略风险评估结果。

2. 战略修订机制：未来 3 年中在外部环境发生重大变化或重大战略风险事件时，本机构是否有灵活完善的战略修订机制。

根据以上评估打分，结合打分卡，判断战略风险水平的高、中、低，如表 7 - 1 所示。

表 7 - 1　　　　　　　　　　　　金融机构战略风险水平

低风险	中风险	高风险
（1）金融机构一贯能够作出合理的业务决策，且完全符合业务发展方向，并因此实现了良好的业绩；业务决策总能得到有效实施，并能根据产业变化作出及时调整。 （2）高管层在既定的风险承受范围内成功实现战略目标方面，一贯表现出丰富的经验和高超的专业技能；在可预见的未来，有充分的资本、系统和管理资源为实施战略决策做后盾；较完善和高效的管理体系能确保战略决策得到有效实施；管理层在新产品或服务决策、并购方面的以往表现良好；能够较为容易或以合理成本改变战略决策；战略目标在内部得到充分沟通，并与企业文化保持一致；管理信息系统能有效支持战略发展方向和战略决策。	（1）战略目标虽然比较激进但总体较为合理，基本符合机构的业务发展方向；业务决策能够得到较为合理的实施，能根据产业变化作出战略调整但及时性有待增强。 （2）高管层基本具备在既定风险承受范围内实现总体战略目标的必要经验；在可预见的未来，机构的资本实力、系统质量和管理资源能为实现战略计划提供基本支持；管理层在新产品或服务决策、并购方面的以往表现一般；改变战略决策时需付出一定成本但尚在可控范围内；战略目标在内部沟通不够充分，企业文化与战略目标大体一致；管理信息系统基本能够支持金融机构战略发展方向。	（1）战略目标缺失、不明确或未考虑业务环境的变化；业务决策频繁出错、业务决策不合理实施或不能对产业变化及时作出反应，存在遭受重大财务损失的可能性；片面强调业绩大幅增长或业务非理性扩张，业务扩张意愿与风险承受能力失衡，存在导致盈利较大幅度向下波动或造成较大资本压力的可能性。 （2）高管层在有效指导战略计划的沟通、执行和修订，以及贯彻企业风险偏好政策方面缺乏必要经验；管理能力或现有资源不足以实现预定的策略目标；在战略决策时面临很大困难，改变决策时需要付出很高成本；企业文化定位与战略目标不一致；管理层在新产品或服务决策、并购方面的以往表现不尽如人意；管理信息系统不足以支持机构进行合理的战略决策或应对环境变化。

第二节　国别风险计量

一、什么是国别风险

国别风险（Country Risk）是指某一国家或地区政治、经济、社会变化及事件，导致该国家或地区债务人没有能力或者拒绝偿付金融机构债务，使金融机构在该国家或地区的商业存在遭受损失的风险。其中，地区是指不同的司法管辖区或经济体。

国别风险与主权风险不能画上等号，主权风险是国别风险的子风险。金融机构涉外业务出现的风险并不都属于国别风险，例如，境外债务人经营不善、投资失误等导致无法履行到期义务而违约，这属于个体信用风险，不属于国别风险。金融机构境内分支机构同样会受到国别风险影响，例如境内分支机构的内保外贷等内外联动业务和跨境业务都会直接受到国别风险的影响。另外，高度外向型的境内客户会受到间接国别风险的影响，境内分支机构必须对此高度重视。

金融机构面临的国别风险体现如下特征。

一是长期性。国别风险的发生会对金融机构的跨国业务产生长期性的影响，若某一国家发生国别风险，他国金融机构为了规避风险，必定会对其跨国业务进行调整，但是这种调整有一定的时滞性，不是即时就可以生效的，若在调整的过程中随东道国经济形势发生改变，则调整的方向也要随之变化。

二是突发性。国别风险的发生具有很强的突发性。最常见的导致国别风险发生的是政治事件，比如战争、政权更迭、极端主义等，而这些事件在发生前都属于高度机密，一般人是很难知道的。

三是传染性。国别风险的发生从某种程度上来说具有传染性。这是因为随着金融体系的发展、金融创新产品的不断增多，大量金融债权债务用一根根链条将多个金融机构紧密联系在一起，随着金融全球化进程的加快，世界各国之间的金融活动越发频繁，这就会将一国的风险通过错综复杂的金融链条快速传递到其他国家和地区。

四是交叉性。国别风险与其他风险不是平行并列的，而是互相穿插其中。在国别风险中，可能包含着信用风险、流动性风险、市场风险、操作风险或汇率风险等风险中的任意一种或者全部。因此，国别风险会受到金融机构所面临的日常风险的影响。

二、国别风险的分类

2022年12月，中国银保监会发布了《银行业金融机构国别风险管理办法（征求意见稿）》，该办法根据风险的来源不同，将国别风险分为以下七类。

1. 转移风险。转移风险指借款人或债务人由于本国外汇储备不足或外汇管制等，无法获得所需外汇偿还其境外债务的风险。

2. 主权风险。主权风险指外国政府没有能力或者拒绝偿付其直接或间接外币债务的可能性。

3. 传染风险。传染风险指某一国家的不利状况导致该地区其他国家评级下降或信贷紧缩的风险，尽管这些国家并未发生这些不利状况，自身信用状况也未出现恶化。

4. 货币风险。货币风险指汇率不利变动或货币贬值，导致债务人持有的本国货币或现金流不足以支付其外币债务的风险。

5. 宏观经济风险。宏观经济风险指宏观经济大幅波动导致债务人违约风险增加的风险。

6. 政治风险。政治风险指债务人因所在国发生政治冲突、政权更迭、战争等情形，或者债务人资产被国有化或被征用等情形而承受的风险。

7. 间接国别风险。间接国别风险指某一国家或者地区因上述各类国别风险增高，间接导致在该国或者地区有重大商业关系或利益的本国债务人还款能力和还债意愿降低的风险。间接国别风险无须纳入正式的国别风险管理程序中，但金融机构在评估本国债务人的信用状况时，应适当考虑国别风险因素。

三、国别风险识别

国别风险识别的对象是发生国别风险事件或指标变动，判断其程度与影响，以及判定金融机构具体业务经营有无国别风险暴露（国别风险敞口）。

通常，一国或地区发生以下事件或指标变动，则可认为发生了国别风险：主权违约、转移事件、货币贬值、金融危机、政治动荡。

国别风险暴露，是指金融机构因境外业务形成的所有表内外风险头寸，包括境外贷款、境外有价证券投资和资产管理产品投资、存放同业、存放境外中央银行、拆放同业、买入返售资产、境外金融衍生产品、对非并表境外机构的投资、境外票据融资、境外应收账款及其他境外债权等表内业务和担保、承诺等表外业务。国别风险主体分为直接风险主体和最终风险主体。直接风险主体，通常指债务人或交易对手。国别风险转移以后的主体，为最终风险主体。直接风险主体或最终风险主体在中国境外国家和地区的各类业务经营活动均纳入国别风险暴露识别统计范围。

四、国别风险计量

（一）国别风险暴露

国别风险暴露计量应在严格遵循监管机构相关规定和要求的基础上，结合金融机构的风险计量和管理水平来确定。

通常，国别风险暴露金额对金融机构表内头寸而言是该笔暴露在资产负债表上的账面余额，即体现在资产负债表上的金额，对表外暴露而言，则是表外项目余额。表内项目中贷款、同业融资为融资余额，债券为账面价值，金融衍生工具为正的市场价值。表外项目中等同贷款的授信（如担保）、与交易相关的或有项目（如履约保函）、与贸易相关的短期自偿性项目（如开出信用证）、无条件不可撤销的未提款承诺等均为表外融资余额。

（二）国别风险等级分类

《银行业金融机构国别风险管理办法（征求意见稿）》要求银行业金融机构应当建立与国别风险暴露和复杂程度相适应的国别风险评估体系，对已经开展和计划开展业务的国家或地区逐一进行风险评估，在评估国别风险时，应当充分考虑一个国家或地区政治外交、经济金融、制度运营和社会安全环境的定性和定量因素。通过国别风险评级体系最终反映国别风险评估结果，至少划分为低、较低、中、较高、高五个等级（见表 7 - 2）。在极端风险事件情况下，银保监会可以统一制定特定国家或地区的风险等级。

表 7 - 2   金融机构国别风险分类标准

风险分类	风险描述
低国别风险	国家或地区政体稳定，经济政策（无论在经济繁荣期还是萧条期）被证明有效且正确，不存在任何外汇限制，有及时偿债的超强能力。目前及未来可预计一段时间内，不存在导致对该国家或地区投资遭受损失的国别风险事件，或即便事件发生，也不会影响该国或地区的偿债能力或造成其他损失
较低国别风险	该国家或地区现有的国别风险期望值低，偿债能力足够，但目前及未来可预计一段时间内，存在一些可能影响其偿债能力或导致对该国家或地区投资遭受损失的不利因素
中等国别风险	指某一国家或地区的还款能力出现明显问题，对该国家或地区的贷款本息或投资可能会造成一定损失
较高国别风险	该国家或地区存在周期性的外汇危机和政治问题，信用风险较为严重，已经实施债务重组但依然不能按时偿还债务，该国家或地区借款人无法足额偿还贷款本息，即使执行担保或采取其他措施，也肯定要造成较大损失
高国别风险	指某一国家或地区出现经济、政治、社会动荡等国别风险事件或出现该事件的概率较高，在采取所有可能的措施或一切必要的法律程序后，对该国家或地区的贷款本息或投资仍然可能无法收回，或只能收回极少部分

（三）国别风险评级

国别风险评级源于美国，经过近一个世纪的发展，市场上形成了标准普尔、穆迪和惠誉三家美国信用评级机构垄断的局面，占据全球90%以上的市场份额。与此同时，其他不同类型的评级机构也蓬勃发展，通过差异化竞争在市场上谋得一席之地，例如经济学家情报单位（EIU）、国际国别风险评级指南机构（ICRG）以及环球透视（GI）。由于评级体系构建对方法、数据以及从业人员要求较高，目前评级市场仍然由发达国家主导，发展中国家多处于起步阶段，如中国的大公国际。

尽管三大评级机构与大公国际、EIU、ICRG 和 GI 这七家评级机构的评级对象各有不同，但指标体系都可以大致分为经济、政治和社会三大模块。在经济方面，各家评级机构均看重经济基础和偿债能力等方面指标，例如人均收入、国民生产总值、外债占进出口比重、财政收入赤字占 GDP 比重等。在政治方面，各机构都会对政治稳定性、参与度、治理有效性等指标作出考察。在社会方面，不同的评级机构有不同的处理方法。大部分机构注重考察社会的弹性程度，即应对危机的能力，这往往在种群和谐程度、法律健全程度等指标上有所反映。

由中国社会科学院世界经济与政治研究所推出的中国海外投资国家风险评级体系CROIC 已成为新兴市场国家评级机构发展的重要组成部分，CROIC 在风险评级体系上增加与中国关系的指标，以更加全面地、综合地、针对性地评估我国在海外投资的风险。

专栏 7 – 2

CROIC 国家风险评级方法

CROIC 的国家风险评级体系与中国海外投资多样性紧密结合。CROIC 评级指标分五大类 42 个子指标，五大类风险指标具体内容主要如下。

1. 经济基础指标：一个国家投资环境的长期基础，较好的经济基础是中国企业海外投资收益水平和安全性的根本保障。经济基础指标包含 11 个子指标，其中：GDP、人均 GDP、基尼系数衡量了一国的经济规模和发展水平；经济增长率、通货膨胀率和失业率衡量了一国的经济绩效；GDP 增速的波动系数衡量了一国经济增长的稳定性；同时，还从贸易、投资、资本项目三个方面衡量了一国的开放度；汇率波动率指标衡量了汇率波动风险。

2. 偿债能力指标：衡量一国公共部门和私人部门的债务动态和偿债能力，一个国家的债务危机会直接影响到各类投资的安全性。偿债能力指标包含 9 个子指标，其中：公共债务占 GDP 比重和银行业不良资产比重主要用于衡量一国国内公共部门和私人部门的债务水平；外债占 GDP 比重和短期外债占总外债比重衡量了一国外债的规模和在短期爆发的风险；财政余额占 GDP 比重衡量了一国的财政实力；外债占外汇储备比重衡量了一国的外汇充裕度，再加上经常账户余额占 GDP 比重以及贸易条件、是否为储备货币发行国，共同反映了一国的偿债能力。

3. 社会弹性指标：反映影响中国企业在海外投资的社会风险因素，良好的社会秩序能更好地确保企业持续有序地经营。社会弹性指标包括教育水平、内部冲突程度、犯罪率、劳动力市场管理、商业管理等 8 个子指标。

4. 政治风险指标：考察一国的稳定性和质量，以及法律环境和外部冲突，企业安全投资的首要条件就是较低的政治风险。政治风险指标包括执政时间、政府稳定性、腐败等 8 个子指标。

5. 对华关系指标：衡量影响中国企业在当地投资风险的重要双边投资政策、投资积极性和政治关系，对华建立友好的政治关系是降低投资风险的重要缓冲。对华关系指标包括是否签订双边投资协定以及投资协定是否已经生效等 6 个子指标。

CROIC 按照标准选取国家作为评级样本，获得原始数据和信息后，对定量指标（经济基础和偿债能力）采用标准化的处理方式，对定性指标（政治风险、社会弹性以及对华关系）运用量化结果或评审委员会打分后，进行标准化，加权平均计算出五类风险指标得分，得分区间为 0~1，分数越高表示风险越低，最终评定 9 个风险级别，如表 7 – 3 所示。

表 7 – 3   CROIC 国家风险评级

风险级别	低风险			中等风险			高风险		
评级结果	AAA	AA	A	BBB	BB	B	CCC	CC	C

（四）国别风险压力测试

国别风险压力测试是指通过特定的方法和程序，测试不同假设情景对国别风险状况的潜在影响。国别风险压力测试工作包括确定压力测试方法、设计压力情景、执行压力测试、定期向董事会和高管层报告测试结果。国别风险压力测试旨在帮助金融机构相关部门和机构的业务经营人员与风险管理人员更全面地理解其面临的国别风险状况，提前揭示压力情景下特定国家（地区）外币信用评级可能出现的变化，为国别风险防控和业务经营管理提供决策参考。

国别风险压力测试主要采用"自下而上"的方法确定承压指标压力情形下的取值，进而利用压力传导模型计算出压力情景下和无压力情景下国家（地区）外币信用评级的变化情况，并将该评级变化作为压力情景下国家（地区）外币信用评级的恶化程度，之后将恶化程度叠加到承压国（地区）外币信用评级上，得到压力情景下国家（地区）外币信用评级。关于压力测试的具体内容，本书将在第八章进行介绍。

第三节　声誉风险计量

一、什么是声誉风险

声誉风险（Reputational Risk）作为一种次生风险，是指金融机构行为、从业人员行为或者外部事件等，导致利益相关方、社会公众、媒体等对金融机构形成负面评价，从而损害其品牌价值，不利于其正常经营，甚至影响到市场稳定和社会稳定的风险。

与金融机构的其他风险相比，声誉风险较为特殊，主要具有以下特征。

第一，成因多样化。声誉风险的成因十分复杂。一部分声誉风险来自金融机构内部管理，如经营不善和管理问题；一部分声誉风险属于其他风险伴生物；还有一部分声誉风险来源于金融机构外部环境，包括竞争对手的策略、舆论恶意导向以及行业变化等因素。任何对金融机构产生负面影响的事件都是声誉风险的成因，因此声誉风险与其他风险相比较为抽象。

第二，风险难以量化。金融机构的其他风险，如信用风险和市场风险都可以通过一些指标进行量化。通过分析这些指标的变化过程，金融机构风险控制部门就可以及时识别风险，并制定相应的风险处置措施。但在防范声誉风险过程中，由于声誉风险产生于市场对金融机构的负面评价，究竟这些负面评价能够给金融机构造成多大的影响是很难度量的。

第三，风险传播快。新媒体时代，信息传播速度加快，金融机构的声誉风险事件传播非常迅速。一旦金融机构对外发声渠道出现问题，负面评价将会被公众迅速传播，引发声誉风险。如果媒体播报不强调客观事实，而是注重关注度，对金融机构的行为"添油加醋"，或者采用"标题党"的方式吸引读者，往往容易产生误导，从而导致声誉风险事件升级、事态扩大。

第四，风险具有关联性。金融机构的其他风险与声誉风险密切相关。金融机构十分小的操作失误，或者是内部结构的良性变更，都有可能在发酵之下形成外部舆论压力，引发金融机构的声誉风险。同时，在信息化背景下，声誉风险的危害不断扩大，声誉风险也有可能进一步引发其他风险。

二、声誉风险事件分类

要对金融机构声誉风险进行管理，首先要对声誉风险事件进行有效分类，以便针对不同的声誉风险事件类型，适用不同的方法和原则进行处理。

（一）按声誉风险事件发生原因分类

以导致声誉风险事件发生的原因为标准，可将声誉风险划分为十二类。

1. 国家监管机构发布的新政策引发的声誉风险事件，包括网上评论、窗口质疑、公共场所言论等行为。

2. 金融机构的规定引发用户和媒体质疑、反对、抵制等行为。

3. 在执行监管机构、金融机构规范的过程中，客户的公开性质疑、抵制、与工作人员发生冲突等过激行为。

4. 在提供服务过程中执行监管机构、金融机构的行为规范等失职行为引发的声誉风险事件。

5. 金融机构工作人员的违法犯罪行为引发的声誉风险事件。

6. 金融机构理财产品、衍生产品、创新金融产品等高风险服务行为引发的声誉风险事件。

7. 服务链中的客户、合作机构的行为以及金融机构的失察行为引发的客户对金融机构指责的声誉风险事件。

8. 在金融机构经营场所发生的客户纷争，导致社会舆论对金融机构管理行为质疑的声誉风险事件。

（二）按声誉风险事件的影响程度分类

按照声誉风险事件涉及的媒体影响力、报道范围、损害程度、持续时间等，可将声誉风险事件划分为重大声誉风险事件、较大声誉风险事件和一般声誉风险事件。

重大声誉风险事件是指造成金融机构重大损失、市场大幅波动、引发系统性风险或影响社会经济秩序稳定的声誉事件，包括但不限于引发全国性主要新闻媒体和新闻网站批评报道，造成国际影响或全国性影响。

较大声誉风险事件是指在金融机构直属分支机构范围内给金融机构声誉带来损害的事件，包括但不限于引发区域性主要新闻媒体和新闻网站批评报道，造成区域性影响，危及金融机构在该地区的正常经营。

一般声誉风险事件是指在金融机构直属分支机构辖属机构范围内给金融机构声誉带来损害的事件，多为各种纠纷升级而来，包括但不限于会影响金融机构在该地区的正常经营秩序，影响金融机构在该地区某项业务开展以及引发当地新闻媒体和新闻网站批评性报道的声誉事件。

三、声誉风险识别与评估

声誉风险识别与评估主要是指具体声誉风险事件或潜在声誉风险点所蕴含的风险严重程度及判断标准，可分为潜在声誉风险点的识别和评估与突发声誉风险事件的识别与评估。

（一）潜在声誉风险点的识别与评估

潜在声誉风险点识别的核心在于正确识别信用风险、市场风险、操作风险、流动性风险等中可能威胁金融机构声誉的风险因素。

金融机构可以要求各业务单位及重要岗位定期排查，通过清单法详细列明其当前所面临的主要风险及其所包含的风险因素，然后将其中可能影响到声誉的风险因素提炼出来，报告给声誉风险管理部门。声誉风险管理部门将收集到的声誉风险因素按照影响程度和紧迫性进行优先排序，与业务部门共同制定风险排除措施。或者反向操作，由声誉风险管理部门从历年数据或当前舆论热点、同业舆情中总结出声誉风险点，反馈给业务部门，采取措施提前排除和整改。

（二）突发声誉风险事件的识别与评估

突发性声誉风险事件的识别与评估主要有以下几种方法。

1. 分项指标法

分项指标法是指在总结声誉风险管理实践经验的基础上，根据声誉风险事件的影响因素，结合历史数据，提炼出能评判声誉风险事件所蕴含声誉风险大小的指标，通过对各项指标的打分，预判声誉风险事件的严重程度和发展趋势，指导后续应对工作的开展（见表7-4）。

声誉风险事件分级的相关规定，对突发声誉风险事件进行预判和预评估，以明确响应级别和指导后续工作的开展。

表7-4　　　　　　　　　金融机构声誉风险分项指标体系

指标	指标描述
事件本身性质	利益相关方
	事件带来的损失程度
	事件关注度和敏感性
	事件新闻性，是否有过类似报道
传播效度	原发媒体级别（中央媒体、市场化媒体、党政媒体）
	媒体的影响力和负面指数
	报道推送位置（首页、头版还是一般版面）
	转载扩散速度
	是否跨媒体报道（自媒体、门户网站、纸媒、电视）
	是否有多家媒体报道

续表

指标	指标描述
涉及对象	客户性质，是个人客户还是企业客户
	涉及全行范围还是局部
	是否涉及老弱病残孕等弱势群体
舆论背景	是否处于敏感时期（上市前夕、"3·15"期间等）
	是否属于近期热门话题和媒体关注焦点
	公众是否对类似问题存在情绪积累

2. 案例比较法

金融机构监测到声誉风险事件发生或者出现苗头后，可以通过将该事件与之前发生过的类似事件进行对比，从而估计出事件的严重程度和级别，采取相应的应对方法和策略进行处理。

四、声誉风险计量进展

对多数金融机构来讲，声誉风险计量依然是一个新课题，主要原因在于：其一，金融机构声誉风险损失数据缺乏，金融机构对于声誉风险事件损失的数据披露少，声誉事件数据积累起步较晚、储备不足，数据缺乏规范性且质量不高；其二，针对声誉风险计量的方法体系欠缺。

国外对声誉风险的计量主要包括三类：第一，通过构建声誉指数体系，研究各金融机构声誉指数的变化；第二，使用事件研究法度量金融机构市值损失超出实际损失的部分，以此作为声誉损失；第三，借鉴《巴塞尔协议Ⅲ》中监管机构对操作风险经济资本的定量要求，将声誉风险作为操作风险的子风险进行估计，对声誉损失频率和声誉损失数量进行分布拟合，计算出分布参数，再使用统计方法判断各种概率分布与金融机构实际声誉损失数据的匹配程度，或者使用蒙特卡洛模拟，对拟合结果进行估计。

专栏 7-3

舆情监控系统

舆情监测是通过对互联网海量信息自动抓取、自动分类聚类、主题检测、专题聚焦，实现用户的网络舆情监测和新闻专题追踪等信息需求，形成可视化分析结果，为全面掌握动态和作出正确决策提供分析依据。舆情监测最早运用于政府公共管理领域，近年在金融行业得到了普遍运用。金融运行的基础是信用与预期，这种特征使其更容易受社会信用与预期舆情的影响。小到个别金融机构的风险事件、声誉风险，大到席卷全球的金融危机、系统性金融风险，另外投资消费预期、通货膨胀预期、系统金融机构运行、国家货币政策制定与实施、金融监管政策效

果无不受到舆情传播的影响。金融科技与金融舆情监测的融合，极大地扩充了信息来源、提高了数据分析的准确性和时效性。

华能信托舆情监控系统 2019 年获得了国家版权局颁发的计算机软件著作权登记证书，是华能信托的大数据智能风控系统的重要组成部分。该系统在监测范围上实现了主流平台全覆盖，7×24 小时全天候监测，及时发现网络舆情。同时，还搭建了舆情评分及预警系统，在监测企业舆情信息方面，每天定时自动发送邮件，对于当日评分低于 80 分的监控企业，自动发送预警邮件提醒。

【本章要点】

1. 战略风险是指金融机构在战略实施的过程中，不当的发展规划和战略决策给金融机构造成损失或不利影响的风险。金融机构战略风险来源于其内部经营管理活动，以及外部政治、经济和社会环境的变化，主要体现在四个方面：一是金融机构战略目标缺乏整体兼容性；二是为实现这些目标而制定的经营战略存在缺陷；三是为实现目标所需要的资源匮乏；四是整个战略实施过程的质量难以保证。战略风险计量可以采用打分卡的方法，围绕外部环境、行业因素、银行管理、决策者、其他相关因素进行打分，判断战略风险水平。

2. 国别风险是指某一国家或地区经济、政治、社会变化及事件，导致该国家或地区借款人或债务人没有能力或者拒绝偿付金融机构债务，或使金融机构在该国家或地区的商业存在遭受损失，或使金融机构遭受其他损失的风险。国别风险识别的对象是发生国别风险事件或指标变动，判断其程度与影响，以及判定金融机构具体业务经营有无国别风险敞口。国别风险的计量方法有国别风险敞口、国别风险等级分类、国别风险评级和国别风险压力测试。

3. 声誉风险是指金融机构行为、从业人员行为或外部事件等，导致利益相关方、社会公众、媒体等对金融机构形成负面评价，从而损害其品牌价值，不利于其正常经营，甚至影响到市场稳定和社会稳定的风险。声誉风险识别与评估主要是指具体声誉风险事件或潜在声誉风险点所蕴含的风险严重程度及判断标准，可分为潜在声誉风险点的识别和评估与突发声誉风险事件的识别与评估。对多数金融机构来讲，声誉风险计量依然是一个新课题。

【重要概念】

战略风险　总体战略　业务单位战略　职能战略　国别风险　国别风险敞口
国别风险压力测试　声誉风险

【课后习题】

1. 试述战略风险的概念与分类。

2. 试述战略风险的计量方法。

3. 试述国别风险的概念与分类。

4. 国别风险有哪些计量方法？

5. 什么是声誉风险，如何对声誉风险进行识别和评估？

6. 阅读上市金融机构年报，了解金融机构如何识别和计量战略风险、国别风险和声誉风险。

【进阶阅读】

1. 王祖继. 大型商业银行风险管理［M］. 成都：西南财经大学出版社，2020.

2. 中国银行业协会声誉风险管理专业委员会. 中国银行业声誉风险管理理论与实务［M］. 北京：中国金融出版社，2018.

3. Michel Henry Bouchet, Ephraim Clark and Bertrand Groslambert. Country Risk Assessment：A Guide to Global Investment Strategy. John Wiley & Sons, Ltd. , 2003.

第八章

压力测试

【学习目标】

1. 掌握压力测试的定义、作用、类型和流程。
2. 掌握压力测试的关键要素。
3. 熟悉压力测试方法。

【开篇导读】

中国主要商业银行压力测试的探索

自 2012 年起，中国人民银行已连续多年对我国主要商业银行开展压力测试，逐步提高测试的风险敏感性。

开端：实施统一压力测试。2009 年至 2011 年，国际货币基金组织（IMF）与世界银行首次对我国进行金融部门评估规划（FSAP）评估，银行业压力测试是整个评估工作的重要环节。人民银行、银监会联合成立了中国 FSAP 压力测试工作小组，组织我国 17 家商业银行，首次开展了统一压力情景、统一测试方案的银行业压力测试。

探索：成立金融稳定压力测试小组。从 2012 年起，人民银行成立了金融稳定压力测试小组，每年组织主要商业银行开展金融稳定压力测试，评估银行在不利冲击下的稳健性状况。参试银行从 17 家逐步增加至 31 家，纳入部分规模较大的城市商业银行和农村商业银行。测试内容包括信用风险、市场风险、流动性风险和传染性风险，采用人民银行实施的"自上而下测试"和参试银行开展的"自下而上测试"相结合的方式，互为补充和校验。测试结果在每年的金融稳定报告中适当反映。

完善：改进压力测试的技术方法。2017 年，人民银行、银监会联合成立工作小组，与 IMF、世界银行组成的评估团共同对我国 33 家主要商业银行开展压力测试，进一步改进了测试方法。一是开展偿付能力宏观情景压力测试，同时覆盖信用风险和市场风险。二是采用到期期限现金流缺口分析方法进行流动性压力测试，区分不同时间窗口分别计量银行的净现金流出，并考虑优质流动性资产对流动性缺口的弥补作用。三是传染性压力测试范围更广，在过去仅考察单家机构信用违约风险的基础上，同时考察交易对手撤离资金风险的潜在溢出效应，增加非银行金融机构的风险传染效应。

广覆盖：扩大压力测试的机构范围。2018 年以来，参试银行范围从大型商业银行逐步扩展至包括城市商业银行、农村商业银行、农村信用社、农村合作银行、村镇银行等在内的地方中小银行，并计划在 5 年内实现全国所有银行的全覆盖。近 3 年已累计组织 3 800 余家银行业机构开展压力测试，覆盖各个地区、所有类型、不同规模的机构，并充分考虑各类机构业务特点、系统重要性等因素，采用不同的测试方法和内容。对资产规模超过 8 000 亿元的大中型银行，重点关注其对宏观经济不利冲击的抵御能力以及其风险外溢性；对地方中小银行，着重考察其各类信贷风险、流动性风险等。

资料来源：纪崴. 中国压力测试获得重要进展［J］. 中国金融，2021（7）.

第一节　压力测试概述

一、什么是压力测试

压力测试（Stress Testing）最早应用于工程学、医学和计算机软件编程设计等领域，是测试某个系统在极端情景下恢复能力的一种系统评估方法。20 世纪 90 年代初，压力测试开始在一些全球性金融机构内部的风险管理实践中使用，用于评估资产组合在极端风险下的表现，并逐渐扩展到信用风险、流动性风险等其他风险领域。1995 年，国际证券监管机构组织（IOSCO）提出，压力测试是分析市场在极端不利的情形时，市场变化对资产组合的影响的工具。2004 年，《巴塞尔协议 II 》明确指出，压力测试是用于评估特定时间或金融变量变化对金融机构财务状况影响的一项独立的风险管理技术，是对其他风险管理工具的重要补充。根据中国银监会印发的《商业银行压力测试指引》中压力测试的定义，本书将压力测试定义为一种金融机构风险管理和监管分

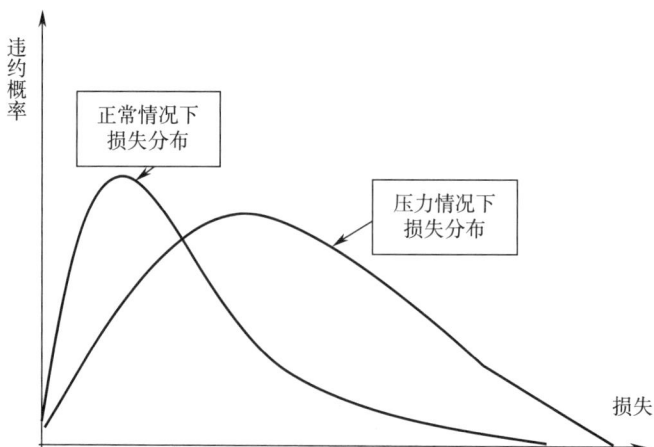

图 8 – 1　压力测试的资产损失分布图

析工具，用于分析假定的、极端但可能发生的不利情景对金融机构整体或资产组合的冲击程度，进而评估其对金融机构资产质量、盈利能力、资本水平和流动性的负面影响。压力测试有助于监管部门或金融机构对单家金融机构、金融集团和金融体系的脆弱性作出评估判断，并采取必要措施。

对于压力测试的定义，其关键和讨论的热点在于"罕见但仍然可能"事件的定义，大部分学者将压力测试视为关注于"尾部"事件的一类特殊风险管理工具。

二、压力测试的作用

《商业银行压力测试指引》指出，压力测试应在金融机构风险管理中发挥以下作用：一是前瞻性评估压力情景下的风险暴露，识别定位业务的脆弱环节，改进对风险状况的理解，监测风险的变动；二是对基于历史数据的计量模型进行补充，识别和管理"尾部"风险，对模型假设进行评估；三是关注新产品和新业务带来的潜在风险；四是评估金融机构资产质量、盈利能力、资本水平和流动性承受压力事件的能力，为金融机构设定风险偏好、制定资本和流动性规划提供依据；五是协助金融机构制定改进措施；六是支持金融机构内外部对风险偏好和改进措施的沟通交流。

对于监管机构来说，压力测试能够让监管机构全面掌握和评估金融行业整体的风险状况。从 2008 年起，美国和欧盟定期对金融系统进行压力测试，以保证具备足够资本应对日益频繁的金融危机。2020 年 6 月，美联储再次进行银行压力测试，结果显示，新冠疫情对大型银行产生不同程度的冲击，34 家大型银行贷款违约损失在 5 600 亿美元至 7 000 亿美元，整体一级资本充足率将从 2019 年第四季度的 12% 降到 7.7% ~ 9.5%，少数银行面临资本不足的潜在风险。

三、压力测试的类型

（一）根据不同的测试主体分类

测试主体一般指的是压力测试要求的提出方。一般来说，压力测试的测试主体可分为监管机构、金融机构的最高决策和执行部门、金融机构的风险管理部门。

一国的监管机构（中国为"一委一行两会一局"）会定期就整个金融体系（或其中的某个部分）稳定性进行压力测试，通常分析宏观经济极端变化对金融体系稳定性的影响。

金融机构的最高决策和执行部门（通常是指金融机构的董事会或风险管理委员会）一般会要求开展极端风险对金融机构整体影响的测试，目的是了解在极其不利的经营环境下金融机构的盈利能力和偿付能力等。

金融机构的风险管理部门通常会对某部分特定的业务组合/资产负债结构的风险状况开展压力测试，以反映极端情况下业务的发展状况。

（二）根据风险因子复杂性分类

根据所考虑风险因子的复杂性，压力测试方法可分为敏感性分析和情景分析。金融机构可结合使用。

敏感性分析（Sensitivity Analysis）是在保持其他条件不变的情况下，研究单个风险因子变化可能会对承压对象产生的影响，其特点是快捷、及时。评估单变量变化的影响，对数据的要求不高。在进行敏感性分析时，假设的变动程度应达到足够的波动幅度，以反映极端情况对金融机构的影响。

情景分析（Scenario Analysis）旨在测量多个风险因子同时发生变化以及某些极端不利事件发生对金融机构风险暴露和承受风险能力的影响。在进行情景分析时，应考虑不同风险因子之间的相关性。

（三）根据覆盖范围分类

根据压力测试涵盖风险类型和业务范围等的差异，压力测试可以分为整体压力测试和专项压力测试。

整体压力测试指有效整合各类风险，整体反映金融机构风险整体情况的压力测试。整体压力测试总体上应涵盖各类主要风险和表内外各个主要业务领域，充分考虑各项业务间的相互作用和反馈效应以及风险因子与承压指标间可能存在的非线性关系。

专项压力测试指对特定业务领域进行的压力测试，专项压力测试可以识别特定风险领域的潜在风险。金融机构对快速发展的新产品和新业务以及存在潜在重大风险的业务领域，可进行专项压力测试。

四、压力测试的流程

根据《商业银行压力测试指引》，金融机构的压力测试流程主要包括以下步骤：定义测试目标，确定压力因素，设计压力情景，收集测试数据，设定假设条件，确定测试方法，进行压力测试，分析测试结果，确定潜在风险和脆弱环节，汇报测试结果，采取改进措施。

五、压力测试的评价

相对于传统的 VaR 方法，压力测试有以下五大优点。

第一，由于 VaR 模型只能在一定的置信水平下给出估计值，反映的是每天市场的价格变化，缺乏对最大可能损失的估计能力和其重尾分布的处理，而且压力测试关注的对象正是这些在非正常的市场环境下，被 VaR 模型忽略的尾部风险。

第二，以历史数据为基础的 VaR 模型无法衡量缺乏历史数据的新产品情况或未来的经济情况，尤其是类似金融危机这样的断点情况，压力测试则以其特殊的敏感性分析或情景假设的方法针对未来的市场情况进行理性的预测。同时针对 VaR 模型无法衡量风险之间相互关系的缺陷压力测试也给予了重要的补充。

第三，传统的 VaR 计算是基于一些假设的，而有些假设并不符合真实的市场情况。如对于股价报酬率的正态假设，而实际的股价回报率常出现厚尾。因此不少机构应用压力测试修正 VaR 模型下的分布假设，主要是利用敏感性分析的结果。

第四，压力测试能够更加明确地帮助了解金融机构风险的现状。一方面是由于加总的压力测试结果能够暴露出许多在单个经营层面并不严重的风险；另一方面是由于压力测试能够处理 VaR 模型无法处理的非线性资产的风险衡量。而且压力测试在衡量风险承受度方面也为管理层提供了直观而又准确的依据。

第五，普通的 VaR 不满足对风险衡量的一致性，而压力测试没有这一问题。

六、反向压力测试

正常的压力测试分析的是金融机构能否顺利抵御极端情景，而反向压力测试（Reverse Stress Testing）分析的是有哪些极端情景会导致金融机构失败。

反向压力测试的方法主要有以下两种。

1. 历史情景法。分析过去的一系列极端情景，并评估每一个情景要达到多差时会导致机构无法抵御。

2. 关键变量法。确定一些关键变量，如 GDP 增长率、失业率、股价波动、利率变动等，并构建模型去包含其他相关变量，然后在所有的变量组合中反复寻找导致机构无法抵御的情景。

反向压力测试有助于金融机构排除一些不合理的情景，从而投入更多精力去测试合理情景。

第二节　压力测试的关键要素

一、测试主体与目标

在金融风险压力测试中，首先需要明确是由谁提出的测试要求（Who）和测试的目标（Why），对这两个问题的回答将决定压力测试的基本方针和路线。测试主体一般可分为监管机构、金融机构的最高决策和执行部门、金融机构的风险管理部门。测试目标是指测试主体根据风险管理和业务经济的需要，拟通过压力测试得到一定的结论，从而为风险管理和经营决策提供支持。例如，近年来，国家出台了较多的宏观经济政策对房地产市场进行宏观调控，房价有下跌的可能性，商业银行的高级管理层考虑到房地产贷款对于商业银行资产质量的重要性，需要了解在房价下降的压力情景下，商业银行的资产质量如何、商业银行持有的资本是否能够经得起相应的冲击。

二、承压对象与承压指标

承压对象是指拟进行压力测试对象。承压对象可以具体到某业务/资产组合，也可以是某个金融机构，甚至是包含若干金融机构的金融体系或者是一国的金融体系。承压指标则是承压对象的具体化，是反映承压对象的可量化和可计算的具体指标。金融机构应根据压力测试任务，选择相应的承压指标。如假设准备对商业银行房地产开发贷款的资产质量进行压力测试，则承压对象是房地产开发贷款的资产质量，房地产贷款的不良贷款率是房地产贷款的资产质量这个承压对象的一个具体表征。

承压对象与承压指标一般应该满足以下两个基本条件：一是应该可以很好地解释测试主体所关心的问题，并具有现实的意义，也就是说，不应为了某次压力测试而重新设计指标，这些承压指标在正常情景下应该也是有意义的变量；二是应该与压力因素有可信的关联关系，也就是说，所选择的压力测试应该是有效的，在压力情景（压力因子的极端组合）下承压指标的确会有极端不良的表现。

不同的测试主体关心的压力测试目标不同，相应会导致承压对象和承压指标的不确定。对于监管机构来说，它们一般关心金融系统的整体风险水平，因此承压指标一般是各个机构的资本充足率等。对于金融机构的最高决策和执行部门而言，它们一般关心金融机构整体的风险状况以及利润水平，因此承压指标一般是利润、不良率，以及资本充足率等。对于金融机构风险管理部门来说，承压指标可以是更精细的指标，如违约率、回收率等。按照不同层级的关注度，可将承压指标划分为技术型指标和管理型指标两大类。

所谓技术型指标是指一些表示风险损失量本身的指标，例如，信用风险压力测试的输出指标可以是 PD、LGD、EL 等，市场风险压力测试的输出指标可以是头寸的缺口、久期、头寸价值损失的 VaR 或衍生产品的头寸的敏感性指标（Vega、Gamma 等）等，这些指标往往是风险管理部门所关心的技术数据，不一定能够被所有的管理层理解和认识，因此，也是一种中间性测试指标。

所谓的管理型指标是指一些管理层、金融机构或金融监管机构较为关注，以及有着较大现实意义的承压指标，例如，信用风险压力测试的输出指标可以是资产减值准备（Provision）、贷款损失准备、一般风险准备、不良贷款率等，市场风险压力测试的输出指标可以是头寸的价值、保证金变化量或衍生产品的对冲账户的价值等，也可以是综合了所有风险的资产组合或业务头寸的价值或损益（P&L）。机构压力测试的输出指标可以是金融机构的盈利能力指标、资本充足率指标或资产质量指标等，或是全行业的相关指标。一般情况下，很多管理型指标来源于财务报告的数据。

三、压力因素与压力指标

压力因素一般是指引发承压对象极端波动的原因，即对承压对象有影响的风险因素。压力指标是对压力因素的具体化，一般也可称为风险指标，是反映压力因素的可量化和可计算的具体指标。比如对于房地产开发贷款的压力测试，房价就是一个压力因素。房价的剧烈下跌可能会给银行个人住房贷款的信用风险带来巨大影响。具体的一手房价格、二手房价格就是压力指标。一般来说，压力因素主要有几大来源：一是周期性因素，如宏观经济、住房价格、利率、股票价格等；二是事件性因素，如"9·11"事件、国家违约等；三是集中度因素，如产品在客户/行业/地区过于集中带来的风险。

在选择压力因素和压力指标时，通常应选择在常态情景下也具有意义的变量。但值得注意的是，同样的压力指标在正常经济条件下和诸如金融危机等压力条件下的表现有显著的不同。在经济正常时期，压力指标的预测相对容易，因为中短期内它们的表现不会发生非常剧烈的变化。因此，在某种程度上可以通过历史数据来预测未来的走势。然而，在压力条件下压力指标的不可预测性增加，历史表现对预测的帮助微乎其微。这正是需要使用双管齐下的方法来进行风险管理的原因，一方面利用各种各样的定性和定量方法度量在正常经营状态下的风险，另一方面利用压力测试方法对压力情景下的可能损失进行量化研究。

四、压力情景

压力情景是压力因素可能变化状态的一种描述。这种变化状态是假设的，是可能给承压指标带来巨大波动的。压力情景可能是"点"，如房价下跌30%，不考虑房价下跌的路径；也可能是一条"路径"，如宏观经济在两年时间内的一种走向。但无论是"点"或者"路径"，压力情景均有可能给金融机构带来重大损失。

压力情景的生成可以分为以下几种。

1. 历史情景法。历史情景法从已有的历史数据中选取最为极端不利的情景，这些情景既可以是历史上最不利的情景也可以按照分位点选择接近最差的情景，这些情景的选择依赖于测试主体的测试目的。国际金融业常用的历史情景有1998年亚洲金融危机，2000年美国高科技泡沫破裂，以及2008年由美国次贷危机引发的国际金融危机等。该方法的优点是比较客观，利用历史事件及其实际风险因子波动情形，风险因子之间的相关变化情形也可以依历史数据作为依据，这使模型假设性的情形降低许多。当然历史情景在使用上有些先天的缺陷：一是需要进行压力测试的极端事件很有可能是历史上尚未出现过的；二是因为社会经济变迁，这种回溯（Backward Looking）的方法可能无法反映目前特有的市场结构和经济环境。

2. 假设情景法。假设情景法是基于专家经验和判断，对驱动风险指标的压力情景进行设定。该方法的优点是结合了当今的社会和经济环境，压力情景具有前瞻性。在金融危机背景下，假设情景法具有特别重要的现实意义。该方法相对容易构造，但缺点也比较明显：一是在结构化的多因子情景设计方面缺乏说服力；二是主观性较强，缺乏一个可以比较的基准，造成在各机构间的压力测试结果难以进行统一比较。

3. 模型法。模型法主要是采用各类统计随机模型方法建立压力情景生成器，然后得到压力指标在极端情景下的预测模型，主要用于信用风险、市场风险等领域。该方法具有更加灵活、适应性强的优点，也可以鼓励风险管理者向前看（Forward Looking）。其缺点是，无法给出这些情景发生可能性的任何信息，可能会导致压力情景设计脱离实际的批评。

4. 混合方法。在缺乏历史数据的情景下，最常用的方法是历史情景法和假设情景法的结合，也就是利用历史数据结合专家经验直接构造压力情景。

开展压力测试的情景不宜过多，大多数金融机构通常采用4～6个情景开展压力测试，包括基准情景、轻度压力、中度压力以及重度压力情景等。基准情景是指未来某一段时间压力指标最有可能达到的某一种状态。轻度、中度和重度是指偏离基准情况的程度，三种压力情景按照顺序不断增强，其中轻度压力应比基准情况更为严峻，重度压力应反映极端但可能发生的情况。

一个理想的压力测试情景应该具备以下几个特点：第一，压力测试情景应具备前瞻性，以体现承压对象变化以及靠以往传统风险管理或复制历史压力情景无法涵盖（反映出）的新信息和新生风险可能性。第二，压力测试应该关注风险指标的剧烈变动，而日常的风险管理所关注的是相对较小的变化幅度。第三，压力测试应该尽量将承压对象与经济环境相联系，一个理想的压力测试应该考虑外部经济环境对承压对象的影响。第四，压力测试应该包含相关的众多风险因素。综合压力测试需要模拟几个风险指标同时受到冲击的情景，因为在现实世界中当压力事件发生时，往往会导致几个风险指标一起向坏的方向发展。在这种意义上，考虑风险指标之间的联动效应也是十分必要的。压力测试所模拟的情景还必须是"有一定可能性"的，要有在现实中发生的可能性，尽管这种可能性有时会非常小。

五、压力传导模型

压力传导模型是压力指标变化转变成承压指标波动的传导原理。这部分是压力测试流程中最为核心的部分，也是最难处理的部分。压力传导模型有很多种，对于不同的风险和测试目的，压力传导模型可以是确定性的，对于部分信用风险、市场风险、操作风险、流动性风险等领域的大部分压力测试模型，压力传导模型都是明确的。但对于某些信用风险模型来说，压力指标和承压指标之间的关系比较复杂，压力传导机理不是足够清楚。

按照压力传导的机理，压力传导模型可以分为自下而上（Bottom Up）和自上而下（Top Down）两类方法。所谓的自下而上是指首先在局部和个体层面进行测试，然后将个体的测试结果汇总得出整体的结果。例如，银行定期进行的整体压力测试可以首先从各个具体组合、风险类、地区和业务线开始进行，然后将测试结果进行汇总，进而得到整个业务线或公司的压力测试结果；又比如监管当局主导的测试可以是由各个金融机构自主进行测试，然后进行汇总。

相反地，自上而下的测试是将所测试对象组成一个整体，集中同时进行测试。这种方法的不足是在整体层面进行压力测试可能会掩盖个体的集中风险以及个体之间相互关联的风险。

自下而上的测试可以捕捉风险的集中问题以及风险传染问题，因此得到更为精确的测试结果，从理论上讲，其经济学含义更为清晰，但是在实际操作中自上而下法却更为流行。主要原因在于自下而上法对于客户明细数据的历史长度要求较高，实际建模难度比较大，成本比较高，操作性不强，比较适合在业务/分支机构层面开展测试。

而自上而下方法往往只要求整个金融机构宏观层面的历史数据，比较适合总部层面开展测试，成本也相对较低。特别是在中国金融机构的历史数据长度较短的环境下，更应该选择自上而下法。以信用风险压力测试为例，如果掌握了每个银行的每个贷款客户的数据，自然会得到比较准确的测试结果，但是，对于大型银行或者是复杂的金融系统，这样会产生不可估量的计算复杂程度和工作量。总之，许多宏观层面的压力测试将尽量综合自下而上和自上而下两种方法的优势。

六、压力测试报告及应用

压力测试的结果体现为承压指标的输出值。压力测试完成后金融机构应撰写压力测试报告，压力测试报告一般应包括背景分析、压力测试目标与数据说明、压力情景及阈值的设置、传导模型的说明、测试结果与分析、改进措施等内容。金融机构应建立压力测试报告、响应和反馈路径。根据压力测试报告的重要性程度，应设置不同级别和不同的汇报路线报告不同层级管理人员。《商业银行压力测试指引》还要求商业银行应每年向监管机构提交压力测试开展情况报告。如果压力测试的结果显示银行可能面临重大风险，应及时报告监管机构。

压力测试结果可应用于金融机构的各项管理决策中，包括但不限于制定战略性业务决策、编制经营规划、设定风险偏好、调整风险限额、开展内部资本充足和流动性评估、实施风险改进措施以及应急计划等。

《商业银行压力测试指引》要求，金融机构应遵循清晰的、预先设置的原则，针对压力测试结果采取必要的改进措施，并确保得到有效实施。改进措施包括但不限于重组、变现、终止和对冲风险头寸；增加风险缓释；提高信贷审批标准；调整风险限额；压缩资产负债规模，调整资产负债结构，包括增加拨备、留存收益、补充资本和增加流动性储备等；调整业务发展策略和定价策略；启动应急计划。

第三节 压力测试方法

一、信用风险压力测试

（一）主要方法

信用风险压力测试的对象是金融机构资产组合或子组合的信用风险参数，如违约概率、违约损失率、风险暴露、预期损失、不良贷款率、经济资本等。信用风险压力测试方法可分为自上而下法和自下而上法两种。

1. 自上而下法

在信用风险压力测试开展早期，大部分金融机构采用自上而下法开展信用风险压力测试，威尔逊（Wilson）信用风险宏观压力测试模型是常用的基本分析框架。其模型如下：

$$\ln\left(\frac{y}{1-y}\right) = \alpha + \beta \sum_{i=1}^{N} x_i \qquad (8-1)$$

其中，y 是承压指标，可以是某个特定资产组合的平均违约概率，也可以是不良贷款率；x_i 是第 i 个宏观压力指标，可以是 GDP 增长率、广义货币供应量（M_2）增长率、固定资产投资增长率，也可以是贷款利率、房价、成交量等；α 和 β 分别是常数项和系数。

自上而下压力测试方法的基本逻辑是：设计的压力情景会导致宏观经济压力指标发生变动，从而根据上述方程定量计量出承压指标的变化。由此看来，这种方法浅显易懂、逻辑清晰。但这种方法也时常遇到以下挑战：一是因变量与解释变量的关系是否稳定，尤其是在极端压力情景下，采用威尔逊信用风险宏观压力测试模型建立起来的关联是否可信。由于信用风险的非对称性，在极端不利情景下，承压指标和宏观压力指标之间的关系在正常情况下会发生较大的变化。因此，采用威尔逊信用风险宏观压力测试模型来评估压力测试对象在极端不利情况下的表现会出现一定的偏差。二是不利于金融机构根据压力测试结果制定有针对性的改进措施。由于这种模型建立的关系是一种宏观上的统计关系，没有对压力测试对象进行细致的结构性分析，即使压力测试结果给出的结论是在压力情景下，信用风险超过了金融机构的风险承受能力，但金融机构却无法从压力测试结果中了解如何有效地改进不利的状况以增强风险的抵御能力。

2. 自下而上法

在采用自下而上法开展信用风险压力测试时，有两种比较常用且有效的模型：一种是采用商业银行的单客户内部评级模型，另一种是采用 Hazard（风险）模型。

第一，商业银行的单客户内部评级模型。目前国内大型商业银行的信用风险内部评级模型基本上都是介于时点评级（PIT）和跨周期评级（TTC）之间的评级哲学，模型很少会考虑宏观经济因子的变化。但这并不意味着宏观经济因子的变化不会影响信用风险内部评级结果，因为宏观经济因子的变化会影响客户的财务指标，客户的财务指标是信用风险内部评级模型的重要变量。因此，运用商业银行的单客户内部评级模型开展压力测试的基本逻辑如下：

根据压力事件生成由宏观经济压力指标组成的压力情景，再以单客户评级模型中的每一个财务指标 Y 的年度均值变动率为因变量，宏观经济压力指标为解释变量建立线性回归模型，将宏观经济压力指标的变化传导到评级模型之中。具体模型如下：

$$Y_t = \sum_{i=1}^{N} \theta_i X_{it} + \varepsilon_t \qquad (8-2)$$

其中，$X_{it} = (X_{1t}, X_{2t}, \cdots, X_{Nt})$ 是 GDP 增长率、M_2 增长率、CPI 等宏观经济变量原始值、同比值、环比值等。

首先，假设整个敞口客户的财务指标年度变动率保持一致，通过以上模型，我们可以得到每个客户在压力情景下的各项财务指标值。

其次，将每个客户财务指标的变化输入商业银行的信用风险内部评级模型，计算出压力情景下每个客户的违约概率。

最后，将单客户违约概率（PD）值自下而上进行汇总，得到承压对象的平均违约概率。

第二，Hazard 模型。Hazard 模型是生存分析的一种，主要是将宏观经济因子与客户和时间段建立关联，并对违约概率进行建模。具体模型如下：

$$PD_{I,t,p} = F(\alpha_p + \beta_p X_t + \gamma_p X_{I,t} + \varphi_p V_{I,t-p}) \tag{8-3}$$

其中，X_t 是 t 时点宏观经济压力指标，$X_{I,t}$ 是客户违约的风险特征变量，$V_{I,t-p}$ 是随时间变化的特征变量，$F(x)$ 是 Logit 模型的逆变换。

由于 Hazard 模型中包含了宏观经济压力指标，因此受压力冲击影响的宏观经济压力指标变化会通过上述方程直接传导到客户的违约概率上，从而实现了压力情景到客户违约概率的联动分析。Hazard 模型的重点是建立预测能力强且对宏观经济压力指标比较敏感的模型。

自下而上的压力测试从业务逻辑上看更加科学，代表着压力测试工作的精细化程度的提高，因此这种方法比自上而下的方法更加可信，可解释性也更强。具备条件的商业银行应以自下而上的压力测试方法为主开展压力测试工作。

（二）示例[①]

2018 年初，某商业银行拟使用压力测试的方法定量分析 2018 年中国经济发展速度在不同情况下对全行资产质量产生的影响。根据测试目标，可确定压力测试对象为法人口径下的全行的信贷资产，承压指标为违约率和不良贷款率。该行设计的压力测试情景见表 8 - 1。

表 8 - 1　　　　　　　　　　　压力测试情景　　　　　　　　　　单位：%

压力测试情景指标	2017 年	2018 年	轻度压力情景	重度压力情景
GDP 同比增速（累计）	6.9	6.5	5.7	4.2
M_2 同比增速（累计）	8.2	8.2	8.1	6.9
CPI 同比增长（累计）	1.6	3	2	1.4
房地产价格	5.6	5	-10	-30

该行采用威尔逊信用风险宏观压力测试模型来构建宏观经济驱动因素和非零售贷款违约之间的关系，先将非零售贷款整体违约概率与宏观经济变量进行回归分析，得出不同压力情景下的违约概率；再采用 Z - shift 法，通过评级转移矩阵，实现非零售贷款整体违约概率到各等级客户压力情景违约概率的传导；之后根据压力情景下违约概率的变化预测新发生的违约贷款。其次，银行对个人住房贷款采用 Vintage 模型进行压力测试；对合格循环与其他零售贷款采用威尔逊模型进行压力测试，根据房价下降幅度、国内生产总值（GDP）、生产价格指数（PPI）和广义货币供应量（M_2）同比增长率等指标与违约率和不良贷款建立模型关系。

---

① 王祖继. 大型商业银行风险管理［M］. 成都：西南财经大学出版社，2020.

二、市场风险压力测试

（一）主要方法

1. 交易账簿下市场风险压力测试

交易账簿下市场压力测试主要运用方差—协方差法、历史情景法和蒙特卡洛模拟法计算压力风险价值（Stressed VaR）。压力风险价值与风险价值的相同之处在于，二者都是基于统计分析的风险度量值，具有相同的统计表述含义，即未来某一日目标交易组合对应某一置信度下的损失值。二者的不同之处在于历史数据区间的选择：风险价值计量所用的历史数据区间应该是最能够反映组合头寸持有期内风险状况的，一般情况下选择与计量日相邻的 250 个交易日；而压力风险价值所使用的历史数据区间（以下简称压力区间）应该是使在险值"承压"的，压力区间内的风险状况是否与当前市场对于未来的预期相符则无须考虑。[①] 一般而言，压力区间需要满足四要素：一是连续的 12 个月，二是包括极端金融压力事件，三是给金融机构造成重大损失，四是与金融机构自身的资产组合相关。

2. 银行账簿下市场风险压力测试

对于银行账簿下市场风险压力测试，主要是利率风险的影响。情景通常为在资产负债管理的大框架下，通过三种方法考虑作为承压指标的净利息收入变化：（1）主要利率上下平移 200 个基点；（2）1% 和 99% 分位数的历史情景；（3）相当于 1% 和 99% 分位数历史情景的利率平移。

在实际实施中，由于利率指标众多，可以先采用主成分分析法将各种利率指标相关联的变化分解为几个主要成分，如利率的平移、陡峭和曲线变化。另外也可以使用历史或蒙特卡洛模拟法，抽样形成未来利率曲线，进而得到各种情景下的净利息收入。根据给定的置信水平，可以确定该置信水平下净利息收入的规模，即利润风险价值（Earnings at Risk，EaR）。

（二）示例

1. 交易账簿下市场风险压力测试示例

某中资金融机构持有剩余期限为 10 年的美元零息债券，票面价值为 1 亿美元，到期收益率为 7.96%，目前的美元对人民币汇率为 7。在此要分析美元零息债券的市场风险。该债券的承压指标为债券价格变化以及债券 VaR 值变化。

由于中资金融机构资产以人民币计价，影响美元零息债券市场价格变动的主要因素为利率及汇率，因此可选择美元零息债券（相同信用利差）的 10 年到期收益率和美元对人民币汇率为压力指标。

我们使用美元零息债券的 10 年到期收益率和美元对人民币汇率的历史数据（可选择 3 年的历史数据为压力区间），选择历史情景法或模型分析法进行情景设计。如选择

---

① 王丹虹. 压力风险价值及其计算方法［J］. 中国金融，2013（8）.

历史情景法，可选取历史上的 10 年到期收益率变动或美元对人民币汇率的极值作为压力情景，根据债券的定价模型（传导模型）得出压力情景下债券的价格变动。如选择模型分析法，可假设 10 年到期收益率的变动或汇率的变动服从一定的分布（如正态分布），分布的参数（如均值、方差、相关性等）可通过历史数据进行估计，通过对参数设定压力情景，得到未来 10 年到期收益率的分布和汇率分布，进而根据传导模型得出未来债券价格分布，在此基础上得到债券在压力情景下的 VaR 表现。

2. 银行账簿下市场风险压力测试示例

考虑某银行银行账簿所面临的利率风险，承压指标为该银行的净利息收入。影响净利息收入的主要压力因素为利率，这里主要指人民币利率，外币类似。压力指标可选取市场利率的变化。采用情景模拟法，在设定的情景下逐笔计算业务的利息收支变化。具体来讲就是计算每笔业务在正常情景下、压力测试情景下的利息收入（支出），将汇总后的利息收入减利息支出，最后得到对净利息收入的影响。

三、流动性风险压力测试

（一）主要方法

流动性风险压力测试是一种以定量为主且具有前瞻性的流动性风险分析和管理工具，主要考察在小概率事件等极端情景下，金融机构可能面临的流动性困境以及是否有能力应对这种极端情况。相对金融机构持续经营情况下的现金流估计、流动性缺口、抵押品管理等流动性风险管理方法，流动性风险压力测试更能有效地应对低频且突发的流动性风险。又由于流动性风险与其他风险密切相关，会涉及金融机构多项业务，往往体现为一个危机事件，因此流动性风险的压力测试往往属于情景分析。

2018 年 5 月，中国银保监会发布《商业银行流动性风险管理办法》，要求商业银行建立流动性风险压力测试制度，分析承受短期和中长期压力情景的流动性风险控制能力。商业银行的董事会和高级管理层应当对压力测试的情景设定、程序和结果进行审核，不断完善流动性风险压力测试，充分发挥其在流动性风险管理中的作用。流动性风险压力测试的频率应当与商业银行的规模、风险水平以及市场影响力相适应，常规压力测试应当至少每季度进行一次，出现市场剧烈波动等情景时，应当提高压力测试频率。在开展压力测试时商业银行应当审慎评估信用风险、市场风险、运营风险和声誉风险等其他类别风险对流动性风险的影响。

流动性风险压力测试对象是金融机构的表内、表外资产和负债。确定风险因素时，金融机构应充分考虑各类风险与流动性风险的内在关联性和市场流动性对流动性风险的影响。例如，某银行确定的主要风险因素有存款波动、央行货币政策工具运用调整等。

流动性风险可参考的压力情况或市场包括但不限于流动性资产变现能力大幅下降；批发和零售存款大量流失；批发和零售融资的可获得性下降；融资期限缩短和融资成本提高；表外业务、复杂产品和交易对流动性造成损耗；交易对手要求追加抵（质）

押品或减少融资金额；主要交易对手违约或破产；信用评级下调或声誉风险上升；母公司或集团内其他机构出现流动性危机；市场流动性状况出现重大不利变化；跨境或跨机构流动性转移受到限制；中央银行融资渠道发生重大变化；银行支付清算系统突然中断运行。

流动性比例、存贷比、流动性缺口率通常被用来作为流动性风险压力测试的承压指标。设计压力传导模型是指定量分析金融机构的各类资产和负债在监控时限内，分别在轻度压力、中度压力和重度压力情景下的变化情况，并根据变化情况计算承压指标的变化情况，分析压力情景下的流动性风险。

（二）示例

某大型商业银行进行 2023 年第一季度常规流动性风险压力测试，测试时间是 2022 年 12 月 31 日。该次测试对象选择为该银行境内分支机构人民币表内所有资产负债项目。承压指标选择未来现金流缺口，分别为短期 7 天现金流缺口、1 个月现金流缺口、2 个月现金流缺口和 3 个月现金流缺口。

该行通过宏观环境和本行数据分析，预计第一季度存款波动仍然较大，特别是月度中间存款大幅下降，给流动性管理造成一定压力，其他因素保持相对稳定。因此，本次压力测试选择影响流动性的主要风险因素为存款波动。

该银行通过专家对本行资产、负债以及表外业务的判断，确定轻度、中度、重度压力情景下，各承压项目相应的假设条件。

压力情景及假设条件模型如表 8-2 所示。

表 8-2　　　　　　　　　　　压力情景及假设条件模型

测试时间	压力情景	资产	负债
1 个月	轻度压力情景	1 个月内到期贷款转为不良贷款的比率为 3%，有价证券价格下跌 4%	存款流失 5%，同业存款和拆入规模下降 6%
	中度压力情景	1 个月内到期贷款转为不良贷款的比率为 5%，有价证券价格下跌 6%	存款流失 7%，同业存款和拆入规模下降 10%，法定存款准备金率上升 0.5%
	重度压力情景	1 个月内到期贷款转为不良贷款的比率为 7%，有价证券价格下跌 9%	存款流失 10%，同业存款和拆入规模下降 15%，法定存款准备金率上升 1%

根据测试结果，第一季度该银行人民币流动性风险整体可控，可用资金比较充裕。因存款大幅下降，在 1 月份和 2 月份月中可能存在资金缺口 250 亿元和 550 亿元，该银行需通过货币市场融入资金弥补缺口。建议如下：一是加强监测、分析和预报，将各项资金进出纳入日常监控范围，提高预测准确性，关注特别时点的资金变动情况，保证全行流动性安全；二是合理安排期限结构，必要时适当放缓资产投放节奏，通过吸收主动负债等措施弥补流动性。

四、整体性压力测试

整体性压力测试就是在金融机构整体层面开展的风险压力测试。其总体涵盖各类主要风险和表内、表外各个主要业务领域，充分考虑各项业务间的相互作用和反馈效应以及风险因子与承压指标间可能存在的非线性关系，有效整合各类风险，反映金融机构风险的整体情况。

商业银行是最早开展整体性压力测试的金融行业。2008 年美联储牵头，联合美国财政部下属的货币监理署、联邦存款保险公司、储蓄管理局等美国金融监管部门，开始实施监管资本评估计划，要求美国 2008 年末资产超过 1 000 亿美元的 19 家最大银行控股公司都要开展政府组织的整体性压力测试，用来评估在高风险压力情景下各大商业银行的资本需求。

与一般压力测试不同，整体性压力测试有以下特点。

一是统一了压力测试情景。在实际的单项压力测试工作中，不同的部门往往有不同的压力测试情景，但整体性压力测试需要先将压力测试情景进行统一，再分别进行压力测试，最后进行整合。在整体性压力测试工作中，金融机构要确定整体压力测试负责部门，统一发布压力测试情景。

二是整体性压力测试的目标和承压对象涉及方面多。整体性压力测试的目标包括评估金融机构集团层面风险、资本和收益之间的匹配程度、对收益和流动性的影响等；针对不同的压力测试情景，分别预测对资产负债表、利润表、资本充足率和流动性的影响。

三是提供了金融机构整体层面的评价视角。单项压力测试只是评估一个局部或几项业务，而整体性压力测试注重对金融机构整体业务的评估，范围比单项压力测试要广泛得多。

由于整体性压力测试具备上述特点，因此整体性压力测试需要整体性压力测试牵头部门与财务部门、准备金管理部门、风险管理部门、资本管理部门、流动性管理部门等多个部门共同参与，通力合作完成，建立多部门之间的协同工作机制。

【本章要点】

1. 压力测试是一种金融机构风险管理和监管分析工具，用于分析假定的、极端但可能发生的不利情景对金融机构整体或资产组合的冲击程度，进而评估其对金融机构资产质量、盈利能力、资本水平和流动性的负面影响。压力测试流程主要包括以下步骤：定义测试目标，确定压力因素，设计压力情景，收集测试数据，设定假设条件，确定测试方法，进行压力测试，分析测试结果，确定潜在风险和脆弱环节，汇报测试结果，采取改进措施。

2. 压力测试的关键要素有测试主体与目标、承压对象与承压指标、压力因素与压力指标、压力情景、压力传导模型、压力测试报告及应用。

3. 金融机构通常对信用风险、市场风险、流动性风险和整体进行压力测试。

【重要概念】

压力测试　敏感性分析　情景分析　全面压力测试　专项压力测试
反向压力测试　承压对象　承压指标　压力因素　压力指标　压力情景
压力传导模型

【课后习题】

1. 试述压力测试的定义与作用。
2. 试述压力测试的类型与流程。
3. 什么是承压指标、压力指标和压力传导模型？试述三者之间的关系。
4. 什么是压力情景，如何设计压力情景？
5. 阅读金融机构年报，了解压力测试在金融机构风险管理中的应用。
6. 阅读《中国金融稳定报告》，了解金融业压力测试情况。

【进阶阅读】

1. 黄志凌. 商业银行压力测试［M］. 北京：中国金融出版社，2010.
2. 王祖继. 大型商业银行风险管理［M］. 成都：西南财经大学出版社，2020.
3. Jimmy Skoglund，Wei Chen. Financial Risk Management：Applications in Market，Credit，Asset and Liability Management and Firmwide Risk. John Wiley & Sons，Ltd.，2015.

第三篇　金融风险控制

居安思危，思则有备，有备无患。

——《左传》

信用风险控制

【学习目标】

1. 掌握信用风险限额管理的概念、指标体系与限额测算。
2. 掌握合格抵质押品、合格净额结算和合格保证的缓释方法。
3. 熟悉金融机构资产交易的方法。
4. 熟悉通过信用衍生工具和保险控制信用风险的方法。

【开篇导读】

银保监会：普惠金融信用风险总体可控

2022年5月18日，国新办举行了主题为"支持中小企业纾困解难健康发展"的政策例行吹风会。会上，银保监会普惠金融部负责人表示，总体上看，在普惠型小微企业贷款快速增长的情况下，信用风险是可控的。

该负责人说，我们关注到，近期疫情对经济运行造成了较大冲击，一些受疫情影响严重的地区、行业的小微企业停工停产时间较长，经营收入不稳定，难以按期偿还银行贷款，银行客观上确实面临一定的不良贷款反弹压力。

"但是，我们也要辩证地看这个问题。"该负责人进一步指出，经济决定金融，小微企业是实体经济重要的组成部分，承载着广大就业，引导银行业为小微企业纾困解难，帮助小微企业应对这种短期的冲击，稳定宏观经济大盘、稳住就业，才能从根本上保住业务基本盘，筑牢银行业发展的根基。所以从长远上看，也就确保了信贷资产的质量。

该负责人介绍，在促进银行增加小微企业贷款投放时，银保监会一直坚持"促发展"与"防风险"并重的监管导向，引导银行健全"敢贷、愿贷、能贷、会贷"的长效机制，建立"五个专门"经营机制，利用内外部数据资源，开展数字化转型，提升银行为客户精准"画像"，有效管控信用风险的能力。

该负责人表示，"总体上看，在普惠型小微企业贷款快速增长的情况下，信用风险是可控的。"初步统计，截至2022年4月末，银行业普惠型小微企业贷款不良余额

4 476.21亿元，不良率是2.18%，较年初持平。

目前，我国银行业保持稳健运行，风险抵御能力还是较强的，这也为发挥监管逆周期作用、为小微企业纾困解难提供了政策空间。整个银行业不良贷款率是1.82%，保持在合理水平，银行业拨备余额7.4万亿元，拨备覆盖率达到了197.5%。

该负责人表示，下一步，银保监会将统筹疫情防控和经济发展，监管政策靠前发力，助力有效稳定经济大盘，同时将督促银行业对未来可能暴露的不良贷款提前做好应对准备，做实资产分类，拓宽不良贷款处置渠道，加大处置力度。

资料来源：边万莉. 扩大信贷规模会增加风险敞口吗？银保监会：信用风险可控. 21世纪经济报道，2022-05-18.

第一节　限额管理

一、限额管理基础

（一）限额管理的定义

风险限额（Risk Limits）是对按照一定方法所计量的风险指标设定的限制性额度，它代表了金融机构特定风险偏好下在某项业务、某类客户、某个组合维度等所能容忍的最大风险。比如某银行对煤炭行业的贷款设置一个贷款总量，规定煤炭行业的贷款不得超过500亿元，这就是信用风险限额。这个限额主要是为了防止该行贷款过度集中于煤炭行业，避免煤炭行业的波动对银行影响过大。

限额管理是指金融机构为控制风险总量与结构而设定限额指标、制定限额并对限额使用情况进行监测和控制的过程。通过实施限额管理，金融机构不仅可以防止风险过度集中，达到分散风险的目的，还可以有效利用资本提升金融机构价值。

（二）限额管理的步骤

金融机构的风险限额管理包括限额设定、限额监测和限额控制三个步骤。

1. 限额设定

限额设定是整个风险限额管理流程的重要基础，其本身就构成一项庞大的系统工程。限额的设定分为四个阶段。

第一阶段，全面风险计量，即金融机构对各项业务所包含的信用风险、市场风险、操作风险、流动性风险等风险分别进行量化分析，以确定各类敞口的预期损失和非预期损失。

第二阶段，利用信息系统，对各业务敞口的收益和成本进行量化分析，其中制定一套合理的成本分摊方案是亟待解决的一项重要任务。

第三阶段，运用资产组合分析模型，对各业务敞口确定经济资本的增量和存量。

第四阶段，综合考虑监管机构的政策要求以及金融机构战略管理层的风险偏好，最终确定各业务敞口的风险限额。

2. 限额监测

限额监测的主要目的在于分析金融机构不同维度组合的风险状况，检查是否存在突破限额的情况。许多金融机构开发了限额监测管理系统，对不同类别的限额，明确监测的频率、内容，分类别设置限额使用预警指标体系。风险限额监测与报告主要涉及以下两种。

一是例行监测报告。例行监测报告主要是每隔一段时间定期向风险管理委员会或董事会提交的风险状况分析报告。在这种报告中，需要分析本时期内超限额的情况，包括超限额的风险类型、超限额的时间、超限额的处理等方面的内容。

二是例外监测报告。一般来说对于某些重要的风险指标，一旦超过风险限额就应该及时向相关部门汇报，以使管理者迅速地采取行动。

3. 限额控制

金融机构根据不同维度的限额使用和风险情况，对限额进行动态调整，确保资本在风险一定的约束下，尽可能投放在收益最大的领域。虽然金融机构制定风险限额就是期望把风险控制在限额界定的范围之内，但是超过风险限额的情况还是可能会出现（如果从来没有出现过超过限额的情况，金融机构可能需要重新审视是不是把限额设置得过高了）。因此，金融机构还需要制定相应的超限额处理方案。

（三）限额管理的作用

金融机构风险限额管理具有以下作用。

第一，有利于实现经营发展战略。金融机构是经营风险的企业，风险限额作为金融机构经营发展战略的重要体现和金融机构风险管理政策的量化形式，对促进和保障金融机构经营发展战略的实现具有重要意义。金融机构可以依据经营目标设定不同的限额，并将限额在不同机构、区域、行业和产品间进行分配，形成一套清晰的数量指标，促优限劣，掌控发展方向和程度，实现经营战略目标。董事会、高级管理层可以通过监督限额实施情况，强化战略的执行力度，保障战略在各个管理层级都得到有效贯彻。例如，某家银行计划未来 5 年内贷款每年增加 300 亿元，同时希望将不良贷款率保持在 1% 以内。每年如何分配这 300 亿元，是一项关系到银行资产结构和未来收益以及总体风险水平的重大决策。具体来说，贷款投向哪些行业，每个行业投入多大规模以及具体的区域分布等都体现了限额管理的思路。如果缺乏对宏观形势和自身情况的准确判断，以及明确的贷款投放限额管理内容，贷款投放的方向性就会很差，并极可能导致信用风险管理失控。

第二，有利于提高风险管理水平。通俗地讲，只有风险能被量化，才能设限额，因此设定和实施限额的过程，就是金融机构识别、计量和控制风险的过程。一方面，风险限额为金融机构内部风险预警和监测提供了定量标准，金融机构可以通过对风险限额使用情况的记录、分析和报告，及时监测和控制风险。由于风险限额是根据对风险变化的预测提前设定的，当风险敞口接近限额时，监测系统将发出预警信息，提示金融机构采取防范措施；同时金融机构还可以通过系统随时获取最新业务数据，了解所辖业务的风险状态，作出及时、准确的决策。另一方面，风险限额反映了金融机构对风险的关注方向和控制目标，是金融机构风险战略与风险偏好的具体体现。科学、合理的风险限额指标体系建立在风险计量和组合分析的基础上，不仅考虑了单个资产的风险情况，还考虑了资产风险之间的相关度和整个金融机构的实际资本状况，可以全面反映、有效控制金融机构面临的各类风险，提高宏观层次、战略范畴的风险管理能力。

第三，有利于增强价值创造能力。金融机构根据各业务的风险成本和风险调整资本回报率，结合自身的风险偏好设定风险限额，引导资源配置方向，选择性地发展优势业务、控制风险，从而在既定的风险容量内获取更大收益，增强价值创造能力。

第四，有利于实现合规经营。金融机构的运行受到法律、监管规章、上市规则和市场纪律等多方面的约束，通过对影响监管指标的因素设置和实施限额，把经营结果前瞻性地控制在监管要求范围内，可以更好地保障金融机构实现合规经营，降低运营风险。譬如，按照《商业银行法》的规定和监管部门的要求，一家商业银行对一个客户的贷款总量不能超过资本金的10%，对集团客户的授信不能超过资本金的15%。银行可以基于上述规定和本行风险偏好，通过对单个客户的贷款总量及集团客户的授信设定限额，同时对这些限额进行监测与控制，可以有效保证上述指标控制在监管要求范围内，从而实现合规经营。

二、信用风险限额指标体系

金融机构信用风险限额指标体系按照核定层次分为客户层面和组合层面两类。客户层面的限额包括单一客户风险限额、单一客户品种限额和集团客户限额等，客户层面的限额基于违约风险暴露核定，可用于指定客户的准入、退出等风险策略调整。组合层面包括整体限额、区域限额、产品限额、行业限额等维度的限额指标，基于信用风险加权资产核定，可用于信贷政策指引，鼓励和引导信用结构转型，也是防范集中性风险的重要手段。典型的金融机构信用风险限额指标体系见图 9 - 1。

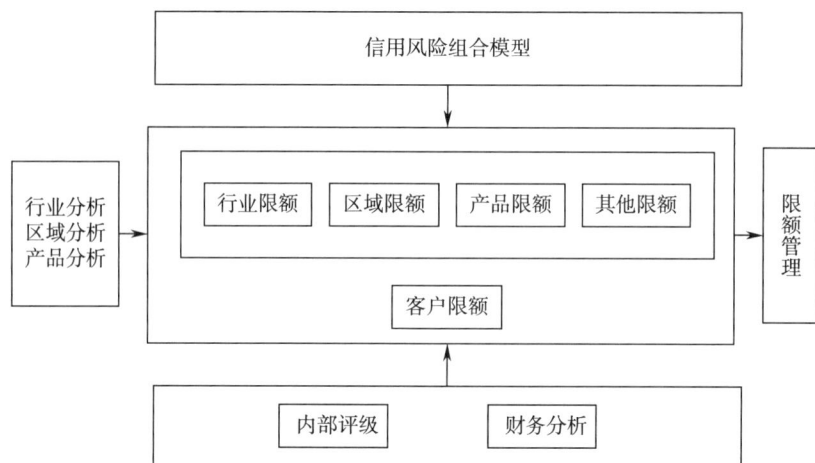

图 9 - 1 金融机构信用风险限额指标体系

三、客户限额

客户限额是金融机构在客户的债务承受能力以及金融机构自身的损失承受能力范围内，愿意并允许在未来一定时期内能够给予客户的最大授信额度。客户风险限额测算的主要目的就是通过科学的方法对客户的合理负债上限和金融机构承担的融资风险进行量化，避免风险限额的随意化。下面我们以银行信贷业务为例对客户风险限额测算方法进行介绍。

（一）单一客户限额测算

一般而言，单一客户风险限额测算方法主要有五种，分别为资产负债率控制法、现金流结合净资产混合法、有效净资产法、有效净资产结合现金流并行法和违约概率（PD）模型法。

1. 资产负债率控制法。该风险限额测算模型的主要思路是先根据客户的信用等级直接确定对客户的资产负债率的控制线，然后结合客户当期资产总额计算出客户可以达到的负债总量，再参考银行对客户融资的同业占比及客户对银行的重要程度来确定本行愿意承担的最大风险数量，经过信用等级调整系数进行修正以后即得到客户的最高综合风险限额参考值。资产负债率控制法模型相对比较简单，其主要优点是简单易操作，测算过程比较清晰，缺点是资产负债率控制线的确定过于简单，缺乏对客户财务及非财务状况的全面考量，导致核定的客户风险限额难以真实反映客户的经营特点和风险特征。

2. 现金流结合净资产混合法。该法考虑到生产企业与流通企业的区别，主要思路是首先分别根据客户的未来现金创造能力和自有资本情况计算出客户总负债的合理规模，然后根据客户的不同类型，选样不同的权重加总计算客户合理负债规模。对于普通生产型企业，自有资本情况取相对较高的权重；对于流通型企业，现金流则取较高的权重。接着参考客户所属行业的债务结构平均值，测度客户的银行融资总量合理值，最后根据客户的信用等级及客户对银行的重要程度确定客户的最高综合风险限额参考值。现金流结合净资产混合法模型相对比较复杂，综合考虑了客户未来现金的创造能力和自有资本对偿债的保障，通过选取不同的偿债系数，改变了生产企业和流通企业共用同一个测算模型的状况，该模型的初衷是兼顾两类企业的不同特点，在方法上采用混合加总的方式，但缺乏必要的理论依据，实践证明也不完全符合生产企业和流通企业各自的特点。

3. 有效净资产法。该模型以企业的有效净资产为基础，综合考虑企业财务指标和非财务因素测算出银行愿意承受的客户的资产负债率，然后根据测算出的客户合理负债规模，结合客户所属行业的债务结构平均值、客户信用等级对应的同业占比与客户风险系数等参数对企业的最高承债能力进行量化测算，得出客户的最高综合风险限额参考值。随后，又对风险限额测算模型进行了进一步的修正，主要是根据客户基期资产负债率所处的不同区间采用不同的取值方法计算对客户的资产负债率的控制线，提高了测算模型的适应性。有效净资产法模型最大的特点就是改变了以往对资产负债率的控制线直接取值的做法，而是结合对客户财务与非财务状况的全面考量，在客户基期资产负债率的基础上计算出银行可接受的资产负债率，其中核心财务指标的取值源自与行业标准值的比较，非财务状况涉及信贷政策、资源情况、市场竞争、经营管理、关联风险等各项因素，这就使得风险限额测算过程与授信风险的识别紧密结合起来，增加了风险限额测算模型的逻辑性。

4. 有效净资产结合现金流并行法。针对贸易融资类客户资产规模小、销售规模大和贸易融资业务流转快、用途确定的双重特点，为了使风险限额测算模型更加符合贸易融资类客户的特点，在保留原综合类客户有效净资产法测算模型的基础上，分别根据现金流偿债和净资产偿债理念开发出了专门针对专业外贸企业和工贸一体企业的风险限额测算模型，尤其是外贸企业的风险限额测算模型是基于客户近三年实现的扣除应收账款的销售收入，根据客户的经营负债率（即负债/销售）来计算客户的合理负债规模的模型。模型准确把握了不同类型贸易融资客户的生产经营特点和资金运行规律，更加契合贸易融资客户的融资需求，提高了模型的合理性和适用性。

5. 违约概率（PD）模型法。随着《巴塞尔协议Ⅲ》的逐步实施，商业银行将根据内部评级法工程的研究成果，运用违约概率模型来确定客户的信用等级，在此基础上结合有效净资产法来确定客户的风险限额。限额的设定将充分运用客户评级和债项评级的风险量化结果。客户层面限额基于客户评级结果进行设定，而行业和区域等组合层面的限额基于风险加权权重系数与风险敞口进行计算，而风险加权资产占用基于客户评级、债项评级二者的结果进行计算。限额设定时以量化公式为主，并通过定性分析予以调整，将量化手段和银行信贷专家的经验进行充分结合。同时，根据客户历史违约情况、内外部经济环境变化等，结合相关数据测试和验证的结果，适时对限额的各项参数值进行优化调整，并在信贷管理系统中进行相应更新。

（二）集团客户限额测算

虽然集团客户与单一客户风险限额管理有相似之处，但从整体思路上还是存在着较大的差异，集团客户风险限额管理一般分"三步走"：

第一步，根据总行关于行业的总体指导方针和集团客户与授信行的密切关系，初步确定对该集团整体的授信限额；

第二步，根据单一客户的授信限额，初步测算关联企业各成员单位（含集团公司本部）最高授信限额的参考值；

第三步，分析各授信单位的具体情况，调整各成员单位的授信限额。同时，使每个成员单位的授信限额之和控制在集团公司整体的授信限额以内，并最终核定各成员单位的授信限额。

由于集团客户内部的关联关系比较复杂，因此在对其进行授信限额管理时应重点做到以下几点：统一识别标准，实施总量控制；掌握充分信息，避免过度授信；主办机构牵头，协调授信业务，一般由集团公司总部所在地的金融机构或集团公司核心企业所在地的金融机构作为牵头机构或主办机构，建立集团客户小组，全面负责对集团有关信息的收集、分析、授信协调以及跟踪监督工作。

四、组合限额

组合限额是信贷资产组合层面的限额，是组合信用风险控制的重要手段之一。组合限额可分为指令性限额和指导性限额两类，指令性限额实行额度管控，相关业务要在限额控制目标内，原则上不突破限额。指导性限额实行额度引导，由总部对限额使用情况进行监测评价，经营机构依据限额提示加以调整。通过设定组合限额，可以防止信用风险过度集中在组合层面的某些方面，从而有效控制组合信用风险。

（一）区域风险限额

区域风险限额是用来对某一区域的信用风险暴露进行管理的额度框架。区域国家风险暴露包含一个区域的信用风险暴露、跨区域转移风险以及高压力风险事件情景。区域信用风险暴露是指在某区域设有固定居所的交易对手的信用风险暴露以及该交易对手区域外子公司的信用风险暴露。跨区域转移风险产生于金融机构的跨区域授信业务活动。

中国幅员辽阔、各地经济发展水平差距较大，因此在一定时期内实施区域风险限额管理还是很有必要的。区域风险限额在一般情况下经常作为指导性的弹性限额，但当某一地区受某些（政策、法规、自然灾害、社会环境等）因素的影响，区域内经营环境恶化、区域内部经营管理水平下降、区域信贷资产质量恶化时，区域风险限额将被严格地、刚性地加以控制。

（二）行业风险限额

行业风险限额是用来对某一行业的信用风险暴露进行管理的额度框架。行业风险暴露包含一个行业的信用风险暴露、跨行业转移风险以及高压力风险事件情景。行业信用风险暴露是指在某行业内交易对手的信用风险暴露以及该交易对手其他行业的信用风险暴露。跨行业转移风险产生于金融机构的跨行业授信业务活动。

许多金融机构通常将每个行业的敞口限制在一个特定的百分比内，比如占总信贷组合的10％，从而避免将风险集中在经济体中的一个部门。图9-2显示了行业生命周期和行业风险如何影响金融机构的信贷组合。一般而言，由于第一阶段和第五阶段风险太高，大多数的金融机构都不会向此阶段的企业发放信贷。在阶段2～4中，金融机构要基于宏观与产业的研究而行动。

（三）产品风险限额

产品风险限额是用来对特定产品的信用风险暴露进行管理的额度框架。产品限额管理有利于金融机构在不同的产品上合理配置资本，实现风险分散化的目标。监管当局也会对主要产品的限额提出明确要求。

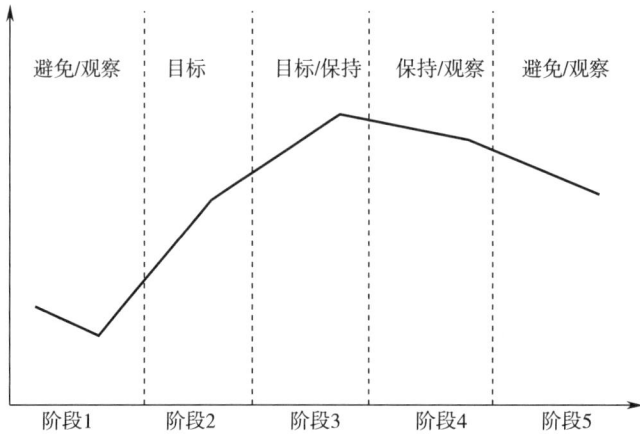

图 9 - 2 行业生命周期与商业银行风险态度

专栏 9 - 1

中国人民银行、中国银保监会发布
《关于建立银行业金融机构房地产贷款集中度管理制度的通知》

为落实党中央、国务院实施好房地产金融审慎管理制度的要求，推动金融供给侧结构性改革，促进房地产和金融市场平稳健康发展，中国人民银行、中国银保监会 2020 年 12 月 31 日联合发布《关于建立银行业金融机构房地产贷款集中度管理制度的通知》（以下简称《通知》），建立了银行业金融机构房地产贷款集中度管理制度。

《通知》明确了房地产贷款集中度管理制度的机构覆盖范围、管理要求及调整机制，综合考虑银行业金融机构的资产规模、机构类型等因素，分档设置房地产贷款余额占比和个人住房贷款余额占比两个上限，对超过上限的机构设置过渡期，并建立区域差别化调节机制。

建立房地产贷款集中度管理制度，是健全我国宏观审慎管理制度和完善房地产金融管理长效机制的重要举措，有助于提高金融体系韧性和稳健性，有助于银行业金融机构优化信贷结构，有助于房地产市场的平稳健康发展，有助于推动金融、房地产同实体经济均衡发展。

资料来源：中国人民银行网站。

第二节   风险缓释工具

自《巴塞尔协议Ⅱ》之后，迄今为止在内部评级法下认可的风险缓释工具包括合格抵质押品、合格净额结算、合格保证和信用衍生工具等方式。信用风险缓释功能体现为违约概率、违约损失率或违约风险暴露的下降。

一、合格抵质押品

抵押是指借款人或第三人在不转移财产占有权的情况下，将财产作为债务的担保。质押是指借款人或者第三人将其动产或权利移交金融机构占有，将该动产或权利作为债券的担保。抵质押品即用于缓释信用风险的财产或权利。当借款人不履行债务时，金融机构有权将抵质押品出售来收回贷款，或者以拍卖、变卖该动产或权利的价款优先受偿。金融机构开展授信业务，常用的抵质押品有金融质押品、应收账款、商用房地产和居住用房地产以及其他抵质押品。

各家金融机构要求借款人为债务提供押品的政策都有相关规定，根据我国相关政策，合格抵质押品应符合以下基本条件：

（1）抵质押品应是《中华人民共和国民法典》等法律法规规定可以接受的财产或权利；

（2）权属清晰，且抵质押品设定具有相应的法律文件；

（3）满足抵质押品可执行的必要条件，须经国家有关主管部门批准或者办理登记的，应按规定办理相应手续；

（4）存在有效处置抵质押品且流动性强的市场，并且可以得到合理的抵质押品的市场价格；

（5）在债务人违约、无力偿还、破产或发生其他借款合同约定的信用事件时，金融机构能够及时地对债务人的抵质押品进行清算或处置。

押品本身的价值容易波动，如金融担保容易受到担保人信用状况的影响，而房地产等非金融抵押品的价值也是经常上下波动的。因此，金融机构应遵循客观、审慎原则，依据评估准则及相关规程、规范，明确各类押品的估值方法，并保持连续性。原则上，对于有活跃交易市场、有明确交易价格的押品，应参考市场价格确定押品价值。采用其他方法估值时，评估价值不能超过当前合理市场价格。

此外，金融机构还应审慎确定各类押品的抵质押率上限，并根据经济周期、风险状况和市场环境及时调整。抵质押率是押品担保本金余额与押品估值的比率。

$$抵质押率 = 押品担保本金余额 \div 押品估值 \times 100\%$$

押品的变现主要有拍卖、折价和变卖三种方式。影响押品变现的因素主要有押品品质、押品损耗、押品专用性、变现原因以及变现时的经济状况和市场条件。此外，押品的保险情况、押品变现过程中所花费的时间和费用，以及金融机构处理同类押品的经验，都影响押品出售时能够实现的价值。由于存在各种影响押品变现的因素，金融机构押品实际获得的现金，扣除全部销售成本后，很可能会大大低于预期价值。

二、合格净额结算

净额结算（Netting）是指金融机构使用交易对象的债权（存款）对该交易的债务

（贷款）做扣减，即以结算参与人为单位，以借贷双方交易或余额的轧差净额进行交收的制度。利用合格净额结算，金融机构可以很好地降低信用风险。例如，一家银行与其交易对手之间有三笔互换交易合约，这三笔交易合约交易金额分别是 2 400 万元、－1 700 万元以及 800 万元。假如交易对手遇到财务困境对该行的债务发生违约，对该交易对手来说，三笔合约的金额分别是－2 400 万元、1 700 万元以及－800 万元。在没有净额结算条款的情况下，该交易对手只是对第一、第三笔交易合约发生违约，而对第二笔合约没有发生违约，因此银行的损失就是 3 200 万元（＝2 400 万元＋800 万元）；若与该交易对手之前有净额结算条款，交易对手对第一、第三笔合约违约，也意味着对第二笔合约违约，该交易对手给银行造成的损失就是 1 500 万元（＝2 400 万元＋800 万元－1 700 万元）。

根据我国相关政策，合格净额结算须满足以下要求。

（1）可执行性：具有法律上可执行的净额结算协议，无论交易对手是无力偿还还是破产，均可实施。

（2）法律确定性：在任何情况下，能确定同一交易对手在净额结算合同下的资产和负债。

（3）风险监控：在净头寸的基础上监测和控制相关风险暴露。

三、合格保证

保证是由保证人以自身财产提供的一种可选择的还款来源，并且只有当保证人有能力和意愿代替借款人偿还贷款时，债务保证才是可靠的。根据我国相关政策，采用初级内部评级法的金融机构，合格保证的范围包括：

（1）风险权重低于交易对手的主权、金融机构、一般公司等实体；

（2）如果信用保护专门提供给资产证券化风险暴露，该实体当前外部信用评级在BBB－级（含）以上，且在提供信用保护时外部信用评级在 A－级（含）以上。

采用高级内部评级法的金融机构，可以按要求自行认定合格保证，但应有历史数据证明保证的风险缓释作用。同时，合格保证应满足如下最低要求。

（1）保证人资格应符合法律法规规定或国家政策要求，具备代为清偿贷款本息的能力。采用高级内部评级法的金融机构，对合格保证人的类别没有限制，应书面规定保证人类型的认定标准和流程。

（2）保证应为书面的，且保证数额在保证期限内有效。

（3）保证应为无条件不可撤销的。采用高级内部评级法且自行估计违约风险暴露的金融机构，若保证仅覆盖金融机构向债务人追偿并完成清收之后的剩余损失，也可视为具有信用风险缓释作用。

（4）金融机构应对保证人的资信状况和代偿能力等进行审批评估，确保保证的可靠性。保证人所在国或注册国不应设有外汇管制；如果有外汇管制，金融机构应确保保证人履行债务时，可以获得资金汇出汇入的批准。

（5）金融机构应加强对保证人的档案信息管理，在保证合同有效期间，应定期对保证人的资信状况和偿债能力及保证合同的履行情况进行检查，每年不少于一次。

（6）金融机构对关联公司或集团内部的互保及交叉保证应从严掌握，具有实质风险相关性的保证不应作为合格的信用风险缓释工具。

（7）采用信用风险缓释工具后的风险权重不小于对保证人直接风险暴露的风险权重。

第三节　资产交易

一、银团贷款与联合授信

银团贷款是指由两家或两家以上银行基于相同贷款条件，依据同一贷款合同，按约定时间和比例，通过代理行向借款人提供的本外币贷款或授信业务。银团贷款合同由银团成员与借款人、担保人根据有关法律法规，经过协商后共同签订，主要约定银团成员与借款人、担保人之间的权利义务关系。在银团贷款中，银行与借款企业之间的法律关系明确，贷款金额、期限、利率、用途、支付方式、还款方式及资金来源、贷款担保组合等均在银团贷款合同中确定，具有法律效力，约束力强。

联合授信是指拟对或已对同一企业（含企业集团，下同）提供债务融资的多家银行业金融机构，通过建立信息共享机制，改进银企合作模式，提升银行业金融服务质效和信用风险防控水平的运作机制。2018年5月中国银保监会发布了《银行业金融机构联合授信管理办法（试行）》，该办法对联合授信管理架构、联合授信风险防控、联合风险预警处置、联合惩戒及监督管理等一系列问题进行了规范。

该办法要求对在3家以上银行业金融机构有融资余额，且融资余额合计在50亿元以上的企业，银行业金融机构应建立联合授信机制。成员银行业金融机构组建联合授信委员会，联合授信委员会具有共同收集汇总、交叉验证企业经营和财务信息，识别隐性关联企业和实际控制人，确定企业的融资额度，采取风险控制处置措施，与企业进行协商并签订相关协议等职能。

联合授信风险管理要开展信息共享，落实统一授信、穿透管理的要求，不得统一规定对企业的利率、期限、抵质押要求融资条件。在融资限额测算方面至少要考虑资产负债率、利润及其增长率、经营现金流、企业所属行业、所在区域、还款历史、经营年限等基本指标。

当企业融资总额达到授信额度的90%，或者企业出现较大数额不良资产、债券违约或者其他重大风险事件，或者企业发生偿付困难等经营管理环境发生重大变化时，进入风险预警状态。针对预警要研究应对方案和管控措施。一旦融资企业可能发生偿债风险，联合授信委员会可以与银行业债权人委员会对接，并按照有关法律规定和银保监会相关监管政策规定运作债委会，研究债务重组、资产保全工作。

银团贷款和联合授信均是规范授信行为，降低授信集中度，防控授信风险的工具。

银团贷款是银行业金融机构的主动行为，其他机构是否要加入银团，监管部门没有强制要求。联合授信机制则不然，一旦对一家企业建立了联合授信机制，成立了联合授信委员会，其他银行业金融机构对该企业授信的前提是加入联合授信委员会。

二、信贷资产转让

信贷资产转让，是指获准经营贷款业务的金融机构，根据协议约定向金融机构转让在其经营范围内的、自主合规发放、尚未到期的信贷资产的融资业务。根据我国相关政策，金融机构开展信贷资产转让应当遵守以下原则：

（1）真实性原则，禁止资产的非真实转移。不得安排任何显性或隐性的回购条款。

（2）整体性原则，即转让的信贷资产应当包括全部未偿还本金及应收利息，不得进行分割。

（3）洁净转让原则，即实现资产的真实、完全转让，风险的真实、完全转移。信贷资产转入方应当与信贷资产的借款方重新签订协议，确认变更后的债权债务关系。

信贷资产转出方将信用风险、市场风险和流动性风险等完全转移给转入方后，应当在资产负债表内终止确认该项信贷资产，转入方应当在表内确认该项信贷资产，作为自有资产进行管理，转出方和转入方的资本充足率、拨备覆盖率、大额集中度、存贷比、风险资产等监管指标的计算应当作出相应调整。

此外，信贷资产收益权也可以转让，信贷资产收益权是指获取信贷资产所对应的本金、利息和其他约定款项的权利。根据我国相关政策，出让方金融机构在信贷资产收益权转让后按照原信贷资产全额计提资本。

三、资产证券化

根据著名金融学家 Fabozzi 给出的定义，资产证券化可以理解为"一个过程，这个过程将具有共同性的贷款、消费者分期付款合同、租约、应收账款和其他不流动的资产包装成可以市场化的、具有投资特征的带息证券"。在资产证券化中，发起人将资产出售给特殊目的机构（Special Purpose Vehicle，SPV），并转化成以资产产生的现金流为担保的证券，通过证券的发售而实现资产的流动变现。金融机构利用资产证券化，在将资产转移出去达到融资目的的同时，也转移了资产的信用风险。可以被转化成证券的资产往往是银行已经发放的长期贷款，特别是汽车贷款、个人房产按揭贷款、信用卡贷款、学生贷款以及金融租赁资产等。

资产证券化的基本运作流程包括以下几个步骤。

1. 确定基础资产并组建资产池。

2. 设立特别目的载体。专门为资产证券化设立一个特殊法律主体 SPV，将其作为结构性重组的核心主体。

3. 资产转移。基础资产由发起人转移给 SPV 是结构性重组中非常重要的环节。为了实现基础资产与发起人之间的破产隔离，这种转移必须是真实出售，即在发起人破产时，发起人的债权人对已转移的基础资产没有追索权。

4. 信用增级。信用增级可以使证券在信用质量、偿付的时间性与确定性等方面能更好地满足投资者的需要，同时满足发行人在会计、监管和融资目标方面的需求。

5. 信用评级。在资产证券化交易中，信用评级机构通常需要进行两次评级：初评和发行评级。信用等级越高，表明证券的风险越低，从而发行证券的成本越低。

6. 发售证券。SPV 将经过信用评级的资产支持证券交给证券承销商去承销，可以采取公开发售或私募的方式。购买证券的投资者主要为机构投资者。证券发行完毕后，可以在证券交易所挂牌交易，也可在场外交易。

7. 支付对价。SPV 从证券承销商那里获得发行现金收入，然后按事先约定的价格向发起人支付购买基础资产的价款，此时要优先向其聘请的各专业机构支付相关费用。

8. 管理资产池。SPV 要聘请专门的服务商对资产池进行管理。发起人可以自己担任服务商，也可以聘请独立于发起人的第三方。

9. 清偿证券。按照证券发行时说明书的约定，在证券偿付日，SPV 将委托受托人按时、足额地向投资者偿付本息。

以上步骤为资产证券化的一般流程，实践中的运作流程可能会因社会经济环境的不同而有所不同。资产证券化流程如图 9－3 所示。

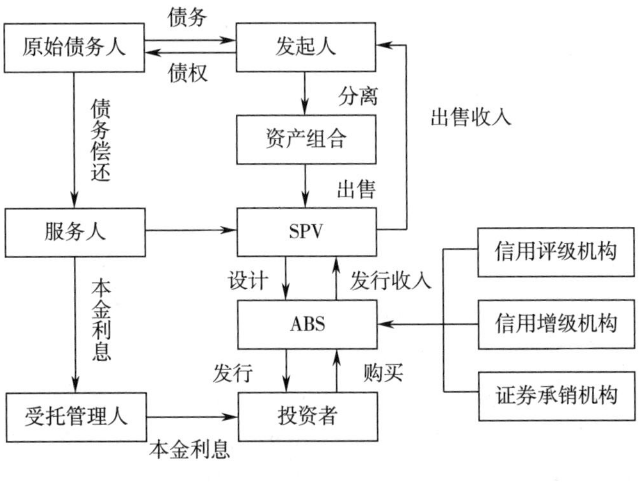

图 9－3　资产证券化流程

专栏 9－2

国家开发银行资产证券化

经人民银行和银监会批准，2012 年 9 月 7 日，国家开发银行通过中信信托，以簿记建档、集中配售的方式，向全国银行间债券市场成员发行规模为 101.6644 亿元的"2012 年第一期开元信贷资产支持证券"。

本期信贷资产支持证券由国家开发银行作为发起机构，以部分信贷资产作为信托财产委托给中信信托，由后者设立一个专项信托，购买资产池。

募集说明书显示，本期证券的资产池涉及43名借款人向国家开发银行借用的49笔贷款，均为浮动计息、按季度付息；参照国家开发银行内部制定的信贷资产质量5级分类标准，均为正常类贷款。截至2012年8月1日，全部未偿债权本金总额为101.6644亿元，资产池加权平均信用等级为AA。本期证券法定到期日为2018年1月12日。

按照偿付次序的先后，本期资产支持证券分为优先A档资产支持证券，金额80.68亿元，包括优先A－1档13.3亿元、优先A－2档15.5亿元、优先A－3档22.8亿元，以及优先A－4档29.08亿元；优先B档资产支持证券，金额12亿元；次级档资产支持证券，金额8.9844亿元。

通过这种分类，这只资产支持证券实现了内部信用提升。中诚信国际信用评级有限责任公司分别授予优先A档、优先B档资产支持证券的预定评级为AAA、AA，次级档无评级。按照通知要求，重启后的信贷资产证券化将采用双评级，另一家评级机构为中债资信评估有限公司。

优先级各档资产支持证券将在全国银行间债券市场公开发行，次级档由受托机构定向发行；优先级各档资产支持证券的票面利率为固定利率，按照簿记建档结果确定，次级档证券无票面利率。

国家开发银行将持有本期资产支持证券发行规模5%的次级档证券，自主承担大部分信用风险。

四、不良资产处置

此处所指的不良资产，实质为不良债权，其中最主要是不良贷款。不良资产处置手段包括清收处置、不良资产重组、不良资产核销、不良资产转让、不良资产证券化等。

清收处置是指不良资产本息以货币资金净收回，包括不良资产的清收、盘活、保全和以资抵债等。按照是否采用法律手段，清收可以分为常规催收、依法收贷等。按照对于债务人资产等处置的方式，处置可分为处置抵（质）押物、以物抵值及损价等资产处置、破产清算等。

不良资产重组是当债务人因种种原因无法按原有合同履约时，金融机构为降低客户违约风险引致的损失，而对原信贷资产（期限、金额、利率、费用、担保等）进行调整、重新安排、重新组织的过程。债转股是近年来鼓励的一种重组手段。

不良资产核销是指对无法回收的、认定为损失的不良资产进行减值准备核销。

不良资产转让是对不良资产进行打包，通过协议转让、招标、拍卖等形式，将不良资产及全部相关权利义务转让给资产管理公司的行为。

不良资产证券化属于信贷资产证券化的一种，主要是银行业金融机构为发起机构，将不良信贷资产信托给受托机构，由受托机构以资产支持证券的形式向投资机构发行收益证券，以该财产产生的现金支付资产支持证券收益的结构性融资活动，包括不良贷款（NPL）、准履约贷款（SPL）、重组贷款、不良债券和抵债资产的证券化。

专栏 9-3

不良资产处置案例

发行人及债券基本情况：E 公司于 2009 年 11 月在交易所上市，实际控制人为 M。公司原主营业务为高档餐饮业，是国内第一家在 A 股上市的民营餐饮企业，后经多次转型，主营业务涉及餐饮服务与管理、环保科技、网络新媒体及大数据处理。

2012 年 4 月，公司发行了 4.8 亿元存续期为 5 年、附第 3 年（2015 年 4 月）未发行人上调票面利率选择权及投资者回售选择权的公司债，发行利率为 6.78%，每年的 4 月 × 日为债券付息日。

风险暴露过程：公司 2013 年全年亏损 5.64 亿元，2014 年上半年亏损 659 万元，经营风险增大，业务转型困难，并存在业绩真实性等质疑。

2014 年 10 月，P 资信公司披露对"12E 债"的不定期跟踪评级报告，将其主体及债项评级均由 A 下调至 BBB，触发交易所风险警示条件。交易所于 10 月 × 日对债券进行停牌处理，并于复牌后实行风险警示处理，债券更名为 STE 债。

2015 年 4 月，因公司无法按时、足额筹集资金用于偿付 12E 债本期债券应付利息及回售款项，构成对本期债券的实质违约。

因公司 2013 年、2014 年净利润分别为 -5.6 亿元、-6.8 亿元，连续两年亏损，STE 债于 2015 年 6 月暂停上市。

违约风险事件处置情况：12E 债违约处置难度大。从经营角度看，一是传统餐饮业务业绩继续亏损，且公司转型的新业务发展停滞；二是公司前期形成的大额应收及预付款项约 1.5 亿元无法收回；三是因涉及房屋合同纠纷等情况，公司 7 个银行账号被冻结，日常经营无法正常进行。从重组角度看，一是公司市值约为 60 亿元，估值较高，增加了借壳重组的难度；二是公司被证监会立案调查未有明确结论，重组存在障碍。

鉴于上述原因，公司于 2015 年 6 月启动债务重组有关事项。因涉及相关利益方较多，涉及相关法律法规复杂，公司需同相关各方多次沟通协调。通过 2015 年下半年公司重大资产出售和债务重组，公司完成 12E 债债券兑付资金的筹集工作，2016 年 3 月 × 日，偿债资金划入证券登记结算机构的指定银行账户，证券登记结算机构于 2016 年 3 月 × 日完成派发工作。其中，本金为 2.92 亿元，利息为 353 万元，违约金为 1 722.95 万元，合计 3.13 亿元。至此，12E 债违约事件处置完毕。

资料来源：深交所投教中心. 投资者入市手册（债券篇）. 2020.

第四节　信用衍生工具与保险

一、信用衍生工具

信用衍生工具（Credit Derivatives）是一种用来从基础资产上分离和转移信用风险的金融合约，其最大特点是能将信用风险分离出来并提供风险缓释和转移的机制。在信用衍生工具出现之前，信用风险和市场风险往往结合在一起，信用衍生工具使得信用风险管理具有了专门的金融工具，可以在两个交易对手（出售风险的受益人和购买风险的担保人）之间转移信用风险，而不必出售给定的头寸，提高了金融机构管理信用风险的能力。信用衍生品的种类也很多，基本产品包括信用违约互换、总收益互换、信用联结票据和信用价差期权，在此基础上，又可以产生许多变异形式。能缓释信用风险的信用衍生工具需满足以下要求。

1. 法律确定性。信用衍生工具提供的信用保护必须是信用保护提供方的直接负债；如果信用衍生工具的结算要求信用保护购买者将基础债项转移给信用保护提供方，基础债项的合同条款应明确这类转移在什么情况下可以被拒绝；对于确定信用事件是否发生的主体身份应明确定义。信用保护购买者必须有权利和能力通知信用保护提供方信用事件的发生。

2. 可执行性。除非由于信用保护购买方的原因，否则合同规定的支付义务不可撤销；在违约所规定的宽限期之前，基础债项不能支付并不导致信用衍生工具终止；信用衍生工具基础债项与用于确定信用事件的参照债项之间的错配在以下条件下是可接受的：参照债项在级别上与基础债项相似或比其等级更低，同时参照债项与基础债项的债务人相同，而且出现交叉违约或债务加速到期情况时，在法律上是可执行的。

3. 评估。允许现金结算的信用衍生工具，应具备严格的评估程序，以便可靠地估计损失。评估程序应明确信用事件发生后得到基础债项价值需要的时间。

4. 信用事件的规定。未按约定在基础债项的最终支付日足额履行支付义务，且在适用的宽限期届满后仍未纠正；债务人破产、资不抵债或无力偿还债务，或书面承认无力支付到期债务以及其他类似事件；因本金、利息、费用的下调或推迟支付等对基础债项的重组而导致的信用损失事件。

二、场外信用衍生工具

（一）发展历程

2010年，中国银行间市场交易商协会首次发布《银行间市场信用风险缓释工具试点业务指引》，推出了信用风险缓释合约（Credit Risk Mitigation Agreement，CRMA）和信用风险缓释凭证（Credit Risk Mitigation Warrant，CRMW）两款信用风险缓释工具，两款工具均于 2010 年 11 月上线交易，但在当时市场的环境下，信用风险缓释工具发展较为缓慢。

随着 2014 年出现首单公募债违约，债券市场违约主体的范围有所扩大，用于管理信用风险的衍生工具需求逐步凸显，2016 年 9 月 23 日，中国银行间市场交易商协会发布修订后的《银行间市场信用风险缓释工具试点业务规则》，以及信用风险缓释合约、信用风险缓释凭证、信用违约互换、信用联结票据等四份产品指引，并于同年 12 月发布了《中国场外信用衍生产品交易基本术语与适用规则（2016 年版）》，随后又于 2022 年 9 月 2 日发布了《中国场外信用衍生品交易基本术语与适用规则（2022 年版）》。

（二）工具种类

1. 信用风险缓释凭证（CRMW）

针对单一债务，CRMW 是指由标的实体以外的机构创设，为凭证持有人就标的债务提供信用风险保护，可交易流通的有价凭证。购买 CRMW 的投资人需向创设机构支付信用保护费。如果 CRMW 标的债券发生支付违约等信用事件，创设机构需向投资人赔付损失或原价买入相关债券。创设机构可公开或定向创设 CRMW，并在二级市场交易流通。它属于一种凭证类信用风险缓释工具。其运作架构如图 9 – 4 所示。

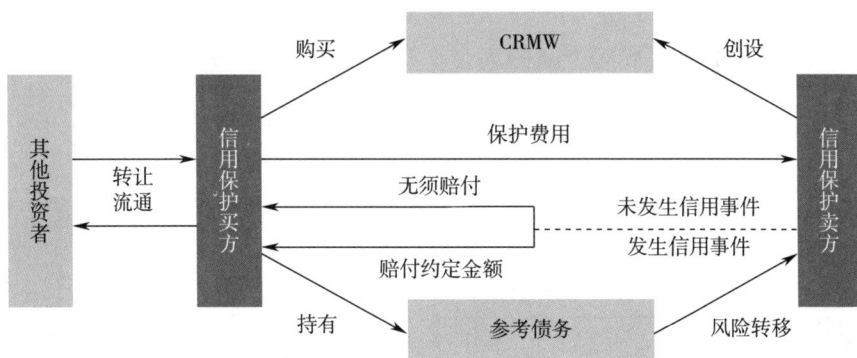

图 9 – 4　CRMW 运作架构

2. 信用风险缓释合约（CRMA）

针对单一债务，CRMA 是指交易双方达成的约定在未来一定期限内，信用保护买方按照约定的标准和方式向信用保护卖方支付信用保护费用，由信用保护卖方就约定的标的债务向信用保护买方提供信用风险保护的金融合约。它属于一种合约类信用风险缓释工具。信用保护买方是指接受信用风险保护的一方。信用保护卖方是指提供信用风险保护的一方。其运作架构如图 9 – 5 所示。

CRMA 和 CRMW 的主要区别是一个是合约制，一个是凭证化的产品。CRMA 是合约制，即买卖双方一对一；CRMW 则是凭证化产品，即卖方可向多个买方出售。

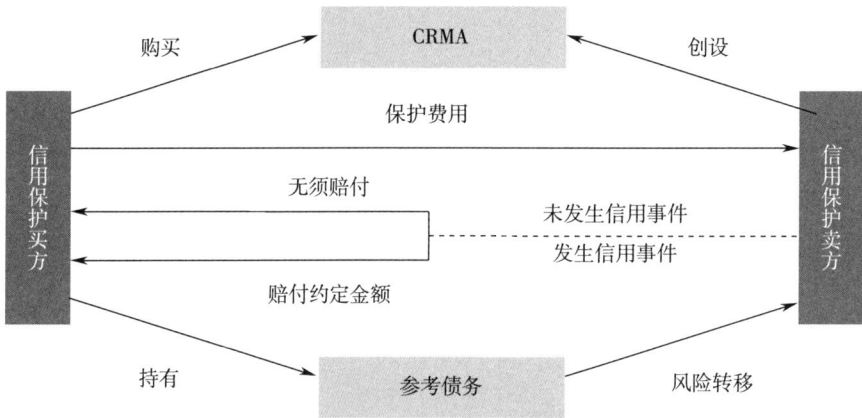

图 9 - 5　CRMA 运作架构

（资料来源：中国银行间市场交易商协会网站、光大证券研究所）

3. 信用违约互换（CDS）

针对一个或多个参考实体，CDS 是指交易双方达成的约定在未来一定期限内，信用保护买方按照约定的标准和方式向信用保护卖方支付信用保护费用，由信用保护卖方就约定的参考实体向信用保护买方提供信用风险保护的金融合约。它属于一种合约类信用风险缓释工具。CDS 分为单名 CDS 和 CDS 指数。CDS 指数是根据一篮子参考实体相关信息编制的单名 CDS 等产品的集合。其运作架构如图 9 - 6 所示。

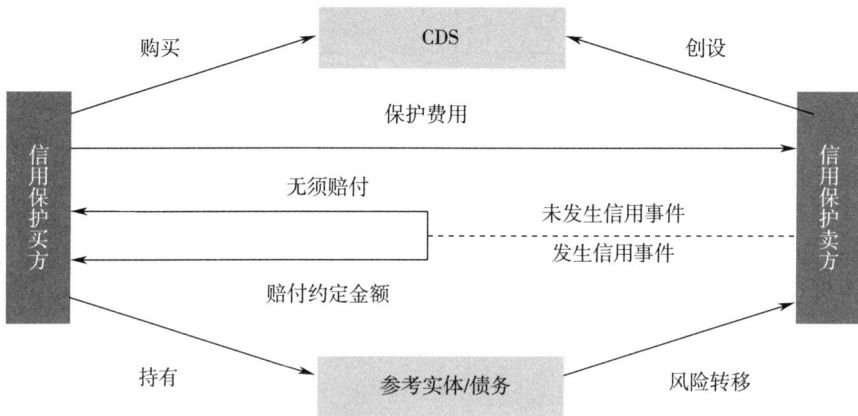

图 9 - 6　CDS 运作架构

CRMA 或 CRMW 与 CDS 的区别在于，CRMA 或 CRMW 是为所投资的某一债务购买保险，CDS 是为某参考主体的债务违约兑付购买保险，两者的区别是前者参考的是单一债务，后者参考的是一个或多个参考实体。

4. 信用联结票据（CLN）

针对一个或多个参考实体，CLN 是指由创设机构向投资人创设，投资人的投资回报与参考实体信用状况挂钩的附有现金担保的信用衍生产品。创设机构可公开或定向创设，并在二级市场交易流通。它属于一种凭证类信用风险缓释工具。CLN是普通的固定收益证券与CDS相结合的信用衍生产品。信用联结票据的购买者提供信用保护。一旦CLN的目标资产出现违约问题，CLN的购买者就要承担违约所造成的损失。通俗意义来讲，就是票据创设机构以参考实体的信用为基础发行票据进行融资。

票据创设机构可直接或通过特定目的实体创设信用联结票据（即带SPV的信用联结票据）。CLN运作架构如图9-7所示。

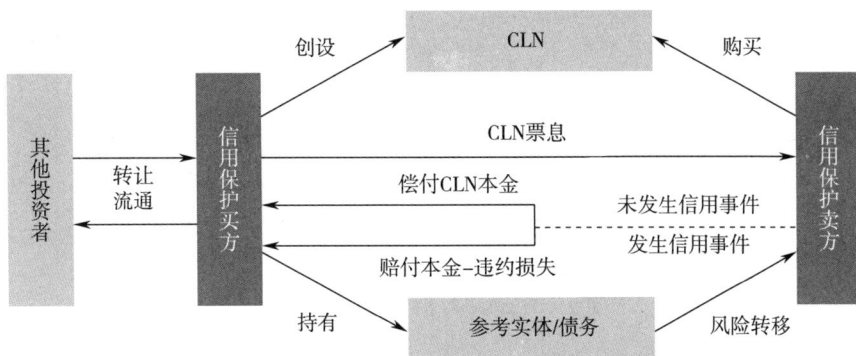

图9-7 CLN运作架构

三、场内信用衍生工具

（一）发展历程

2018年11月2日，上交所和深交所开始试点信用保护工具业务，推出首批信用保护合约。2018年12月27日，《中国证券期货市场衍生品交易主协议（信用保护合约专用版）》发布。2019年1月18日，经过中国证监会的批准，沪深两个交易所和中国证券登记结算有限责任公司分别联合发布了《上海证券交易所 中国证券登记结算有限责任公司信用保护工具业务管理试点办法》、《深圳证券交易所 中国证券登记结算有限责任公司信用保护工具业务管理试点办法》。同时，上交所还发布了《上海证券交易所信用保护工具交易业务指引》和《上海证券交易所信用保护工具交易业务指南》，构建了多层次、详细的业务规则体系。4月4日深交所也发布了《深圳证券交易所信用保护工具业务指引》和《深圳证券交易所信用保护工具业务指南第1号——信用保护合约》。随后，上交所（2019年12月）和深交所（2020年10月）相继发布了《关于开展信用保护凭证业务试点的通知》，2019年12月首批信用保护凭证落地。2022年上交所和深交所分别修订了《信用保护工具交易业务指引》，进一步开展组合型信用保护合约（CDX）业务试点。

（二）工具种类

信用保护工具，是指信用保护卖方和信用保护买方（以下合称交易双方）达成的，约定在未来一定期限内，信用保护买方（以下简称买方）按照约定的标准和方式向信用保护卖方（以下简称卖方）支付信用保护费用，由卖方就约定的一个或多个参考实体或其符合特定债务种类和债务特征的一个或多个、一类或多类债务向买方提供信用风险保护的金融工具。其运作架构如图9－8所示。

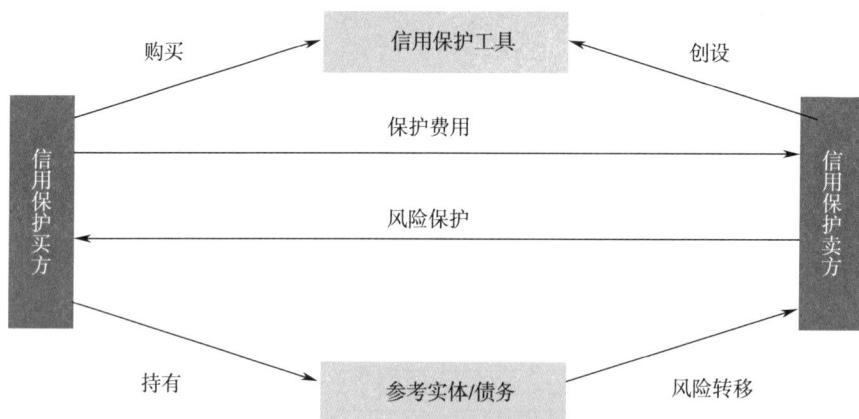

图9－8 信用保护工具运作架构

信用保护工具主要包括信用保护合约（以下简称合约）和信用保护凭证（以下简称凭证）。

合约由交易双方签署的《中国证券期货市场衍生品交易主协议（信用保护合约专用版）》（以下简称主协议）、补充协议（如有）以及通过交易所交易系统生成的交易确认书等一系列合同文本组成。合约项下的相关权利义务由交易双方各自享有和承担，不可转让。

凭证由凭证创设机构（以下简称创设机构）创设，就一个或多个参考实体或其符合特定债务种类和债务特征的一个或多个、一类或多类债务向凭证持有人提供信用保护，并可以通过交易系统转让。

专栏9－4
TCL科技成功发行全国首批创设信用保护工具的公募短期公司债券

2020年6月4日，TCL科技发布公告，2020年面向专业投资者公开发行的短期公司债券（第一期）成功发行，总计发行规模10亿元，债券期限180天，票面利率为2.50%，全场倍数为1.49。本期债券同时创设了5亿元的信用保护合约，是深交所试点AAA级企业创设信用保护工具的首笔业务，也是全国首批创设信用保护工具的公募短期融资券，是我国金融市场快速发展下的新探索，也进一步丰富和完善了企业融资选择，管控企业运营的资金成本。

公开资料显示，本期债券是在中国证监会和深交所的支持下，由国泰君安证券牵头、中信证券联主，并由国泰君安证券、中国证券金融股份有限公司创设信用保护合约。此单创设信用保护工具业务的公募短期公司债券的成功落地，填补了交易所公开发行短期产品的空白。

对于 TCL 科技来说，信用保护工具业务的推出有效拓宽了企业融资渠道，降低了企业融资成本。"公募短期公司债券发行 + 信用保护工具"的组合是 TCL 科技的一次创新探索与有益实践，也是创新融资方式的又一重要举措。TCL 金融经过多年产融结合经验，对融资方式的创新和积极摸索，已形成了多元化的融资渠道，持续、有效地保障了 TCL 科技资金配置需求以及战略发展需要。

资料来源：凤凰新闻：https：//ishare.ifeng.com/c/s/7x7GzHpzZpH，2020 - 06 - 07.

四、保险

金融机构可以通过向保险公司投保来补偿信用风险，此类以履约信用风险为保险标的的保险具体有信用保险和保证保险两种。信用保险的信用风险主体为履约义务人，投保人、被保险人为权利人。保证保险的投保人为履约义务人，被保险人为权利人。2020 年 5 月，中国银保监会发布了《信用保险和保证保险业务监管办法》，对信用保险和保证保险的经营规则、内控管理进行了规范。

保险公司经营融资性信保业务的，应当符合以下要求：一是最近两个季度末核心偿付能力充足率不低于 75%，且综合偿付能力充足率不低于 150%。二是总公司成立专门负责信保业务的管理部门，并建立完善的组织架构和专业的人才队伍。三是建立覆盖保前风险审核、保后监测管理的业务操作系统；具备对履约义务人独立审核的风险管控系统，且需接入中国人民银行征信系统。通过互联网承保个人融资性信保业务，由总公司集中核保、集中管控，且与具有合法放贷资质的金融机构的业务系统进行数据对接。四是具有健全的融资性信保业务管理制度和操作规程。五是银保监会规定的其他要求。

保险公司不得承保以下信保业务：一是非公开发行的债券业务、公开发行的主体信用评级或债项评级在 AA + 以下的债券业务（专营性保险公司除外）；二是底层履约义务人已发生变更的债权转让业务；三是非银行机构发起的资产证券化业务；四是金融衍生产品的业务；五是保险公司的控股股东、实际控制人、子公司以及其他关联方的资金融入业务；六是银保监会禁止承保的其他业务。

专栏 9 - 5

融资性信用保证保险须练内功

银保监会发布 2021 年 9 月保险业经营情况。数据显示，2021 年前三季度保证保险原保费收入 389 亿元，同比下降 29.87%。《中国银行保险报》统计发现，这一项指标自 2021 年 1 月起连续下滑。融资性信用保证保险业务的下一步，路在何方？

　　做好风险识别、风险评估与风险应对，练好内功、规范发展是核心。一方面，信用保证保险的作用是值得肯定的，凭借增信助贷的特质，信用保证保险在帮助小微企业获得融资解决资金缺口方面发挥着不可替代的作用。另一方面，行业如果想要做好信用保证保险，苦练内功、做好风控、平衡收益更是必不可少。

　　对于融资性信用保证保险而言，客户筛选、风险评估、授信、签约、放款、支付、用途跟踪、代偿回收等的全流程都涉及风险管理，建立数字化和趋向智能化的风控系统将是融资信保业务稳健发展的核心要务。

　　资料来源：房文彬. 融资性信用保证保险如何更好修炼内功？［N］. 中国银行保险报，2021 - 11 - 09（004）.

【本章要点】

　　1. 风险限额是对按照一定方法所计量的风险指标设定的限制性额度，它代表了金融机构特定风险偏好下在某项业务、某类客户、某个组合维度等所能容忍的最大风险。限额管理是指金融机构为控制风险总量与结构而设定限额指标、制定限额并对限额使用情况进行监测和控制的过程。金融机构信用风险限额指标体系可按照核定层次分为客户层面和组合层面两类。

　　2. 信用风险缓释是指金融机构运用合格的抵质押品、合格净额结算、合格保证等方式转移或降低信用风险。信用风险缓释主要针对那些风险与收益匹配的中等风险客户，直接影响信用风险参数。

　　3. 金融机构常用的资产交易手段有银团贷款与联合授信、信贷资产转让、资产证券化和不良资产处置。

　　4. 信用衍生工具是用来从基础资产上分离和转移信用风险的各种工具和技术的统称。目前国内场外信用衍生工具有信用风险缓释合约、信用风险缓释凭证、信用违约互换和信用联结票据，场内信用衍生工具包括信用保护合约和信用保护凭证。金融机构还可以通过向保险公司投保来补偿信用风险，此类以履约信用风险为保险标的的保险具体有信用保险和保证保险两种。

【重要概念】

风险限额　限额管理　限额设定　限额监测　限额控制　客户限额
资产负债率控制法　现金流结合净资产混合法　有效净资产法　违约概率法
组合限额　银团贷款　联合授信　信贷资产转让　资产证券化　信用衍生工具
合格抵质押品　合格净额结算　合格保证

【课后习题】

1. 试述限额管理的定义、步骤与作用。

2. 试述金融机构确定单一客户信用风险限额的方法。

3. 什么是组合限额，有哪些组合限额？

4. 试述资产交易的方法。

5. 访问中国银行业协会和交易所网站，了解信用衍生工具的发展。

6. 试比较合格抵质押品、合格净额结算与合格保证三种方法。

7. 阅读上市金融机构年报，了解金融机构如何控制信用风险。

【进阶阅读】

1. 刘元庆. 信贷的逻辑与常识［M］. 北京：中信出版集团，2016.

2. 林亚臣. 零售金融风险管理概论［M］. 北京：中国金融出版社，2020.

3. Ciby Joseph. Advanced Credit Risk Analysis and Management. John Wiley & Sons，2013.

4. Sylvain Bouteillé，Diane Coogan – Pushner. The Handbook of Credit Risk Management. John Wiley & Sons，2013.

第十章

资产负债管理

【学习目标】

1. 掌握资产负债管理的概念、发展及主要内容；
2. 掌握利率风险的管理目标、策略及控制方法；
3. 掌握汇率风险的管理目标及控制方法；
4. 掌握流动性风险的管理目标、策略及控制方法。

【开篇导读】

中国银保监会发布《保险资产负债管理监管暂行办法》

为进一步完善保险资产负债管理监管制度体系，加强分类监管，强化资产负债管理监管硬约束，2019 年 7 月，银保监会发布了《保险资产负债管理监管暂行办法》（以下简称《暂行办法》）。

《暂行办法》共 5 章 37 条。主要内容如下：

第一章总则，主要规范制定目的、适用范围、资产负债管理的定义，明确相关职责，构建资负联动和上下联动的监管机制。第二章保险公司资产负债管理，主要从组织体系、控制流程、模型工具、绩效考核、管理报告以及期限结构匹配、成本收益匹配和现金流匹配等方面，对保险公司建立健全资产负债管理体系提出了相应要求，与能力评估规则和量化评估规则的具体内容相对应。第三章监管评估，主要规范资产负债管理监管评估的方式。第四章监管措施，明确依据资产负债管理能力和匹配状况对保险公司实施差别化监管，强化资产负债管理监管硬约束。第五章附则，主要规范保险集团、再保险公司和不经营保险业务的养老保险公司的资产负债管理监管政策以及生效日等。

《暂行办法》的发布和实施有利于推动保险公司提高资产负债管理能力，防范资产负债错配风险，有利于引导保险行业转型和稳健审慎资产配置，促进行业高质量发展。

第一节 资产负债管理概述

一、什么是资产负债管理

资产负债管理（Asset and Liability Management）主要是根据金融机构的风险偏好、战略定位、资本约束、经营策略和监管要求等，对自身资产负债进行统一计划、运作、监测和管控，以达到规模、结构、价格、风险的动态调整与平衡，实现金融机构流动性、安全性和盈利性的协调统一和整体价值最大化。虽然不同类型金融机构的资产负债管理所涉及的范围有所不同，但其本质都是金融机构的风险管理、收益管理和资本运营的工具，并在金融机构的经营活动中起着核心作用。

二、资产负债管理理论发展

资产负债管理理论发源于商业银行经营管理实践，经历了资产管理、负债管理到资产负债综合管理三个阶段的演进，并逐渐在各类金融机构中普遍应用。它与现代金融机构的外部经营环境和内在管理诉求相适应，成为普遍采用且行之有效的管理办法。

（一）资产管理理论

20世纪60年代以前，资金来源并不是金融机构关注的主要问题。一方面，金融市场不够发达导致居民和企业的投资机会较少，大部分资金以存款的形式沉淀在银行，银行资金来源相对充裕。另一方面，在利率市场化改革以前，银行存款创新受到严格管制，甚至连银行的经营范围、经营区域都受到管制，银行既无必要性，也无积极性开展主动负债管理。此时，金融机构的主要任务是管理好资金运用，实现资金收益最大化。因此，资产管理理论逐渐兴起，成为金融机构管理关注的重点。

在资产管理理论发展过程中，先后出现三种代表性理论，分别是商业贷款理论、资产转移理论、预期收入理论。商业贷款理论认为银行资金来源主要是客户存款，而客户存款特别是活期存款有较大的不确定性，所以资产业务要集中于短期、自偿性贷款（如票据等）。资产转移理论认为，银行流动性取决于资产变现能力，银行可以通过扩大可转换的资产来提升流动性管理能力，而贷款不一定局限于短期和自偿性投放范围。预期收入理论认为，银行资产流动性取决于借款人的预期收入，银行可以根据借款人的未来收入估算其还债计划，并据此安排其放款的期限结构，从而维持银行的流动性。

资产管理理论是随着金融市场和金融机构的不断发展而发展的，在金融机构经营管理过程中发挥了积极的作用。然而，资产管理理论侧重于研究解决金融机构经营管理中流动性和安全性的协调问题，对盈利性的研究关注不足，没有真正实现现代商业银行经营流动性、安全性和盈利性的协调统一。

（二）负债管理理论

20世纪60年代以后，经济中发生了通货膨胀，再加上利率自由波动，转而变成较高利率的状态，对金融机构资金来源造成很大冲击。同时，金融市场的发展为金融机构扩大资金来源提供了可能，大额可转让存单、货币市场存款账户等创新产品的出现，大大丰富了金融机构的资金来源。在此情况金融机构经营管理的重心由资产方转向负债方，从被动负债发展为主动负债，银行经营理念变得更加积极进取。

负债管理理论认为，金融机构应该根据资产增长目标，主动开拓新的负债来源，优化负债结构，通过主动积极的负债管理来支持资产增长，实现经营流动性和盈利性的平衡。在负债管理理论发展过程中，先后出现了存款理论、购买理论和销售理论等。存款理论重点关注金融机构的流动性和安全性，认为存款是银行最重要的资金来源，是资产业务的基础，要按照客户的意愿被动吸收客户存款，并根据存款安排贷款等资产业务，保持资产较高的流动性。购买理论是继存款理论之后出现的另一种负债理论，与存款理论不同，购买理论认为金融机构对负债不是消极被动的，而是可以通过主动负债、主动购买资金来获取流动性的。销售理论认为，金融机构是金融产品的制造企业，负债管理的中心任务就是迎合客户需求，推销金融产品，扩大金融机构的资金来源和收益水平。

金融机构运用负债管理策略降低了其流动性资产储备水平，扩大了收益性资产，提高了资产的盈利能力。它的出现标志着金融机构在资金管理上更富进取性，摆脱了被动负债的制约。然而，负债管理也给金融机构增加了风险，使金融机构过于依赖金融市场资金供求情况，放大了流动性风险。

（三）资产负债综合管理理论

伴随着利率市场化改革和金融脱媒，金融自由化程度不断提升，金融机构银行资产负债项目逐渐综合化、复杂化，金融机构之间的关联、金融机构与金融市场的关联更加密切。与此同时，外部金融市场的波动也明显加剧，金融机构面临的各种风险进一步增大。在宏观经济和金融市场日益复杂多变的情况下，金融机构必须全面把控信用风险、利率风险、汇率风险和流动性风险，处理好资产和负债之间相互联系、相互制约的关系，动态平衡资产负债规模、结构、价格、期限和风险等因素，做好资产负债综合管理。

资产负债综合管理主张通过动态调整资产和负债，实现流动性、安全性和盈利性协调统一的目标，具体可以细化为，在保持适宜的资本水平，满足流动性风险、利率风险、汇率风险和信用风险等全面风险管理要求的约束条件下，推动净利息收入平稳增长，提高非利息收入占比，最终实现资本回报最大化的目标。

一般来说，资产负债综合管理应当遵守以下原则：一是总量平衡，即金融机构资产与负债规模要实现动态平衡；二是结构均衡，要持续优化以保持均衡、合理的资产负债结构，包括资产负债的品种结构、利率结构和期限结构等，以实现资产负债的各项管理目标；三是目标协调，即平衡好流动性、安全性和盈利性三大基本目标之间的关系；四是资产分散，即金融机构资产要在资产种类、客户结构、期限结构等维度上适度分散。

三、资产负债管理主要内容

（一）资产负债综合管理

资产负债综合管理是对金融机构资产负债表进行积极的管理，即在满足流动性、安全性和盈利性协调平衡的基础上，通过优化资产负债表的组合配置结构，谋求收益水平的持续提高。资产负债综合管理是对金融机构的资产和负债进行全面管理，既是平衡风险、资本与收益，提高整体盈利能力的策略手段，又是推动资产负债表结构优化、促进金融机构稳健发展的重要保证。

资产负债综合管理包括资产组合管理、负债组合管理和资产负债匹配管理三个部分。资产组合管理以资本约束为前提，综合运用各种量价工具，调控资产总量和结构，构建以经济增加值和风险资本回报率为中心的价值传导机制，确保经风险调整后的资产收益率最大化。负债组合管理以平衡资金来源和运用为前提，以加强核心存款管理为核心，以发展主动负债为补充，优化负债的品种、期限及结构，降低负债综合成本，保持负债成本与流动性的平衡，确保负债总量适度，有效支撑资产业务的发展。资产负债匹配管理立足资产负债管理，以流动性指标、资本充足率等为约束条件，基于资产负债相关项目的关联关系，进行资产负债匹配管理，持续优化资产负债组合配置。

（二）银行账簿市场风险与流动性风险管理

银行账簿市场风险主要是指银行账簿利率风险和汇率风险。银行账簿利率风险是指利率水平、期限结构等要素发生不利变动，导致银行账户整体收益和经济价值遭受损失的风险。银行账簿利率风险管理的内容，通常包括设置银行账簿利率风险管理限额，制定利率风险管理的政策和程序，定期评估利率风险水平及管理状况，确定管理政策、方法技术、监测控制、信息系统、信息披露等管理内容。在利率市场化推进的过程中，利率波动性将不断增加，银行账簿利率风险的管理难度也将加大。

金融机构面临的汇率风险是指其持有的外汇及外汇衍生工具头寸，由于市场汇率发生不利变化遭受价值损失和财务损失的风险。金融机构需要密切关注汇率变化及其对外币资产负债的影响，及时对银行账簿外币资产、负债和表外项目的汇率风险敞口进行监测、分析与防范。随着人民币汇率市场化形成机制的逐步完善，人民币汇率双向浮动区间将进一步扩大，汇率风险管理面临的挑战也日益加大。

流动性状况反映金融机构从宏观到微观各个层面的运营状况及市场声誉，良好的流动性状况是金融机构安全稳健运营的基础。流动性风险管理的内容主要包括建立科学完善的管理机制，对流动性风险实施有效的识别、计量、预警、监控和报告，确保金融机构在正常经营环境或压力状态下能及时满足资产、负债及表外业务引发的流动性需求和履行对外支付义务，有效平衡资金的效益性和安全性，加强附属机构流动性风险管理和监测，有效防范整体流动性风险。

（三）资本管理

资本是对金融机构经营和发展具有特殊用途的经济资源，资本的稀缺性和经营的杠杆性决定了金融机构资本管理较一般企业更为重要和复杂。从不同利益方的角度来看，金融机构资本可以分为账面资本、监管资本和经济资本，这三类资本分别体现了股东、监管部门和内部管理层的不同诉求。基于不同利益方的诉求，金融机构资本管理的内容主要包括定期监测和评估资本充足情况，建立资本管理框架及机制，制订资本规划，确定资本管理工具和流程，实施资本补充、分配和考核等。

（四）定价管理

定价管理是金融机构经营管理的一个核心内容，直接影响金融机构的经营利润。定价管理可分为外部产品定价管理和内部资金转移定价管理。金融机构以促进业务发展和盈利增长为目标，加强资产、负债产品的外部定价管理，提升定价水平和经营效益，并通过内部资金转移定价完善内部价格管理，优化内部经营机制和全系统资源配置，增强市场竞争力。随着我国利率市场化进程的加速推进，金融机构定价管理的重要性日益突出。

（五）资金管理

资金管理是对金融机构全部资金来源与运用的统一管理，是优化资金配置，引导资金合理流动，促进营运资金流动性、安全性和盈利性协调统一的重要手段。资金管理的核心是建设内部资金转移定价机制和全额资金管理体制，建成以总部为中心，自下而上集中资金和自上而下配置资金的收支两条线、全额计价、集中调控、实时监测与控制全机构资金流的现代金融机构司库体系。

第二节　利率风险管理①

一、利率风险管理目标

利率风险管理是金融机构全面风险管理的重要内容。金融机构要建立健全利率风险管理体系，对利率风险实施有效识别、计量、监测和控制，确保在金融机构可承受的风险范围内，保持金融机构经济价值和整体收益的增长。

金融机构可以根据监管要求、市场环境、自身经营特点、风险偏好程度、风险承受能力等因素确定自身利率风险管理目标，并制定相应的利率风险管理政策和程序。利率风险管理目标表述分为定性和定量两类。定性表述通常从利率风险的定义入手，对金融机构在正常环境下或压力环境下的利率风险管理目标进行阐释。定量表述一般包括两部分：利率风险指标和限额，通常由金融机构根据自身风险偏好制定。

利率风险偏好是金融机构利率风险管理的基础。金融机构利率风险偏好的基本类型可分为保守型、审慎型和进取型。保守型利率风险偏好要求在利率变动的环境中尽可能规避利率风险带来的影响。审慎型利率风险偏好承担有限的利率风险，努力实现

---

① 本节的利率风险主要指银行账簿利率风险。

净利息收入和权益经济价值低波动。进取型利率风险偏好则基于利率走势进行研判，积极扩大有利风险敞口，追求整体收益和权益经济价值的有利变动。

专栏 10－1

深入推进利率市场化改革

利率市场化改革是中国金融领域最重要的改革之一。党的十九大以来，按照党中央决策部署，人民银行持续深化利率市场化改革。重点推进贷款市场报价利率（LPR）改革，建立存款利率市场化调整机制，以改革的办法推动实际贷款利率明显下行。完善中央银行政策利率，培育形成较为完整的市场化利率体系。同时，坚持以自然利率为锚实施跨周期利率调控，发挥市场在利率形成中的决定性作用，为经济高质量发展营造适宜的利率环境。

2019 年 8 月，人民银行推动改革完善 LPR 报价形成机制。改革后的 LPR 由报价行根据对最优质客户实际执行的贷款利率，综合考虑资金成本、市场供求、风险溢价等因素，在中期借贷便利（MLF）利率的基础上市场化报价形成。目前，LPR 已经成为银行贷款利率的定价基准，金融机构绝大部分贷款已参考 LPR 定价。

2021 年 6 月，人民银行指导市场利率定价自律机制优化存款利率自律上限形成方式，由存款基准利率浮动倍数形成改为加点确定，消除了存款利率上限的杠杆效应，优化了定期存款利率期限结构。2022 年 4 月，人民银行推动自律机制成员银行参考以 10 年期国债收益率为代表的债券市场利率和以 1 年期 LPR 为代表的贷款市场利率，合理调整存款利率水平。随着存款利率市场化机制的逐步健全，国有商业银行主动下调了存款利率，带动其他银行跟随调整。这是银行加强资产负债管理、稳定负债成本的主动行为，显示存款利率市场化改革向前迈进了重要一步。

近 30 年来，我国的市场化利率体系不断建设完善，培育了以质押式回购利率、上海银行间同业拆借利率（Shibor）等为代表的货币市场基准利率，国债收益率曲线趋于成熟，存贷款利率市场化程度也日益增强。人民银行通过货币政策工具调节银行体系流动性，释放政策利率调控信号，在利率走廊的辅助下，引导市场基准利率充分反映市场供求变化，并通过银行体系最终传导至贷款和存款利率，形成市场化的利率形成和传导机制，调节资金供求和资源配置，实现货币政策目标。

推动利率市场化改革，必须始终坚持发挥市场在利率形成中的决定性作用。贷款方面，人民银行充分尊重商业银行对贷款利率的定价权和利率的浮动权，由银行综合考虑借款人信用风险、贷款期限等因素与其协商确定贷款利率。目前我国贷款利率市场化程度已经比较高，贷款差异化定价已经比较普遍。同时，人民银行积极推动明示贷款年化利率，要求贷款产品以统一的计算方法标示贷款年化利率，给借款人展示明确的、可比的借贷成本，使贷款利率更加公开透明，充分保护金融消费者知情权和自主选择权，增强贷款市场竞争性。

存款方面，人民银行也遵循市场化、法治化原则，由商业银行自主定价。随着存款利率由行政管制走向市场化，存款产品也由单一化走向差异化。在人民银行指导下，利率自律机制密切监测存款利率定价情况，通过行业自律督促银行规范定价行为，防范个别银行因盲目追求规模或为填补流动性缺口而高息揽存等非理性竞争行为，取得了较好效果。

资料来源：中国人民银行微信公众号 2022 年 9 月 20 日发文。

二、利率风险管理策略

根据金融机构利率风险管理目标的差异，主要有保守型管理策略、审慎型管理策略和进取型管理策略。

（一）保守型管理策略

保守型管理策略是指金融机构不去判断利率变化的趋势，将利率风险敞口尽可能保持为零。这样，无论利率如何变动，资产的收益与负债的成本等幅度同向变化，从而规避利率风险。这一管理模式操作原理简单，风险较低，避免了利率走势预测失误或偏差带来的损失。但在实际中，由于技术、经济等，缺口无法达到零，只能是比较接近于零的值。

（二）审慎型管理策略

审慎型管理策略追求较低利率风险水平下整体收益和权益经济价值的稳定增长，尽量降低所有情景下的指标波动性。审慎型管理策略的核心在于把握好利率变化的相对时机更有利于各项利率风险主动管理措施的推动。在操作层面上，要通过主动的管理策略，降低整体收益随利率变化的波动性，增强投资者对金融机构持续稳定获取盈利的信心。

降低整体收益波动幅度主要是通过"削峰填谷"来实现的。通过调节利率敏感性缺口规模和时间分布，以及不同定价基准的资产负债结构，削减升息期间的潜在收益，填补降息期间净利息收入的潜在损失，实现整体收益在时间轴上的平移。从长周期来看，理论上"削峰填谷"不会带来整体收益的增减，而只是避免了未来整体收益的大起大落，可实现经济周期内整体收益的平稳增长。

（三）进取型管理策略

进取型管理策略是指金融机构根据对未来利率走势的预测，主动调整资产负债结构，扩大利率研判趋势下的风险敞口，以获取利率变动带来的整体收益增加和资本增值。这种管理模式是金融机构展示积极适应市场、参与市场、捕捉市场发展机会的姿态，但其负面影响也是显见的。如果金融机构利率预测得偏离，可能带来完全相反的结果。此外，金融机构对资产负债的调整受制因素很多，往往难以按金融机构的意图完成调整目标。再次，资产负债调整的成本较高，有时必须在权衡调整成本与调整收益之后，才能决定取舍。

三、表内管理

表内管理方法是通过调整金融机构资产、负债的业务规模和期限结构及利率结构，确保金融机构利率风险敞口按照期望的方向发展，表内管理的实质是缺口限额管理（Gap Limits）。

（一）重定价缺口管理

如第四章第四节所述，重定价缺口是按照资产负债表中利率敏感性资产和利率敏感性负债的重定价期限，根据一定的需要划分出若干时间段，在每一时间段内用利率敏感性资产的数量减去利率敏感性负债的数量得到一个差额，最后根据特定的报告期计算出累计缺口。缺口为正值，表明截至报告期的考察期内金融机构的利率敏感性状况为资产敏感型；反之为负债敏感型。

重定价缺口管理的基本方法是通过对表内资产或负债的调整，达到规避利率风险的目的。如果金融机构为保守型，则使利率敏感性资产等于利率敏感性负债，重定价缺口为零。此时若资产、负债的利率变化相同，金融机构的净利息收入不变，金融机构实现了表内完全对冲。如果金融机构是进取型，预期利率上升则会将重定价缺口尽可能调整为接近最大缺口限额，如果预期利率下降则会将重定价缺口调至最小缺口限额，以获得净利息收入最大化的收益。

（二）久期缺口管理

久期缺口实际为杠杆调整的久期缺口，等于资产的久期减去负债久期与杠杆比的乘积，久期缺口管理模式与重定价缺口管理模式相似，如金融机构选择保守型管理策略，则将久期缺口尽可能保持为零，实现表内完全对冲和"免疫"。如金融机构选择进取型管理策略，预期市场利率将走高则将久期缺口调整为接近久期缺口的最小缺口限额，使未来资产价值的下降幅度小于负债价值的下降幅度，预期市场利率将走低则将久期缺口调整为最大缺口限额，从而使金融机构的净资产价值增加。

> **例题 10−1**
>
> ### 金融机构久期缺口调整
>
> 第四章第四节例题 4−18 中金融机构资产加权平均久期为 4.02 年，负债加权平均久期为 2.67 年，存在 1.617 年的久期缺口。金融机构计划使用保守型管理模式，使得这个缺口缩小至零：实现对利率风险免疫。
>
> $$\Delta E = -\left[D_A - D_L \times \frac{L}{A}\right] \times A \times \frac{\Delta R}{1+R} = -0 \times A \times \frac{\Delta R}{1+R} = 0$$
>
> 要做到这一点，金融机构并非直接使 $D_A = D_L$，这是因为金融机构的资产并不等于负债，$k(k = L/A)$ 也并不等于 1。为了更好地理解杠杆比因素的重要性，我们假设管理人员将金融机构负债的久期期限提升到 4.02 年，与 D_A 一样，那么：

$$\Delta E = -\left[D_A - D_L \times \frac{L}{A}\right] \times A \times \frac{\Delta R}{1+R}$$

$$= -\left[4.02 - 4.02 \times \frac{900}{1\,000}\right] \times 1\,000 \times \frac{1\%}{1+10\%} = 3.98$$

这样，当利率上升1%时，金融机构仍将可能损失。

一个恰当的做法是改变D_L，使：$D_A = D_L \times k = 4.02$（年）

有：$D_L = D_A/k = 4.02/0.9 = 4.67$（年）

$$\Delta E = -\left[4.02 - 4.67 \times \frac{900}{1\,000}\right] \times 1\,000 \times \frac{1\%}{1+10\%} = 0$$

这里，金融机构的管理者将D_L调整到4.67年或稍微比D_A长一些。此外，这家金融机构的管理人员至少还有三种方法可以使调整后的久期缺口缩小至0：

（1）减少D_A。将D_A从4.02年减至2.4年（使之等于$D_L \times k$），从而可以使：

$$D_A - D_L \times k = 2.4 - 2.67 \times 0.9 = 0$$

（2）减少D_A的同时增加D_L。在缩短资产的久期的同时，延长负债的久期。其中一种可行的办法就将D_A缩短至3年，同时将D_L延长至3.33年，从而使：

$$D_A - D_L \times k = 3 - 3.3 \times 0.9 = 0$$

（3）改变k和D_L。将杠杆比k从0.9提高到0.95，同时将D_L从2.67年延长到4.23年，从而使：

$$D_A - D_L \times k = 4.02 - 4.23 \times 0.95 = 0$$

如果金融机构计划使用进取型管理策略，如果该机构的久期缺口限额设定为±5，则预测利率上升时，理论上应将缺口缩小至-5；预测利率下降时，理论上应将缺口提升至5。

（三）具体工具组合

对于商业银行而言，可以从资产组合调整、负债组合调整、管理工具运用三类工具对金融机构资产负债表进行表内管理，其他金融机构可以参考使用。

1. 资产组合调整。通过减持、调整既有投资或增持投资，改变债券固浮息占比、投资久期、重定价期限结构。通过制定并适时调整贷款年度目标、投向结构以及行业或客户集中度，改变贷款固浮息占比、贷款平均期限、贷款重定价期限结构。通过调整票据规模和价格，改变票据余额、期限结构。

2. 负债组合调整。通过发行金融债、次级债、可转债等方式，优化负债期限结构。通过调控结构性存款、协议存款规模以及大额存单发行总量、期限结构等，优化负债期限结构。

3. 管理工具运用。通过调整贷款定价模型中的重定价周期调节系数，加强利率风险策略传导。通过调整内部资金转移定价（FTP）利率风险调节参数，加强利率风险策略传导。

四、表外对冲

表外对冲是指运用衍生工具，构造一个与原有风险敞口相反的头寸，用于部分或全部冲减原有风险敞口。表外对冲的工具有远期利率协议、利率互换、利率期权、利率期货、利率上限、利率下限等。目前，由于我国利率衍生品市场容量相对有限、交易成本较高、需配套实施套期会计等因素影响，金融机构应用利率衍生工具对冲利率风险相对表内管理的占比较为有限。关于利用金融衍生工具进行表外对冲的方法请阅读第十一章。

第三节　汇率风险管理

一、汇率风险管理目标

金融机构汇率风险管理的目标是建立健全汇率风险管理体系，对汇率风险实施有效识别、计量、监测和控制，确保汇率风险得到有效控制。

金融机构汇率风险管理目标表述分为定性和定量两类。定性表述通常从汇率风险的定义入手，对金融机构汇率风险管理目标进行阐释。定量表述一般包括两部分：风险暴露指标和限额。大多数金融机构汇率风险管理较为稳健，通过严格管控汇率风险暴露，将汇率风险控制在可承受的合理范围之内，原则上不主动承担额外汇率风险。

专栏 10 - 2

人民币双向波动成为常态

近年来，随着人民币汇率形成机制改革持续推进，市场在汇率形成中发挥决定性作用，人民币汇率有升有贬，双向波动，汇率弹性不断增强，为自主实施正常货币政策创造了条件。

总的来看，人民币汇率双向波动是国内外经济形势、国际收支状况及国内外外汇市场变化共同作用的结果，合理反映了外汇市场供求变化，发挥了调节国际收支和宏观经济自动稳定器作用，促进了内外部均衡，扩大了我国自主实施正常货币政策的空间。未来人民币汇率双向波动也将是常态，人民币既可能升值，也可能贬值，没有任何人可以准确预测汇率走势。下一步，要继续坚持以市场供求为基础、参考一篮子货币进行调节、有管理的浮动汇率制度，合理使用货币政策工具，加强跨境融资宏观审慎管理，通过多种方式合理引导预期，引导企业和金融机构树立"风险中性"理念，保持人民币汇率在合理均衡水平上的基本稳定。

资料来源：中国人民银行货币政策分析小组．中国货币政策执行报告 [R]．2021 年第二季度．

二、表内管理

（一）资产负债匹配

金融机构使其外汇资产和外汇负债相匹配，并使交易账户上买入和卖出数量相匹配，就可以使净暴露为零，从而规避汇率风险，所以可以调整外汇资产、外汇负债、外汇买入、外汇卖出中的任何一项和任何几项来使净暴露等于零或接近于零。

1. 币种匹配。金融机构在外汇资产与外汇负债上做好币种的配对，遵循筹集什么外币，借出什么外币，资产到期时收回什么外币，筹资合同到期时金融机构付出什么外币的原则。通俗地讲，就是金融应该努力做到外币借、投、还的统一。

2. 到期日匹配。到期日不匹配，金融机构不仅面临汇率风险，还可能面临流动性风险和利率风险。金融机构应做到外汇资产与外汇负债总规模相匹配，且在未来的任一时点上，金融机构外汇资产与外汇负债到期口现金流匹配。

3. 定价基准匹配。外汇资产与外汇负债的定价基准可能存在差异，使金融机构面临汇率风险与基差风险，金融机构应尽可能减少外汇资产与外汇负债之间的定价基准差异，以规避由基差风险而产生的汇率风险。

（二）限额管理

金融机构应根据其风险偏好、风险承受能力、盈利目标、具备的专业知识、风险管理水平、系统支撑等因素，建立不同类型（例如风险暴露限额、汇率敏感度限额、风险值限额等）、多种层次（如管理层、部门主管、交易员）的汇率风险限额，并严格执行限额管理，确保汇率风险控制在合理范围内。限额应至少每年重检一次，或在某些货币的波幅突然不寻常加剧情况下及时进行检查。鉴于限额是限制亏损风险的方法，因此，主要限额应涵盖综合风险，即包括海外分支机构及附属公司所面临的汇率风险。

（三）表内管理的不足

金融机构资产负债表内管理涉及两个问题。一是成本问题。一般而言，调整资产负债结构的成本较为高昂，耗时较长，调整外汇买卖数量的成本较为低廉；二是外币资产负债与银行总资产负债的关系，包括两个方面：数量比和结构比。显然，若外币资产负债在总资产负债中所占的比重较大，其结构与总资产负债结构差异越大，则外汇资产负债的调整对银行的影响越大。换言之，外币资产负债结构调整可能规避了汇率风险，但同时使总资产负债的风险因素增大，如使久期缺口出现变化。所以，表内管理不仅要比较各种调节手段的交易成本，还应考虑对整个机构运作的影响。

三、表外对冲

表外对冲是指通过对外汇即期、远期、掉期、互换及期权等外汇衍生产品在银行的资产负债表外建立外汇衍生交易头寸，使其与已持有的外汇头寸规模相等而方向相反，从而在汇价变动时利用表外项目的盈利抵补表内项目的损失，以达到对冲汇率风险的目的。汇率风险表外管理工具的选择是一个重要且复杂的过程，需要准确量化汇率风险，制定最佳和有效的保值策略，并对保值方案进行不断优化，对保值效果进行跟踪和评价。关于利用金融衍生工具进行表外对冲的方法请阅读第十一章。

四、选择货币法

汇率风险的大小在选择合同计价货币时就已基本确定，使用不同的计价货币，意味着经济主体将承担不同的汇率风险，所以金融市场经济主体在签订交易合同时，可通过选择有利的计价结算货币来消除或转化外汇风险。最常用的方法有以下几种。

（一）争取使用本国货币作为合同货币

在国际贸易结算中，争取使用本国货币作为合同货币，将可能出现的风险转嫁给交易对手承受，消除外汇风险的来源。当然，合同是当事人之间协商达成的平等协议，使用哪一种货币还要看交易对手是否同意。

（二）收硬货币付软通货

在未来引起外汇收入的交易中如贷款、投资等，尽可能使用在外汇市场上汇率呈上升趋势的硬通货；在引起未来外汇支出的交易中，尽可能争取使用在外汇市场上汇率呈下降趋势的软货币。选用硬通货作为收汇货币、软货币作为付汇货币，可使经济免遭汇率风险冲击，将汇率变动带来的损失转嫁给交易对手，而且有可能从汇率变动中获取额外收益。要尽可能做到软硬通货的合理搭配，利用软硬货币的负相关性，使汇率风险发生的损失和收益可以互补，从而使交易各方都有可能避免或减少外汇风险。

第四节　流动性风险管理

一、流动性风险管理目标

金融机构流动性风险管理的目标是建立健全流动性风险管理体系，对流动性风险实施有效识别、计量、监测和控制，确保其流动性需求能够及时以合理成本得到满足，最大限度地减少流动性风险，保证既定收益水平。

金融机构可以根据监管要求、市场环境、自身经营特点、风险偏好程度、风险承受能力等因素在流动性和盈利性之间进行选择和权衡，确定自身流动性管理目标，并制定相应的流动性管理政策和程序。流动性管理目标表述分为定性和定量两类。定性表述通常从流动性风险的定义入手，对金融机构在正常环境下或压力环境下的流动性管理目标进行阐释。定量表述一般包括两部分：流动性指标和限额。其中，流动性指标可以选择监管指标，也可以选择自身制定的管理指标；流动性限额实质为"流动性走廊"，包括最大流动性限额和最小流动性限额，流动性限额可以与监管要求保持一致，也可以比其严格。

综上所述，流动性目标的选择没有一定之规，适合自己的才是最佳目标。

二、流动性风险管理策略

根据资产负债管理理论，金融机构流动性风险管理已逐步形成三种主要策略，即资产流动性管理策略、负债流动性管理策略和平衡流动性管理策略。

（一）资产流动性管理策略

资产流动性管理策略的基本思路是通过持有流动性强的资产以及合理安排资产的期限结构来保持金融机构的流动性，当需要流动性时，将选择一些资产出售，换取现金以满足需求，简言之，通过将非现金资产转换为现金以获取流动性，因而这种策略通常也被称为资产转换策略。

大体上，资产流动性管理包括持有适量的流动性资产、证券投资组合的安排、合理安排资产的期限结构、资产证券化。持有适量的流动性资产是对金融资产按流动性分类，适量持有现金、可抵押政府债券等流动性较强资产。证券投资组合的安排是可根据投资目的的不同，将证券投资活动大致分为投资类、交易类和随时可供出售类。随时可供出售类组合可随时出售获取流动性，前两类通过合理安排也可以提供一定程度的流动性。合理安排资产的期限结构是保持资产在期限结构上的多元化，长短期搭配合理，防止资产的到期过于集中在某个期限而可能导致其他时段内出现流动性不足的状况。资产证券化把流动性弱的资产打包出售，以提前收回资金，也是金融机构管理流动性的一种重要方法。

（二）负债流动性管理策略

负债流动性管理认为金融机构可以通过增加负债，主动从市场上借入资金的方法来满足流动性需求。

大体上，负债方的流动性管理包括扩大负债的流动性来源、提高负债的稳定性、合理安排负债结构和提高市场融资能力。扩大负债的流动性来源的关键是丰富金融机构的融资渠道和筹资工具。提高负债的稳定性，在于通过各种手段提高核心负债占负债的比例。合理安排负债结构是合理安排资金来源，建立分散化的融资渠道，保持负债到期期限的均匀分布，防止流动性风险的发生。提高市场融资能力的主要措施包括：建立并保持良好的信誉；加强对自身的宣传和推介，提升金融机构的知名度；保持与债权人和资产出售市场的密切联系；积极开拓新的筹资渠道；等等。

（三）平衡流动性管理策略

平衡流动性管理策略强调将资产和负债两者结合在一起，统筹考虑金融机构的流动性风险，而不是仅着眼于资产或负债单方面的流动性管理。金融机构根据外界环境的变化，动态地调整资产负债结构，通过资金来源和资金运用相结合来保证其流动性。具体举措是以资金来源的种类和期限长短来决定资金运用的种类和归还期限，使资产结构和负债结构相匹配。例如，流动性强的资产对应于稳定性较低的负债，流动性弱的资产对应于稳定性高的负债。这种匹配不仅体现在数量上的相对应，还体现在资产和负债结构伸缩上保持同向变化。这样，金融机构在实际业务中就可通过偿还期转化将非稳定性负债沉淀的余额用于长期盈利资产，从而获得更多盈利来防范流动性风险。如今，平衡流动性管理已成为金融机构管理流动性风险的最重要策略。

三、流动性风险的日常管理

（一）日间流动性管理

日间流动性管理的基本目标是保障日间支付清算平稳运行，确保金融机构经营正常，以及保证日终备付金水平符合监管及公司内部要求。日间流动性管理主要包括头寸管理和备付金管理。

头寸管理包括头寸的预测和匡算，主要采用逐层上报的方式，在 T 日将分支机构的头寸 T + 1 日预测后报送总部头寸管理员，并在 T + 1 日当日根据实际进出款和市场资金面情况不断调整修正。备付金管理是保证每日全机构备付金维持在合理水平，一方面满足公司内部要求，另一方面也不能过高，以免出现资金闲置。准确的头寸监测预报是备付金管理的基础。根据头寸变化情况，制订合理的日间融资计划，确保备付金安全可控。

（二）司库市场运作

司库负责现金管理、风险管理等职能，连通资产负债管理和外部市场，承接宏观政策和微观经营，发挥了窗口作用和纽带作用。商业银行司库主要参与货币市场融资、央行融资、主动负债和优质流动性资产配置。

货币市场融资主要包括同业拆借、债券回购、同业借款、货币掉期等。央行融资针对央行创设的一系列新型货币政策工具，包括公开市场短期流动性调节工具、中期借贷便利、补充抵押贷款等。主动负债包括发行债券、国库定期存款、协议存款、同业存单、大额存单等。优质流动性资产配置主要是国债、政策性金融债、地方政府债等优质债券。

（三）间接引导

除直接开展市场操作外，司库还可以通过 FTP 管理、定价管理、业务计划、限额管理等多种方式对全机构资金安排、资产负债结构进行引导和调整，以达到流动性管控目标。间接引导的业务范畴包括同业、票据、理财、非标、传统存贷款等。根据其不同的业务特点，在引导方式上各有侧重。

四、流动性风险应急计划

在突发事件或重大危机冲击下，金融机构可能面临足以致命的流动性风险，使正常的流动性管理策略失效，需启动应急管理机制。流动性风险应急计划就是一种应对突发的严重流动性风险事件的综合措施。《商业银行流动性风险管理办法》规定，商业银行应当根据其业务规模、性质、复杂程度、风险水平、组织架构及市场影响力，充分考虑压力测试结果，制订有效的流动性风险应急计划，确保其可以应对紧急情况下的流动性需求。

总体来看，金融机构流动性风险应急计划主要包括以下内容。

（一）触发应急计划的情景

《商业银行流动性风险管理办法》中规定了如下触发应急计划的情景：

（1）流动性临时中断，如电子支付系统突然出现运作故障或者其他紧急情况；

（2）信用评级大幅下调或出现重大声誉风险；

（3）交易对手大幅减少融资金额，或者主要交易对手违约或破产；

（4）特定的流动性风险内部监测指标达到触发值；

（5）本机构发生挤兑事件；

（6）母公司或集团内其他机构出现流动性危机并可能导致流动性风险传染；

（7）市场大幅震荡，流动性枯竭。

（二）应急资金来源

金融机构在应急计划中应列明应急资金来源，合理估计可能的筹资规模和所需时间，充分考虑跨境、跨机构的流动性转移限制，确保应急资金来源的可靠性和充分性。应急资金来源主要有金融市场拆入、优质流动性资产变现、加速资金回笼、监管及政府援助应急融资等。

（三）应急程序与措施

金融机构应规定应急程序和措施，至少包括资产方应急措施、负债方应急措施、加强内外部沟通和其他减少因信息不对称而给商业银行带来不利影响的措施。应急程序与措施应根据危机分级管理（见表10-1）。

表10-1　　　　　　　　应急管理中不同等级危机所采取的措施

危机等级	应急措施
轻度	加大货币市场融入：加大同业存款、同业拆入、回购业务融入资金； 降低同业资金融出：集中资金融出权限审批，暂停部分或全部资金融出； 控制信贷资产投放：从严控制已有承诺性授信业务，放缓贷款等资产投放
中度	加大上述措施力度的同时，增加以下措施。 加大公开市场融入：央行开展回购、央行开展再贴现、拟定再贷款、中期借贷便利、短期流动性调节工具等，并且多吸收国库定期存款等资金； 出售优质流动性资产：出售部分流动性好、折价率低、市场容量大的资产组合，包括国债、金融债、票据等； 停止部分资产业务：停止承诺性授信业务，暂停新增资产业务，鼓励加速资产业务资金回笼
重度	加大上述措施力度的同时，增加以下措施。 出售有可能出售的资产，包括出售贷款、长期股权投资、固定资产等；申请动用法定存款准备金；申请股东资金援助；申请监管及政府援助

（四）应急管理权限与职责

金融机构应建立应急管理的组织架构，明确董事会、高级管理层及各部门实施应急程序和措施的权限与职责。

【本章要点】

1. 资产负债管理是根据金融机构的风险偏好、战略定位、资本约束、经营策略和监管要求等，对自身资产负债进行统一计划、运作、监测和管控，以达到规模、结构、价格、风险的动态调整与平衡，实现金融机构流动性、安全性和盈利性的协调统一和整体价值最大化。资产负债管理理论经历了资产管理、负债管理到资产负债综合管理三个阶段的演进。金融机构资产负债管理的主要内容包括资产负债综合管理、银行账簿市场风险与流动性风险管理、资本管理、定价管理和资金管理。

2. 金融机构要建立健全利率风险管理体系，对利率风险实施有效识别、计量、监测和控制，确保在金融机构可承受的风险范围内，保持金融机构经济价值和整体收益的增长。金融机构有保守型管理、审慎型管理和进取型管理三种策略和表内、表外两类管理方法。表内管理方法是通过调整资产、负债的业务规模和期限结构及利率结构，确保金融机构利率风险敞口按照期望的方向发展，表内管理的实质是缺口限额管理。

3. 金融机构汇率风险管理的目标是建立健全汇率风险管理体系，对汇率风险实施有效识别、计量、监测和控制，确保汇率风险得到有效控制。大多数金融机构汇率风险管理较为稳健，通过严格管控汇率风险敞口，将汇率风险控制在可承受的合理范围之内，原则上不主动承担额外汇率风险。

4. 金融机构流动性风险管理的目标是建立健全流动性风险管理体系，对流动性风险实施有效识别、计量、监测和控制，确保其流动性需求能够及时以合理成本得到满足，最大限度地减少流动性风险，保证既定收益水平。金融机构流动性风险管理已逐步形成三种主要策略，即资产流动性管理策略、负债流动性管理策略和平衡流动性管理策略。流动性风险的日常管理主要包括日间流动性管理和司库市场运作。在突发事件或重大危机冲击下，金融机构可能面临足以致命的流动性风险，使正常的流动性管理策略失效，需启动应急管理机制。

【重要概念】

资产负债管理　定价管理　资金管理　保守型管理策略　审慎型管理策略
进取型管理策略　重定价缺口管理　久期缺口管理　选择货币法　货币匹配管理
资产流动性管理　负债流动性管理　平衡流动性管理

【课后习题】

1. 试述资产负债管理的概念与理论发展。
2. 试述金融机构资产负债管理的主要内容。
3. 试述金融机构如何通过表内管理控制利率风险。
4. 试述金融机构如何通过表内管理控制汇率风险。
5. 试述金融机构流动性风险管理策略。

6. 如何进行流动性风险应急管理？

7. 阅读上市金融机构年报，了解金融机构如何利用资产负债管理控制利率风险、汇率风险和流动性风险。

【进阶阅读】

1. 王祖继. 大型商业银行资产负债管理［M］. 成都：西南财经大学出版社，2020.

2. 王良，薛斐. 商业银行资产负债管理实践［M］. 北京：中信出版社，2021.

3. Alexandre Adam. Handbook of Asset and Liability Management，John Wiley & Sons，Ltd.，2007.

第十一章

市场风险控制

【学习目标】

1. 掌握市场风险限额管理的方法。
2. 掌握利用利率衍生工具对冲利率风险的方法。
3. 掌握利用汇率衍生工具对冲汇率风险的方法。
4. 掌握利用权益类衍生工具对冲权益价格风险的方法。

【开篇导读】

广发证券市场风险管理

广发证券目前面临的市场风险主要集中在权益类价格风险、利率风险领域，主要体现在公司及子公司使用自有资金开展权益类证券自营投资、固定收益类证券自营投资、场内外衍生品交易及新三板做市等境内外业务。随着我国资本市场对外开放的不断深入，以及公司国际化战略的逐步推进，公司所承受的各类市场风险也因自身业务范围的快速扩展和资本跨境流动而不断增大，公司对市场风险管理的难度也相应提升。

公司遵循主动管理和量化导向的原则，根据自身风险偏好和市场风险容忍度，以及各业务线的实际需求，采用自上而下、自下而上相结合的方式，制定并细化集团、母公司及各业务单元市场风险限额，并通过风险识别、评估、计量、监控、报告及处置等措施，确保公司所承受的市场风险水平在设定的风险容忍度范围内。随着公司FICC业务、衍生品业务和跨境业务的发展，为了应对更加复杂的市场风险，公司通过如下措施提升风险管理的效力和效率：（1）对于重点投资业务及复杂衍生品业务，在传统风险指标限额的基础上，通过设置 VaR 及敏感性指标限额对正常波动情况下的短期可能损失进行每日监控，并建立压力测试指标限额监控评估极端情况下的可能损失，并根据业务成熟度优化风险限额分级授权机制，持续提升市场风险限额管理的科学性和有效性；（2）积极研究先进成熟的市场风险计量模型，逐步探索 ES、SVaR 等指标的应用，建立多层次市场风险量化指标体系；（3）持续自主研发行业领先的风险管理系统，对公司各类投资业务、品种、头寸的市场风险实现统一管理，实现风险指标限额系统化的日常监控、预警，提升监控效率；（4）持续完善定价及风险计量模型风险管理框架，覆盖模型评级、开发、验证、评审、使用、监测、复核等多个环节，并通过模型库实现全流程的线上化管理。

资料来源：广发证券 2021 年年报。

第一节　限额管理与止盈止损

一、限额管理

（一）市场风险限额

市场风险限额是金融机构根据风险偏好和风险政策对关键的市场风险指标设置限额，并据此对业务开展进行监测和控制的过程。市场风险限额是金融机构期望承受的风险上限，常用的市场风险限额有交易限额、风险限额和止损限额三种。

1. 交易限额

交易限额即对总交易头寸或净交易头寸设定的限额。总头寸限额对特定交易工具的多头头寸或空头头寸给予限制，净头寸限额对多头头寸和空头头寸相抵后的净额加以限制。在实践中，金融机构通常将这两种交易限额结合使用。交易限额包含了机构、部门、资产组合、产品类型等不同层级。交易限额是比较常用的限额指标，它的好处是具有一定的前瞻性，可以在损失尚未发生时防范和控制风险，且便于计算，能很快得到限额的占用情况，利于交易员自行控制。但它把风险分割成独立的几块，没有充分考虑不同风险因素的相关性，不利于对总体投资组合风险的把握。

2. 风险限额

风险限额即对采用一定的计量方法得到的市场风险指标设置限额。风险限额包括敏感性限额、VaR 限额、压力测试限额。敏感性限额适用于为单个市场风险因子设计风险限额，常用于交易前台的日常风险控制，反映了风险资产对市场因子的敏感性。VaR 限额易于被非风险专业人员理解，又具有前瞻性，还适用于多种资产，它提供了一个衡量不同资产投资组合风险的统一平台，金融机构可以将风险限额分配到不同的地区、业务单元和交易员，还可以按资产组合、金融工具和风险类别进行分解。压力测试限额主要监督在恶性事件或异常状态下具体投资组合的反应，也就是可能的极端损失，是对 VaR 限额的一个补充。压力测试限额可以运用到金融机构各个管理层次，量化极端"偏离"的事件所造成的损失，但并不能揭示这些事件和相应损失的可能性。

3. 止损限额

止损限额即投资组合在某段时间内能容忍的最大损失额。比如可以对交易员设置如下的止损限额：他的交易账户下的所有产品一天最多损失为 50 万元。止损限额可以累计，比如对相同的交易员，一周的止损限额为 70 万元，一个月的止损限额为 120 万元。设置止损限额的目的是试图阻止那些已经出现损失的交易员通过"双倍下注"的方式来弥补损失。当某项头寸的累计损失达到或接近止损限额时，就必须对该头寸进行对冲交易或进行平仓，除非在特殊情况下得到暂时的额外限额。当前台某交易员已经事实上积累了一定的损失后方对其头寸设定止损限额，则该设定为事后行为，并不能阻止损失的发生。止损限额最大的优点是简单且易于操作，可适用于交易业务的各个管理层次和多种资产，并且对止损限额的监控不需要非常专业的知识，因此是应用较多的限额。但缺点是没有前瞻性，它监控的是已经发生的损失，只有当损失已经发生时才被纳入监控范围，是被动的监控。

在实践中，金融机构通常将这三种风险限额结合使用。在诸多限额指标中，很多金融机构选择将 VaR 限额和压力测试限额作为集团层面决定的限额指标，反映高级管理层的风险偏好，将其他限额作为业务层面的限额指标。

（二）市场风险限额体系

确定一个合适的风险限额体系，对金融机构市场风险管理至关重要。高级管理层应为金融机构确定一个合适的风险限额体系，并将限额分配到各个层次。

图 11 – 1 列出了某商业银行的市场风险限额体系，从上至下主要包括四个层次。

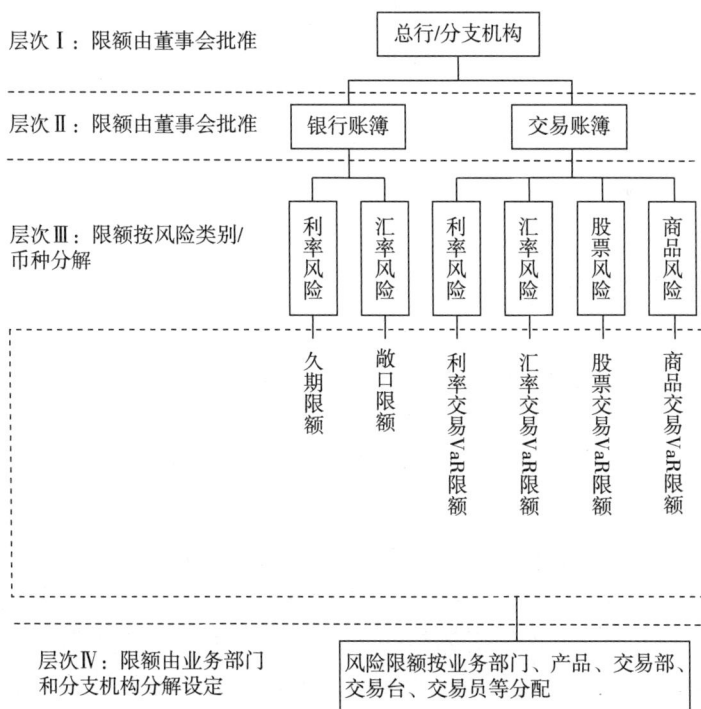

图 11 – 1　商业银行市场风险限额体系

（资料来源：刘晓曙. 商业银行市场风险限额设置与管理［M］. 北京：清华大学出版社，2012）

层次Ⅰ：反映商业银行总行/分支机构的市场风险限额。如果金融机构让其某些分支机构独立管理自身的市场风险，总行就可能会给分支机构单独分配市场风险限额；若总行通过内部转移的方式把全行的市场风险全部集中到某一部门（如风险管理部）

来管理，则总行就可以只对这一个部门设置市场风险限额。

层次Ⅱ：在给出总行或分支机构的总体市场风险限额下按照商业银行交易账户和非交易账户设定分别设置市场风险限额。

层次Ⅲ：在层次Ⅱ下按照风险因子（如利率、汇率、股票价格及商品价格风险）和/或货币设置限额。

层次Ⅳ：将层次Ⅲ的限额分解到业务单位以及产品线、交易台或交易员等。

（三）限额分配

金融机构分配限额时，既要考虑风险偏好、资本约束、风险管理能力等因素，又要考虑业务利润要求、业务发展计划以及开展业务实际需要承担的风险。

以 VaR 限额分配为例，金融机构有简单汇总分配法和分散化分配法两种方法。采用何种分配法取决于金融机构的风险管理能力。

1. 简单汇总分配法

该方法采用通常的求和汇总方式：各业务部门的总体限额等于各交易台限额的总和，同一交易台的所有交易员限额总和等于交易台的限额，如图 11-2 所示。

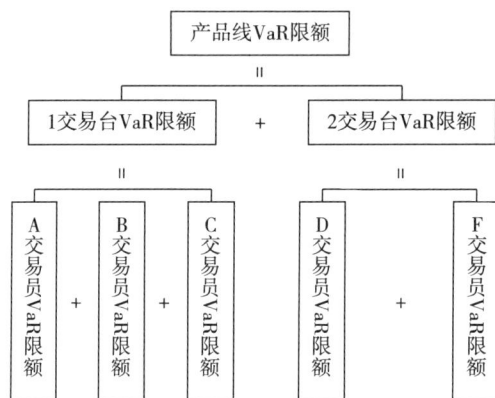

图 11-2 VaR 限额简单汇总分配法

各业务部门根据一定的标准将 VaR 限额分配到交易台和交易员，并根据交易员的经验进行调整。在计算交易台限额时，将各交易员的 VaR 限额进行简单相加即得到交易台的 VaR 限额。各交易台的 VaR 限额简单相加即得到产品线 VaR 限额。

使用简单汇总分配法，在实时监控中，对于限额使用的计算简单而快捷，适应瞬息万变的市场情况，不需要大型系统的支持，在一定范围内尤其是那些没有相应快捷 IT 系统支持的金融机构被广泛采用。

2. 分散化分配法

分散化分配方法考虑到了不同限额分配单元之间的相关性和分散化效应。图 11-3 是考虑了分散化效应后的 VaR 限额配置示意图。

如图 11-3 所示，VaR 限额的分配并非按照机械的汇总求和的方法进行，而是呈现一种金字塔结构。上一层的 VaR 限额总额不等于下一层 VaR 限额的数学合计，而会小于下一层 VaR 限额的合计。分散化分配法的核心点是计算出不同限额分配单元之间的相关性。

分散化分配法有利于对限额和风险资本的最大化使用。但在实际工作中，分散化分配法的计算量较大。尤其是在风险值限额向下一业务层面分配时，更是如此。在实际的交易中，分散化分配法对时间和计算速度的要求也很高。因此，采用此方法需要的前提条件是拥有十分强有力的 IT 计算资源，才能在最短的时间内计算出最准确的相关性数值。金融机构只有在拥有上述前提条件的情况下才会被建议采用该方法。

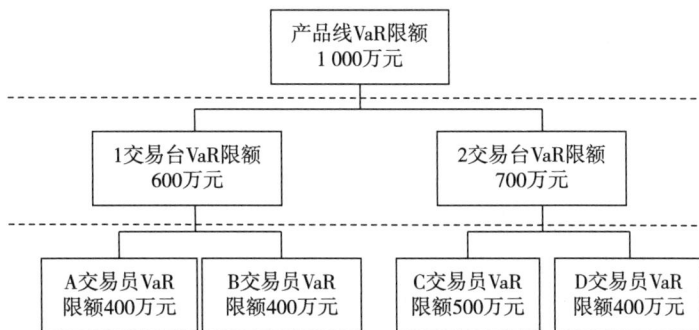

图 11 - 3 VaR 限额分散化分配

（四）超限处理

市场风险限额设定后，有可能出现超过风险限额的情况，因此需要一个完整的超限处理方案。超限处理方案主要包括以下几个方面的内容。

1. 超限的期限

我们知道，风险只是一种损失可能性，还不是实际损失，超过风险限额也仅代表风险转化成实际损失的可能性加大而已。因此，金融机构在设置某些风险限额时通常都会留有一定的弹性，即允许风险指标在一定时间内超过风险限额。这一方面是因为很多市场风险并不完全受金融机构主观的控制（例如，金融机构在某些市场上做市），给风险限额留下适当的弹性能够方便客户、维持金融机构在市场上的信誉和地位；另一方面也是因为某些类型的风险敞口不可能在短期内迅速进行调整，如果强行调整会给金融机构带来较大的损失。

对交易账户来说，风险限额的弹性可依该类风险受金融机构主观控制的程度而定。例如金融机构作为做市商的交易账户头寸可允许在交易日中超过限额的一定比例，但交易日结束前必须将头寸降低到限额以内；金融机构的自营账户头寸则可以规定任何时点都不允许超过限额。

对非交易账户来说，风险限额的弹性则可以根据调整风险敞口的难易程度和调整成本而定。对于比较容易调整、调整成本也比较低的风险敞口应该设置较短的超限额期限，而对于那些调整相对困难，调整成本也较高的风险敞口可以稍微放宽超限额期限（当然，对这类风险一般也要设置较低的风险限额）。

2. 处理措施

当超过限额的情况发生之后，金融机构应该及时采取措施来降低相应的风险敞口，使其回到风险限额以内。

金融机构通常会准备一系列详细的可供选择的实施措施，并根据各种措施的实施成本和对金融机构业务的冲击来确定采取各级措施的优先顺序，授权风险管理者在特定的条件下执行某种级别的措施来调整风险敞口。

3. 处理措施授权

超限处理方案还必须包括对各级处理措施的授权。金融机构应给予不同层级的风险管理者以适当的授权，便于其能迅速地采取行动调整风险敞口，以避免反应迟缓而导致风险转化为实际损失。这对交易账户的风险管理尤为重要。

二、止盈止损

止盈，顾名思义是指守住阶段性利润，实现阶段性盈利目标。止损，顾名思义是指停止进一步扩大损失，在金融机构错误判断市场趋势或遭受市场不确定因素影响导致投资亏损时，及时果断实施的挽救行为。

市场风险是不可避免且无法预料的，但是正确应用止盈止损策略则有助于缓释风险，帮助金融机构在持续的投资中实现持久的盈利。止盈与止损机制来自操盘计划实施前的制订，并在实际操盘开始后，根据当前的市场趋势变化进行相应调整。

一般有三种方式设置止盈点与止损点。

（1）设置比例，即当标的价格跌幅或者回调达到一定比例时出仓。例如，以100元的价格买进股票，而后其上涨到120元，设置股票回调10%位置时出仓。当股票从120元回调至108元时，则出仓，如果没有回调到位则一直持有。

（2）设置价位，即当标的价格跌破某一价位或者回调到某一价位时出仓。例如，股价跌破80元时止损出仓，或者股价上涨至120元、跌破110元时出仓。另外，如果股价没有跌到出仓价位而是继续上涨至130元，可设定跌破120元时出仓，通过价位逐级抬高标准，锁住利润。

（3）根据时间设置止盈止损点，即当标的价格到达某个时间点时，无论价格如何，及时出仓。例如，当一个上涨周期完成后及时出仓。

第二节　风险对冲

一、风险对冲工具与思路

（一）风险对冲工具

金融衍生工具是金融机构用于风险对冲的主要工具，它可以简单地定义为价值依赖于基本标的资产价格的金融工具。这里的标的资产可以是利率、汇率、证券、指数或是商品的价值。根据金融衍生工具自身交易的方法及特点，可以分为远期、期货、期权和互换这四个基本类型。

1. 远期。远期（Forwards）是指双方约定在未来某一确定的时间按确定的价格买卖一定数量的某种金融资产的合约。也就是说，交易双方在合约签订日约定交易对象、交易价格、交易数量和交易时间，并在这个约定的未来交易时间进行实际的交割和资金交收。它通常是在两个金融机构之间或金融机构与客户之间签署的，一般是场外交易。在合约中约定在将来买入标的物的一方为多头，在未来卖出标的物的一方为空头。

2. 期货。期货（Futures）是指协议双方同意在将来确定的时间按照约定的条件（包括价格、交割地点和交割方式等）买入或卖出一定标准数量的某种金融资产的标准化合约。从原理上，期货和远期是本质相同的两种衍生工具。期货实际上就是标准化了的远期合约。期货与远期最大的区别在于交易机制的设计不同，期货交易在场内进行，标准化的合约设计和清算所、保证金等交易制度的设计，提高了交易的流动性，降低了信用风险，从而大大促进了交易的发展。

3. 期权。期权（Options）实质是这样的一种权利，其持有人在规定的时间内有权按照约定的价格买入或卖出一定数量的某种资产。为了得到这个权利，期权持有人必须支付一定的期权费；同时，期权持有人有权行使或不行使这一权利。在期权合约中，根据权利义务的买卖关系、交易的标的资产、交易时间的不同有多种分类。

4. 互换。互换（Swaps）是两个或两个以上当事人按照商定条件，在约定的时间内，交换一系列未来的现金流的合约。互换交易是在场外市场上进行的，在互换市场上，交易方之间可以就互换标的的资产、互换金额、互换期限、互换利益分享等方面进行具体的协商，从而更能符合交易者的具体需要，但也必须承担一定的流动性成本和信用风险。

（二）风险对冲思路

基于风险分散化的风险转移只能消除非系统风险而无法规避组合的系统风险，而对冲（Hedging）则可以完全或部分地规避头寸的各种市场风险，使组合价值不受或少受市场波动的影响。对冲是针对某一证券组合的金融风险，利用特定金融工具构造风险特性相反的头寸，以减少或消除组合市场风险的过程。金融机构实践显示，对冲后组合抵御风险的能力大都高于未对冲组合，只有非常差的对冲才会增加原有风险暴露。

对冲的基本思路就是构造一个与原组合风险特性完全相反的头寸用于部分或全部抵消风险。如果构造头寸风险性质与原组合风险特性呈完全相反状态，则原组合风险可以完全抵消称为完全对冲。不过，在金融机构实践中，由于无法构造与原组合风险特性完全相反头寸，或由于金融机构愿意承担一定风险，或由于完全对冲成本太高等，大多数对冲是不完全的。如果金融机构倾向于只消除不利的价格变动所带来的风险暴露及可容忍一定程度的价格不利变动，可仅对风险暴露超过一定水平的不利价格变化进行对冲，而对有利的价格变化不进行对冲，其结果导致了一个具有暴露上限的组合。对冲的目的是要使构造的组合不受一种或多种风险因子变化的影响。对于一阶风险，风险因子可以是标的资产价格、时间变化、波动率变化等，也可以是组合价值不受风险因素的二阶变化的影响，即 Gamma 对冲。一般而言，当需要对冲的风险因子数目小于组合中包含的资产数量时，这种对冲不受一种或多种风险因素变化的影响。

进行对冲时，首先需要衡量组合的风险状况，即识别和衡量组合的市场风险；其次在明确组合市场风险的基础上，根据交易者或金融机构自身的竞争优势和风险偏好，确定合理的对冲目标；再次，根据对冲目标，选择对冲策略，如 Delta 对冲、Gamma 对冲，或其他类型的风险对冲；最后，根据不同的对冲策略，选择或构造一种或几种合适的金融工具实现对冲目标。在选择对冲目标、对冲策略和选择或构造对冲工具时，必须考虑对冲成本，评价对冲效果。这样，对冲的基本过程可概括为：风险识别和衡量、对冲目标的确定、对冲策略的设计、对冲工具的选择与构造、对冲的成本和效果评估。

二、风险对冲的具体方法

（一）利率风险对冲

1. 远期利率协议

远期利率协议（Forward Rate Agreement）是指交易双方约定在未来某一日，交换协议期间内一定名义本金基础上分别以固定利率和参考利率计算的利息的金融合约。其中，远期利率协议的买方支付以固定利率计算的利息，卖方支付以参考利率计算的利息。远期利率协议的参考利率应为经中国人民银行授权的全国银行间同业拆借中心等机构发布的银行间市场具有基准性质的市场利率或中国人民银行公布的基准利率，具体由交易双方共同约定。

远期利率协议的买方是名义借款人，其订立远期利率协议的目的主要是规避利率上升的风险。远期利率协议的卖方则是名义贷款人，其订立远期利率协议的目的主要是规避利率下降的风险。之所以称为"名义"，是因为借贷双方不必交换本金，只是在结算日根据协议利率和参照利率之间的差额及名义本金额，由交易一方付给另一方结算金。

在远期利率协议下，如果参照利率超过合同的协议利率，那么卖方就要支付给买方一笔结算金，以补偿买方在实际借款中因利率上升而造成的损失；反之，则由买方支付给卖方一笔结算金。

例题 11 -1

远期利率协议对冲利率风险

2021 年 3 月 18 日，A 机构预计将在 6 个月后向 B 机构贷款人民币 1 亿元，贷款期为半年。A 机构担心 6 个月后市场利率上升提高融资成本，即与 B 机构商议，双方同意 6 个月后 A 机构按年利率 6.2% 向 B 机构贷入半年期 1 亿元贷款。这就是远期利率协议。

2021 年 9 月 18 日远期利率协议到期时，市场实际半年期贷款利率为 6.48%。这时 A 机构有两个选择：

（1）直接执行远期利率协议，以 6.2% 向 B 机构贷入半年期 1 亿元贷款，比市场利率节省 10 000 ［（6.48% −6.2%）/2］=14（万元）的利息支出。

（2）对远期利率协议进行现金结算，由于市场利率上升，B 机构支付给 A 机构 10 000 × ［（6.48% −6.2%）/2］=14（万元），同时 A 机构直接到市场上以即期利率 6.48% 借入 1 亿元，等价于按 6.2% 贷款。

假设 2021 年 9 月 18 日 FRA 到期时，市场实际半年期贷款利率下跌至 6%，这时 A 机构在远期利率协议中损失而 B 机构盈利，具体损失金额为 10 000 × ［（6% −6.2%）/2］=−10（万元）。

无论如何 A 机构的真实贷款利率锁定为 6.2%。

2. 利率期货

利率期货（Interest Rate Futures）是指交易双方约定在未来某一时间，按照约定利率交易一定数量与利率相关的金融证券或交易凭证的标准化期货合约。利率期货的交易对象不是利率，而是价格依赖于利率的金融产品，其对未来利率变化的补偿也是通过利率敏感性金融产品合约价格变化实现的。截至 2022 年末，中国金融期货交易所先后推出的 5 年期、10 年期和 2 年期国债期货就是典型的利率期货品种。国债期货可以锁定远期交割的标准期限国债价格，相当于锁定远期无风险利率。购买国债期货后，当无风险利率上升时，国债期货的损失将抵消未来购买国债收益率的上升；当无风险收益率下降时，国债期货的盈利将弥补未来购买国债收益率的下降。

例题 11−2

利率期货对冲利率风险

某银行 3 个月后有一笔约 950 万元的贷款到期，计划 3 个月后购入面值为 1 000 万元的 1 年期国债。通过对经济情况进行分析后，该行认为，未来 3 个月市场利率将发生较大的下降，利率由 5% 下降至 4%，约 100 个基点。为应对这种风险，该行买入 1 000 万元的本金标的国债期货，价值约 950 万元。3 个月后，利率由 5% 下降至 4% 时，国债期货的价值增值 960 万元，因此其从现货市场购入金额为 960 万元，国债期货补偿差价为 10 万元，相当于 3 个月前购入国债的价格，因此未来利率下行风险被有效控制。

同样，若该银行 3 个月后将发行一笔期限为 1 年的大额存单，但目前存单发行成本较低，未来 3 个月存单的利率会提高，为了保住目前的发行优势，该银行可以卖出一笔同等额度的利率期货。当未来利率上升，因期货标的物的价值下降所获得收益可以有效对冲存单发行成本的提高。

3. 利率互换

利率互换（Interest Rate Swaps）是指交易双方约定在未来的一定期限内，根据约定的人民币本金和利率计算利息并进行利息交换的金融合约。利率互换可以通过全国银行间同业拆借中心的交易系统进行，参考利率应为经中国人民银行授权全国银行间同业拆借中心发布的银行间市场具有基准性质的市场利率或人民银行公布的基准利率。

在利率互换中，初期或到期日都没有实际本金的交换，交易双方只是按照事先商定的本金交换利息的支付。从理论上讲，利率互换是交易双方所达成的一系列的远期利率合约。因此，它可以使金融机构防范长期的利率风险。依赖期货或远期合约进行这种长期保值交易时需要对合约进行展期，而互换交易则减少了这种需要。利率互换的类型主要有六种：普通利率互换、远期利率互换、可赎回利率互换、可退卖利率互换、可延期利率互换和零息互换。本节仅介绍最常用的普通利率互换。普通利率互换指固定利率与浮动利率支付之间的定期互换。在互换交易中，互换的买方同意在结算日定期向互换的卖方支付固定利率。反过来，互换的卖方同意在相同的结算日定期向互换的买方支付浮动利率。支付固定利率的一方（按惯例，即互换的买方）一般在固定利率付款方面拥有比较优势，支付浮动利率的一方（按惯例，即互换的卖方）一般在浮动利率付款方面拥有比较优势。在这项交易中，支付固定利率的金融机构是为了将自己的浮动利率负债转变成固定利率负债，以便更好地和自己的固定利率资产相匹配。与此同时，支付浮动利率的金融机构是想将自己的固定利率负债转变为浮动利率负债，以便更好地和自己的浮动利率资产相匹配。

为了说明金融机构如何利用互换交易来防范利率风险，我们来看一个简单的例子。

例题 11-3

利率互换对冲利率风险

中国银行与新华人寿进行利率互换，本金为 1 亿元，期限为 5 年，浮动端参考利率为 Shibor_3M（3 个月期上海银行间同业拆借利率），固定端利率为 4.6%。中国银行向新华人寿支付固定利率，则中国银行是固定利率支付者/浮动利率接受者，新华人寿是浮动利率支付者/固定利率接受者。每 6 个月，中国银行向新华人寿支付 4.6% ×1 亿元/2；同时，新华人寿向中国银行支付浮动利率：Shibor_3M ×1 亿元/2。

通过互换，中国银行将自己的浮动利率负债转变成固定利率负债，以便更好地和自己的固定利率资产相匹配。与此同时，新华人寿将自己的固定利率负债转变为浮动利率负债，以便更好地和自己的浮动利率资产相匹配。

4. 利率期权

截至 2022 年末，中国外汇交易中心已试点推出的利率期权（Interest Rate

Options）包括但不限于利率互换期权、利率上/下限期权等产品。利率互换期权是指期权交易双方有权在约定日期以约定条件买卖约定利率互换的期权合约。期权买方以支付期权费的方式获得权利；期权卖方收取期权费，并在买方选择行权时履行义务。利率上/下限期权是指期权买方在约定期限内有权要求期权卖方支付参考利率超过/低于约定的利率水平而产生的差额利息的期权合约。期权买方向卖方支付期权费，期权卖方在参考利率高于/低于约定利率水平时向买方支付差额部分的利息。利率期权的参考利率包括但不限于中国人民银行认可的公开发布的市场利率。试运行初期，推出LPR1Y、LPR5Y、FDR001、FDR007 等。

利率互换期权分为固定利率支付方利率互换期权和固定利率收取方利率互换期权。固定利率支付方利率互换期权为看涨期权，指期权买方有权在约定时间按照执行利率进入一个本方支付固定利率、收取浮动利率的利率互换合约；固定利率收取方利率互换期权为看跌期权，指期权买方有权在约定时间按照执行利率进入一个本方支付浮动利率、收取固定利率的利率互换合约。

利率上/下限期权分为利率上限期权和利率下限期权。在利率上限期权中，在约定期限内，如果参考利率在约定条件下高于执行利率，则利率上限期权卖方向买方支付超出部分的利息；在利率下限期权中，如果参考利率在约定条件下低于执行利率，则利率下限期权卖方向买方支付不足部分的利息。

利率上限期权适用于以套期保值为目的、需要规避利率上升风险，同时希望享受当前较低利率市场环境的机构；利率下限期权适用于以套期保值为目的、需要规避利率下降风险的机构。领式期权是利率上限和利率下限的组合，是指客户买入利率上限的同时卖出利率下限，以收入的手续费来部分抵销需要支出的手续费，从而达到既防范利率风险又降低费用成本的目的。

例题 11 - 4

利率上限期权对冲利率风险

假设 A 公司在 2022 年 3 月 1 日发行了 1 亿元的 4 年期债券。该债券每季度付息，利率为 LPR1Y + 25bp 计算得到。也就是说，A 公司需要在 2023 年、2024 年和 2025 年的 3 月 1 日支付利息，在 2026 年的 3 月 1 日支付利息和本金。每个付息日，A 公司都需要支付（LPR1Y + 25bp）×1 亿元的利息。虽然 A 公司认为利率会下行，但考虑到利率上行的风险，A 公司决定将融资成本控制在一定范围内，因此与 B 银行签订了一份利率上限期权合约。具体而言，该合约期限为 4 年，面值 1 亿元，上限利率为 4%，按照年度支付，且支付日与债券付息日相同。在该合约签订时，A 公司需要向 B 银行支付一笔权利金，报价为 0.8%，一次性支付。

在利息支付日，根据市场参考利率的水平不同，B 银行需要向 A 公司支付的数额也不同。

> 如果重置日的 LPR1Y 高于 4%，如 LPR1Y＝5%，则 A 公司需要支付债券利息（5%＋0.25%）×10 000＝525 万元，且 B 银行需要向 A 公司支付（5%－4%）×10 000＝100 万元，A 公司净支出 425 万元。
>
> 如果重置日的 LPR1Y 低于 4%，如 LPR1Y＝3%，则 A 公司需要支付债券利息（3%＋0.25%）×10 000＝325 万元，B 银行无须向 A 公司进行支付，A 公司净支出 325 万元。综上，B 银行需要支付的金额为 max｛0，LPR1Y－4%｝×10 000万元，而 A 公司净支付额为 min｛LPR1Y＋25bp，4.25%｝×1 000 万元。
>
> 由此可见，A 公司通过利率上限期权，成功地将融资成本控制在 4.25% 以下。当市场利率下行时，A 公司可以享受低利率下的低融资成本；当市场利率上行时，B 银行则会支付利息差值，从而锁定利率风险。

（二）汇率风险对冲

1. 外汇远期

外汇远期（Currency Forward）是指买卖双方成交后，并不立即办理交割，而是按照所签订的远期合约在未来约定的时间，按约定的价格（汇率）和数量办理交割的外汇交易，事先规定的未来某一时间的汇率即为远期汇率。外汇远期交易的交割期限一般为 1 个月、2 个月、3 个月、6 个月，也有长至 1 年，短至几天的。

相对于外汇即期交易而言，外汇远期有以下特点：一是买卖双方签订合同时无须立即支付外汇或本国货币，而是按合约约定在将来某个时期交割；二是买卖外汇的主要目的不是取得国际支付和流通手段，而是保值和避免外汇汇率变动带来的风险；三是买卖的数额较大，一般都为整数交易，有较规范的合约。

金融机构进行外汇远期交易的目的主要有二，一是对冲风险，二是进行投机。下面我们通过一个简单的例子对金融机构利用外汇远期合约对冲汇率风险进行说明。

例题 11－5

外汇远期交易对冲汇率风险

2020 年 3 月 25 日，机构 A 通过外汇交易系统与机构 B 成交一笔 1 年期美元兑人民币远期交易。约定机构 A 卖出 USD15 000 000，买入 CNY。机构 A 为发起方，机构 B 报出即期汇率 USD/CNY＝6.1300，远期点 40.00bp，即机构 A 以 USD/CNY＝6.1340 的价格在 2021 年 3 月 27 日向机构 B 卖出 USD 15 000 000。这样，机构 A 就利用外汇远期交易对冲了汇率风险。

---

2. 外汇互换

外汇互换（Currency Swaps）指交易双方约定在一前一后两个不同的起息日进行方向相反的两次本外币交换。在第一次货币交换中，一方按照约定的汇率用人民币交换外汇；在第二次货币交换中，该方再按照另一方约定的汇率用相同币种的外汇交换人民币。

> **例题 11 - 6**
>
> **外汇互换对冲汇率风险**
>
> 某机构 A 在 2019 年 6 月需支付 5 000 万美元，同时预计其在 2021 年 1 月有一笔约 5 000 万美元的收入。机构 A 当时人民币资金较充裕而美元资金紧张，为解决自身美元收入、支出的时间匹配问题，机构 A 于 2019 年 6 月与机构 B 叙做了一笔人民币外汇掉期交易。交易方向为客户在近端换入 5 000 万美元，同时在到期日 2019 年 12 月换出 5 000 万美元。合约规定，根据即期汇率 6.78，客户在近端为换入美元需支付人民币 33 900 万元；另外，根据当时 12 个月掉期报价 1 100bp，客户可在到期日换回人民币（6.7800 + 0.1100）× 50 000 000 = 34 450 万元。
>
> 假设机构 A 未与机构 B 叙做此掉期交易，而采用交易日即期购汇、到期日即期结汇的方式实现其管理美元头寸的需求，若到期日当天的美元兑人民币汇率为 6.51，客户 5 000 万美元结汇得到人民币 334 000 000 元。因此，该笔掉期交易在满足了客户自身本外币头寸调剂需求的基础上，为其创造了 34 450 - 32 550 = 1 900 万元的汇兑收益。

3. 外汇货币互换

外汇货币互换交易指在约定期限内交换约定数量两种货币本金，同时定期交换两种货币利息的交易。本金交换的形式包括：（1）在协议生效日双方按约定汇率交换两种货币的本金，在协议终止日双方再以相同的汇率、相同金额进行一次本金的反向交换；（2）在协议生效日和终止日均不实际交换两种货币的本金；（3）在协议生效日或终止日仅进行一次两种货币的本金交换；（4）主管部门规定的其他形式。利息交换方式包括按指定频率用固定利率交换浮动利率，或用固定利率交换固定利率，或用浮动利率交换浮动利率。

> **例题 11 - 7**
>
> **外汇货币互换对冲汇率风险**
>
> 机构 A 有 1 亿美元 1 年期外币贷款，按照 Libor 3M 浮动利率每季度支付利息给机构 C。为了规避汇率和利率波动风险，机构 A 于 2019 年 5 月 27 日在机构 B 叙做一笔人民币外汇货币掉期交易，本金为 1 亿美元，方向为卖出/买入，约定期初与期末均交还本金，汇率为 6.89，每季度交换一次利息，机构 B 支付客户美元利率为 Libor 3M 浮动利率，机构 A 支付机构 B 人民币利率为 1 年期 LPR - 200bp 的固定利率。
>
> 1. 在交易生效日（2019 年 5 月 29 日），机构 A 与机构 B 互换本金 1 亿美元，机构 A 提取贷款本金，并支付给机构 B，机构 B 按约定的汇率 6.89 向机构 A 支付人民币 6.89 亿元。

2. 在付息日（每年 8 月 29 日、11 月 29 日、2 月 28 日或 29 日和 5 月 29 日），机构 A 与机构 B 互换利息，即机构 B 基于美元浮动利率水平支付机构 A 美元利息，机构 A 客户将美元利息支付给贷款的机构 C，同时支付机构 B 1 年期 LPR - 200bp 的固定利率人民币利息。

3. 在到期日（2020 年 5 月 29 日），机构 B 与机构 A 再次互换本金，即机构 B 向机构 A 客户支付美元本金 1 亿元，机构 A 将美元本金归还给贷款的机构 C，并按约定汇率 1 美元 =6.89 元人民币向机构 B 支付 6.89 亿元人民币。

该交易现金流情况见表 11 - 1。

表 11 - 1　　　　　　　　　　外汇货币互换现金流表

日期	机构 A 美元现金流（万美元）	机构 A 人民币现金流（万元）
2019 - 05 - 29（本金）	- 10 000	68 900
2019 - 08 - 29（利息）	65	436
2019 - 11 - 29（利息）	54	425
2020 - 02 - 29（利息）	48	404
2020 - 05 - 29（利息）	41	387
2020 - 05 - 29（本金）	10 000	- 68 900
合计	208	1 652

在该货币掉期交易中，机构 A 共支付利息为 1 652 万元人民币，收到利息为 208 万美元，按照 2020 年 5 月 29 日汇率对利息进行计算，机构 A 实际支付净利息约 165 万元人民币。而若没有进行该货币掉期交易，则对于 1 亿美元负债，汇率变动就会使得机构 A 多支付近 2 600 万元人民币。因此通过货币掉期交易，可以以较低的成本使机构 A 完全避免未来的汇率和利率波动风险。

4. 外汇期权

外汇期权是指在未来某一交易日以约定汇率买卖一定数量外汇资产的权利。期权买方以支付期权费的方式拥有权利；期权卖方收取期权费，并在买方选择行权时履行义务（截至 2022 年末，银行间外汇市场均为普通欧式期权）。期权交易币种、金额、期限、定价参数（波动率、执行价格、即期价格/远期汇率、本外币利率等）、成交价格（期权费）和结算安排等由交易双方协商议定。

期权买方可通过该产品规避汇率波动的市场风险，锁定购汇成本，在汇率朝不利方向变动时得到保障，在汇率朝有利方向变动时不会错失盈利机会，具有灵活选择性。同时期权买方的风险有限，若有损失仅限于期权费。

例题 11 - 8

外汇期权对冲汇率风险

（一）看涨期权

机构 A 持有 100 万美元，需要在 1 个月后用日元支付一笔资金。机构 A 希望规避日元升值风险，锁定财务成本，且机构 A 愿意为汇率的锁定而选择在期初支付一定费用。

解决方案：机构 A 向机构 B 购买一个美元兑日元、期限为 1 个月、本金为 100 万美元的欧式期权。假设约定的汇率为 1 美元兑换 94 日元，机构 A 有权在将来期权到期时，以 1 美元兑换 94 日元向机构 B 购买约定数额的日元，如果在期权到期时，市场即期汇率为 1 美元兑换 100 日元，机构 A 可不执行期权，因为此时按市场上即期汇率购买日元更为有利。

相反，如果在期权到期时，即期汇率为 1 美元兑换 90 日元，机构 A 则可决定行使期权，要求机构 B 以 1 美元兑换 94 日元的汇率将日元卖给它们，机构 A 每 1 美元可多获得 4 日元，降低购汇成本。

（二）看跌期权

机构 A 持有 100 万欧元，需要在 1 个月后用美元支付一笔资金。机构 A 希望规避欧元贬值风险，锁定财务成本，且愿意为汇率的锁定而选择在期初支付一定费用。

解决方案：机构 A 向机构 B 购买一个欧元兑美元、期限为 1 个月，本金为 100 万欧元的欧式期权。假设约定的汇率为 1 欧元兑换 1.3400 美元，那么机构 A 则有权在将来期权到期时，以 1 欧元兑换 1.3400 美元向机构 B 出售约定数额的欧元。

如果在期权到期时，市场即期汇率为 1 欧元兑换 1.3450 美元，机构 A 可不执行期权，因为此时按市场上即期汇率出售欧元更为有利。

相反，如果在期权到期时，即期汇率为 1 欧元兑换 1.3350 美元，那么机构 A 则可决定行使期权，要求机构 B 以 1 欧元兑换 1.3400 美元的汇率收购 100 万欧元，这样，机构 A 每 1 欧元可多获得 0.0050 美元，获得更高收益。

（三）权益价格风险对冲

1. 股指期货

股票价格指数，是反映股市中总体股价或某类股价变动和走势情况的一种指标。股指期货是指由交易双方通过竞价方式签订的，约定在将来某一特定时间和地点交收特定价格（一定点数的股价指数）的标准化期货合约，即以股票价格指数这种没有实物形式的金融商品作为交易标的的一种期货合约。2010 年 4 月 16 日，中国金融期货交易所开始交易沪深 300 股指期货，合约倍数为 300 倍，即 300 元乘以该指数的值。合约到期时采用现金结算方式，交易双方只要交付根据结算价与开仓时股票价格指数差价折算的一定金融的货币即可，无须进行实物交割。至 2022 年末，中国金融期货交易所上市产品包括沪深 300 股指期货、中证 500 股指期货、中证 1000 股指期货和上证 50 股指期货。

使用股指期货比使用现货更容易、成本更低地改变投资组合的头寸。使用股指期货市场的交易成本都是相当低的，指令被执行的速度也使股指期货市场处于优势，据统计，以一个合理价格销售一笔股票大约需要 2～3 分钟，但一笔期货交易能在 30 秒或更少时间内完成，在交易中使用的资金数量也使股指期货市场处于有利地位（即杠杆效应），因为股票市场交易的保证金要求远高于股指期货市场。希望改变对市场暴露的资金管理人，可以通过修正组合的 β 值来做到。因为期货合约的杠杆性，资金管理人可使用股指期货以相当低的成本获得目标 β 值，购买股指期货将增加投资组合的 β 值，售出则减少 β 值。对冲是控制股票组合对不利价格变动的暴露的特殊方法。对冲的目标是改变当期或预期股票组合的头寸，让它的 β 值为零。如果金融机构资金管理人担心持有的股票资产未来价格下跌，为防范未来股票资产价格下跌带来损失，可以使用空头对冲（Short Hedge）策略来锁定所持股票资产价格。表 11－2 列出了现货和期货对冲关系。

表 11－2 　　　　　　　　　　　　　　现货和期货对冲关系

对冲日期	现货头寸	期货投资	对冲头寸
对冲开始日期	多头	空头	空头对冲
对冲结束日期	空头	多头	多头对冲

现实中在用股指期货进行对冲时，只有被对冲组合的回报与期货回报相同时，才能获得完美对冲。股票组合对冲的有效性取决于：（1）现货组合与构成期货合约指数之间的关系；（2）对冲发生时与对冲被解除（结清）时现货价格与期货价格之间的关系。用与被对冲保值组合有差异的期货合约进行对冲就是所谓的交叉对冲（Cross Hegding）。

金融机构股票投资面临两种风险：系统风险和非系统风险。系统风险是由国家的宏观经济政策造成的，非系统风险是由上市公司的经营状况造成的。利用股指期货可以规避系统风险，而不能规避非系统风险。

例题 11－9

股指期货套期保值作用分析

某年 12 月，某基金股票投资组合价值为 15 200 万元，这一投资组合的 β 值为 0.9，沪深指数次年 3 月到期合约为 1 950，合约乘数为每点 300 元。合约保证金为合约价值的 15%。基金经理考虑到收益率已较高，为避免股票价格下跌的损失，决定卖出套期保值，通过卖出沪深 300 指数次年 3 月合约达到锁定利润的目的。

（一）计算要卖出的合约数量

合约数量 = 投资组合价值/（指数点位 × 合约乘数）× β 值 = 152 000 000/

（1 950×300）×0.9＝233.85

卖出233，交保证金2 045万元：

1 950×300×15%×233＝2 045（万元）

（二）次年2月底，沪深指数3月到期合约下跌

沪深指数3月到期合约为1 780，股票投资组合价值为14 173万元，投资者平仓，以1 780买入合约。

股票盈利－1 027万元：

14 173－15 200＝－1 027（万元）

期货盈利1 188.3万元：

233×1 950×300－233×1 780×300＝1 188.3（万元）

合计盈利161.3万元。

（三）次年2月底，沪深指数3月到期合约上涨

沪深指数3月到期合约为2 067，股票投资组合价值为16 050.7万元，投资者平仓，以2 067买入合约。

股票盈利850.7万元：

16 050.7－15 200＝850.7（万元）

期货盈利－817.83万元：

233×1 950×300－233×2 067×300＝－817.83（万元）

合计盈利32.87万元

基金经理通过股指期货锁定了利润，对冲了风险。

2. 股票期权与股指期权

股票期权合约为交易所统一制定的、规定买方有权在将来特定时间以特定价格买入或者卖出约定股票或者跟踪股票指数的交易型开放式指数基金（ETF）等标的物的标准化合约。就个股期权来说，期权的买方（权利方）通过向卖方（义务方）支付一定的费用（权利金），获得一种权利，即有权在约定的时间以约定的价格向期权卖方买入或卖出约定数量的特定股票或ETF。当然，买方（权利方）也可以选择放弃行使权利。如果买方决定行使权利，卖方就有义务配合。截至2022年末，中国场内股票期权有上海证券交易所的50ETF期权、300ETF和中证500ETF，深圳证券交易所的沪深300ETF期权、创业板ETF期权和中证500ETF。

股指期权是以股票指数为标的的期权。股指期权基本要素包括标的资产、行权价格、到期日和权利金。标的资产是合约规定的在某一确定时间进行交易的资产；行权价格是期权合约规定的，买方有权在合约所约定的时间买入或者卖出标的资产的特定价格；到期日是合约规定的最后有效日期；权利金是期权买方为了获得权利支付给卖方的资金，是期权的价格。截至2022年末，中国金融期货交易所上市的股指期权有沪深300股指期权和中证1000股指期权。

专栏 11 - 1

股指期权常用风险管理策略

（一）保护型期权对冲组合

保护型期权对冲组合是一种常用的期权风险管理策略，持有现货想要进行价格风险管理的投资者，可以通过买入对应的股指期权看跌合约，对冲现货风险。由于买入期权策略最大风险有限，最多亏损期权费，而收益无限，随着标的指数的下跌，买入看跌期权可以持续获利来对冲现货头寸的风险。保护型期权对冲组合可以看作是利用现货多头和看跌期权多头合成了看涨期权多头的收益结构。通过付出期权费，将现货盈利和亏损均无限的收益特征转换成了收益无限、风险有限的看涨期权多头。当现货价格上涨时，由于看跌期权的最大亏损锁定为期权的权利金，现货收益超过期权亏损之后，整体对冲组合仍能获取后续的收益；当现货价格下跌时，看跌期权端能持续获利，用来抵补现货端的亏损，起到较好的价格风险管理的作用，从而使其敢于长期持有现货端资产。

（二）期权备兑开仓组合

期权备兑开仓组合通过持有现货同时卖出看涨期权进行构建，部分对冲现货风险的同时，在稳定的市场形态下能获取增强收益。期权备兑开仓组合可以看作是利用现货多头和看涨期权空头合成了看跌期权空头的收益结构。与现货相比，期权备兑开仓在弱市或市场小幅上涨时，会有一定的收益增强效果。这种策略适合那些已经持有现货、不看好现货短期走势又不愿卖出现货的投资者，利用卖出看涨期权来获得权利金，以降低现货的持仓成本。

（三）领口期权策略组合

领口期权策略组合是一种较稳定、使用较多的期权风险管理策略，对于持有现货的投资者，可以通过买入看跌期权的同时，卖出看涨期权进行价格风险管理。由于卖出期权部分会收到权利金，可以抵补买入期权部分的权利金支出，因此此种策略是一种成本较低的风险管理策略。领口期权策略组合可以看作是利用现货多头、看涨期权空头和看跌期权多头合成了牛市价差组合的收益结构。该策略既能在市场下跌时低位止损，又能在市场上涨时高位止盈，优势在于建仓成本较低。

【本章要点】

1. 市场风险限额是金融机构根据风险偏好和风险政策对关键的市场风险指标设置限额，并据此对业务开展进行监测和控制的过程。市场风险限额是金融机构期望承受的风险上限，常用的市场风险限额有交易限额、风险限额和止损限额三种。限额分配有简单汇总分配和分散化分配方法。金融机构在设定风险限额时需要同时制订相应的超限额处理方案。

2. 金融衍生工具可以简单地定义为价值依赖于基本标的资产价格的金融工具。这里的标的资产可以是利率、汇率、证券、指数或是商品的价值。根据金融衍生工具自身交易的方法及特点，可以分为远期、期货、期权和互换这四个基本类型。

3. 对冲是针对某一证券组合的金融风险，利用特定金融工具构造风险特性相反的头寸，以减少或消除组合市场风险的过程。基于风险分散化的风险转移只能消除非系统风险而无法规避组合的系统风险，而对冲（Hedging）则可以完全或部分地规避头寸的各种市场风险，使组合价值不受或少受市场波动的影响。

4. 目前常见的利率衍生工具有远期利率协议、利率期货、利率互换和利率期权，金融机构可以使用利率衍生工具对冲利率风险。

5. 目前常见的汇率衍生工具有外汇远期、外汇互换、外汇货币互换和外汇期权，金融机构可以使用汇率衍生工具对冲汇率风险。

6. 目前常见的权益类衍生工具有股指期货和股票期权，金融机构可以使用权益类衍生工具对冲权益价格风险。

【重要概念】

交易限额　风险限额　止损限额　简单汇总分配法　分散化分配法
金融衍生工具　远期　期货　期权　互换　对冲

【课后习题】

1. 试述市场风险限额。
2. 试比较市场风险限额分配的方法。
3. 金融机构应如何处理超过市场风险限额的情况？
4. 列举并比较中国金融市场上对冲汇率风险的衍生工具。
5. 列举并比较中国金融市场上对冲利率风险的衍生工具。
6. 列举并比较中国金融市场上对冲权益价格风险的衍生工具。
7. 登录中国外汇交易中心、中国金融期货交易所网站了解中国金融衍生工具市场发展现状。
8. 阅读上市金融机构年报，了解金融机构如何利用衍生工具控制市场风险。

【进阶阅读】

1. 中国期货业协会. 场外衍生品（第二版）［M］. 北京：中国财政经济出版社，2020.

2. 中国银行间市场交易商协会教材编写组. 金融市场风险管理：理论与实务［M］. 北京：北京大学出版社，2019.

3. Aron Gottesman. Derivatives Essentials：An Introduction to Forwards, Futures, Options, and Swaps. John Wiley & Sons, Inc. , 2016.

第十二章

操作风险控制

【学习目标】

1. 掌握内控合规管理的概念、原则和治理架构；熟悉金融机构的内控合规措施。
2. 掌握操作风险转移与缓释的方法。
3. 熟悉信息科技风险和模型风险控制的方法。

【开篇导读】

银保监会：开展银行业保险业
"内控合规管理建设年"活动

银保监会于 2021 年 6 月 8 日印发《关于开展银行业保险业"内控合规管理建设年"活动的通知》。通知提出，"内控合规管理建设年"活动要立足新发展阶段、贯彻新发展理念，着力补齐内控合规机制明显短板，坚决破解屡查屡犯顽瘴痼疾，大力整治人民群众反映强烈的行业陋习，实现内控体系更加健全、内控效能持续提升、合规意识更加牢固、合规文化持续厚植的建设目标，构筑起"不敢违规、不能违规、不想违规"的有效机制，牢牢守住不发生系统性风险的底线，为构建新发展格局提供有力金融支持。

通知明确，内控合规管理建设必须常抓不懈，"内控合规管理建设年"活动重在压实银行保险机构主体责任，将常态化的强内控、促合规与阶段性的补短板、除顽疾相结合。

具体而言，一是突出党建引领，确保重大决策部署落到实处；二是突出顶层合规，强化公司治理主体履职尽职；三是突出问题导向，破解重点领域屡查屡犯顽瘴痼疾；四是突出关键少数，狠抓重要岗位关键人员教育管理；五是突出常态治理，深化内控合规管常管长机制建设。各银行保险机构要将党中央、国务院关于经济金融工作的各项要求转化为机构发展战略、内控目标和管理行动，牢固树立"内控优先、合规为本"的理念，高级管理人员要带头合规、率先垂范，促进内控合规要求内化于心、外化于行，持续提升内控合规管理水平。

通知要求，各银行保险机构要对照工作要点深入查找内控合规薄弱环节，重点加强股权管理、授信业务、影子银行和交叉金融、互联网业务等领域的内控合规建设；开展屡查屡犯问题集中整治，确保 2021 年各类屡查屡犯问题发生率显著低于 2020 年，整改问责要坚持更严标准和更高要求。

资料来源：张琼斯. 银保监会：开展银行业保险业"内控合规管理年活动"[N]. 上海证券报，2021 - 06 - 08.

第一节　内控合规管理

一、什么是内控合规管理

内控合规管理是内部控制与合规管理的统称。内部控制是金融机构董事会、监事会、高级管理层和全体员工参与的，通过制定和实施系统化的制度、流程和方法，实现控制目标的动态过程和机制。金融机构内部对所有业务经营过程中的操作风险进行管理，其本质就是内部控制。

合规管理是金融机构通过建立合规治理机制，制定和执行合规政策，开展合规审核、合规检查、合规风险监测、合规考核及合规培训等措施，预防、识别、评估、报告和应对合规风险的行为。对于金融机构，违规活动是导致操作风险的重要原因之一，因此合规管理成为金融机构操作风险管理的一项重要内容，也是实施有效内部控制的一项基础性工作。

金融机构推动内控合规管理的目标如下：（1）保证国家有关法律法规及规章的贯彻执行。（2）保证金融机构发展战略和经营目标的实现。（3）保证金融机构风险管理，特别是操作风险管理的有效性。（4）保证金融机构业务记录、会计信息、财务信息和其他管理信息的真实、准确、完整和及时。

二、内控合规管理的原则

金融机构内控合规管理应当遵循以下基本原则。

1. 全覆盖原则。金融机构内控合规管理应当贯穿决策、执行和监督全过程，覆盖各项业务流程和管理活动，覆盖所有的部门、岗位和人员。

2. 制衡性原则。金融机构内控合规管理应当在治理结构、机构设置及权责分配、业务流程等方面形成相互制约、相互监督的机制。

3. 审慎性原则。金融机构内控合规管理应当坚持风险为本、审慎经营的理念，设立机构或开办业务均应坚持内控合规优先。

4. 相匹配原则。金融机构内控合规管理应当与管理模式、业务规模、产品复杂程度、风险状况等相适应，并根据情况变化及时进行调整。

三、内控合规治理架构

金融机构应当建立由董事会、监事会、高级管理层、内控合规部门、内部审计部门、业务部门组成的分工合理、职责明确、报告关系清晰的内部控制治理和组织架构。

董事会负责保证金融机构建立并实施充分有效的内控合规体系，保证金融机构在法律和政策框架内审慎经营；负责明确设定可接受的风险水平，保证高级管理层采取必要的风险控制措施；负责监督高级管理层对内控合规体系的充分性与有效性进行监测和评估。

监事会负责监督董事会、高级管理层完善内控合规体系；负责监督董事会、高级管理层及其成员履行内控合规职责。

高级管理层负责执行董事会决策；负责根据董事会确定的可接受的风险水平，制定系统化的制度、流程和方法，采取相应的风险控制措施；负责建立和完善内部组织机构，保证内控合规的各项职责得到有效履行；负责组织对内控合规体系的充分性与有效性进行监测和评估。

金融机构应当指定专门部门作为内控合规部门，牵头内控合规体系的统筹规划、组织落实和检查评估。

金融机构内部审计部门履行内控合规的监督职能，负责对金融机构内控合规的充分性和有效性进行审计，及时报告审计发现的问题，并监督整改。

除内部审计部门和内控合规部门外的其他部门负责参与制定与自身职责相关的业务制度和操作流程；负责严格执行相关制度规定；负责组织开展监督检查；负责按照规定时限和路径报告内控合规存在的缺陷，并组织落实整改。

四、内控合规措施

金融机构为防范操作风险，主要采取如下的内控合规措施。

一是建立健全内控合规制度体系，对各项业务活动和管理活动制定全面、系统、规范的业务制度和管理制度，并定期进行评估。

二是合理确定各项业务活动和管理活动的风险控制点，采取适当的控制措施，执行标准统一的业务流程和管理流程，确保规范运作。

三是采用科学的风险管理技术和方法，充分识别和评估经营中面临的风险，对各类主要风险进行持续监控。

四是建立健全信息系统控制，通过内控合规流程与业务操作系统和管理信息系统的有效结合，加强对业务和管理活动的系统自动控制。

五是应当根据经营管理需要，合理确定部门、岗位的职责及权限，形成规范的部门、岗位职责说明，明确相应的报告路线。

六是全面系统地分析、梳理业务流程和管理活动中所涉及的不相容岗位，实施相应的分离措施，形成相互制约的岗位安排。

七是明确重要岗位，并制定重要岗位的内控合规要求，对重要岗位人员实行轮岗或强制休假制度，原则上不相容岗位人员之间不得轮岗。

八是制定规范员工行为的相关制度，明确对员工的禁止性规定，加强对员工行为的监督和排查，建立员工异常行为举报、查处机制。

九是根据各分支机构和各部门的经营能力、管理水平、风险状况和业务发展需要，建立相应的授权体系，明确各级机构、部门、岗位、人员办理业务和事项的权限，并实施动态调整。

十是严格执行会计准则与制度，及时准确地反映各项业务交易，确保财务会计信息真实、可靠、完整。

十一是建立有效的核对、监控制度，对各种账证、报表定期进行核对，对现金、有价证券等有形资产和重要凭证及时进行盘点。

十二是设立新机构、开办新业务、提供新产品和服务，应当对潜在的风险进行评估，并制定相应的管理制度和业务流程。

十三是做好违规处置和问题整改，倡导主动发现、主动暴露、主动避免违规事件的发生和主动纠正已发生的违规事件。

十四是建立科学合理的内控合规考核体系，加强内控合规管理的内生动力。

十五是建立健全客户投诉处理机制，制定投诉处理工作流程，定期汇总分析投诉反映事项，查找问题，有效改进服务和管理。

专栏 12－1

合规科技助力中国银行业数字化转型

作为监管科技的延伸，合规科技指利用大数据、人工智能等科技手段，通过数据和流程的自动化，帮助金融机构高效率、高时效性、高准确度、低成本地满足全球化复杂金融监管政策和制度要求。合规科技是商业银行数字化转型的必备利器。

首先，以合规科技赋能业务合规。在金融监管长期步入趋严态势背景下，金融机构的合规成本大幅提升。只有利用科技手段，银行才能够满足复杂且不断深化的监管要求，降低合规复杂性，增强合规能力，从而降低合规成本、提高运行效率。

其次，以合规科技防范新兴风险。新兴技术是一把"双刃剑"，在依托新技术赋能金融业务发展的同时，也必须充分认识到金融科技所带来的风险。数字化转型的商业银行最显著的特点是其金融服务的开放性。线上银行可能在精准或充分进行客户身份识别方面存在不足，无法有效进行客户风险评估，进而给反欺诈、反洗钱等业务风险管理带来新挑战。此外，网络安全问题始终伴随着金融科技的发展。随着商业银行数字化转型进程的不断深入，商业银行将更加依赖高效、精准的合规科技手段在新兴技术风险管控领域所发挥的重要作用，以有效应对金融科技风险。

资料来源：刘秋万．以合规科技助力银行数字化转型［J］．清华金融评论，2019（5）．

第二节 转移与缓释

操作风险的转移与缓释主要针对金融机构低频高损和高频低损的操作风险进行管理，是在量化分析操作风险点分布、发生概率和损失程度的基础上，采用适当的转移与缓释工具，转移、限制、降低或分散操作风险。这里介绍业务连续性管理、商业保险和服务外包这三种控制方法。

一、业务连续性管理

（一）定义与作用

业务连续性管理（Business Continuity Management，BCM）是当自然灾害、人为破坏和技术故障等原因影响到业务运营或造成业务中断的事件发生时，金融机构为确保关键业务能在一定时间内持续运营或及时恢复的一整套管理体系，包括政策、制度、流程和工具等。其范围应涵盖金融机构全部业务功能，特别是涉及金融机构生死攸关的关键业务功能以及与业务功能相关的人员、系统、基础设施和利益相关方等。其目的是通过建立健全包括预防、预警、指导、响应、决策、处置、持续改进等在内的完整的业务连续性管理机制，有效降低灾难事件或突发事件对金融机构资金及声誉造成的损失，提高金融机构的风险防范能力和风险抵御能力。

（二）基本原则

《商业银行业务连续性监管指引》明确了业务连续性管理的基本原则。

（1）切实履行社会责任，保护客户合法权益、维护金融秩序。

（2）坚持预防为主，建立预防、预警机制，将日常管理与应急处置有效结合。

（3）坚持以人为本，重点保障人员安全；实施差异化管理，保障重要业务有序恢复；兼顾业务连续性管理成本与效益。

（4）坚持联动协作，加强沟通协调，形成应对运营中断事件的整体有效机制。

（三）重要环节

从国内外先进金融机构及诸多知名企业的实践经验来看，业务连续性管理是应对小概率事件最有效的方法。业务影响分析、业务连续性计划、应急预案是业务连续性管理中的重要环节。

1. 业务影响分析

业务影响分析是识别和计量各项业务中断造成的影响或损失，明确业务连续性管理重点，根据业务的关键程度实现差别化管理，确定各项业务恢复的优先顺序和恢复资源需求的过程。中国银保监会要求商业银行至少每 3 年开展一次全面业务影响分析，并形成业务影响分析报告。

业务影响分析的主要内容包括业务分类及业务类别重要性分析、关键资源重要性分析、财务影响分析、非财务影响分析、中断容忍度分析、汇总评价结果等，通过定性及定量的分析、赋值、加权汇总，最终得出各业务的恢复目标、恢复顺序，信息系统的恢复目标、恢复顺序以及基础设施与办公资源、人员、供应商等恢复策略。业务分类及业务类别重要性分析首先要确定业务范围、业务分类维度、业务分类标准等内容，之后对业务功能进行分类、评级、赋值，作为业务恢复目标和恢复优先级的定性评价依据。关键资源重要性分析是梳理支持业务运行的信息系统、人员、场地、重要数据及文档、外部供应商、关联机构等关键资源，识别依赖程度，确定关键资源及业务恢复目标和恢复优先级。财务影响分析是通过计算业务中断时的财务损失，作为业务恢复目标和恢复优先级的定量评价依据。非财务影响分析是通过分析业务中断对国家金融稳定、合规性要求、服务水平、声誉等方面的非财务影响，赋予相应分值，作为业务恢复目标和恢复优先级的定性评价依据。中断容忍度分析是通过对业务中断时间及业务信息丢失时间点的容忍度分析，赋予相应分值，作为业务恢复目标和恢复优先级的定性评价依据。汇总评价结果是通过加权平均上述评价结果的分值，对业务功能进行重要性排序，并整理业务及关键资源的对应关系。

2. 业务连续性计划

金融机构要制订业务连续性计划，业务连续性计划主要包括以下内容：一是重要业务及关联关系、业务恢复优先次序；二是重要业务运营所需关键资源；三是应急指挥和危机通信程序；四是各类预案以及预案维护、管理要求；五是残余风险。开展业务连续性计划所需的资源建设，满足业务恢复目标和重要业务持续运营的要求。

中国银保监会要求商业银行至少每3年对全部重要业务开展一次业务连续性计划演练。在重大业务活动、重大社会活动等关键时点，或在关键资源发生重大变化之前，也应当开展业务连续性计划的专项演练。开展业务连续性计划演练的目的是检验业务连续性计划的完整性、可操作性和有效性，验证业务连续性资源的可用性，提高运营中断事件的综合处置能力。金融机构开展业务连续性演练计划时，应当考虑业务的重要性和影响程度，包括客户范围、业务性质、业务时效性、经济与非经济影响等，演练频率、方式应当与业务的重要性和影响程度相匹配。金融机构通过业务连续性计划的演练与评估，不断改进业务连续性管理水平。

此外，金融机构还应当要求重要业务及信息系统的外部供应商建立业务连续性计划，证明其业务连续性计划的有效性，其业务恢复目标应当满足金融机构要求；并注重与金融同业单位、外部金融市场、金融服务平台和公共事业部门等业务连续性计划的有效衔接；同时，应当积极采取风险缓释及转移措施，有效控制外部机构业务连续性管理不充分可能产生的风险。

3. 应急预案与运营中断事件应急处置

应急预案是金融机构指导特定业务连续性突发事件场景下的应急处置行动指南，是一套全面的书面行动计划，明确了突发事件应急响应及恢复过程中的任务、行动、数据和资源。应急预案由各个部门根据各自的职责范围在突发事件发生前制定，以确保在突发事件导致业务中断时，可以在预定的业务恢复目标范围内恢复业务运营。

应急预案包括总体应急预案和专项应急预案。总体应急预案是金融机构应对运营中断事件的总体方案，包括总体组织架构、各层级预案的定位和衔接关系及对运营中断事件的预警、报告、分析、决策、处理、恢复等处置程序。总体预案通常用于处置导致大范围业务运营中断的事件。专项应急预案应当注重灾难场景的设计，明确在不同场景下的应急流程和措施。业务条线的专项应急预案，应当注重调动内部资源、采取业务应急手段尽快恢复业务，并和信息科技部门、保障部门的应急预案有效衔接。

专项应急预案的主要内容应当包括：（1）应急组织架构及各部门、人员在预案中的角色、权限、职责分工；（2）信息传递路径和方式；（3）运营中断事件处置程序，包括预警、报告、决策、指挥、响应、回退等；（4）运营中断事件处置过程中的风险控制措施；（5）运营中断事件的危机处理机制；（6）运营中断事件的内部沟通机制和联系方式；（7）运营中断事件的外部沟通机制和联系方式；（8）应急完成后的还原机制。

运营中断事件应急处置应当遵循"统一指挥、分类管理、分级处置、快速响应"的原则，金融机构可采取以下措施：（1）加强运营中断事件处置中的对外沟通，开展告知、解释与安抚工作，最大限度降低负面影响；（2）对重要业务可以通过减少服务功能、缩小服务范围、利用替代系统、手工记账、利用他行支付渠道等多种手段进行业务应急处置；（3）采用程序化和标准化的手段，提高信息技术应急处置的效率和质量。

二、商业保险

（一）定义与作用

对于低频高损的操作风险事件，金融机构也可以采取第三方保险的方式将风险转移至第三方，减少自身的损失。在金融机构投保前，不论是金融机构还是保险机构都要充分评估金融机构操作风险的状况、风险管理能力及财务承受能力，最终确定金融机构自担风险还是保险机构承保。购买保险还可以给金融机构带来资本节约的作用，商业银行在计量操作风险监管资本时，可以将保险理赔收入作为操作风险的缓释因素，但其总量不得超过操作风险总资本要求的20%。

（二）典型商业保险产品

国际上，金融机构所面临的很多操作风险可以通过购买特定的保险加以缓释，典型的保险产品有一揽子保险、错误与遗漏保险、董事及高管责任保险、雇主责任保险、未受权交易保险、财产保险、营业中断保险、商业综合责任保险、计算机犯罪保险、职业赔偿保险、经济犯罪保险等。国内金融机构在利用保险进行操作风险缓释方面还处于探索阶段。

（三）合格保险的认可标准

为保证保险缓释过程和结果的审慎性，监管机构采用了限定合格保险范围的做法。巴塞尔银行监管委员会及欧盟、英国、澳大利亚等国的监管机构均出台了合格保险的认可标准，其核心原则主要有以下方面。

（1）保险人信用资质。保险人的理赔支付能力评级最低为 A 或相当。

（2）保险初始期限。保单的初始期限必须不低于 1 年。

（3）撤销通知期限。保单撤销或主要内容变更须至少提前 90 天通知。

（4）限制性条款。监管机构列出。

（5）保险覆盖范围。保险覆盖范围要与操作风险计量模型保持一致。

（6）保险人独立性。保险由第三方实体提供，或者有适当的安排机制将风险实质性地转移出银行集团内部，如再保险方式。

（7）文件框架。保险缓释的框架合理，文件齐备。

（8）信息披露。需披露出于操作风险缓释目的而投保的情况。

（9）折扣和错配。

专栏 12 - 2

瑞幸造假将董责险推向前台，"将军的头盔"管用吗？

2020 年 4 月 2 日晚间，瑞幸咖啡自曝 22 亿元流水造假，受其影响，瑞幸咖啡股价从前一交易日的 26.20 美元直接暴跌至 6.40 美元，跌幅为 75.57%；4 月 3 日，又进一步跌至 5.38 美元，两日累计跌幅超过 90%，投资者面临巨额亏损。

据了解，目前美国已有多家律师事务所宣布将对瑞幸咖啡和特定管理人员提起集体诉讼，而瑞幸咖啡在赴美上市前投保了董责险，国内约有 10 多家保险公司以共保体的形式参与了此次承保，包括平安、太保、人保、中华联合、国任保险，以及安联、美亚、苏黎世等国际险企。

面对即将到来的集体诉讼，瑞幸咖啡选择将董责险推向前台，向相关保险公司提出董责险理赔申请。

其中，参与承保的中国平安回应称，已收到理赔申请，正在进一步处理中。太保产险则回应称，公司以跟单形式参与共保业务，并已做了审慎再保分出安排，目前尚未收到主承公司的正式出险通知。

所谓董责险，即董事高管责任保险，又被称为"将军的头盔"，作用在于当被保险的董事及高管在履职过程中，因被指控工作疏忽或行为不当而被追究其个人赔偿责任时，由保险人负责赔偿其进行责任抗辩所支出的有关法律费用，并代为偿付其应当承担的民事赔偿责任。

然而，值得注意的是，董事高管责任保险也并非万能，通常来说，保险公司无法承保被保险人的故意违法行为，事实上，任何保险都不会保护一个违法者，即便是"将军的头盔"，也不会被戴在一个违法"将军"的头上。

资料来源：安卓. 瑞幸造假将董责险推向前台，"将军的头盔"管用吗？［EB/OL］. 第一财经，2020 - 04 - 04.

三、服务外包

（一）定义与作用

服务外包是指金融机构将其部分事务通过合同的形式委托给外部机构或者个人处理。2005 年 2 月巴塞尔银行监管委员会公布了《金融服务外包》，对金融服务外包监管提供指引。该文件将金融服务外包定义为"受管制实体在持续性的基础上利用第三方来完成一些一般由受管制实体现在或将来所从事的事务，而不论该第三方当事人是否为公司集团内的一个附属企业，或为公司集团外的某一当事人"。

金融机构之所以选择服务外包，除了转移风险之外，还出于降低成本、将资源集中于核心业务、提高服务质量和效率的目的。虽然服务外包能够带来众多益处，但是金融机构在选择服务外包的时候需要有谨慎、系统的服务外包计划，从一开始的外包业务选择到外包业务退出都需要有详细的计划。

（二）服务外包分类

金融服务外包不仅包括将业务交给外部机构，还包括将业务交给集团内的其他子公司去完成的情形；不仅包括业务的初始转移，还包括业务的再次转移（也可称之为分包）。从外包内容上看，金融服务外包包括金融信息技术外包（ITO）和金融业务流程外包（BPO）。金融信息技术外包，是指金融企业以长期合同的方式委托信息技术服务商提供部分或全部的信息技术服务，主要包括应用软件开发与服务、嵌入式软件开发与服务，以及其他相关的信息技术服务等。金融业务流程外包是指金融企业将非核心业务流程和部分核心业务流程委托给专业服务提供商来完成，主要包括呼叫中心、财务技术支持、消费者支持服务、运营流程外包等。按照该项业务是否全部外包，可以分为全流程外包、部分流程外包两类。按照业务的性质，可以分为核心业务外包、非核心业务外包两类，其中核心业务外包更接近于知识流程外包的内容，一般涉及金融机构生存发展的问题，或者主要业务创新、重要产品创新等新兴领域。按照业务外包的地点，可以分为入场外包、离场外包两类，其中入场主要是指外包业务使用金融机构内部的办公地点，而离场外包则一般使用第三方甚至第四方提供的场所。

（三）实施步骤

一般的服务外包项目流程分为以下几个环节（如图 12 - 1 所示）。

1. 决定外包的业务。在选择外包业务的时候，不要试图将问题外包，比如银行的零售银行柜台业务，虽然是个操作风险频发部门，但是外包并不能解决问题。此外，金融机构不能将可能带来竞争优势或者核心项目外包，比如保险公司的特殊风险业务的标的价值高、承保风险大、保费收入高，此业务是不能外包的。

2. 制订外包计划。计划中应明确服务外包目的、范围、所要达到的效益、项目小组构建、完成时间等。

3. 服务外包风险评估。评估服务外包可能带来的风险，比如业务自身存在的风险，同时衡量服务外包可以带来的风险转移效果。

4. 撰写服务外包提案企划书。企划书是越详细越好，这样才能明确机构自身需求以便寻找合适的供应商、获得贴切的服务。

5. 选择外包供应商。当我们拿到潜在的外包供应商的名单时，需要综合衡量各供应商从中选择不一定最优秀但是最适合自己的供应商。通常考量的范围包括供应商的专业能力、供应商的要价、数据安全保障、供应商对自身的依赖程度和供应商与自身机构的文化兼容性。

6. 签订服务水平协议。服务水平协议是具有法律效力的，因此需要法律部门和合规部门的加入。虽然在谈判桌上为自己争取最大利益是正常的，但是你所希望得到的是一个能够长期合作的可靠伙伴，因此除了利益之外，还是有很多因素要沟通讨论的。

7. 外包项目管理。将服务外包并不等于对该业务不闻不问，需要明确指派相应员工或者项目管理小组负责服务外包项目的管理和维护。

8. 退出策略。环境和需求是不断在变化的，当服务外包对机构不再产生效益时，退出也是个必要的环节，因此一开始就要为自己留有后路。

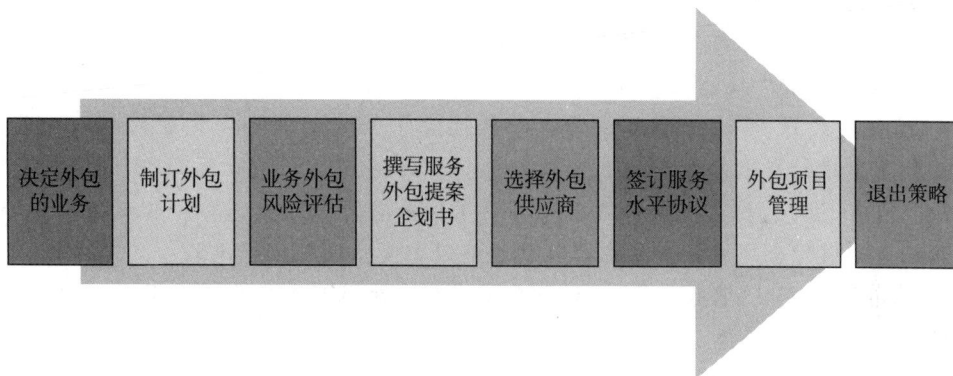

图 12 - 1 服务外包项目流程图

（四）外包供应商的分类管理与风险评级

外包供应商由于规模、能力、经验等多方面存在差异，因而影响其履行合同、完成外包服务的效果，并对完成项目带来了诸多不确定性和风险。金融机构服务外包服务内容多、覆盖面广，因而供应商市场应该具有多样性，即具有可以实施各种业务外包服务的合格的供应商。这种多样性体现在供应商规模、服务领域、专业性等方面，既要有规模较大、能够完成大规模复杂任务的承包商，也要有规模较小、可以完成各种专项任务的承包商。由于外包供应商数量众多、差别较大，金融机构一般较难进行全面的了解和比较，难以作出合适的选择。

对于供应商的评价，市场上有多种方法。综合评价方面，主要是各类信用评级，例如穆迪、标普、惠誉以及中国的大公国际和中诚信国际等评级机构所做的评级，对评级对象履行合同和承诺的能力、意愿进行总体评价。专业能力评价方面，主要是各种专业资质，如 ISO 9000、ISO 20000、ISO 27001、CMMI 等。为了降低外包风险，金融机构应加强对外包供应商的分类管理与风险评级。

专栏 12 - 3

英国拉斐尔银行外包处罚事件

拉斐尔银行成立于 1787 年，是英国历史最悠久的零售银行之一，受到英国审慎监管局（PRA）及英国金融市场行为监管局（FCA）联合监管。

2014 年 4 月 18 日，拉斐尔银行的外包商发生业务系统中断，导致两个银行卡项目共 57 位客户受到影响，称为一次事故。一次事故发生后，外包商承诺创建应对突发事故的客户预警系统，日后会积极监测系统风险并以邮件方式提前告知客户。至此，拉斐尔银行认为该事故已结束，不再采取整改措施。

2015 年 12 月 24 日，外包商发生信息系统事故，导致拉斐尔银行三个银行卡项目的服务完全中断，称为二次事故。引起二次事故的原因是外包商数据中心的数据库实例出现故障。数据库实例管理着银行卡支付授权服务所需要的客户信息和交易数据，因数据库实例被其他系统占用，与数据库发生冲突导致服务中断。二次事故发生后，拉斐尔银行要求外包商提交事故报告，并聘请外部咨询公司进行外包服务评估、制订整改计划。对于客户方面的损失没有进行调查，后续也没有采取补救行动。

综合两次 IT 事故，PRA 认为，外包风险管理是金融风险管理的核心内容，鉴于拉斐尔银行在银行卡业务上依赖外包商，致使同类事故出现两次，性质是严重的。FCA 认为，拉斐尔银行可以选择将关键业务外包给第三方，但必须对该事项承担全部监管合规责任，采取合理的措施避免发生额外操作风险。

2019 年 5 月，PRA 与 FCA 联合发布公告，对拉斐尔银行进行处罚，金额合计约 1 700 万元人民币。

资料来源：苏如飞. 英国拉斐尔银行外包处罚事件分析及启示［J］. 中国信用卡，2020（11）.

第三节　信息科技风险与模型风险控制

一、信息科技风险控制

信息科技风险管理的目标是通过建立有效的机制，实现对金融机构信息科技风险的识别、计量、监测和控制，促进金融机构安全、持续、稳健运行，推动业务创新，提高信息技术使用水平，增强核心竞争力和可持续发展能力。参照《商业银行信息科技风险管理指引》，金融机构的信息科技风险控制方法包括信息科技治理，信息科技风险管理，信息安全管理，系统开发、测试与维护，信息科技运行，业务连续性管理，外包管理，内外部审计八个方面。

（一）信息科技治理

金融机构应形成分工合理、职责明确、相互制衡、报告关系清晰的信息科技治理组织结构。

（二）信息科技风险管理

金融机构应制定符合总体业务规划的信息科技战略、信息科技运行计划和信息科技风险评估计划，制定全面的信息科技风险管理策略，建立持续的信息科技风险计量和监测机制。

（三）信息安全管理

金融机构信息科技部门负责落实信息安全管理职能，负责建立和实施信息分类和保护体系。建立有效管理用户认证和访问控制的流程保障业务安全，通过设立物理安全保护区域保障物理安全，通过将网络划分为不同的逻辑安全域保障网络安全，通过操作系统和系统软件的安全控制保障系统安全，同时加强信息系统、终端设备、传输控制、信息保护等方面的安全，并对员工进行持续培训，对违反信息安全规定的行为采取零容忍政策。

（四）系统开发、测试与维护

金融机构对信息系统进行需求分析、规划、采购、开发、测试、部署、维护、升级和报废，应制定制度和流程，采取适当的项目管理方法，控制信息科技项目相关的风险。应采取适当的系统开发方法，控制信息系统的生命周期。应制定相关控制信息系统变更的制度和流程，确保系统的可靠性、完整性和可维护性，应制定并落实相关制度、标准和流程，确保信息系统开发、测试、维护过程中数据的完整性、保密性和可用性等具体要求。

（五）信息科技运行

金融机构数据中心物理环境、人员岗位职责要符合监管与内部要求。金融机构应制定详尽的信息科技运行操作说明，建立事故管理及处置机制及时响应信息系统运行事故，建立服务水平管理相关的制度和流程，建立连续监控信息系统性能的相关程序，制定容量规划应及时进行维护和适当的系统升级，制定有效的变更管理流程以确保生产环境的完整性和可靠性等。

（六）业务连续性管理

金融机构应根据自身业务的性质、规模和复杂程度制定适当的业务连续性规划，以确保在出现无法预见的中断时，系统仍能持续运行并提供服务；定期对规划进行更新和演练，以保证其有效性。

（七）外包管理

金融机构不得将其信息科技管理责任外包，应合理谨慎监督外包职能的履行，针对外包方选择、外包谈判、外包协议、外包执行中的信息安全等方面要符合监管要求。

（八）内外部审计

金融机构应对信息科技风险管理进行内部审计和外部审计。金融机构内部审计部门应根据业务的性质、规模和复杂程度，对相关系统及其控制的适当性和有效性进行监测。至少应每三年进行一次全面审计。在符合法律、法规和监管要求的情况下，金融机构应委托具备相应资质的外部审计机构进行信息科技外部审计。

二、模型风险控制

从管理实践来看，金融机构模型风险管控有以下四大重点。

一是从战略高度加强模型风险管控。金融机构必须将模型风险管控提升至战略高度，及早建立模型风险的管理机制、管控流程和监测报告机制。要建立模型风险治理框架，明确董事会、高管层及相关部门在模型风险管理过程中的责任，制定详细的模型风险评估标准，对模型风险偏好、风险识别、重大风险筛选、风险评估、风险缓释、风险监测和报告等进行明确。

二是建立全生命周期的模型风险管控机制，强化模型应用评估要求。建立健全模型管理制度体系，覆盖全部模型，制定模型风险管理办法，明确模型风险管理的三道防线及其职责。在模型研发环节，设置建模技术标准和数据管理要求，控制建模关键环节的风险，通过模型投产前验证、模型测试及时评估模型可用性。模型投产应用前均应经过审批环节，经批准的模型方可投入使用。在模型部署实施环节，要完善编码测试机制，制定规范的模型发布程序。在模型运行环节，应确立模型维护和定期监测机制，及时淘汰表现下降的模型。在模型使用环节，建立模型操作指引，对模型用户加强培训，让模型得到正确的使用。此外，应加强模型的支持体系验证要求，对模型的业务应用策略、政策办法、操作流程及数据质量等进行全面评估，分析可能存在的问题及风险，以便后续能够通过返回检验和持续监测，对其可能引发的影响进行动态评估，确保模型能够得到恰当、合理的使用。

三是健全模型风险管理措施，有效实施模型风险防控。首先是建立模型库，涵盖全部模型，详细记录模型的类别信息、版本历史、模型用途、模型的上下游关系、模型重要性等级、开发验证审批人员和时间、监测验证频率、验证结论、模型的文档资料等。模型库信息应由专人负责并及时维护更新，以保证在整个生命周期中所有模型都得到适当的识别和管理。其次是采用统一的标准对模型进行风险评估和分级，通常根据模型应用业务领域的风险敞口和应用范围的大小、监管要求的严格程度、模型方法和应用过程的复杂程度、模型的上下游依赖关系、对决策影响的直接程度等，对模型重要性进行分级，并实施差异化的验证、监测、审批。最后是重视模型文档管理，包括开发、验证、审批、系统开发、使用、监测等各阶段的详细文档记录。模型文档对模型的假设和局限、模型应用范围的清晰说明也为管理者和模型使用者适当使用模型提供了支持。

四是强化算法、策略和架构的穿透式审查及验证，明确关键岗位管理要求。可采用同行评议、模型风险专家组评审等方式，对相关建模使用的算法、策略和架构设计进行穿透式审查和验证，评估所使用的数据、参数和假设的合理、合规性，尽可能规避其中的漏洞和错误。同时，要识别关键岗位人员，明确相应的能力素质要求、绩效考核及后评价要求，逐步建立建模和验证人员准入机制，确保权责匹配，尽可能杜绝其中的道德风险。

专栏 12 - 4

模型运行平台是模型风险管理的基础与抓手

没有模型运行平台的统一，就无法做到模型管理的真正落实。模型运行平台对于模型管理的抓手效应体现在以下几点。

一是模型上线流程审批：落实相关审计制度。包括模型相关文档、评审报告、审批流程等。

二是模型生命周期：除了审批流程之外，需要系统落实模型的后评价初始生效日期、定期评审日期、模型退出记录等机制，并通过邮件触发审批流程。同时对于模型参数，如阈值调整，也需要触发审批与评审流程。

三是模型监控：这是最重要的模型风险管理手段，必须在系统中明确模型的必需监控条件，作为必选项进行控制。

四是用数据保证算法安全：模型的适用场景取决于建模所用的样本，超出样本范围的数据，一旦被上送模型，将会得到预期外的结果。因此需要上传机器学习、人工智能模型的建模样本和算法说明，如果是调用三方库，需要明确版本和使用的超参数。其一是保证模型可以有效复现，其二是可以根据建模样本确定数据范围，在模型运行的工程环节进行输入范围监控，超过范围可以进行拒绝服务。模型运行平台应保证可以根据建模样本的 x 和 y 计算稳定性指标（PSI），保证模型工程化上线后仍然能在统计学意义上保证与期望的输入输出分布一致。

五是模型上线时必须将模型评审中制定的模型监控与后评价指标上线。例如PSI 稳定性监控指标。在模型后评价生效日期开始，应具备后评价指标，如对于回归模型的 MSE、RMSE 后评价指标；对于分类模型的 ROC、PR 指标；对于模型区分度的 KS、GINI 等，应根据模型管理制度进行选取。

六是模型清单与报告定期生成。

综上所述，拥有统一的模型运行平台，可以行之有效地将管理规定以技术方式落地，使用科技抓手有效发现问题，识别风险，防止出现先射击后画靶子的机器学习"神枪手"。

资料来源：李成. 从科技角度看模型风险管理［J］. 金融电子化, 2021 (8).

【本章要点】

1. 内控合规管理是内部控制与合规管理的统称。内部控制是金融机构董事会、监事会、高级管理层和全体员工参与的，通过制定和实施系统化的制度、流程和方法，实现控制目标的动态过程和机制。金融机构内部对所有业务经营过程中的操作风险进行管理，其本质就是内部控制。合规管理是金融机构通过建立合规治理机制，制定和执行合规政策，开展合规审核、合规检查、合规风险监测、合规考核及合规培训等措施，预防、识别、评估、报告和应对合规风险的行为。对于金融机构，违规活动是导致操作风险的重要原因之一，因此合规管理成为金融机构操作风险管理的一项重要内容，也是实施有效内部控制的一项基础性工作。

2. 操作风险的转移与缓释主要针对金融机构低频高损的操作风险进行控制，是在量化分析操作风险点分布、发生概率和损失程度的基础上，采用适当的转移与缓释工具，转移、限制、降低或分散操作风险，主要的工具有业务连续性管理、商业保险和服务外包。

3. 参照《商业银行信息科技风险管理指引》，金融机构的信息科技风险控制方法包括信息科技治理，信息科技风险管理，信息安全管理，系统开发、测试与维护，信息科技运行，业务连续性管理，外包管理，内外部审计八个方面。

4. 从管理实践来看，金融机构模型风险管控有以下四大重点：一是从战略高度加强模型风险管控；二是建立全生命周期的模型风险管控机制，强化模型应用评估要求；三是健全模型风险管理措施，有效实施模型风险防控；四是强化算法、策略和架构的穿透式审查及验证，明确关键岗位管理要求。

【重要概念】

内部控制　合规管理　业务连续性管理　服务外包　内外部审计

【课后习题】

1. 什么是内控合规，金融机构为什么要推动内控合规管理？
2. 试举例说明金融机构的内控合规措施。
3. 什么是业务连续性管理，主要包括哪些内容？
4. 试举例说明可以转移操作风险的商业保险产品。
5. 业务外包的目的是什么？如何对外包供应商进行管理？
6. 金融机构应如何进行信用科技风险控制？
7. 试分析金融机构模型风险管控的重点。
8. 阅读上市金融机构年报，了解金融机构操作风险、信息科技风险和模型风险管控实践。

【进阶阅读】

1. 阎庆民. 操作风险管理"中国化"探索：中国商业银行操作风险研究［M］. 北京：中国经济出版社，2012.

2. Philippa Girling. Operational Risk Management：A Complete Guide to a Successful Operational Risk Framework. John Wiley & Sons，Inc.，2013.

3. Ariane Chapelle. Operational Risk Management：Best Practices in the Financial Services Industry. John Wiley & Sons，Inc.，2019.

第十三章

其他风险控制

【学习目标】

1. 熟悉战略风险控制的方法。
2. 掌握国别风险控制的方法。
3. 熟悉声誉风险控制的方法。

【开篇导读】

财通证券四宗违规被责令改正
高管钱某被监管谈话

2021 年 11 月 19 日，证监会网站发布了《关于对财通证券股份有限公司采取责令改正措施的决定》以及《关于对钱某采取监管谈话措施的决定》。

决定书显示，证监会发现财通证券股份有限公司（以下简称财通证券）存在以下违规行为：一是财通国际投资有限公司在境外经营放债业务，与两企业签订的贷款协议于 2019 年 7 月到期后，未按规定到期终结，而是通过签订附加协议对贷款予以展期；二是公司对全资子公司的系统对接未有效覆盖财通证券（香港）有限公司业务，风险数据集市未实现对该公司自营、投行及资管业务的对接；三是财通证券（香港）有限公司自 2019 年以来，多次出现为客户下单时错误使用另外一位客户账户的情形；四是风险管理系统尚未集成声誉风险管理模块，企业风险管理平台未实现衍生品业务相关希腊字母的计算功能，相关指标依赖手工计算且未实现逐日监控。

证监会指出，上述行为违反了《证券公司风险控制指标管理办法》第六条，《证券公司和证券投资基金管理公司境外设立、收购、参股经营机构管理办法》第十四条、第三十七条，《证券公司监督管理条例》第二十七条规定，反映出财通证券对境外子公司风险管控不到位，信息技术系统保障不足，全面风险管理体系不完备。

根据《证券公司监督管理条例》第七十条的规定，证监会现责令财通证券改正。要求公司应当采取有效措施，完善内部管理，提升风控水平，并于收到决定之日起 3 个月内向浙江证监局提交整改报告。

此外，钱某作为公司境外子公司分管负责人，对相关违规行为负有领导责任。根据《证券公司董事、监事和高级管理人员任职资格监管办法》第五十一条的规定，证监会决定对钱某采取监管谈话措施。

资料来源：中国经济网，http：//m. ce. cn/bwzg/202111/22/t20211122 _ 37104920. shtml.

第一节 战略风险控制

一、明确董事会和高级管理层的责任

董事会和高级管理层负责制定金融机构的战略风险管理政策和操作流程，并在其直接领导下，独立设置战略风险管理/规划部门，负责识别、评估、监测和控制战略风险。董事会和高级管理层对战略风险管理的结果负有最终责任。

董事会和高级管理层负责制定金融机构最高级别的战略规划，并将其作为金融机构未来发展的行动指南。虽然重大的战略规划/决策有时需要提请股东大会审议、批准，但并不意味着战略规划因此保持长期不变。相反，战略规划应当定期审核或修正，以适应不断发展变化的市场环境和满足利益持有者的需求，同时最大限度地降低战略规划中的战略风险。

董事会和高级管理层制定战略规划时，为了使金融机构所有员工理解战略规划的内容和意义并确保与日常工作协调一致，应当首先征询大多数员工的意见和建议。获得所有业务领域和职能部门对于竞争优势、现存问题等方面的深入见解，有助于战略规划和实施方案的制定更加符合实际情况，并减少可能对资本充足率和盈利能力造成的不利影响，降低战略风险。如果制定的战略规划缺乏足够的员工认同感，最终必将阻碍战略目标的顺利实现。

二、制定风险导向的战略规划

首先，战略规划应当清晰阐述实施方案中所涉及的风险因素、潜在收益以及可接受的风险水平，并且尽可能地将预期风险损失和财务分析包含在内。例如，在信用卡业务扩展规划中，应当认真评估预期收入增长率、新的/当前市场的持续发展能力、人力资源/技术设备要求、业务扩展所产生的信用风险规模等基本假设条件。经过评估并具有较高可信度的假设，可以应用于战略实施方案中的风险评估，并针对风险敞口的规模提出适当的控制方案。毫无疑问，那些假定能够产生最大经济效益并拥有最大风险敞口的战略实施方案，需要金融机构作出最深入和广泛的风险分析与评估。以风险为导向的战略规划如图 13 – 1 所示。

其次，战略规划必须建立在金融机构当前的实际情况和未来的发展潜力基础之上，反映金融机构的经营特色。例如：大型商业银行普遍擅长零售业务，有能力将更多资源和技术持续投入到大规模零售业务系统中（如快速增长的信用卡/借记卡终端商

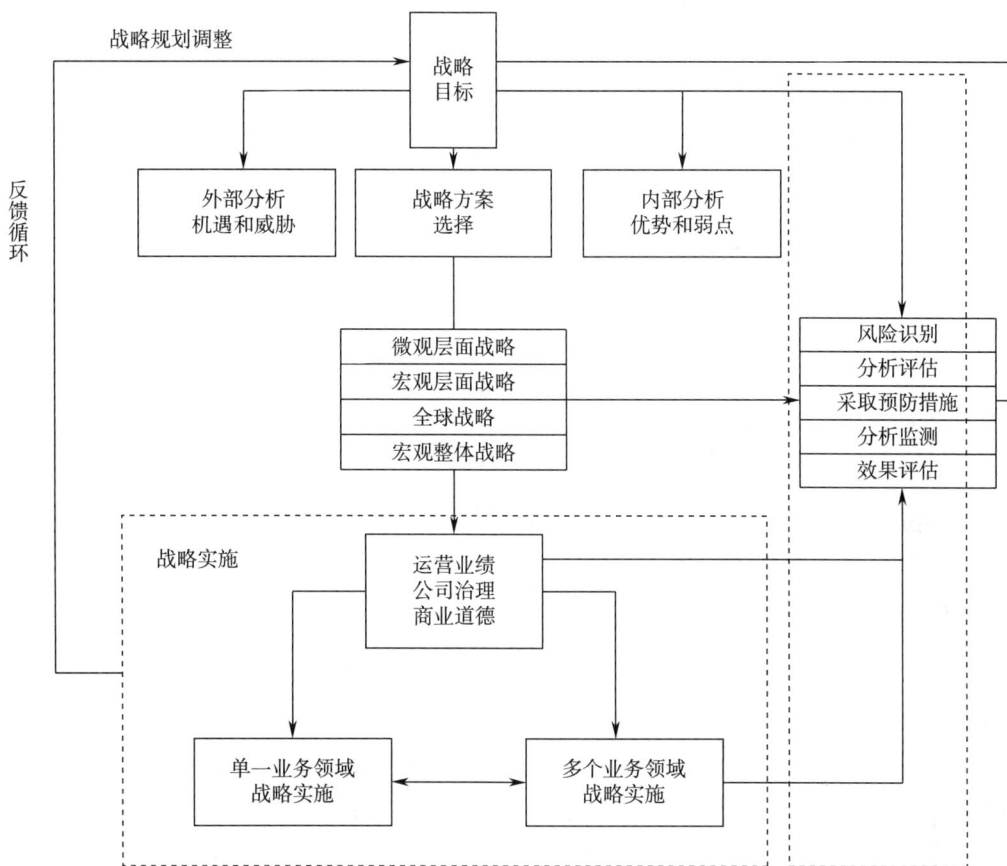

图 13 - 1　以风险为导向的战略规划

［资料来源：中国银行业协会银行专业人员职业资格考试办公室. 风险管理（2019 年版）［M］.
北京：中国金融出版社，2019］

户）；小型商业银行则可以在某些专业领域采用先进的信息系统或与第三方合作，在细分业务领域与大型商业银行展开竞争，或利用地域、专业优势，服务于要求相对复杂的企业/零售客户，其利润率往往明显高于普通零售客户。不同规模的金融机构只有通过全面、细致的战略规划，才能进行清晰的市场定位，创建特色产品/服务，在相对强势的业务领域保持竞争优势，最终实现长期战略发展目标。

最后，战略规划始于宏观战略层面，但最终必须深入贯彻并落实到中观管理层面和微观执行层面。在金融机构内部，不同业务领域和员工有时对遵守风险管理政策和原则并按照流程处理业务持有消极态度，甚至认为风险管理是人为地设置障碍或形同虚设。如果金融机构的所有员工都能积极参与到风险管理的战略规划中来，将有利于加深员工对风险管理重要性的认识，使风险管理/控制流程和措施更容易贯彻和执行。同时，采用先进的信息系统记录和跟踪违规行为，定期、持久地进行风险评估，也有助于金融机构实现长期发展目标。

最高层面的战略规划最终应当以切实可行的战略实施方案体现出来，应用于各主要业务领域。战略实施方案执行之前，业务部门应当认真评估其是否与金融机构的长期发展目标和战略规划保持一致、对未来战略目标的贡献，以及是否有必要调整战略规划；战略实施方案执行之后，无论成功与否，金融机构都应当对战略规划和实施方案的执行效果进行深入分析、客观评估，认真总结并从中吸取教训。

三、构建战略风险管理闭环

与其他许多类型管理的要求一样，由董事会推动和监督构建无缝闭环，做到既有始有终又首尾相连，是金融机构战略风险管理工作质效的重要保证。战略管理是一个从分析研究、审议制定、贯彻执行直到评估修正的动态过程，战略风险管理的链条和机制亦循此追随。具体来说，战略的分析研究是否存在风险、是哪些风险、如何管控这些风险，战略的审议制定是否存在风险、是哪些风险、如何管控这些风险……一直到战略的评估修正是否存在风险、是哪些风险、如何管控这些风险，各个环节的风险监测、识别、评估和管控都要环环相扣，同时又要求相互促进、共同完善。

四、实行战略风险细分管理

实践中，金融机构的发展战略既有总体层面的，也有依据总体战略制定实施的相关子战略，比如公司与机构业务战略、零售业务战略、渠道战略、国际化战略、人才战略、信息科技战略等，这些共同构成完整的战略体系。子战略是总体战略的分解、细化，与之相对应，战略风险管理工作也可以在总体框架下、按照无缝闭环原则予以细分，包括细分管理目标、管理内容和责任主体等，从而让相关任务措施更加具体、更加到位，为在特定领域达到预期的子战略风险管理成效以及在综合加总后达到预期的总体战略风险管理成效提供扎实的基础。

五、完善战略风险管理工具

经济资本配置是战略风险管理的重要工具。利用经济资本配置，可以有效控制每个业务领域所承受的风险规模。金融机构应当参照各业务部门的风险调整的收益率，审核和批准业务计划以及相应的资本分配方案。将有限的资源应用到表现最佳的业务领域，有助于强化该领域的竞争优势，并支持金融机构的长期发展战略。

专栏 13-1

战略风险管理不是自娱自乐

商业银行董事会负责的战略风险管理，绝不是自娱自乐，其成果应用也不仅限于资本充足率管理范畴。其目的在于促进和保障银行持续完善发展战略、强化战略执行、提升战略成效，助力银行在激烈的市场竞争中形成可持续的、差异化的竞争优势。

有鉴于此，若要持续做好这项工作，还需要虚心接受多方面的监督。一是股东监督。董事会作为责任主体，要通过股东大会议题或在定期报告中披露的方式，向银行股东报告战略风险管理情况，让股东们清楚所持股银行的战略优势和不足。二是监事会监督。银行监事会要将战略风险管理工作纳入对董事会和董事履职尽责的监督评价内容，并视情况组织开展必要的专项问询或检查。三是监管机构监督。依据公司治理监管、资本充足率监管、全面风险监管等规则要求，监管机构要对银行战略风险管理工作实施全方位、多角度的监督检查，督促问题整改落实，必要时采取相关约束惩罚措施。四是社会监督。新闻媒体和社会公众对各家银行的战略选择及其成效普遍非常关注，评价好坏会直接给银行带来动力或压力，而决定社会评价好坏的一个重要因素就是战略风险管理水平的高低。

资料来源：方卫星. 商业银行的战略风险管理 [J]. 清华金融评论, 2018 (1).

第二节 国别风险控制

一、风险规避

风险规避是指事先预测国别风险产生的可能性，判断导致其发生的条件和因素，在国际资金投融资或金融交易活动中有目的地尽可能地回避国别风险。风险规避是防范和控制国别风险的最彻底的方法，采取有效的风险规避措施可以清除某一特定的国别风险，而其他风险防范和控制措施仅可以减少国别风险发生的概率和损失程度，尽可能地减轻国别风险的潜在影响。风险规避也是一种保守的风险控制手段，风险规避意味着放弃某些盈利机会。

二、限额管理

金融机构对国别风险应实行限额管理，在综合考虑跨境业务发展战略、国别风险评级和自身风险偏好等因素的基础上，按国别合理设定覆盖表内外项目的国别风险限额。有重大国别风险暴露的金融机构应当考虑在总限额下按业务类型、客户或交易对手类型、国别风险类型和期限等设定分类限额。通常，对高和较高国别风险敞口、单一国别最大敞口、前十大国别敞口等可设置集中度限额。

国别风险限额类型有敞口限额和经济资本限额。敞口限额的设定旨在控制某国家或地区敞口的持有量，以防止头寸过分集中于某一国家或地区。国别风险敞口限额考虑风险转移后的最终风险敞口，即净敞口限额。经济资本限额的设定旨在合理地分配及控制某国别或地区所使用的经济资本，以防某一国家或地区占用过高的经济资本，超出银行可以承受的范围。

国别风险限额可依据国别风险、业务机会和国家（地区）重要性、期限、交易对手类型、业务类型等因素确定。其中业务机会表示金融机构在某国可能的业务量相对大小，国家（地区）重要性是指商业银行在该国业务对银行整体发展战略、经营收益的相对重要性。业务机会与国家（地区）经济规模以及与中国的双边经贸往来有关，国家（地区）重要性与金融机构发展战略有关，两者均不考虑国家（地区）风险。一般情况下，国别风险越高，限额越低；业务机会越大，限额也相应增加；国家（地区）重要性越高，限额越高。

国别风险限额应当经高级管理层批准，并传达到相关部门和人员；至少每年对国别风险限额进行审查和批准，金融机构应当至少每年对国别风险限额进行审查和批准，在特定国家或地区风险状况发生显著变化的情况下，提高审查和批准频率；需要建立国别风险限额监测、超限报告和审批程序，至少每月监测国别风险限额遵守情况，持有较多交易资产的机构应当提高监测频率。超限额情况应当及时向相应级别的管理层报告，以获得批准或采取纠正措施。金融机构管理信息系统应当能够有效监测限额遵守情况。

三、风险转移

风险转移是指境外债务人通过风险转移手段将金融机构持有境外债权的国别风险部分或全部转移的行为，具体包括由第三方提供的有法律效力的保证、保险、信用衍生产品、合格抵质押品等。国别风险转入方所属国家或地区的国别风险评级必须优于转出方国别风险境外债务人的国别风险评级。

专栏 13-2

中国出口信用保险公司简介

中国出口信用保险公司（以下简称中国信保）是由国家出资设立、支持中国对外经济贸易发展与合作、具有独立法人地位的国有政策性保险公司，于2001年12月18日正式挂牌运营，服务网络覆盖全国。

中国信保通过为对外贸易和对外投资合作提供保险等服务，促进对外经济贸易发展，重点支持货物、技术和服务等出口，特别是高科技、附加值大的机电产品等资本性货物出口，促进经济增长、就业与国际收支平衡。主要产品及服务包括：中长期出口信用保险、海外投资保险、短期出口信用保险、国内信用保险、与出口信用保险相关的信用担保和再保险、应收账款管理、商账追收、信息咨询等出口信用保险服务。

中国信保以"履行政策性职能，服务高水平开放"为己任，有效服务国家战略，精准支持企业发展，确保财务可持续，积极扩大出口信用保险覆盖面，在服务共建"一带一路"、全力促进外贸稳中提质、培育国际经济合作和竞争新优势、推动经济结构优化等方面发挥了不可替代的作用。

中国信保在信用风险管理领域深耕细作，成立了专门的国别风险研究中心和资信评估中心，资信数据库覆盖 7 000 万家中国企业数据、超过 2 亿家海外企业数据、4.5 万家银行数据，拥有海内外资信信息渠道超过 400 家，资信调查业务覆盖全球所有国别、地区及主要行业。截至 2020 年末，中国信保累计支持的国内外贸易和投资规模超过 5.3 万亿美元，为超过 21 万家企业提供了信用保险及相关服务，累计向企业支付赔款 159.7 亿美元，累计带动近 300 家银行为出口企业提供保单融资支持超过 3.9 万亿元人民币。根据伯尔尼协会统计，2015 年以来，中国信保业务总规模连续在全球官方出口信用保险机构中排名第一。

资料来源：中国出口信用保险公司，https://www.sinosure.com.cn/gywm/gsjj/gsjj.shtml。

四、计提国别风险准备

国别风险准备是指金融机构为吸收国别风险导致的非预期损失，在所有者权益项下计提的准备。金融机构应当充分考虑国别风险对资产质量的影响，准确识别、合理评估、审慎预计国别风险可能导致的资产损失。

根据《银行业金融机构国别风险管理办法（征求意见稿）》，金融机构应当制定国别风险准备计提政策，按该办法对国别风险进行分类，并在考虑风险转移因素后，参照以下标准对国别风险暴露计提国别风险准备，纳入股东权益中的一般准备项下，并符合《金融企业准备金计提管理办法》的相关要求。

（一）计提范围

银行业金融机构应对国别风险评级为中等、较高及高风险级别的国别风险暴露计提国别风险准备。其中，表外国别风险暴露计提范围包含未提取承诺和财务担保合同，并按照商业银行资本管理办法规定的表外项目信用转换系数进行折算后计提。

（二）计提比例

中等国别风险不低于 5%；较高国别风险不低于 15%；高国别风险不低于 40%。

银行业金融机构建立国别风险内部评级体系的，应当明确该评级体系与该办法规定的国别风险分类之间的对应关系。

银保监会及其派出机构可以根据国别风险变化情况、银行业金融机构的经营管理情况等对计提比例下限等作出调整。

银行业金融机构符合一般准备最低计提要求的，可不计提国别风险准备。

银行业金融机构应当对资产的国别风险进行持续有效的跟踪监测，并根据国别风险的变化动态调整国别风险准备。

银行业金融机构应当要求外部审计机构在对本机构年度财务报告进行审计时，评估所计提资产减值准备及国别风险准备是否考虑国别风险因素的充分性、合理性和审慎性。

五、国别风险应急预案

金融机构应制定国别风险应急预案。国别风险应急预案是应对国别风险突发事件及国别风险恶化时，为降低风险、控制损失而预先作出的关于行动方案和管理程序的计划与安排。国别风险应急预案需要及时处理陷入困境国家的风险暴露，明确在特定风险状况下应当采取的应急处置措施，以及必要时应当采取的市场退出策略。

国别风险应急处置根据国别风险监测预警信号等级的不同，分别采取蓝色预警、黄色预警、红色预警等分等级处置措施。国别风险应急处置措施包括但不限于以下方面：及时分析报告，梳理国别风险敞口、受影响的业务明细等；发布风险预警或风险提示；对国别风险评级进行重检；进行专项国别风险压力测试；紧急下调或冻结该国额度、停止业务准入；及时平仓或启用净额结算；启动贷款清收或债务重组，降低当地货币敞口；出售转让当地股权；缩短敞口期限；提取额外准备金；关停当地分行，依据当地法律开展债务清偿、资产处置、贷款清收、销户、税务注销等清算工作；将当地业务剥离或转让；明确信息披露要求；其他必要措施。

第三节　声誉风险控制

一、声誉风险管理的原则

2021 年 2 月中国银保监会发布了《银行保险机构声誉风险管理办法（试行）》，该办法指出，金融机构声誉风险管理应遵循以下基本原则。

一是前瞻性原则。金融机构应坚持预防为主的声誉风险管理理念，加强研究，防控源头，定期对声誉风险管理情况及潜在风险进行审视，提升声誉风险管理预见性。

二是匹配性原则。金融机构应进行多层次、差异化的声誉风险管理，与自身规模、经营状况、风险状况及系统重要性相匹配，并结合外部环境和内部管理变化适时调整。

三是全覆盖原则。金融机构应以公司治理为着力点，将声誉风险管理纳入全面风险管理体系，覆盖各业务条线、所有分支机构和子公司，覆盖各部门、岗位、人员和产品，覆盖决策、执行和监督全部管理环节，同时应防范第三方合作机构可能引发的对本机构不利的声誉风险，充分考量其他内外部风险的相关性和传染性。

四是有效性原则。金融机构应以防控风险、有效处置、修复形象为声誉风险管理最终标准，建立科学合理、及时高效的风险防范及应对处置机制，确保能够快速响应、协同应对、高效处置声誉事件，及时修复机构受损声誉和社会形象。

二、健全声誉风险管理制度机制[①]

金融机构应认真落实《银行保险机构声誉风险管理办法（试行）》关于声誉风险管理的四项原则，从顶层设计、工作机制方面，全面建立健全管理体系。顶层设计方面，强化公司治理作用，以"一把手"第一责任人为核心，明确监事会监督、高级管理层推进和落实等相应职责，既要讲大局，又要防止授权不清、职责不明。加强党的领导在声誉风险管理中的作用。健全以声誉风险管理办法为中心，新闻发言人制度、信息披露制度、声誉风险问责制度等相配套的专门制度体系。同时，进一步明确声誉风险在全面风险管理中的独立性和管理要求。制度建设方面，以明确和强化"三道防线"职责为核心，压实第一道防线的主体责任，强化第二道防线的统筹管理责任，明确第三道防线的审计监督责任。在"三道防线"职责中，要明确考核问责措施，完善考核问责机制，让声誉风险管理真正落在实处。

三、加强声誉风险管理能力建设

实施主动的声誉管理战略，遵循声誉建设基本规律，着力实现"两个转变"，即从主要进行声誉事件处置向事件处置与源头治理并重转变，从防控风险为主向全流程管理转变。持续提升重大声誉事件应对能力，坚持前瞻、主动、及时"三原则"，前移声誉风险管理关口，加强实时监测和定期隐患排查，完善快速响应机制，做到"早发现、早介入、早处置"。加强声誉风险源头治理，实现声誉风险管理对经营和管理全流程覆盖，明确和落实防范化解声誉风险、改进工作的责任机构和责任人，完善信息共享、流程衔接与处理反馈机制，防范声誉风险积聚，对严重危害声誉的行为坚决实施风险规避。坚持标本兼治、综合施策，以防控风险、有效处置、修复形象为声誉风险管理最终标准，实行舆情处置、舆论引导、声誉修复、品牌提升"四措并举"，统筹开展事前、事中、事后相关工作，及时有效修复声誉和社会形象。

四、提升声誉风险管理技术

以智能风控为目标，运用大数据、云计算、人工智能等技术，打造兼具舆情监测、研判、报告等为一体的声誉风险管理系统，实现声誉风险精准画像、精准预防、精准控制。加快风险计量工具的运用，提高声誉风险管理的科学性和有效性。建立声誉评估机制，从服务口碑、品牌价值、公司市值、风险管理等维度打造声誉评估模型，逐步建立声誉成本分摊机制，不断提升维护声誉的积极性。构建全媒体、全渠道、全集团、多层次的对外传播体系，把握新媒体时代的舆论主动权。

五、声誉风险事件处置方法

金融机构常用的声誉风险事件处置方法有以下几种。

[①] 徐伟. 提升银行声誉风险管理［J］. 中国金融，2021（8）.

（一）动态更新法

对于突发声誉风险事件，应依据事件进展情况，动态更新媒体应答口径，持续发布事件处理情况，及时告知最新进展。如遇到系统中断导致业务不能办理，可通过官网、官微动态发布系统修复和业务逐步恢复的信息，一方面安抚消费者的情绪，另一方面也向公众展现金融机构积极处理问题的态度和工作效率。

（二）分而治之法

面对复杂的声誉风险事件，应整体协调将处置压力分散到各个部门和分支机构，各司其职、分工协作。从现场秩序维护、客户沟通与安抚、准备并发布媒体应答口径、弱化网络传播、寻求公安机关或当地政府帮助、报送上级机构和监管部门等多方面入手同步开展处置工作。避免将危机化解的压力全部聚集于声誉风险管理部门，也不宜将所有的精力都用于公关媒体。

（三）切割法

在处理突发声誉风险事件时应根据事件发展态势，采取"弃小存大、顾全大局"的方法，将声誉风险事件直面的最小单元迅速与整体进行切割，争取在处置中占据有利位置，为声誉风险事件处置工作赢得充足的时间和空间。

（四）主动出击法

针对网络谣言引发的声誉风险，声誉风险管理部门应迅速公开澄清事件情况，避免歪曲事实真相或者恶意攻击的言论四处传播；针对网络上一些难以定性的金融机构声誉风险事件，声誉风险管理部门可组织内部专家组，针对疑难问题进行分析研究，由专家对外发表专业看法，引导舆论。

（五）合纵连横法

当危机来临时，要善于借助第三方力量，充分和政府部门、行业组织、金融同业以及友好媒体配合，借助外部资源发声，增强公信力、影响力，协助自身化解危机。

专栏 13 - 3

员工"八小时以外"行为引发舆情，应该如何处置？

2021 年 11 月初，一则《寻找"yuwei"》的新闻引起了全网关注，视频中，一名醉驾女司机的酒后失言，引发了一场舆论旋涡。

在南昌交警进行的"夜查酒驾"直播中，多次对交警称"叫 yuwei 过来"并试图拨打电话的犯罪嫌疑人孙某（女），因涉嫌危险驾驶罪被立案侦查。随后，有媒体报道称，该女司机系某金融机构员工。该新闻在多家大型媒体发出后，全网都在持续关注，仅在新浪微博，该话题阅读量就已达到 6 051.7 万人次。在持续高强度的传播下，涉事女司机的金融机构员工身份被不断强化。金融机构员工"八小时以外"的不当行为引发舆情的情况，并非首例。

在本案例中，涉事金融机构面对舆情危机时，有明显的处置不当之处。一是员工缺乏舆情意识。本次案例发生的根本原因，是孙某不注意"八小时以外"的个人言行，不仅产生了醉驾这样的违法行为，还试图通过寻找"yuwei"解决问题，说明其舆论风险防范意识非常淡薄。二是基层员工应对媒体采访时，反应不当。有媒体致电该金融机构，一名工作人员回应称："这里是营业部，这边没有这个人，这事情我们都不清楚。"此后，该记者用另外一个电话号码继续致电询问，另外的工作人员称不太清楚，随后挂断了电话。

被采访的两名工作人员，反应都是很典型的逃避式反馈——接受采访时含糊其词，擅自挂断电话。此类反馈会给客户以及媒体留下不负责、不作为、有意回避的消极印象。

对于员工因行为不当，在工作时间之外造成的舆情，建议金融机构可采取"切割策略"。该策略不意味着"甩包袱"，而是要在此类事件中明确主体责任人，引导大众明确事件是个人行为，不是银行行为。比如本案例中，明显是由于孙某个人的违法行为导致事件不断发酵，因此，金融机构应及时与个体进行"责任切割"，把握舆论中的话语权，避免影响到金融机构的整体形象。

资料来源：岳乙琳. 银行员工"八小时以外"行为引发舆情，应该如何处置？｜小琳说舆情 ［N］. 中华合作时报·农村金融，2021 - 12 - 09.

六、声誉修复

声誉修复，指的是应对由声誉风险事件产生的恶劣影响，稳定、恢复并维护金融机构声誉的一系列措施。通常来说，修复金融机构声誉需制定一个可行性框架，需要金融机构各层级、各部门下定决心并密切配合。这是一个漫长的过程，需要足够的耐心。

从金融机构日常工作实践来看，声誉修复大体上可以总结为以下几个步骤。

（一）管理层重视

声誉修复一般发生在重大声誉风险事件之后，金融机构的声誉严重受损，甚至影响到了业务和经营活动的正常开展和运行。考虑到声誉风险的次生性特点，声誉风险事件发生的问题一般涉及多个业务条线和部门，问题要得到系统性、根源性的解决，前提是金融机构管理层高度重视、下定决心整改。唯有如此，声誉修复才有可能。

（二）坦诚道歉

声誉风险事件发生后，金融机构要勇担责任、直面批评，不要偏执掩饰，避免人为延长事件的持续时间。要善于在坦诚道歉的同时提出问题的解决方案，引导公众的关注点从已发生的事实转移到下一步的改进措施，从而为声誉修复赢得理解和时间。

（三）果断处理

声誉风险事件的应急处置工作完成后，要对引发事件的相关责任人和责任部门及时果断处理、一步到位，给公众一个"知错就改"的正面形象，不可心存侥幸，不可"护短"。在新媒体时代，一方面社会监督无处不在，另一方面社会焦点转移迅速。金融机构出现工作失误、管理不善不可避免，认错并改正后声誉会逐渐修复；反之，如果偏执掩饰、不愿改正，声誉修复就无从谈起。

（四）找到根源

声誉风险管理可以有限美化企业形象，但不可无视、歪曲金融机构确实存在的问题，更不可去扭曲事实、指黑为白、粉饰隐患。因此，要想修复声誉，必须从根本上解决源发问题，加强内部整改，审视过去，分析问题的原因和症结所在，制定切实有效的对策，并改进不合理、不完善的制度或流程。

（五）源头改进

在声誉修复的过程中，问题剖析到最后，最根源、最难解决的往往是企业文化和价值观的问题，因此声誉修复最根本的是要改进企业文化，重建企业文化和价值观，并及时将这种改变在合适的时机，以合适的方式和频率公布出去。

（六）持续修复

声誉修复要做好打持久战的心理准备，一般来说，负面消息的传播速度和范围通常比正面消息要快得多、大得多，往往负面消息一个小时转载几百条，正面澄清和回应却无人关注和转载。因此声誉修复工作要有耐心，在此过程中，要及时公布整改进程，与公众和媒体不懈沟通、反复宣传。

【本章要点】

1. 战略风险控制须明确董事会和高级管理层的责任、制定风险导向的战略规划、构建战略风险管理的闭环、实现战略风险细分管理、完善战略风险管理工具。

2. 国别风险控制的常用方法有风险规避、限额管理、风险转移、计提国别风险准备和国别风险应急处置等。

3. 金融机构须遵循声誉风险管理原则、健全声誉风险管理制度机制、加强声誉风险管理能力建设、提升声誉风险管理技术、灵活使用声誉风险处置方法，持续做好声誉修复。

【重要概念】

国别风险准备　国别风险应急预案　声誉修复

【课后习题】

1. 试述金融机构应如何进行战略风险控制。

2. 试比较国别风险控制的常用方法。

3. 选择一金融机构声誉风险事件，制定声誉风险事件处置方法。

4. 阅读上市金融机构年报，了解金融机构如何管控战略风险、国别风险和声誉风险。

【进阶阅读】

1. 王祖继. 大型商业银行风险管理［M］. 成都：西南财经大学出版社，2020.

2. 中国银行业协会声誉风险管理专业委员会. 中国银行业声誉风险管理理论与实务［M］. 北京：中国金融出版社，2018.

3. Michel Henry Bouchet, Ephraim Clark and Bertrand Groslambert. Country Risk Assessment：A Guide to Global Investment Strategy. John Wiley & Sons, Ltd. , 2003.

第四篇　资本管理与风险调整绩效

夫物芸芸，各复归其根。

——老子《道德经》

第十四章

资本管理

【学习目标】

1. 掌握金融机构资本的概念和资本管理的主要内容。
2. 熟悉经济资本计量与配置的方法。
3. 掌握资本充足情况度量指标和资本补充方法。

【开篇导读】

地方政府专项债合理支持中小银行补充资本金

我国有 4 000 多家中小银行，在银行体系中家数占比为 99%。不过，相较于大型银行，中小银行在资金来源、资本补充等方面不占优势。尤其是受新冠疫情影响，近段时间以来，中小银行在放贷能力、资本消耗等方面压力加大。

尽管近年来部分中小银行通过发行永续债、可转债等方式补充资本，但中小银行可以使用的一级资本工具仍然有限。2020 年 7 月国务院常务会议允许地方政府专项债合理支持中小银行补充资本金，是中小银行资本补充方式的重要创新。会议表示，优先支持具备可持续市场化经营能力的中小银行补充资本金，增强其服务中小微企业、支持保就业能力。压实地方政府属地责任、银行及股东主体责任、金融管理部门监管责任，在全面清产核资、排查风险并依法依规严肃问责的前提下，一行一策稳妥推进补充资本金，地方也要充分挖掘其他资源潜力给予支持。中小银行的公司治理一直是监管重点。会议还表示，以支持补充资本金促改革、换机制，将中小银行完善治理、健全内控机制等作为支持补充资本金的重要条件。

2022 年 7 月 17 日，银保监会有关部门负责人在接受媒体采访时表示，上半年，银保监会积极会同财政部、人民银行加快推动地方政府发行专项债补充中小银行资本。经国务院批准，已向辽宁、甘肃、河南、大连四省（市）分配了 1 030 亿元专项债额度。近期，还要批准一些地方的专项债发行方案，预计到 8 月底，将完成全部 3 200 亿元额度的分配工作。下一步，银保监会将按照"省里有方案、能快则快、分批发行"的原则，督促地方政府尽快上报方案，加快审批进度，及早完成专项债发行工作，发挥其防风险保稳定促增长作用。同时，做实做准中小银行不良资产分类，丰富不良贷款处置渠道，积极开展剥离不良贷款分省试点工作。2022 年 1—5 月，中小银行累计处置不良贷款 3 943 亿元，比上年同期多处置 1 072 亿元。

资料来源：作者根据相关报道整理。

第一节 资本管理概述

一、什么是资本

资本（Capital）是金融机构从事经营活动必须注入的资金，可以用来吸收机构的经营亏损，缓冲意外损失，保护机构的正常经营，为机构的注册、组织营业以及负债进入前的经营提供启动资金等。从保护债权人利益和增强金融体系安全性的角度出发，资本的核心功能是吸收损失：一是在机构清算条件下吸收损失，其功能是为债权人提供保护；二是在持续经营条件下吸收损失，体现为随时用来弥补金融机构经营过程中发生的损失。

金融机构资本可以从不同角度进行理解。监管者关心的是金融机构是否有足够的资本以保证债权人不受损失；财务管理者关心的是有哪些资本可用，资本筹集及投资的方式有哪些，如何降低资本的总成本等；风险管理者关心的是如何根据机构的风险状况预测潜在损失，机构面临的风险是否控制在资本可以承受的范围内；股东关心的是投入的资金能够获得多少收益，投资回报是否能够补偿风险。据此，金融机构的资本按其不同内涵可分为账面资本、监管资本和经济资本三大类。

（一）账面资本

账面资本（Book Capital）是指资产负债表中的总资产减去总负债后的所有者权益部分，包括实收资本、资本公积、盈余公积和未分配利润等，它可以直接从资产负债表上观察到，账面资本有时又称为权益资本或会计资本。通常情况下，账面资本也是投资者、债权人或其他的外部利益相关者借以判断金融机构实力的重要依据之一，因此，有时也把账面资本称为信号资本。账面资本规模越大，表明金融机构的实力越雄厚。

（二）监管资本

监管资本（Regulatory Capital）是监管当局要求金融机构必须保有的最低资本量，是金融机构的法律责任。它是按监管当局的要求计算的资本，包括核心资本和附属资本。通常所说的账面资本大体上等同于监管资本中的核心资本。由于法律和会计制度不同，各个国家对监管资本的要求也有不同。

中国银保监会颁布的《商业银行资本管理办法（征求意见稿）》规定，商业银行总资本包括核心一级资本、其他一级资本和二级资本。核心一级资本包括实收资本或普通股、资本公积、盈余公积、一般风险准备、未分配利润、累计其他综合收益、少数股东资本可计入部分。其他一级资本包括其他一级资本工具及其溢价、少数股东资本可计入部分。二级资本包括二级资本工具及其溢价、超额损失准备。

（三）经济资本

经济资本（Economic Capital）也称为风险资本，它既不同于资产负债表所反映的金融机构实际拥有的账面资本，也不同于监管资本的要求，而是指在给定的风险容忍度和期限内，金融机构根据内部风险管理需要，运用风险计量模型和方法计算出来的用于弥补非预期损失的资本。经济资本是一种虚拟资本的概念，是根据金融机构面临的风险大小而计算出来的资本量，风险越大，需要的经济资本就越多。

（四）三种资本的比较

在构成基础上，账面资本是建立在财务会计基础上，基本等同于所有者权益，因此又称为权益资本。监管资本是建立在监管规则基础上，不仅包括所有者权益，还包括金融机构提取的准备金、资产重估增值以及金融机构发行的具有资本性特征的金融工具。经济资本建立在风险管理基础上，是按照一定的计量方法计算得出的。

在应用上，账面资本是监管资本和经济资本的来源与基础。在实际经营中，金融机构因承担风险而遭受的损失最终要表现为账面资本的减少，一家持续经营的金融机构必须保有足够的账面资本以吸收潜在的损失。监管资本是约束目标，当预计监管资本将低于监管要求时，金融机构应及时开展资本补充或收缩风险资产总额，调整相关业务产品结构，增加业务缓释水平，以减少资本占用，否则金融机构风险总量可能触及监管红线。经济资本是落实资本约束目标和账面资本保值增值的内部传导工具，通过优化经济资本配置与考核，实现监管资本达标和账面资本的增加。

二、风险管理与资本管理

风险管理是资本管理的基础，没有精确的风险计量就没有准确的资本需求估计。资本管理是风险管理的财务表现形式，资本为各类风险计量结果提供统一的表达载体。资本管理的兴起伴随着人们对风险认识的不断深入，它的发展过程解释了创新、风险和监管之间的关系，也推动着风险管理的发展。20 世纪 70 年代前，全球金融业的发展处于一个相对平稳的发展阶段，资本管理处于萌芽阶段。1974 年，德国赫斯塔特银行和美国富兰克林国民银行的相继倒闭，给国际金融市场造成巨大的影响，也加快了全球金融监管标准的出台。1988 年 7 月，《巴塞尔协议 I》的出台，正式确立了银行资本监管的统一原则，强调了资本在保护债权人免遭风险损失的"缓冲器"作用，使得资本与风险建立了直接而明确的联系。随后，各种风险计量模型的使用极大提高了金融机构衡量风险损失的精确度，并通过风险损失映射资本充足情况，使得金融机构资本与风险进一步紧密衔接。

三、资本管理的主要内容

（一）资本管理目标

金融机构资本管理的目标是强化资本的约束和引导作用，保持资本与业务、风险平衡发展，促进业务结构优化，提升资本使用效率，有效降低风险，确保资本充足满足内外部管理要求。

在国内资本监管框架成立之初，由于国内银行资本充足率普遍较低，彼时银行资本管理工作的重心是实现资本充足率8%的底线目标。随着我国经济的发展和商业银行的改制上市，国内银行业的盈利水平和持续发展能力得到显著提高，资本充足率水平稳步提升。资本管理的目标也从单一的监管达标，演进为在监管达标的基础上实现资本对资产的约束机制，确保资本水平与未来业务发展和风险状况相适应，即以最低资本监管要求为出发点，结合各机构实际情况，预留资本缓冲空间，设定最优资本目标。

（二）经济资本管理

金融机构经济资本管理是指通过计量、分配和评价金融机构各分支机构、业务部门和产品等维度所需的经济资本，对机构风险进行总量控制和组合管理，实现风险调整后资本收益率最大化的目标。经济资本管理是金融机构资本管理的核心内容，包括经济资本计量、经济资本配置和经济资本绩效评价三部分。

1. 经济资本计量

经济资本计量是指运用各种技术模型计量在给定置信水平下和给定风险期限内覆盖金融机构非预期损失所需的资本。商业银行在经营管理过程中面临的主要风险是信用风险、市场风险和操作风险，因此，经济资本计量的核心实际上是对信用风险、市场风险和操作风险三类风险的量化。在计算出这三类风险分别所对应的信用风险经济资本、市场风险经济资本和操作风险经济资本之后，再加总就得到整个商业银行的经济资本了。

2. 经济资本配置

经济资本配置是根据金融机构风险偏好和发展战略，通过年度计划、限额管理、参数设置等方式将经济资本科学分解到分支结构、业务部门和产品，通过资本约束风险、资本要求回报的协调管理机制提高各分支机构、业务部门和产品等维度的风险管理水平，并使业务发展与机构资本充足水平相适应。

经济资本配置并非会计资本的实际投入，由于经济资本表现的是一种风险计量的标准，因此在金融机构内部各部门以及各业务之间的资本配置实质上是风险限额的分配，是确定与风险限额相当的业务或资产总量。

3. 经济资本绩效评价

经济资本绩效评价是将经济资本管理的思想融入内部绩效考核，建立以风险调整后资本收益率（RAROC）和经济增加值（EVA）为核心的指标体系，对各分支机构、业务部门和产品维度的经营绩效进行考核评价，从绩效评价的角度，将各种不同的风险、不同的交易通过经济资本这个统一的标准进行比较，促进金融机构经营管理水平的全面提升。

（三）资本管理策略

1. 加强资本规划与预算管理，确保资本充足稳定。以资本规划为纲领，将资本充足率目标纳入年度预算体系、资产负债管理政策以及风险偏好，实现从资本规划到资本预算、资本配置的有效传导。按期编制中长期资本规划，根据宏观环境、监管要求、市场形势、业务发展等情况的变化，及时对资本规划进行动态调整，确保资本水平与未来业务发展和风险状况相适应。

2. 提高资本配置管理能力，建立有效资本约束机制。持续完善经济资本管理，着力提升资本使用效率，改进资本管理机制，优化业务结构，强化考核引导，完善资本约束激励机制，引导各级机构树立资本约束意识，实现资本的优化配置。

3. 把握监管实质内涵，健全完善内部资本充足评估机制。密切把握监管政策标准和导向，提前部署采取应对措施，确保资本充足水平保持平稳。同时，夯实监管资本计量，保持资本充足率计量、监测和分析工作的高效、精细，持续优化内部资本充足评估程序，充分识别、计量和评估各类重大风险，定期评估资本充足情况和抵御风险能力，及时监测风险、资本与流动性状况。

4. 优化资本补充方式，建立多元化资本补充机制。不断提高产品的资本回报能力，增加留存利润补充资本，加强资本内生性管理。在强化内生性资本补充的同时，积极研究创新资本工具，拓宽境内外多元化资本补充渠道，根据资本市场变化和投资者需求，适时、适量地通过外部渠道补充各级资本，不断优化资本结构，增强资本实力，以满足业务发展和推动战略目标的实现。

专栏 14 - 1

中国工商银行资本管理

中国工商银行实施集团化的资本管理机制，以资本为对象和工具进行计划、计量、配置、应用和营运等管理活动。中国工商银行资本管理的目标是，保持合理的资本充足率水平，持续满足资本监管法规和政策要求；不断巩固和提升资本基础，支持业务增长和战略规划的实施；建立以经济资本为核心的价值管理体系，强化资本约束和激励机制，提高资本配置效率；创新和拓展资本补充渠道，提升资本质量，优化资本结构。中国工商银行资本管理范围涵盖全集团各类经营单位，资本管理内容包括资本充足率管理、经济资本管理、资本投资和融资管理等。

2021 年，中国工商银行持续深化资本管理改革，加强资本节约优化，推进低效资本占用清理，强化经济资本管理对风险加权资产的约束作用，持续提升资本使用效率。统筹平衡内源性与外源性资本补充，进一步夯实资本实力，不断增强服务实体经济能力。全年各项资本指标良好，资本充足率保持在稳健合理水平。

资料来源：中国工商银行 2021 年年报。

第二节　经济资本计量与配置

一、经济资本计量

风险分类是经济资本计量的前提条件之一，一般可将需要考虑的风险分解为三大类：信用风险、市场风险和操作风险，根据三大类金融风险类型使用不同的经济资本计量方法。

（一）信用风险经济资本计量

1. 《巴塞尔协议Ⅲ》新规定

《巴塞尔协议Ⅲ》信用风险标准法改革的核心内容主要体现在以下五大方面：一是细化信用风险暴露分类。细分增加了全覆盖债券、次级债务等类别，对公司、零售、房地产等风险暴露进行了详细的二级分类和细化。二是确定了风险暴露的风险驱动因子。标准法在仍然允许使用外部评级确定主权、央行、非中央政府公共部门实体等风险暴露权重的基础上，对商业银行提出了尽职要求，各国监管当局还可采用标准信用风险评估法确定银行风险暴露的风险权重；在住宅房地产和商业房地产风险暴露中，依据贷款价值比（LTV）设置了更细化、更敏感的风险权重，取代了《巴塞尔协议Ⅰ》中的单一风险权重设置。三是重新校准风险权重。标准法对风险驱动因子进行分析时，依据不同档次的风险赋予了差异化的风险权重。四是降低了对外部评级的依赖。标准法要求银行在外部评级时加强对债务人的尽责调查，并对未评级风险暴露（适用于不允许使用外部评级的国家和地区，以及没有外部评级的银行风险暴露）采用标准信用风险评估方法确定风险暴露的等级，同时采用相应的风险权重。五是加强标准法与内部评级法间的衔接。限制内部评级法在资本计量中的使用，简化内部评级资本计量方法，设置资本底线，从而减少银行采用模型法进行监管套利的问题，提升资本计量的一致性。

《巴塞尔协议Ⅲ》对内部评级法主要做了如下修改：一是限制内部评级的使用范围。巴塞尔银行监管委员会根据数据可得性、银行信息优势和建模技术验证三方面的标准对各类风险暴露是否适用内部评级法进行了分析，将不能满足三方面标准的资产组合排除在内部评级法之外。二是设置风险参数底线。对允许采用内部评级的资产组合，《巴塞尔协议Ⅲ》对银行内部估计的不同类型风险暴露的违约概率（PD）、违约损失率（LGD）和违约风险暴露（EAD）均设置了最低要求，以防止违约数据不足而导致风险参数低估。三是校准风险加权资产底线。为了提高银行间资本充足率的可比性，保持公平的竞争环境，《巴塞尔协议Ⅲ》设定了内部评级法风险加权资产的资本底线，与标准法的风险加权资产测算值挂钩，以防止银行使用内部模型法减少资本计提。

2. 中国商业银行资本管理办法

商业银行根据风险管理水平的不同，可以使用权重法和内部评级法两大类方法，其中内部评级法又可以分为初级内部评级法和高级内部评级法。

（1）权重法。又称为标准法，是指商业银行根据外部评级结果，以标准化的方式计量信用风险加权资产并相应计算经济资本要求的一种方法。

权重法首先将商业银行的单笔债权（主要包括信贷资产）划分为现金类、主权类、一般企事业类等 19 类。然后对每类债权给予不同的风险权重以计算风险加权资产。对表外项目，则首先通过信用转换系数进行转换，再根据相关评级结果确定对应的风险权重。

$$风险加权资产 = 表内项目风险加权资产 + 表外项目风险加权资产$$
$$= 表内资产信用风险暴露 \times 风险权重$$
$$+ 表外名义金额 \times 信用转换系数 \times 风险权重 \quad (14-1)$$

在此基础上，经济资本按一定的资本充足率要求计算得到：

$$经济资本 = 风险加权资产 \times 资本充足率要求 \quad (14-2)$$

例题 14-1

信用风险经济资本计量

C 客户是银行的一个公司客户，信用评级为 BBB +，能源行业，业务包括：1 年期流动资金贷款 5 000 万元（该笔贷款已计提 1% 的专项减值准备）；1 000 万元银行承兑汇票，期限为半年，50% 的承兑保证金存款。如果资本充足率要求为 8%，那么各类业务所需占用的经济资本是多少呢？

贷款方面，根据标准法的债权分类，该产品属于"对公司的债权"，由于客户的信用评级为 BBB +，因此，风险权重为 100%。该笔贷款有 1% 的专项减值准备，其风险加权资产为 4 950 万元［（5 000 万元 –5 000 万元 ×1%）×100%］，相应的经济资本占用为 396 万元（4 950 万元 ×8%）。

承兑汇票方面，该产品属于表外资产，标准法下该业务表外转表内的信用风险转换系数是 100%。因有 500 万元的保证金存款作缓释（风险权重为 0），且客户评级的风险权重为 100%，因此该业务的风险加权资产为 500 万元［（1 000 万元 –500 万元）×100% ×100% +500 万元 ×0］，相应的经济资本占用为 40 万元（500 万元 ×8%）。

综上所述，C 客户总共占用的经济资本为 436 万元（396 万元 +40 万元）。

（2）内部评级法。具备条件的商业银行可以运用内部评级法来计量加权风险资产及经济资本。它主要以客户违约率（PD）、违约损失率（LGD）、违约风险暴露（EAD）为关键风险参数，通过上述参数的变化影响风险相关性（R）、期限调整因子（b），并最终作用于信用风险暴露的资本要求（K）。债项风险权重与内部信用评级结果、风险缓释情况密切相关，即使是同一类交易对手，风险权重也会由于信用评级的不同存在差异，大大提高了资本计量的风险敏感度，使资本计量与银行的风险管理能力、风险水平联系紧密。根据对商业银行内部评级体系依赖程度的不同，内部评级法又可分为初级法和高级法。初级法是指在计量信用风险过程中，银行除了客户违约概率（PD）这一关键参数需要自行测定外，其他风险参数（如 LGD）都可以采用监管机构的建议值；高级法则是指银行需要通过建立完备的内部评级体系，自行测定 PD、LGD 等所有风险参数，并计量信用风险的方法。

从经营管理实践来看，在引入经济资本概念的初期，由于历史数据、计量技术以及内部管理等多方面因素制约，国内商业银行基本采用标准法进行经济资本计量。在经济资本管理逐步推行后，全国性商业银行按照内部评级法要求，积极进行基础数据准备、模型搭建以及计量结果验证等工作。在经监管当局的技术检验和正式批准后，内部评级法正逐步替代标准法，正式被纳入银行的风险管理体系。

专栏 14 - 2

中国工商银行内部评级法

（一）内部评级体系治理架构

董事会承担中国工商银行内部评级体系管理的最终责任，监督并确保高级管理层制定并实施必要的内部评级政策和流程，审批内部评级体系重大政策制度和实施规划。高级管理层承担中国工商银行内部评级体系管理的执行责任。总行风险管理部牵头负责内部评级体系设计开发、实施、监控和推广；总行授信审批部负责全行法人客户评级工作的组织管理；总行信贷与投资管理部、个人金融业务部、银行卡业务部、资产负债管理部、财务会计部等相关部门负责内部评级结果的应用。内部审计局负责内部评级体系的内部审计工作。各分行风险管理部门牵头负责内部评级体系运行监控、推广应用和分析报告工作；分行相关客户管理部门具体负责内部评级调查、实施和评级结果应用工作。

（二）非零售业务

中国工商银行采用初级内部评级法计量符合监管要求的非零售信用风险，通过统计计量技术结合专家经验建立评级模型。模型包含定量评分与定性评分两部分，主要通过客户财务指标、竞争能力、管理水平、经营情况等方面对客户偿债能力和偿债意愿进行评价。根据评分结果确定客户评级，并通过统一设置的主标尺映射出违约概率。

中国工商银行严格按照监管要求对内部评级模型中的相关风险参数进行计量。非零售初级内部评级法下，违约概率的确定以本行法人客户超过 10 年的历史违约情况为基础，并考虑不同资产组合的长期违约趋势。内部评级参数的维护符合本行内部评级参数管理规定并定期监控验证。

（三）零售业务

本行采用内部评级法计量符合监管要求的零售信用风险，运用建模方法并借鉴专家管理经验，利用长期积累的历史数据，建立了覆盖各类零售产品完整生命

表 14-1　　　非零售信用风险初级内部评级法计量结果（2021 年）

违约概率级别	违约风险暴露（百万元人民币）	加权平均违约概率（%）	加权平均违约损失率（%）	风险加权资产（百万元人民币）	平均风险权重（%）
等级 1	1 189 661	0.09	44.71	347 327	29.20
等级 2	1 935 468	0.21	42.51	893 244	46.15
等级 3	2 236 190	0.64	43.31	1 625 358	72.68
等级 4	3 027 170	1.62	43.26	2 878 514	95.09
等级 5	1 735 751	2.56	42.12	1 712 171	98.64
等级 6	662 023	3.72	42.40	730 133	110.29
等级 7	391 316	5.28	41.99	480 058	122.68
等级 8	145 476	7.20	42.23	202 938	139.50
等级 9	135 605	9.60	41.44	207 749	153.20
等级 10	45 286	18.00	40.29	84 781	187.21
等级 11	68 751	56.00	41.50	117 549	170.98
等级 12	211 532	100.00	43.82	13 843	6.54
合计	11 784 229	—	—	9 293 665	78.87

周期的信用评分模型体系和覆盖各类零售信贷资产风险敞口的资产池划分与风险参数计量模型体系，实现对零售信用风险的模型量化管理。

本行运用现代数理统计技术，通过对客户信息、资产信息、债项信息、交易信息等数据进行挖掘、分析、提炼，全面分析客户的还款能力和还款意愿，开发完成申请评分、行为评分和催收评分等信用评分模型体系，实现对零售业务完整生命周期的全覆盖。

按照内部评级法的相关要求，本行形成了一套适应零售业务实际情况的资产池划分流程和技术，开发完成用于各类风险参数计量的资产池划分体系，在此基础上实现对零售信贷资产违约概率、违约损失率和违约风险暴露等风险参数的计量。

表 14-2　　　零售信用风险内部评级法计量结果（2021 年）

风险暴露类型	违约风险暴露（百万元人民币）	加权平均违约概率（%）	加权平均违约损失率（%）	风险加权资产（百万元人民币）	平均风险权重（%）
个人住房抵押贷款	6 266 438	1.20	30.64	1 274 977	20.35
合格的循环零售	718 968	3.71	50.22	177 483	24.69
其他零售	817 741	3.71	55.46	508 237	62.15
合计	7 803 147	—	—	1 960 697	25.13

资料来源：中国工商银行股份有限公司 2021 年资本充足率报告。

（二）市场风险经济资本计量

1. 《巴塞尔协议Ⅲ》新规定

《巴塞尔协议Ⅲ》对市场风险标准法和内部模型法进行了全面修订，改变了资本计算规则以及交易账簿划分要求，提出了新标准法、新内模法和简化标准法。

新标准法的经济资本是敏感性资本、违约风险资本和剩余风险附加资本三部分之和。敏感性资本对七种主要的风险类别，如利率风险、信用价差风险、股权风险、汇率风险和商品风险等，均制定了不同的计算规则。各类风险因子分别计算得尔塔（Delta）、维伽（Vega）和曲度（Curvature）风险资本要求，并按一定规则加权汇总后就得到敏感性资本要求。违约风险资本主要反映敏感性方法的信用价差没有捕捉到的突发违约风险，包括非证券化风险暴露以及证券化风险暴露。所有承担剩余风险的工具应单独计算剩余风险附加资本，这类工具是指交易账簿内标的为奇异性资产的工具。

新内模法使用包括预期损失（Expected Shortfall，ES）在内的指标替换现行内模法的 VaR 指标。新内模法的经济资本是预期损失资本、不可建模因子的资本和违约风险资本三部分之和。首先要通过风险因子合格性测试用于区分预期损失资本和不可建模因子的资本，可建模的风险因子使用预期损失法计算经济资本，不适合建模的风险因子按照压力资本附加要求计算经济资本。与其他市场风险因子无分散化效应的信用和股权暴露将计算违约风险资本。

简化标准法在现行标准法基础上，每个组成部分分别乘以相应系数，因此资本计量结果必将高于现行标准法。简化标准法的应用范围受到一定限制，且必须经过监管审批才可以应用。

2. 中国商业银行资本管理办法

市场风险资本计量应覆盖商业银行交易账簿中的违约风险、一般利率风险、信用利差风险、股票风险，以及全账簿汇率风险和商品风险。商业银行可以采用标准法、内部模型法或简化标准法计量市场风险资本要求。未经银保监会认可，商业银行不得变更市场风险资本计量方法。

（1）标准法。商业银行采用标准法，应当按照以下公式计量市场风险资本要求：

市场风险资本要求 ＝基于敏感度方法的资本要求

＋违约风险资本要求 ＋剩余风险附加资本要求

（14－3）

其中，基于敏感度方法的资本要求由三部分加总：得尔塔资本要求、维伽资本要求及曲度资本要求。风险类别包括一般利率风险、非证券化信用利差风险、非相关性交易组合证券化信用利差风险、相关性交易组合证券化信用利差风险、股票风险、商品风险、汇率风险。在加总资本要求时应考虑风险因子间与风险组间的相关性，以反映分散化效应。在金融压力时期相关性会上升或下降，商业银行应分别计算高、中、低三种相关性情形下的资本要求，并取资本加总口径的最大值作为基于敏感度方法下的风险资本要求。

违约风险资本用于抵御基于敏感度方法的信用利差没有捕捉到的违约风险。计量参考银行账簿信用风险计量逻辑，并考虑同类风险暴露之间的对冲效应。违约风险资本要求的风险类别包括非证券化违约风险、非相关性交易组合证券化违约风险、相关性交易组合证券化违约风险。

标的为奇异性资产的工具和承担其他剩余风险的工具均要计算剩余风险附加资本要求。

（2）内部模型法。监管要求商业银行应以交易台为单位申请使用内部模型法计量市场风险资本要求。交易台是由商业银行设定，在清晰的风险管理框架中执行明确交易策略的一组交易员或会计账目。商业银行采用内部模型法，应当按照以下公式计量市场风险资本要求：

$$ACR_{total} = \min\{IMA_{G,A} + 资本附加 + C_u; SA_{all\ desk}\} + \max\{0; IMA_{G,A} - SA_{G,A}\}$$

$$(14-4)$$

其中，ACR_{total} 为市场风险资本要求，$IMA_{G,A}$ 为可使用内部模型法的交易台的总资本要求，C_u 为未获批或已获批但不符合内部模型法使用条件的交易台按标准法计算的资本要求，资本附加为根据损益归因测试结果相应增加的资本要求，$SA_{all\ desk}$ 为所有交易台在标准法下的市场风险资本要求；$SA_{G,A}$ 为已获批使用内部模型法且符合内部模型法使用条件的交易台在标准法下的市场风险资本要求。

（3）简化标准法。商业银行采用简化标准法，应当按照以下公式计量市场风险资本要求：

$$市场风险资本要求 = 利率风险资本要求（含利率类期权资本要求）$$
$$\times 1.3 + 汇率风险资本要求（含汇率类期权资本要求）\times 1.2$$
$$+ 商品风险资本要求（含商品类期权资本要求）\times 1.9$$
$$+ 股票风险资本要求（含股票类期权资本要求）\times 3.5 \quad (14-5)$$

其中，利率风险资本要求和股票风险资本要求为一般市场风险资本要求和特定风险资本要求之和。期权风险资本要求纳入其标的对应风险类别进行资本要求汇总。使用简化标准法计量市场风险资本要求的商业银行应满足监管当局规定的条件。

专栏 14-3

中国工商银行市场风险经济资本计量

中国工商银行 2021 年末市场风险资本要求见表 14-3。

表 14-3　　　　　　　市场风险资本要求　　　　　单位：百万元人民币

风险类型	2021 年 12 月 31 日	2020 年 12 月 31 日
内部模型法覆盖部分	4 081	7 539
内部模型法未覆盖部分	8 214	6 444
利率风险	4 456	3 405
商品风险	3 707	3 015
期权风险	42	24
交易账户资产证券化风险暴露的特定风险	9	—
合计	12 295	13 983

中国工商银行采用历史模拟法（选取99%的置信区间、10天的持有期，250天历史数据）计量风险价值并应用于内部模型法资本计量（见表14-4）。

表14-4　　　　　　　　风险价值（VaR）情况　　　　单位：百万元人民币

项目	2021年				2020年			
	期末	平均	最高	最低	期末	平均	最高	最低
一般风险价值	468	535	839	288	696	1 487	2 107	597
利率风险	273	398	811	189	451	247	711	92
汇率风险	249	369	913	115	846	1 483	1 996	767
商品风险	71	173	503	22	142	169	536	40
压力风险价值	1 028	900	1 396	587	696	1 544	2 107	696
利率风险	596	617	811	384	451	278	711	153
汇率风险	632	706	1 275	301	846	1 529	2 082	767
商品风险	140	219	503	54	142	170	536	38

本行每日开展返回检验，验证风险价值模型的准确性。截至报告期末的过去250个交易日内，集团返回检验突破次数处于中国银保监会规定的绿区范围。本行市场风险计量模型能够及时捕捉金融市场波动情况，客观反映本行面临的市场风险。

资料来源：中国工商银行股份有限公司2021年资本充足率报告。

（三）操作风险经济资本计量

1.《巴塞尔协议Ⅲ》新标准法

《巴塞尔协议Ⅲ》精简了操作风险经济资本计量框架，用新标准法取代了《巴塞尔协议Ⅱ》框架下的所有现行方法。

新标准法包含以下组成部分：一是业务规模（Business Indicator，BI），BI的计算由利息、租金和分红部分、服务部分、金融部分相加获得，是基于财务报表的操作风险替代指标，旨在体现金融机构整体业务规模所蕴含的风险规模；二是业务规模参数（Business Indicator Component，BIC），由业务规模与监管机构规定的累进乘数（α_i）相乘得出，巴塞尔银行监管委员会设置了三个累进层级，各累进层级对应的累进乘数随着业务模型增大而上升；三是内部损失乘数（Internal Loss Component，ILM），它是基于银行的平均历史损失数据与业务规模参数的一个调整因子，损失数据为银行过去10年操作风险导致的年平均损失额乘以15。

操作风险经济资本（ORC）由业务规模参数（BIC）和内部损失乘数（ILM）共同决定。

$$ORC = 业务规模参数 \times 内部损失乘数 \qquad (14-6)$$

2.中国商业银行资本管理办法

商业银行可采用基本指标法、标准法计量操作风险资本要求。

（1）基本指标法。商业银行采用基本指标法，应当按照以下公式计量操作风险资本要求：

$$K_{BIA} = \frac{\sum_{i=1}^{n}(GI_i \times \alpha)}{n} \qquad (14-7)$$

其中，K_{BIA} 为按基本指标法计量的操作风险资本要求；GI 为过去 3 年中每年正的总收入，总收入为净利息收入与净非利息收入之和；n 为过去 3 年中总收入为正的年数；α 为 15%。

例题 14-2

使用基本指标法度量操作风险

表 14-5 给出了 B 银行采用基本指标法计算操作风险资本的过程；通过计算，B 银行需要持有 24 亿元的操作风险资本。

表 14-5　　　　　　B 银行基本指标法计算示例　　　　　单位：百万元

会计期间	2020-12-31	2019-12-31	2018-12-31
利息净收入	19 900	15 000	10 100
手续费及佣金净收入	1 000	900	800
其他业务收入*	100	100	100
总收入（GI）	21 000	16 000	11 000
a	15%	15%	15%
$GI \times a$	3 150	2 400	1 650
$\sum_{i=1}^{n}(GI_i \times a)$	7 200		
n	3		
K_{BIA}	2 400		

*B 银行的其他业务收入中不包括巴塞尔银行监管委员会规定的需要剔除的项目，比如保险收入。在实际业务中，需要仔细查看报表备注内容以准确计算操作风险资本。

拓展：

假设 B 银行 2018 年的总收入为负数，-11.69 亿元，那么在计算过程中必须剔除这个负数，最终的 K_{BIA} 应该等于"（3 073 + 2 330）/2"百万元，为 27.02 亿元。

（2）标准法。商业银行采用标准法，应当按照以下公式计量操作风险资本要求：

$$K_{TSA} = BIC \times ILM \qquad (14-8)$$

其中，K_{TSA} 为按标准法计量的操作风险资本要求，BIC 为业务指标部分，ILM 为内部损失乘数。业务指标部分（BIC）等于商业银行的业务指标（BI）乘以对应的边际资本系数 α_i，即 $BIC = BI \times \alpha_i$。业务指标（BI）为利息、租赁和分红部分（$ILDC$），服务部分（SC），金融部分（FC）之和，即 $BI = ILDC + SC + FC$。商业银行采用标准法，应当根据业务指标（BI）规模适用累进边际资本系数，业务指标80亿元（含）以下的部分，边际资本系数为12%；80亿元以上，2 400亿元（含）以下的部分，边际资本系数为15%；2 400亿元以上的部分，边际资本系数为18%。内部损失乘数（ILM）是基于操作风险平均历史损失数据与业务指标部分的调整因子，经银保监会或其派出机构验收合格后，商业银行可采用自身损失数据自行计算内部损失乘数；未经银保监会或其派出机构验收合格的，应采用监管给定的内部损失乘数。

专栏 14 - 4

中国工商银行操作风险资本计量

本行操作风险的管理目标是：通过建立健全操作风险治理架构，提高操作风险管控水平，增强股东和公众信心；通过识别高风险领域，化解各类操作风险隐患，增强客户满意度和员工归属感，提升整体服务水平；通过加强过程控制，综合考虑和权衡控制成本与收益，改善操作风险管理资源配置，提高本行运营效率；通过采取有效的风险控制和缓释措施，降低本行操作风险损失，提高控制能力和水平；通过审查和监督，满足各项外部监管要求，将法律风险降至最低。

本行对于操作风险采取差异化的管理策略。对于高频高危的操作风险采取规避策略，对于低频高危的操作风险采取转移策略，对于高频低危的操作风险采取降低策略，对于低频低危的操作风险采取承担策略。

本行采用标准法计量操作风险资本要求。2021年末操作风险资本要求为1 194.97亿元。

资料来源：中国工商银行股份有限公司2021年资本充足率报告。

（四）经济资本合计

加总各类风险类别所对应的经济资本时，必须考虑各类风险类别之间的相关性。简单将各种风险因素的经济资本进行加总，隐含的假设是所有的各类风险类别会同时发生而没有任何风险分散。这个假设并不现实，会在一定程度上过高估计金融机构整体的经济资本。因此要准确计算风险合计的经济资本，必须把各类风险因素的相关性放进模型中。

同样，对于各类风险类别中的子风险进行内部经济资本风险合计，例如将利率、股票、信用价差风险等合计为资本市场风险，也要考虑相关性，对各子风险进行整体经济资本风险合计。

计量风险相关性的方法有很多，较常用的有相关系数矩阵法、Copula 模型法等。由于经济资本计量是尾部相关性，因此有些金融机构倾向于使用 Copula 模型法。Copula 模型法较为复杂，在校准数据有限的情况下，模型以及参数选择的可信度存在较大疑问，因此也有很多金融机构采用相关系数矩阵法。各种风险因素之间的相关性可以用历史数据进行估计，也可以参考国内外行业参数，同时结合公司内部专家判断等方法来确定相关系数矩阵。

二、经济资本配置

（一）经济资本配置的目标

金融机构将经济资本进行配置通常要实现以下几个目标。

第一，在尽量增加营运收益的同时，尽量少地占用经济资本。

第二，将经济资本投入能够产生正的经济增加值的项目和业务上。

第三，通过重新配置程序，将经济资本从低效率使用者转向高效率使用者，提高金融机构整体经济资本的使用效率。

第四，改善业务单元的风险收益。基于配置的经济资本来衡量业务单元业绩，并将报酬与业绩挂钩，可以给各业务单元最大的制约力，不为增加收入而不顾及风险地扩大资产和业务；同时给予业务单元动力去设法采用对冲、转移、出售等方式消除、减少风险，以减少经济资本，并提高风险资本收益率和经济增加值，提高雇员报酬。

第五，通过经济资本的优化配置和合理使用，实现股东价值最大化的目标。

（二）经济资本配置流程

金融机构经济资本配置实际上是从资本到风险承担的资本预算过程，也是从风险到资本占用的业绩评估过程。在配置过程中，不仅要计算出整个金融机构经济资本的总量，还要根据不同的风险计算出配置到各种风险上所需的资本和配置到各业务单位、各分支机构、各产品线和交易上的资本。一般来说，金融机构经济资本配置流程可分解为以下四个步骤。

第一步，根据金融机构资本管理中期规划目标、股东特定风险偏好、宏观经济金融形势等，确定机构经济资本总量。

第二步，计算机构、行业、客户、产品等维度的风险资本回报率情况，只有准确掌握各维度风险资本回报水平，才能促进经济资本流向回报较高的领域。

第三步，对计算出来的各维度的风险资本回报率水平进行整理分析，运用组合管理工具开展经济资本配置，确定各经营机构、行业或客户的经济资本限额。总的来说，优先满足风险资本回报率较高客户的经济资本配置，然后再依次往下，在同一个客户中，优先满足风险资本回报率较高产品的经济资本配置，满足客户的差异化需求。

第四步，评价经济资本的使用和收益。当金融机构的各业务单元依据最终分配得到的经济资本进行业务发展后，机构还需要在期末衡量各业务单元实际的 RAROC，并指导下一轮经济资本的分配。可见，在金融机构业绩衡量与资本配置系统中，风险、资本、业绩与资本配置之间呈现出一幅环链状：风险决定经济资本配置，经济资本衡量机构部门的收益率，而 RAROC 又成为未来资本配置的基础，如图 14 - 1 所示。

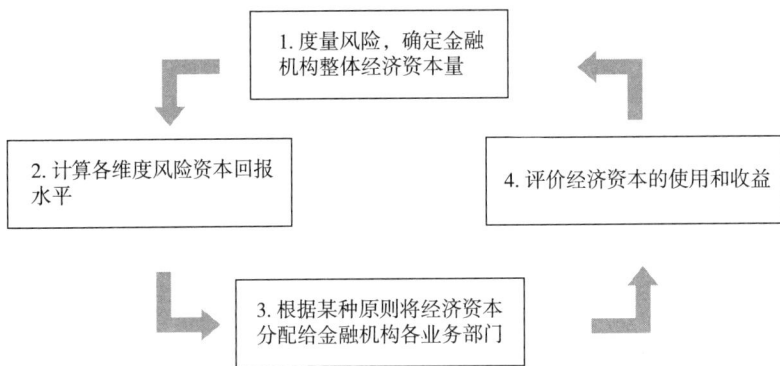

图 14 - 1　经济资本配置基本流程

（三）经济资本配置的方法

金融机构常用的经济资本配置方法包括静态配置法和动态配置法。静态配置是指年初根据各配置主体资本回报情况、业务发展计划、战略导向等，结合可配置资本总量，以价值最大化为目标进行最优化配置，年内不再调整。动态配置是指在年初初始配置的基础上，当年内增加或减少一项资产或业务时，按照一定规则通过线性或非线性的方法，对初始配置进行动态调整，重新进行资本配置，以达到最优化资本配置目标。两种方法各有特点，静态配置可以较好地管控全年总量，但由于缺乏弹性，难以应对年内出现的突发情况；动态配置可以灵活应对资产投放的波动，但给总量管控带来挑战，并且回报导向可能会被削弱。

第三节　资本充足情况与资本补充

一、资本充足情况度量指标

（一）资本充足率

资本充足率是指金融机构持有的符合规定的资本（监管资本）与风险加权资产之间的比率。资本充足率可用于衡量金融机构持有资本的充足情况。根据资本层级的不同，商业银行的资本充足率可分为核心一级资本充足率、一级资本充足率和资本充足率。其计算公式如下：

$$核心一级资本充足率 = \frac{核心一级资本 - 对应资本扣减项}{风险加权资产} \times 100\% \quad (14-9)$$

$$一级资本充足率 = \frac{一级资本 - 对应资本扣减项}{风险加权资产} \times 100\% \quad (14-10)$$

$$资本充足率 = \frac{总资本 - 对应资本扣减项}{风险加权资产} \times 100\% \quad (14-11)$$

中国银保监会颁布的相关监管政策按商业银行的资产规模实施差异化资本监管要求。资本充足率的监管要求分为最低资本要求、储备资本要求、逆周期资本要求、系统重要性银行资本要求以及第二支柱资本要求等层次。最低资本要求是指核心一级资本充足率、一级资本充足率和资本充足率分别不低于5%、6%和8%；储备资本要求为2.5%，是用于抵御预期之外损失的额外资本；逆周期资本要求的计提与运用规则由人民银行会同银保监会视需要而另行规定，主要用于熨平经济运行周期影响而保有的资本；系统重要性银行资本要求是抵御系统性风险而保有的资本要求，认定标准及其附加资本要求由人民银行会同银保监会另行规定。此外，在第二支柱框架下，监管机构有权提出更审慎的资本要求，确保资本充分覆盖风险。

专栏 14－5

2021 年中国工商银行资本充足率

中国工商银行按照监管机构批准的资本管理高级方法实施范围，符合监管要求的公司信用风险暴露采用初级内部评级法、零售信用风险暴露采用内部评级法、市场风险采用内部模型法、操作风险采用标准法，内部评级法未覆盖的信用风险采用权重法，内部模型法未覆盖的市场风险采用标准法。

2021 年末，根据《商业银行资本管理办法（试行）》计算的核心一级资本充足率为 13.31%，一级资本充足率为 14.94%，资本充足率为 18.02%，均满足监管要求（见表 14－6）。

表 14－6　　　　　中国工商银行资本充足率计算结果

项目	2021 年 12 月 31 日	2020 年 12 月 31 日
核心一级资本净额（百万元人民币）	2 886 378	2 653 002
一级资本净额（百万元人民币）	3 241 364	2 872 792
总资本净额（百万元人民币）	3 909 669	3 396 186
核心一级资本充足率（%）	13.31	13.18
一级资本充足率（%）	14.94	14.28
资本充足率（%）	18.02	16.88

资料来源：中国工商银行股份有限公司 2021 年资本充足率报告。

（二）杠杆率

2008 年国际金融危机中，资产证券化和金融衍生工具等创新工具管理失控的教训，促使巴塞尔银行监管委员会将杠杆率引入资本监管框架，用于度量金融机构资本充足情况。根据银保监会颁布的相关监管政策，商业银行杠杆率计算公式为

$$杠杆率 = \frac{一级资本 - 一级资本扣减项}{调整后的表内外资产余额} \times 100\% \qquad (14-12)$$

商业银行的杠杆率不得低于4%。杠杆率的倒数为杠杆倍数，杠杆率水平越高，杠

杆倍数越低，金融机构资本越充足，抵御风险的能力越强。

杠杆率计算相对简单，不会受到模型、风险参数的过度影响，是资本充足率的重要补充，兼具宏观审慎和微观审慎功效。在宏观审慎层面，杠杆率能够起到逆周期调节作用，有利于约束金融机构规模的过度扩张，降低杠杆积累和系统性风险的增加。在微观审慎层面，杠杆率对资本充足率形成补充，防止金融机构使用内部模型进行监管套利，确保金融机构保有相对充足的资本水平。

专栏 14 - 6

中国工商银行杠杆率情况表

中国工商银行 2021 年杠杆率情况见表 14 - 7。

表 14 - 7 　　　　　　　　　中国工商银行杠杆率

项目	2021 年 12 月 31 日	2021 年 9 月 30 日	2021 年 6 月 30 日	2021 年 3 月 31 日	2020 年 12 月 31 日
一级资本净额（百万元人民币）	3 241 364	3 132 095	3 009 641	2 956 971	2 872 792
调整后的表内外资产余额（百万元人民币）	37 292 522	37 682 357	37 370 525	36 423 221	35 300 338
杠杆率（%）	8.69	8.31	8.05	8.12	8.14

资料来源：中国工商银行 2021 年年报。

（三）净资本

中国的证券公司、信托公司和理财子公司等金融机构使用净资本为资本充足情况度量指标。以证券公司为例，根据《证券公司风险控制指标管理办法》，净资本由核心净资本和附属净资本构成。证券公司经营证券经纪业务的，其净资本不得低于人民币 2 000 万元；经营证券承销与保荐、证券自营、证券资产管理、其他证券业务等业务之一的，其净资本不得低于人民币 5 000 万元；经营证券经纪业务，同时经营证券承销与保荐、证券自营、证券资产管理、其他证券业务等业务之一的，其净资本不得低于人民币 1 亿元；经营证券承销与保荐、证券自营、证券资产管理、其他证券业务中两项及两项以上的，其净资本不得低于人民币 2 亿元。同时，证券公司必须持续符合资本杠杆率指标，资本杠杆率不得低于 8%。证券公司资本杠杆率计算公式为

$$资本杠杆率 = \frac{核心净资本}{表内外资产总额} \times 100\% \qquad (14-13)$$

二、内部资本充足评估

内部资本充足评估是在全面评估金融机构主要风险的基础上，重新检测资本水平

与风险的匹配状况，确保资本水平与自身风险状况相适应。内部资本充足评估整合风险管理和资本管理体系，包括治理架构、风险评估、风险计量、压力测试、资本评估和资本规划等内容。其中，风险评估是对风险状况和风险管理水平进行评估；压力测试是分析压力情景下的风险变化情况和资本承压能力；资本评估和资本规划是衡量资本水平是否充分覆盖主要风险及压力情况。在评估过程中，金融机构应采取定量评估和定性评估相结合的方法，实现从风险到资本的转化，确保重大风险得到识别、计量或评估、监测和报告，确保资本水平与风险偏好和风险管理水平相适应，确保资本规划与机构经营状况、风险变化趋势和长期发展战略相匹配。

内部资本充足评估源于巴塞尔监管框架第二支柱。根据商业银行资本管理办法的规定，商业银行应当建立完善的风险管理框架和稳健的内部资本充足评估程序，明确风险治理结构，审慎评估各类风险、资本充足水平和资本质量，出台资本规划和资本充足率管理计划，确保银行资本能够充分抵御其所面临的风险，满足业务发展的需要，并应至少每年实施一次内部资本充足评估，经董事会审议后提交评估报告，作为监管部门评估商业银行第二支柱附加资本要求的重要依据。银行内部资本充足评估基本流程见表 14 – 8。

表 14 – 8　　　　　　　　　银行内部资本充足评估基本流程

项目	内部资本充足评估（ICAAP）流程
计划	每年年初由资本管理部门发起 ICAAP，制定实施流程、部门分工和时间表等，组织推动各相关部门执行
评估	由风险管理部门组织开展重大风险的识别和评估工作；由资本管理部门组织开展统一压力情景下的 ICAAP 压力测试，同步准备资本需求评估工作
分析	各相关部门编写和提交对应部分的 ICAAP 报告及压力测试报告内容。资本管理部门对资本需求进行评估，综合分析测算内部资本充足水平，完成 ICAAP 压力测试分析，滚动编制资本规划，制订行动计划
报告	资本管理部门整合编写年度 ICAAP 报告，提交高级管理层和董事会审批。经批准后，于每个自然年度结束后 4 个月内报送至银保监会
管理	资本管理部门根据评估结果和反馈，组织推动相关管理行动

三、资本补充

金融机构可以通过内部积累和外部筹集两种渠道补充资本。内部积累是通过利润留存实现资本补充，在保持分红比例不变的情况下，金融机构的盈利能力越强，资本的内生能力也越强；外部筹集是通过在市场上发行不同类型的资本工具实现资本补充。从稳健经营的角度来说，金融机构应注重提高资本的内生能力，以自身资本积累（内部积累）为主，结合适当的外部资本融资（外部筹集），保持合理的资本充足水平。金融机构资本补充流程见图 14 – 2。

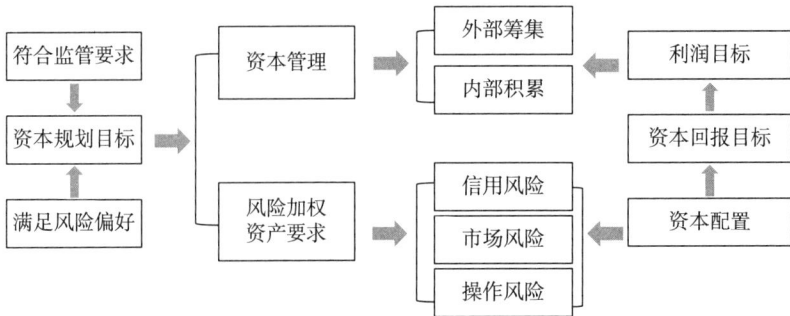

图 14 – 2　金融机构资本补充流程

（资料来源：王良，薛斐．商业银行资产负债管理实践［M］．北京：中信出版集团，2021）

（一）内部积累

内部积累最根本的来源和基础是提高盈利能力，增加利润留存。长期以来，我国金融业处于规模驱动业绩增长的发展阶段，通过扩大业务规模实现盈利高速增长，而高速增长的背后是高资本消耗。随着资本监管的实施，金融机构面临的外部资本约束日益严格，忽视资本约束而过度依赖高资本消耗的发展模式已经难以为继，迫切需要重新审视业务发展战略，找到新的盈利模式。资产消耗资本的同时又创造出利润，要"把钱花在刀刃上"，就必然要走资本集约化的发展道路，提高资本的使用效率，把资本配置到低风险、高收益的资产上，让资本赚取更高的回报。金融机构需要以资本为约束和导向，"有多大的本钱做多大的生意"，在金融机构内部自上而下传导资本的压力，在业务计划制订、资源配置以及绩效考核等方面辅以一系列配套措施，通过完善管理机制，发挥资本的指挥棒作用。在总量上，金融机构需要保持资产和风险加权资产的合理增长；在结构上，金融机构需要优化资产配置，向高资本回报、低资本占用的业务领域倾斜，提高服务收入占比，逐步形成业务发展、风险管控和资本积累之间的良性互动。

在提高盈利能力的基础上，保持合理的分红比例、增加利润留存补充资本，是实现资本内部积累的重要前提条件。金融机构确定分红政策需要综合考虑盈利状况、股东回报要求、资本充足率目标和业务发展要求等因素，达到现时收益与未来收益的良好平衡，最终实现股东价值的最大化。金融机构的分红比例过低或不分红，会影响投资者的当期股东回报，不利于金融机构的市场表现；如果分红比例过高、用于资本充足率达标或未来业务发展所需的利润留存较少，当资本充足率达标出现压力或业务发展需要更多资本支持时，则可能出现资本缺口。因此，无论对于金融机构股东还是经营者而言，保持合理分红比例，兼顾现时收益和未来利益的平衡，通过利润留存补充核心一级资本是最为经济可行的方式。

（二）外部筹集

在内部积累的基础上，金融机构还可以通过发行不同类型的资本工具来补充资本。资本工具的核心条款必须满足监管政策法规所规定的资本工具的合格标准。为有效执行外部筹集计划，金融机构需综合考虑市场形势、监管要求、发行成本等因素，选择合适的资本补充工具类型、发行时间、发行地点、发行节奏等。

一是选择合适的资本补充工具类型。当前国内金融机构可以选择的资本补充工具主要有普通股、优先股、可转债、永续债、二级资本债等。金融机构应考虑各种资本补充工具的相对成本（利息成本、承销费用和手续费）、对股东收益的影响、对现有股东与潜在投资者的股权和控制权的影响、筹集资本时资本市场表现以及监管当局对资本数量和构成的规定，选择合适的资本补充工具，优化资本结构。

二是选择有利的发行时间。金融机构要具有一定的资本规划能力，能准确估计长期资本需求量，事前筹集所需要的资本，而不是待资本充足率接近监管底线时再临时筹集资本，被迫付出更高的代价。金融机构要建立资本工具发行成本研判的长效机制，密切关注宏观经济、债券市场、资本市场走势，选择合适的发行时间，有效控制发行成本。

三是做好资本工具发行的路演和销售。站在投资人的角度，金融机构资本工具作为金融投资品，需要兼顾投资收益和风险，所以路演推介不可或缺。对于重要投资人，金融机构可以通过高层拜访和现场路演的方式，就资本工具发行价格区间和认购额度意向进行沟通。在资本工具销售环节，金融机构可根据投资者的类型，由对应业务营销部门开展销售工作。

【本章要点】

1. 金融机构资本（Capital）是金融机构从事经营活动必须注入的资金，可以用来吸收机构的经营亏损，缓冲意外损失，保护机构的正常经营，为机构的注册、组织营业以及负债进入前的经营提供启动资金等。金融机构资本管理的目标是强化资本的约束和引导作用，保持资本与业务、风险平衡发展，促进业务结构优化，提升资本使用效率，有效降低风险，确保资本充足满足内外部管理要求。

2. 经济资本管理主要包括经济资本计量、分配和评价三项内容。风险分类是经济资本计量的前提条件之一，一般可将需要考虑的风险分解为三大类：信用风险、市场风险和操作风险，根据三大类金融风险类型使用不同的经济资本计量方法。金融机构常用的经济资本配置方法包括静态配置法和动态配置法。

3. 金融机构的资本充足情况可用资本充足率、杠杆率、净资本等指标度量。金融机构应定期开展内部资本充足评估。金融机构可以通过内部积累和外部筹集两种渠道补充资本。内部积累是通过利润留存实现资本补充，在保持分红比例不变的情况下，金融机构的盈利能力越强，资本的内生能力也越强；外部筹集是通过在市场上发行不同类型的资本工具实现资本补充。

【重要概念】

资本　账面资本　监管资本　经济资本　资本管理　经济资本计量

经济资本配置　经济资本绩效评价　静态配置法　动态配置法
资本充足率　杠杆率　净资本　内部资本充足评估　内部积累　外部筹集

【课后习题】

1. 试对账面资本、监管资本和经济资本的概念进行比较。
2. 试述金融机构经济资本管理的主要内容。
3. 试述金融机构资本管理的常用策略。
4. 试述金融机构经济资本配置流程与方法。
5. 阅读上市金融机构年报、资本充足率报告，评估金融机构资本充足情况。
6. 阅读金融机构资本补充工具募集说明书。

【进阶阅读】

1. 刘宏海. 商业银行经济资本管理与价值创造（第二版）［M］. 北京：中国金融出版社，2019.

2. 王良，薛斐. 商业银行资产负债管理实践［M］. 北京：中信出版集团，2021.

3. Francesco Saita. Value at Risk and Bank Capital Management. Elsevier Inc.，2007.

第十五章

风险调整绩效

【学习目标】

1. 掌握绩效评价的常用方法。
2. 理解风险调整后资本收益率（RAROC）的定义与应用。
3. 理解经济增加值 EVA 绩效考核的定义与应用。

【开篇导读】

多家上市银行业绩预喜

中国证券报记者统计发现，截至 2023 年 1 月 19 日，已有招商银行、中信银行、平安银行、沪农商行、长沙银行、厦门银行、常熟银行、无锡银行、张家港行、江阴银行、瑞丰银行等 11 家银行披露 2022 年业绩快报，各家银行 2022 年营业收入和归母净利润均实现正增长。

股份行中，招商银行 2022 年营业收入、归母净利润最高，分别为 3 447.84 亿元、1 380.12亿元，同比分别增长 4.08%、15.08%。平安银行归母净利润增长最快，2022 年营业收入、归母净利润分别为 1 798.95 亿元、455.16 亿元，分别同比增长 6.2%、25.3%。

区域性银行表现亮眼。其中，张家港行 2022 年营业收入、归母净利润分别为 48.14 亿元、16.88 亿元，分别同比增长 4.27%、29.50%，归母净利润同比增速在已披露业绩快报的 11 家银行中位列第一。除张家港行外，江阴银行、无锡银行、常熟银行、瑞丰银行等区域性银行 2022 年净利润同比增速均超 20%。

资产质量方面，上述 11 家银行 2022 年资产质量整体表现不错，风险抵补能力保持较好水平。其中，8 家银行的不良贷款率较上年末呈下降趋势，1 家银行持平。值得关注的是，截至 2022 年末，常熟银行、无锡银行不良贷款率在 11 家银行中较低，均为 0.81%。

展望 2023 年，专家表示，在宏观经济恢复的大背景下，上市银行信贷投放有望录得高增长，估值有望得到修复。在投资布局上，建议投资者关注业务布局全面、资产质量稳健、议价能力更强、具备市场竞争优势的上市银行。

近期，上市银行迎来机构密集调研，也透露了 2023 年经营情况和信贷投放计划。某行表示，"稳收益、增规模、拓客户、控风险"为该行 2023 年的信贷投放工作方针，预计 2023 年贷款投放较 2022 年同期保持在相对平稳的水平，投放的重点会围绕"两小"业务领域。

资料来源：王方圆. 多家上市银行业绩预喜　区域性银行表现亮眼［EB/OL］. 中证网，（2023 - 01 - 20）. https：//www1. cs. com. cn/yh/04/202301/t20230120_6319983. html.

第一节　绩效评价常用方法

一、财务绩效评价

财务绩效评价是基于金融机构的财务报表，对金融机构一定时间内的盈利性指标、安全性指标、流动性及偿债能力指标、成长性指标等财务指标进行定量对比分析和评判。盈利性指标的分析和分解在财务绩效评价中占有非常重要的位置，最常用的盈利性指标包括资本收益率（Return on Equity，ROE）、资产收益率（Return on Asset，ROA）等。杜邦分析法可以分析金融机构利润率的来源，反映出金融机构经营管理中的优势及不足。

（一）资本收益率

$$资本收益率 = 净利润 \div 平均总资本 \times 100\% \qquad (15 - 1)$$

资本收益率（ROE）是金融机构净利润和平均总资本的比率，反映了金融机构对普通股股东投资的回报率，是最常用的反映金融机构盈利性的指标，其比率越大，股东投入资本的回报率也就越高，因为在资本金不变的情况下，金融机构的净利润越大，每 1 元资本金所能创造的利润也就越多。由于 ROE 反映的是金融机构对股东分红前的收益率，当利润增加时，金融机构可以增加对股东的分红或提高留存收益的比例，因此，这个指标不但反映了金融机构从盈利中增加资本的能力和运用资本的效率，还会影响金融机构的股票价格，是评价金融机构管理层是否实现了股东财富最大化最合适的财务指标。

（二）资产收益率

$$资产收益率 = 净利润 \div 平均总资产 \times 100\% \qquad (15 - 2)$$

资产收益率（ROA）是金融机构净利润和平均总资产的比率，反映了金融机构每 1 元资产的获益能力，即金融机构运用资产创造盈利的能力，是金融机构经营管理能力的一种体现。ROA 反映了金融机构对来自社会金融资源的管理状况，可用来衡量资产整合运用的结果，其比率越大，代表金融机构经营绩效越好，盈利能力越高。对于任何一家金融机构而言，ROA 都与该金融机构的资产结构、资产规模、经营管理策略以及宏观经济状况和政府政策等因素相关。

（三）杜邦分析法

杜邦分析法（见图 15－1）从金融机构投资者最为关心的 ROE 入手，将 ROE 分解为 ROA 和权益乘数的乘积，然后通过分解 ROA，分析金融机构的成本控制能力和收入创造能力。在盈利性指标的一步步分解过程中，金融机构的融资结构、收入结构、经营战略、管理效率等因素逐渐显现，通过对不同金融机构之间的 ROE 指标分解的比较分析就可以帮助我们了解金融机构收益率差异的根源，继而帮助金融机构管理者改善管理质量、投资者明确投资目标、监管者确定监管重点等。

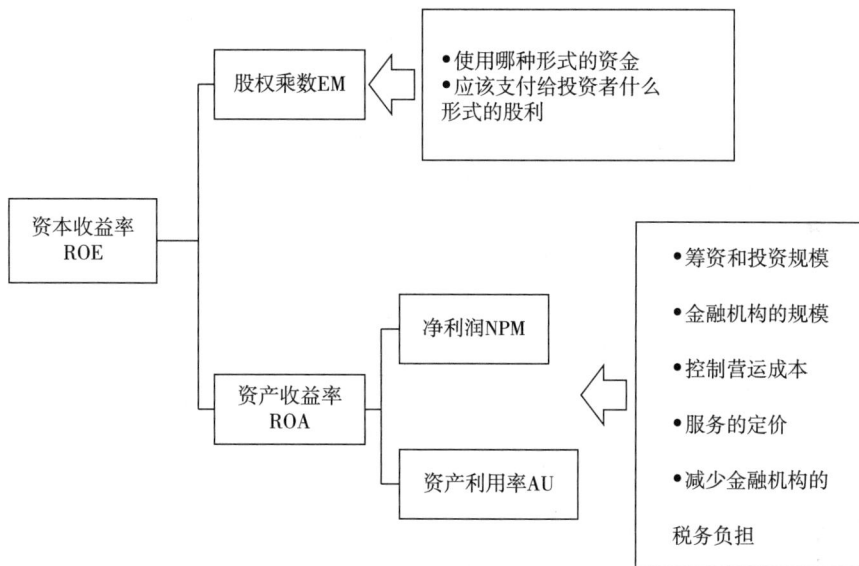

图 15－1　杜邦分析法

（资料来源：周晔. 金融风险度量与管理［M］. 北京：首都经济贸易大学出版社，2010）

二、市场价值指标

对于上市金融机构而言，金融机构的市场价值能够反映金融机构的风险和收益，是市场对金融机构经济绩效的有效评估，所以在评价其业绩时，我们还可以使用金融机构市场价值指标，主要有每股收益、市盈率和市净率等。

（一）每股收益

$$每股收益 = 净利润 \div 报告期末普通股股份总数 \qquad (15-3)$$

每股收益反映了普通股股东的获利水平，可以进行金融机构间的比较或不同时期的比较。但是由于股票是个"份额"的概念，不同金融机构每一股股票含有的净资产和市值是不同的，因此仅从金融机构的每股收益难以判断金融机构的经营优劣。此外，每股收益高，不见得分红就高，分红还与金融机构的分红政策和现金流状况有关。

（二）市盈率

$$市盈率 = 普通股每股市价 \div 普通股每股收益 \qquad (15-4)$$

该指标反映了投资者对每 1 元净利润愿意支付的价格，可以用来分析股票的投资回报和风险。指标反映了市场对上市公司的期望，市盈率高，表示市场对公司的未来普遍看好。在市价一定的情况下，每股收益越高，市盈率越低，投资风险越小；反之则相反。在每股收益一定时，市价越高，市盈率越高，风险越大；反之则相反。

（三）市净率

$$市净率 = 普通股每股市价 \div 普通股每股净资产 \qquad (15-5)$$

市净率反映了金融机构股权的市场价值和账面价值之间的比率，当比率大于 1 时，金融机构股东投入 1 元的股权账面价值，能获得超过 1 元的市场价值。

三、综合绩效评价

综合绩效评价是指评估者根据金融机构的功能特点建立评价指标体系，运用适当评价方法和评价标准，从发展质量、经营效益情况等多个方面对金融机构进行的综合评价。

2021 年，财政部出台了《商业银行绩效评价办法》，该办法从服务国家发展目标和实体经济、发展质量、风险防控、经营效益等四个方面对商业银行绩效进行评价。

服务国家发展目标和实体经济包括服务生态文明战略情况、服务战略性新兴产业情况、普惠型小微企业贷款"两增"完成情况、普惠型小微企业贷款"两控"完成情况 4 个指标，主要反映商业银行服务国家宏观战略、服务实体经济、服务微观经济情况。

发展质量包括经济增加值、人工成本利润率、人均净利润、人均上缴利税 4 个指标，主要反映商业银行高质量发展状况和人均贡献水平。

风险防控包括不良贷款率、不良贷款增速、拨备覆盖水平、流动性比例、资本充足率 5 个指标，主要反映商业银行资产管理和风险防控水平。

经营效益包括（国有）资本保值增值率、净资产收益率、分红上缴比例 3 个指标，主要反映商业银行资本增值状况和经营效益水平。

财政部门根据商业银行绩效评价指标特性，可以采用适当的单一或综合评价方式。其中，单一评价方式包括行业对标、历史对标、监管标准对标、定性打分等。行业标准值由财政部统一测算并公布；其他标准值，按照分级管理原则，由财政部和省级财政部门分别组织测算和确定。采用综合方式的绩效评价指标，由财政部和省级财政部门根据指标特性，选择至少两种评价方法，分别设置评价方法权重，从不同维度综合评价同一指标。

绩效评价结果以评价得分、评价类型和评价级别表示。评价得分用百分制表示，最高 100 分。评价类型是根据评价分数对企业综合绩效所划分的水平档次，用文字和字母表示，分为优（A）、良（B）、中（C）、低（D）、差（E）五种类型。评价级别是对每种类型再划分级次，以体现同一评价类型的不同差异，采用在字母后重复标注该字母的方式表示。

四、监管评级

监管评级是为加强金融机构风险监管，完善金融机构同质同类比较和差异化监管，合理分配监管资源，促进金融机构可持续健康发展，由监管机构根据相关法规制定的评级办法。最典型的监管评级方法是美联储对美国银行业的"骆驼评级体系"。这一体系通过考察商业银行的资本充足率（Capital Adequacy）、资产质量（Assets Quality）、管理水平（Management）、盈利能力（Earning）、资产流动性（Liquidity）和市场风险敏感度（Sensitivity to Market Risk）六大方面，系统评价银行机构整体财务实力和经营管理状况。六大要素的英文首字母构成了英文单词"CAMELS"（骆驼），因而俗称为"骆驼评级体系"。在运用 CAMELS 评级体系时，美联储先按照这六个指标对商业银行进行评估和打分，即为每一要素确定一个从 1 级到 5 级的等级。其中，等级 1 为最好，等级 5 为最差。然后，对所有要素进行综合评级，并得出一个综合等级，它代表了最终的评级结果。这个最终结果也分为 1 级到 5 级的等级。同样，等级 1 为最好，等级 5 为最差。经过评级后，商业银行经营状况也就一目了然了。然后有针对性地对属于不同级别的商业银行采取不同的监管策略。4 级和 5 级银行属于有问题的银行，会加大监管力度。2018 年美联储又发布了专门针对大型银行的评级体系，主要从资本状况、流动性风险、公司治理和内控三个方面对大型银行进行综合评估。

中国金融监管部门高度重视监管评级工作，立足中国金融业实际，制定并持续完善银行、证券、保险、信托等金融机构监管评级规则，推动金融监管评级制度化、规范化。2021 年 9 月，银保监会根据银行经营环境和风险特征的变化，结合国际监管评级实践经验和我国银行业监管重点，对监管评级制度进行系统全面更新，制定发布了《商业银行监管评级办法》（以下简称《评级办法》），以进一步提升监管机构对风险早识别、早预警、早发现、早处置的能力，标志着中国金融监管评级制度更加成熟。

《评级办法》共设 5 章 27 条，从总体上对银行机构监管评级工作进行规范。商业银行监管评级要素包括资本充足、资产质量、公司治理与管理质量、盈利状况、流动性风险、市场风险、数据治理、信息科技风险和机构差异化要素，由定量和定性两类评级指标组成。商业银行监管评级方法主要包含以下内容。

1. 评级要素权重设置。各监管评级要素的标准权重分配如下：资本充足（15%）、资产质量（15%）、公司治理与管理质量（20%）、盈利状况（5%）、流动性风险（15%）、市场风险（10%）、数据治理（5%）、信息科技风险（10%）、机构差异化要素（5%）。银保监会根据监管重点、银行业务复杂程度和风险特征具体设定和调整各评级要素权重。

2. 评级指标和评级要素得分。评级指标得分由监管人员按照评分标准评估后结合专业判断确定。评级要素得分为各评级指标得分加总。

单项要素得分按权重换算为百分制后分 6 个级别，90 分（含）至 100 分为 1 级，75 分（含）至 90 分为 2 级，60 分（含）至 75 分为 3 级，45 分（含）至 60 分为 4 级，

30 分（含）至 45 分为 5 级，30 分以下为 6 级。

3. 评级综合得分。评级综合得分由各评级要素得分按照要素权重加权汇总后获得。

4. 监管评级结果确定。根据分级标准，以评级综合得分确定监管评级初步级别和档次，在此基础上，结合监管评级调整因素形成监管评级结果。

专栏 15 - 1

中国证监会公布 2021 年证券公司分类结果

根据《证券公司分类监管规定》，经证券公司自评、证监局初审、证监会证券基金机构监管部复核，以及证监局、自律组织、证券公司代表等组成的证券公司分类评价专家评审委员会审议，确定了 2021 年证券公司分类结果。

证券公司分类结果不是对证券公司资信状况及等级的评价，而是证券监管部门根据审慎监管的需要，以证券公司风险管理能力、持续合规状况为基础，结合公司业务发展状况，对证券公司进行的综合性评价，主要体现的是证券公司治理结构、内部控制、合规管理、风险管理以及风险控制指标等与其业务活动相适应的整体状况。

根据《证券公司分类监管规定》，证券公司分为 A（AAA、AA、A）、B（BBB、BB、B）、C（CCC、CC、C）、D、E 等五大类 11 个级别。A、B、C 三大类中各级别公司均为正常经营公司，其类别、级别的划分仅反映公司在行业内业务活动与其风险管理能力及合规管理水平相适应的相对水平。D 类、E 类公司分别为潜在风险可能超过公司可承受范围及因发生重大风险被依法采取风险处置措施的公司。

证监会根据证券公司分类结果对不同类别的证券公司在监管资源分配、现场检查和非现场检查频率等方面实施区别对待的监管政策。分类结果主要供证券监管部门使用，证券公司不得将分类结果用于广告、宣传、营销等商业目的。

资料来源：中国证监会，http：//www.csrc.gov.cn/tianjin/c105376/cbecbcac9a84445e6bf4d332ad4e50424/content.shtml。

第二节　风险调整后资本收益率

一、什么是 RAROC

传统上，金融机构知道高风险高收益、低风险低收益的道理，但由于缺乏一种把风险与收益结合起来的测量手段，实际上只能做到一面管收益，希望收益越高越好，一面管风险，希望风险越低越好，无法在一个方法中把收益和风险同时考虑进去，从而选择最优的答案。直到 20 世纪 70 年代末期，这种情况才得到真正改善。美国信孚银行的一个风险管理团队首先创造了风险调整后资本收益率（Risk-adjusted Return on Capital，RAROC）这个概念，并把 RAROC 作为一种风险管理手段，开始应用到银行经营管理中，随后又经过多次不断改进，方法越来越完善，应用越来越广泛，RAROC 最终成为金融机构普遍应用的风险管理核心方法之一，使风险与收益平衡管理这个长久以来的金科玉律真正成为金融机构经营管理的手中"利器"，开始了风险与收益平衡管理的全新时代。简单来说，RAROC 等于扣除风险成本后的净收益与经济资本占用的比值，综合反映了收益、风险、资本的匹配程度。RAROC 的计算公式为

$$RAROC = \frac{经风险调整的收益}{经济资本} = \frac{收入 - 资金成本 - 运营成本 - 预期损失}{经济资本}$$

$$(15-6)$$

其中，收入是指金融机构经营活动产生的收益（假设没有损失）；资金成本是金融机构获得资金所需要支付的费率；运营成本是与金融机构经营活动相关的直接费用（如工资、基础设施支出等）；预期损失对应了风险成本，是违约造成的预期损失，和其他经营成本一样通过交易价格反映，不再需要资本作为吸收风险的缓冲；经济资本即风险资本，反映了非预期损失，是一定置信水平下，金融机构需要设置的资本缓冲器。

我们以信贷业务为例进行指标分解，信贷业务收入包括利差收入和非利息收入；信贷业务支出是银行经营管理成本；信贷业务的预期损失 = $EAD \times PD \times LGD$，其计算基础是对客户和债项的信用评级，不同等级对应不同的 PD 与 LGD。指标分解如图 15-2 所示。

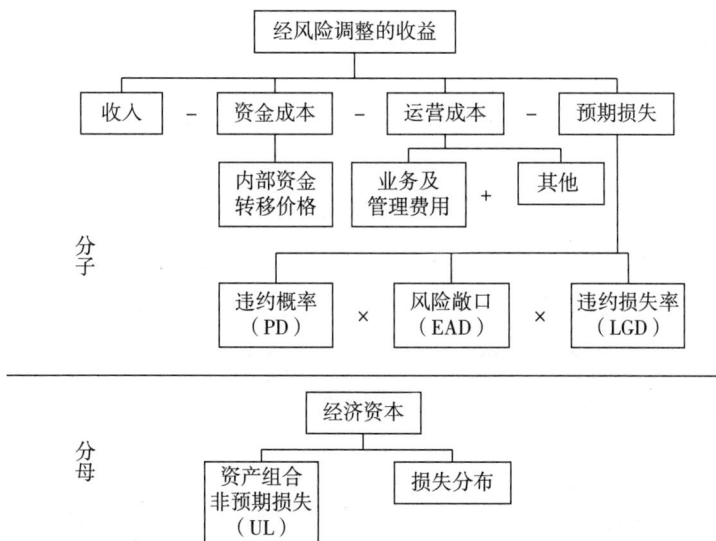

图 15-2　RAROC 公式分解

上面讲的 RAROC 计算公式看起来很简单，但真正要应用起来，牵涉的方面是很多的，实际上需要应用我们前面讲过的一系列风险管理技术手段。没有这些技术手段的配套，RAROC 就无法计算出来，图 15-3 说明了 RAROC 与其他风险管理技术手段的关系。

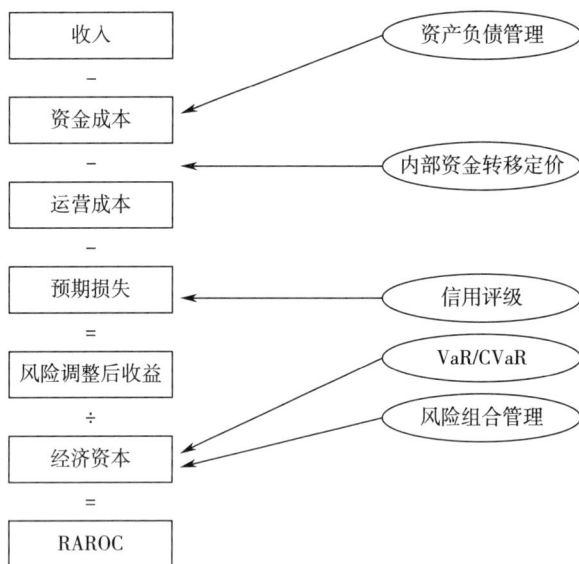

图 15-3　RAROC 与其他风险管理技术手段的关系

图 15-3 中，左边各个方框表示 RAROC 的计算流程，从收入开始，通过资金成本、运营成本到风险成本的扣除，计算出风险调整后收益，再与风险资本相除，计算出 RAROC。右边上方的各个圆框表示各种风险管理技术手段，我们用箭头表示这些风险管理技术手段对应 RAROC 计算流程的各个项目。由此，我们清晰地看到，RAROC 计算不是一个独立的过程，它是核心工具，整合了各种风险管理手段，共同构成了全面风险管理的完整体系。

例题 15-1

RAROC 指标计算

某银行发放了一笔 10 亿元人民币的公司贷款，约定的回报率是 10%，假设资金来源于存款，存款利率为 6%，银行每年的直接运营成本为 1 000 万元人民币。预期损失假设为 1%（1 000 万元人民币）。经济资本为 8 000 万元人民币。经济资本必须投资于无风险证券，假设无风险证券利率为 7%。假如忽略价格转移因素，计算其 RAROC。

RAROC 计算项分别为（以百万元人民币为单位）：

收入：$1\,000 \times 10\% = 100$

资金成本：$1\,000 \times 6\% = 60$（存款利率为 6%）

运营成本：10

预期损失：10

经济资本：80

因此，

$$RAROC = （收入－资金成本－运营成本－预期损失）/经济资本$$
$$= （100－60－10－10）/80＝25\%$$

该贷款的 RAROC 为 25%。这一数据可以被理解为贷款所需要的权益资本的年回报率。

二、RAROC 管理的主要内容

RAROC 管理在现代金融机构中的应用是广泛和多层面的。

首先，在金融机构层面，RAROC 是进行资本配置和设定经营目标的重要手段。金融机构最高管理层确定经济资本的总体需要，并与监管资本和账面资本进行比较，评价自身资本充足状况；同时，将有限的经济资本在各类风险、各级机构和各种业务之间进行分配，实施对总体风险和各类别风险的限额控制；它还将股东回报要求分解转化为对各业务条线的明确目标，指导业务决策和绩效考核。

其次，在单个业务层面上，RAROC 可以作为业务决策依据，用于衡量单笔业务的风险与收益是否匹配，以此决定该业务做与不做、定价水平和额度大小。

最后，在资产组合层面上，RAROC 是资产组合管理的有效工具。金融机构可以通过 RAROC 进行动态监测，衡量各类资产组合的风险和收益是否平衡，并对 RAROC 指标的不利变化作出及时的风险预警。

综而述之，RAROC 是一种资本管理工具，同时更是一种综合性的风险管理手段。以 RAROC 为核心的管理技术的应用，可以使金融机构建立注重风险与收益之间平衡关系的风险管理文化，让这种风险管理文化渗透到每个员工的思想和日常工作中，成为上下统一的牢固认识、自觉动力和行为准则。

三、RAROC 与业务决策

以 RAROC 为业务决策的标准，其核心在于判断某项业务的 RAROC 是否高于股东要求的 RAROC（经常称为底线回报率）。即

$$RAROC > 底线回报率 \rightarrow 业务接受$$
$$RAROC < 底线回报率 \rightarrow 业务拒绝$$

例题 15－2

RAROC 与业务决策

假设某金融机构在某一时期内有 X 和 Y 两个投资机会选择，X 的预期收益为 180 万元，Y 的预期收益为 160 万元，投资额均为 20 000 万元，其中金融机构自有资本金投入 2 000 万元，借入 18 000 万元。X 业务需要占用经济资本 2 160 万元，

Y业务需要占用经济资本 1 840 万元。股东要求的风险调整后资本收益率为 8.5%。

金融机构如果按照传统的考核标准 ROA 和 ROE 进行投资绩效考核，X 业务的 ROA 为 0.9%，ROE 为 9%，Y 业务的 ROA 为 0.8%，ROE 为 8%。X 的回报率优于 Y 的回报率，金融机构会选择投资 X，不过这种投资决策忽略了风险对金融机构投资的影响。在有效市场的假设下，高收益必定伴随着高风险，采用传统的 ROE 指标，难以判断各个投资项目的风险。因此，根据 ROE 配置资本会使银行有可能选择投资风险高于当前资产风险的项目，并且有意忽略投资风险低于当前资产风险的项目，出现金融机构经营管理者可能会为取得短期的收益，让机构承担过度风险的情况。

在 RAROC 绩效考核体系下，X 业务的 RAROC 为 $180 \div 2\,160 \times 100\% = 8.33\%$，Y 业务的 RAROC 为 $160 \div 1\,840 \times 100\% = 8.7\%$。Y 的回报率优于 X 的回报率，且高于股东要求的风险调整后资本收益率，金融机构会选择投资 Y。

四、RAROC 与资源配置

金融机构传统配置资源的方法有三种。一是根据资产规模来配置资源，哪个分支机构资产规模大，就配置更多资源。这种方法最原始，激励机制导致分支机构拼命做大规模，而不顾资源所发挥的效益。二是用利润的绝对数来配置资源，哪个分支机构利润大，就配置更多的资源，结果也很容易激励分支机构盲目扩张，或介入高风险业务以获取利润增长，而不顾这种利润的获得背后所承担的风险。三是用利润率配置资源，如资本收益率或资产收益率，这比前两种方法有进步，既考虑了利润，又考虑了资产规模，但本质上并没有真实衡量利润取得所承担的代价即风险。因此，金融机构无论使用上述哪种方式配置资源，都没有充分考虑风险因素，不能充分发挥资源最佳配置的作用。

使用 RAROC 作为考核和资源配置的依据，有效地克服了传统方法的缺陷。一方面，RAROC 充分反映了风险成本，得到的收益是科学、准确的，真实、全面地反映了被考核对象的实际收益，不但体现当期收益，而且也体现了未来风险。另一方面，用经济资本替代传统的资产规模或其他类似指标，科学地揭示了支持金融机构开展业务的资源代价就是资本这一本质原理，光看考核单位的盈利绝对数是不够的，还要看获得盈利背后的风险含量和资本占用。

用 RAROC 作为金融机构分配资源的依据是通过经济资本配置实现的。资本是金融机构的核心资源，金融机构的经营目标就是获取资本收益的最大化。要实现这一目标，就必须把业务倾斜到能创造最大资本收益的领域，即 RAROC 最高的领域。哪里 RAROC 高，就扩大业务，哪里 RAROC 低，就收缩业务，只有这样才能保证整个金融机构的 RAROC 最大化。这就是以 RAROC 配置经济资本的基本原理。

例题 15 - 3

RAROC 在经济资本配置中的应用

假设一家金融机构的资本金为 100 亿元，其经济资本总量也为 100 亿元。该金融机构只有 A、B 两个分支机构，A 分支机构的 RAROC 为 30%，B 分支机构的 RAROC 为 15%，试分析经济资本在 A、B 两个分支机构之间的不同配置对整个金融机构 RAROC 的影响。

方案一：对 A、B 两个分支机构平均分配经济资本，各为 50 亿元。

$$RAROC = \frac{经风险调整的收益}{经济资本}$$

$$= \frac{A\ 风险调整后收益 + B\ 风险调整后收益}{经济资本}$$

$$= \frac{A\ 的\ RAROC \times A\ 的风险资本 + B\ 的\ RAROC \times B\ 的风险资本}{经济资本}$$

$$= \frac{30\% \times 50 + 15\% \times 50}{100} = 22.5\%$$

方案二：A 分支机构获得所有的 100 亿元经济资本，B 分支机构没有经济资本（可能撤销或只做无风险业务）。

$$RAROC = \frac{经风险调整的收益}{经济资本}$$

$$= \frac{A\ 风险调整后收益 + B\ 风险调整后收益}{经济资本}$$

$$= \frac{A\ 的\ RAROC \times A\ 的风险资本 + B\ 的\ RAROC \times B\ 的风险资本}{经济资本}$$

$$= \frac{30\% \times 100 + 15\% \times 0}{100} = 30\%$$

方案三：A 分支机构得到 80 亿元经济资本份额，B 分支机构得到 20 亿元经济资本份额。

$$RAROC = \frac{经风险调整的收益}{经济资本}$$

$$= \frac{A\ 风险调整后收益 + B\ 风险调整后收益}{经济资本}$$

$$= \frac{A\ 的\ RAROC \times A\ 的风险资本 + B\ 的\ RAROC \times B\ 的风险资本}{经济资本}$$

$$= \frac{30\% \times 80 + 15\% \times 20}{100} = 27\%$$

显然，在上述三个方案中，方案二的总 RAROC 最高，因此是最优方案。由于金融机构把所有资本都投向了 RAROC 高的分支机构，金融机构总资本收益率就大大提高了。因此，理论上讲，金融机构总是应该把资本全部配置到 RAROC 最高的分支机构（或产品线）。

但在实践中真正这样做的现实基础几乎不存在，因为要实现上述例子的情况，至少应该有三个假设。一是 A、B 两个分支机构的 RAROC 是一个常量，不会随分支机构业务规模的扩大而改变，也不会随着时间的推移而在未来发生变化。但在现实中，当金融机构在某个地区扩大业务时，由于客户资源有限，很有可能面临客户资源不足的问题，因此会造成客户资信等级的下降、业务风险的增大、收益的下降，这就是说，客户和业务的边际收益会呈递减趋势，这样随着业务的扩大，金融机构在这个地区的 RAROC 会因此而下降。同时，随着宏观经济的变化以及区域内竞争环境的改变，RAROC 也会随着时间的推移而发生变化。二是金融机构可完全自由地在毫无其他成本的情况下退出和转移业务，甚至撤销分支机构。这种情况在现实中也面临一定的障碍，转移业务或撤销分行涉及监管、地区政治、人员安置、内部管理秩序等复杂问题，更重要的是，还涉及各种转移或撤销的成本，如办公场所的出售或停租、固定资产的搬迁等。因此，在现实中，金融机构在经济资本配置中还需要考虑许多 RAROC 以外的因素，一般不会极端选择像方案二这样在理论上最优的方案。三是不考虑金融机构的战略性和政策性业务。在金融机构的实际操作中，出于对全局战略以及国家政策的考虑，往往必须对一些行业或地区保持一定业务量的开展，即使这些行业和地区的 RAROC 很低甚至是负的。但无论如何，RAROC 作为资本配置的一个核心衡量指标，其地位是不可动摇的。譬如在［例题 15-3］中，金融机构可能会选择方案三，把更多风险资本倾斜到 RAROC 较高的 A 分支机构，而不是 RAROC 较低的 B 分支机构。

鉴于金融机构难以完全按照既定的 RAROC 高低配置经济资本，因此在实践中，金融机构往往会同时采用另外一种手段，即规定新业务的最低 RAROC 标准（底线回报率），低于这个标准的原则上不做，等于或高于这个标准的才允许做。由于规定了最低 RAROC 标准，那些低收益的分支机构或部门自然只能选择相对高收益的业务，业务发展必定受到引导和制约，其占用的风险资本也就相应地减少了。

$$RAROC > 底线回报率 \rightarrow 经济资本有效配置$$

另外一种配置方法是对增量的经济资本进行重新配置，在此配置过程中向 RAROC 相对较高的事业部、分支机构、业务倾斜，而不对存量的经济资本进行重新分配，保留了既定的利益。

上述方法，在很多国际先进金融机构中都是搭配使用的，既事先主动按照 RAROC 高低对不同领域设定经济资本的最高限额（即风险限额），同时也规定最低 RAROC 标准，在实践过程中自动扩大或收缩业务。两者结合在一起，经济资本的优化配置效果更加明显。

五、对 RAROC 的评价

RAROC 比传统盈利性指标有更多优点，核心一点是，它把风险充分反映出来了，分子减除预期损失，分母就是非预期损失，这样得出的比例就是金融机构追求的资本收益目标。传统盈利性指标如资本收益率，就做不到这一点，它的分子虽然也减除拨备，但那只是统一计提的标准值而已，不足以反映具体业务的真实风险大小；它的分母账面净资产，更是与具体业务占用的资本没有对应关系。

RAROC 也存在以下几点不足：

首先，RAROC 是基于经济资本的资本收益的度量办法，因此它要求为所有的风险建立明确的模型，这使得度量上存在很大的难度；

其次，RAROC 模型的创建成本和运行成本比较高，小型金融机构使用 RAROC 有一定障碍；

最后，在 RAROC 的分母计算中，将信用风险、操作风险、市场风险的 VaR 简单相加，这样的简单加总会存在问题，如各种 VaR 的度量方法和时间跨度不一样及三者间的相关性问题会使得简单加总存在极大的误差。

第三节　经济增加值

一、什么是 EVA

经济增加值（Economic Value Added，EVA）源于剩余收益理论，为企业税后净营业利润扣除资本成本后的经济利润，可用于衡量企业为股东创造了多少财富。对于普通企业来说，通常将债务和股本同视为资本，但对于经营货币这种特殊商品的金融机构来说，其负债可以不作为资本考虑，负债成本就是运营成本，已在税后净营业利润中剔除。金融机构资本的主要作用是抵御风险，因此计算 EVA 时的资本可使用与风险匹配的资本，即经济资本。基于此，金融机构 EVA 的计算公式是

$$EVA = 税后净营业利润 - 经济资本成本 \qquad (15-7)$$

从式（15-7）可以看出，EVA 用两个因子来界定金融机构的真实利润，即经过调整的会计利润减去金融企业使用经济资本的成本。因此，经济增加值与传统会计体系存在着根本区别。

（一）税后净营业利润的计算

对于商业银行而言，计算 EVA 时一般使用税后净利润替代税后净营业利润，该数据可以从利润表中直接获取。

$$税后净利润 = 利润总额 - 所得税费用$$
$$= (营业收入 - 营业支出 + 营业外收支净额) - 所得税支出$$
$$(15-8)$$

其中，营业收入包括利息净收入、手续费及佣金收入、投资收益、公允价值变动收益、其他收入等。营业支出包括营业税金及附加、业务及管理费、资产差值损失提取、其

他业务成本等。营业外收支净额为商业银行正常经营活动外的各项收入与支出相抵后的余额，可在金融机构的利润表中直接获取。

（二）经济资本成本的计算

资本成本指将资本投资到风险程度相近的项目上可以获得的收益，即资本所有人对所进行的投资期望的资本回报，是一种机会成本。资本成本的计算公式如下。

$$资本成本 = 经济资本 \times 资本成本率 \tag{15-9}$$

它的计算包括经济资本和资本成本率两项因素。经济资本的计算我们已在第十四章进行了介绍。对资本成本率的确定，一般而言主要考虑三方面因素：一是股东投资回报要求，这是金融机构经营的现实约束，是对金融机构经营业绩的基本要求；二是融资成本，当金融机构因扩展业务需要在资本市场补充债务类资本时，需要付出一定的财务成本，例如某年度银行发行次级债票面年利率在5%左右，银行对资本成本率的要求则不能低于该成本；三是国内或国际相似金融机构的平均或较高回报率水平。考虑到金融机构内部经营单位的接受程度，在引入资本成本的初期，可以设定一个较低的资本成本率水平，随后逐步回归正常，从而合理反映滤掉风险后的经济利润。

> **例题 15-4**
>
> **客户的资本成本计算**
>
> 某银行实施经济资本管理，在利润衡量、资源配置和业绩考核等各个方面均要求使用扣除资本成本后的 EVA 作为核心指标，并确定了 10% 的资本成本率。C 客户是银行的一个公司客户，信用评级为 BBB+，能源行业，有多笔业务，包括：1 年期流动资金贷款 5 000 万元，经济资本占用是 396 万元；500 万元银行承兑汇票，期限为半年，50% 的承兑保证金存款，经济资本占用是 40 万元。那么，C 客户的资本成本是多少呢？
>
> C 客户的资本成本为 41.6 万元（396 万元 ×10% +40 万元 ×10% ×0.5 年）。

以上对 EVA 构成的各个项目的分析表明，EVA 相对于传统会计指标体系的特点是其强调了资本成本，EVA 的最大化与银行价值或股东价值最大化相一致，从而克服了传统绩效考核指标忽视资本的机会成本的缺陷。只有银行的收益超过银行的资本成本后，银行才创造了价值，增加了财富。因此，以 EVA 为核心的业绩评价指标体系可以全面、系统地进行行业绩评价，有利于增强投资决策的准确性。

二、EVA 与产品绩效考核

产品绩效可以使用 EVA 指标为考核指标。金融机构产品众多，在 EVA 考核时，通常选计算单项产品单笔业务的 EVA，然后由上一级机构将该单项产品所有业务的

EVA 进行加总，同时扣减分摊到该单项产品上的间接成本，便得到该单项产品的 EVA。

我们以贷款产品为例，介绍如何使用 EVA 指标对贷款产品绩效进行考核。贷款产品是商业银行最主要的盈利产品，对贷款产品 EVA 的考核在目前阶段仍是最重要的一环。贷款产品需要占用银行的资金，用于有风险的投资或贷款业务。一般而言，贷款类产品都存在非预期损失，从而需要对其分配经济资本，所以在计算其 EVA 时，需要将资本成本计算进去。贷款产品的经济增加值可用如下公式表示：

$$贷款产品的 EVA = （贷出利率 - 内部资金转移利率）\times 贷款金额$$
$$- 风险减值准备 - 营业费用及分摊的费用$$
$$- 营业税及附加 - 应纳所得税 - 资本成本 \qquad (15-10)$$

其中，贷出利率是指债务人支付给银行的利率，内部资金转移利率按一定的方法进行定价，营业费用包括营销费用和直接的人工费用，分摊的费用指间接的费用分摊，资本成本由经济资本和资本回报率确定。下面以一个简单的例子说明贷款产品 EVA 的计算。

例题 15 – 5

单笔贷款业务 EVA 的计算

银行计划发放一笔 1 年期 10 000 万元的贷款，贷款利率为 5.31%，假设：

（1）资金转移价格为 2.7%；

（2）所得税税率按 25% 计算；

（3）营业税及附加按 5.8% 计算；

（4）按费用与贷款额的比例将业务及管理费分摊计入，假设费用率为 0.3%。

相关要素如表 15 – 1 所示。试计算该产品的 EVA。

根据已知条件，我们可以算出：

营业收入 = 10 000 × 5.31% = 531（万元）

资金成本 = 10 000 × 2.7% = 270（万元）

计提准备金 = 10 000 × 1% = 100（万元）

营业成本 = 270 + 100 = 370（万元）

营业税及附加 = 531 × 5.8% = 30.80（万元）

营业费用及分摊的费用 = 10 000 × 0.3% = 30（万元）

根据贷款产品 EVA 计算公式，有：

税前利润 = 531 – 370 – 30.80 – 30 = 100.20（万元）

税后利润 = 100.20 × （1 – 25%） = 75.15（万元）

经济资本 = 10 000 × 4% = 400（万元）

资本成本 = 400 × 10% = 40（万元）

EVA = 税后利润 – 资本成本 = 75.15 – 40 = 35.15（万元）

表 15 −1　　　　　　　　　银行信贷产品 EVA 计算要素表

项目	数字
贷款金额	10 000 万元
贷款期限	1 年
贷款利率	5.31%
内部资金转移价格	2.7%
计提准备金	1%
营业税及附加	5.8%
费用（包括直接成本和分摊的成本）	0.3%
税前利润	100.20 万元
税后利润	75.15 万元
经济资本配置系数	4%
资本回报率	10%
EVA	35.15 万元

由此可见，该笔业务业绩优良，对股东价值增长起正面的作用，银行应该选择该业务。

三、EVA 与业务部门考核

EVA 也可以用于对业务部门的考核。业务部门 EVA 的计算有两种方法。

第一种方法是通过将其归口的产品所产生的 EVA 进行加总，然后调整产品相关性收入和成本，即对产品产生的 EVA 进行业绩还原，最后将所有产品业绩还原的数值进行加总。也就是在计算业务部门的绩效时，在部门归口产品的经济增加值的基础上，对内部转移收入（支出）进行调整，并扣除接受其他部门服务应分担的成本或其他应分摊的费用。因为产品销售有可能涉及多个部门或机构，所以必须进行业绩还原后再计算部门的 EVA。其计算公式如下：

$$部门\ EVA = \sum 部门归口产品的\ EVA + 产品相关性调整净收入$$

$$= \sum 部门归口产品的\ EVA\ 业绩还原后的数值 \qquad (15-11)$$

第二种方法是将部门所有客户经理和业务人员产生的 EVA 进行加总，然后减去该部门分摊的管理费用，其计算公式如下：

$$部门\ EVA = \sum 部门客户经理和业务人员的\ EVA - 分摊的内部管理费用$$

$$\qquad (15-12)$$

客户经理和业务人员的 EVA 可通过计算其所销售的产品的 EVA 来获得。

$$单个客户经理的\ EVA = \sum 每份产品的\ EVA \qquad (15-13)$$

第二种方法和第一种方法各有利弊，金融机构可根据具体情况而定。

四、RAROC 与 EVA 的比较

RAROC 与 EVA 指标都可用于金融机构风险调整的绩效考核，它们同样要求管理者在评价投资项目时，从股东收益的角度来评价哪些投资是合适的，也都鼓励管理者寻求长期利润增长，防止管理中短期行为的发生，因此二者并不矛盾。

通过对二者计算公式的比较，可以发现，无论 RAROC 还是 EVA 都要求金融机构的投资具有一定的投资回报，两者都是从股东的角度定义金融机构的利润，底线回报率是两个不同绩效考核指标共同使用的最低收益标准。EVA 绩效评估法要求权益资本获得的利润最少与其在资本市场同等风险下获得的利润水平相当，否则从股东的角度来看即为经营亏损。RAROC 同样要求投资收益率应高于资本的底线回报率，否则也是损害股权价值的。所以，RAROC 超过底线回报率表明经济增加值大于零，即产生了经济利润，RAROC 和 EVA 应用于绩效的分析判断几乎是完全一致的。

但值得注意的是，EVA 还是在一些细微的地方有别于 RAROC。具体而言，RAROC是个比率的概念，去除了规模的影响，这是个隐蔽的缺陷，它可能导致股东与经营者二者间的博弈，使股东与经营者的利益出现矛盾与冲突。此外，如果单纯用RAROC的比率系数来测量业绩和配置资本，会产生以下弊端：第一，从业务单位层面看，业务经理可能会尽量避免资本投入，避免高风险业务，以提高 RAROC，结果可能误导金融机构的业务和资本配置决策；第二，金融机构在使用 RAROC 衡量业绩和计划业务时，为了使各单位的业绩具有可比性，通常采用单一基准收益率，但由于各单位承担的风险不同，使用单一基准收益率可能会拒绝具有正 EVA 的低风险业务，而接受具有负 EVA 的高风险业务；第三，RAROC 高于基准收益率的业务单位都会产生 EVA，但如果仅仅据此做业务决策，可能忽视带来较大 EVA 的业务。

这时，经济增加值作为一个量的概念，就能起到很好的作用，从而较好地协调股东经营者目标的一致性，清晰地提供经济利润最大化的信号。所以，金融机构在用RAROC 比率衡量经济业绩的同时，也应该建立 EVA 的衡量评估系统。

专栏 15 - 2

金融机构客户分层

基于单个客户综合盈利贡献分析，A 银行对全部公司客户从 EVA 和 RAROC两个角度进行分层，即把 EVA 和 RAROC 两个指标相组合，形成一个二维空间（见图 15 - 4）。在 EVA 一定的情况下，RAROC 越高越好；在 RAROC 一定的情况下，EVA 越大越好。在这个二维空间里，位于右上部分的客户是最有价值或者说真正优质的客户，位于左下部分的客户则是价值较低的客户，以上又可进一步细分为若干不同的客户层级，如极具价值客户、高价值客户、优质客户、普通客户、关注客户和退出客户等。

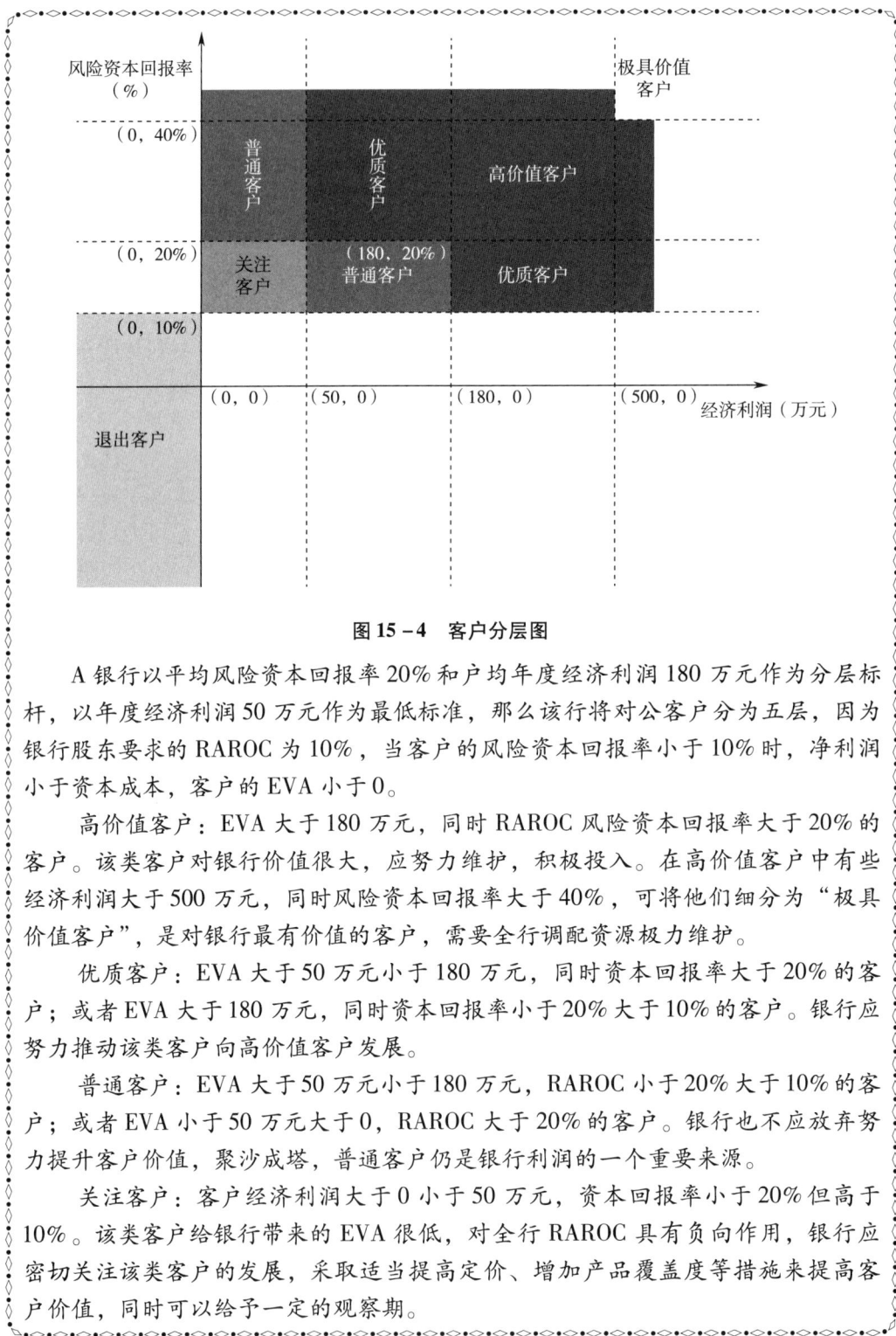

图 15-4　客户分层图

A 银行以平均风险资本回报率 20% 和户均年度经济利润 180 万元作为分层标杆，以年度经济利润 50 万元作为最低标准，那么该行将对公客户分为五层，因为银行股东要求的 RAROC 为 10%，当客户的风险资本回报率小于 10% 时，净利润小于资本成本，客户的 EVA 小于 0。

高价值客户：EVA 大于 180 万元，同时 RAROC 风险资本回报率大于 20% 的客户。该类客户对银行价值很大，应努力维护，积极投入。在高价值客户中有些经济利润大于 500 万元，同时风险资本回报率大于 40%，可将他们细分为"极具价值客户"，是对银行最有价值的客户，需要全行调配资源极力维护。

优质客户：EVA 大于 50 万元小于 180 万元，同时资本回报率大于 20% 的客户；或者 EVA 大于 180 万元，同时资本回报率小于 20% 大于 10% 的客户。银行应努力推动该类客户向高价值客户发展。

普通客户：EVA 大于 50 万元小于 180 万元，RAROC 小于 20% 大于 10% 的客户；或者 EVA 小于 50 万元大于 0，RAROC 大于 20% 的客户。银行也不应放弃努力提升客户价值，聚沙成塔，普通客户仍是银行利润的一个重要来源。

关注客户：客户经济利润大于 0 小于 50 万元，资本回报率小于 20% 但高于 10%。该类客户给银行带来的 EVA 很低，对全行 RAROC 具有负向作用，银行应密切关注该类客户的发展，采取适当提高定价、增加产品覆盖度等措施来提高客户价值，同时可以给予一定的观察期。

退出客户：该类客户带来的 EVA 为 0 或负，RAROC 小于 10%。如果客户长期处于此种情况，银行可考虑退出策略。

资料来源：曹国强．管理会计也时尚：商业银行管理会计理论与实务［M］．北京：中信出版社，2013.

【本章要点】

1. 金融机构绩效评价的常用方法有财务绩效评价、市场价值指标评价、综合绩效评价和监管评级。

2. RAROC 等于扣除风险成本后的净收益与经济资本的比值，综合反映了收益、风险、资本的匹配程度。RAROC 管理在现代金融机构中的应用是广泛和多层面的。

3. EVA 就是税后净营业利润扣除经济资本成本后的经济利润，可用于衡量金融机构为股东创造了多少财富。EVA 可用于产品绩效考核、业务部门考核等方面。

4. RAROC 与 EVA 指标并不矛盾，这两种方法同样要求管理者在评价投资项目时，从股东收益的角度来评价哪些投资是合适的，也都鼓励管理者寻求长期利润增长，防止管理中短期行为的发生。

【重要概念】

ROE　ROA　杜邦分析法　每股收益　市盈率　市净率　综合绩效评价
监管评级　CAMELS　RAROC　EVA　资本成本

【课后习题】

1. 如何对金融机构进行财务绩效评价？
2. 如何利用市场价值指标评价金融机构？
3. 举例说明如何对金融机构进行综合绩效评价。
4. 试述监管评级的主要方法。
5. 试述 RAROC 的计算方法与应用。
6. 试述 EVA 的计算方法与应用。
7. 阅读上市金融机构的年报，熟悉各种绩效评价方法的应用。
8. 选择一上市金融机构进行绩效分析。

【进阶阅读】

1. 曹国强．管理会计也时尚：商业银行管理会计理论与实务［M］．北京：中信出版社，2013.

2.《商业银行 EVA 管理实务》编写组．商业银行 EVA 管理实务［M］．北京：中国金融出版社，2010.

3. Joël Bessis. Risk Management in Banking. John Wiley & Sons, Inc., 2015.

［1］Alexandre Adam. Handbook of Asset and Liability Management. John Wiley & Sons, Ltd. , 2007.

［2］Anthony Saunders, Marcia Millon Cornett. Financial Institutions Management：A Risk Management Approach. McGraw – Hill Education, 2020.

［3］Ariane Chapelle. Operational Risk Management：Best Practices in the Financial Services Industry. John Wiley & Sons, Inc. , 2019.

［4］Aron Gottesman. Derivatives Essentials：An Introduction to Forwards, Futures, Options, and Swaps. John Wiley & Sons, Inc. , 2016.

［5］Ciby Joseph. Advanced Credit Risk Analysis and Management. John Wiley & Sons, 2013.

［6］Clifford Rossi. A Risk Professional's Survival Guide. John Wiley & Sons, 2014.

［7］Francesco Saita. Value at Risk and Bank Capital Management. Elsevier Inc. 2007.

［8］Gudni Adalsteinsson. The Liquidity Risk Management Guide. John Wiley & Sons, Ltd. , 2014.

［9］Jeff Madura. Financial Markets & Institutions. Cengage, 2020.

［10］Jimmy Skoglund, Wei Chen. Financial Risk Management：Applications in Market, Credit, Asset and Liability Management and Firmwide Risk. John Wiley & Sons, Ltd. , 2015.

［11］Joël Bessis. Risk Management in Banking. John Wiley & Sons, Inc. , 2015.

［12］John C. Hull. Risk Management and Financial institutions. John Wiley & Sons, Inc. , 2012.

［13］Michael B. Miller. Quantitative Financial Risk Management. John Wiley & Sons, Inc. 2019.

［14］Michel Henry Bouchet, Ephraim Clark and Bertrand Groslambert. Country Risk Assessment：A Guide to Global Investment Strategy. John Wiley & Sons, Ltd. , 2003.

［15］Philippa Girling. Operational Risk Management：A Complete Guide to a Successful Operational Risk Framework. John Wiley & Sons, Inc. , 2013.

［16］Sylvain Bouteillé, Diane Coogan – Pushner. The Handbook of Credit Risk Management. John Wiley & Sons, 2013.

［17］［英］乔恩·格雷戈里. 交易对手信用风险和信用价值调整（第二版）［M］. 杨超，等译. 北京：北京大学出版社，2019.

［18］［英］凯文·多德. 市场风险测度［M］. 李雪，译. 北京：中国财政经济出版社，2011.

［19］［美］菲利普·乔瑞. 风险价值 VAR［M］. 3 版. 北京：中信出版社，2010.

［20］［美］菲利普·乔瑞. 金融风险管理师手册（第六版）［M］. 北京：中国人民大学出版社，2012.

［21］《商业银行 EVA 管理实务》编写组. 商业银行 EVA 管理实务［M］. 北京：中国金融出版社，2010.

［22］巴塞尔银行监管委员会. 巴塞尔协议Ⅲ［M］. 北京：中国金融出版社，2011.

［23］巴曙松，朱元倩．巴塞尔资本协议Ⅲ研究［M］．北京：中国金融出版社，2011．

［24］曹国强．管理会计也时尚：商业银行管理会计理论与实务［M］．北京：中信出版社，2013．

［25］冯光华，等．信用评级原理与实务［M］．北京：中国金融出版社，2019．

［26］黄剑．商业银行资产负债管理：理论、实务与系统构建［M］．北京：北京大学出版社，2013．

［27］黄宪，等．银行管理学［M］．武汉：武汉大学出版社，2020．

［28］黄志凌．商业银行压力测试［M］．北京：中国金融出版社，2010．

［29］梁世栋．商业银行风险计量理论与实务（修订版）［M］．北京：中国金融出版社，2011．

［30］林亚臣．零售金融风险管理概论［M］．北京：中国金融出版社，2020．

［31］刘宏海．商业银行经济资本管理与价值创造（第二版）［M］．北京：中国金融出版社，2019．

［32］刘元庆．信贷的逻辑与常识［M］．北京：中信出版社，2016．

［33］彭兴韵．金融学原理（第六版）［M］．上海：格致出版社，2019．

［34］尚航飞．商业银行流动性风险管理——国际经验与中国实践［M］．北京：中国金融出版社，2020．

［35］邵平．商业银行合规风险管理［M］．北京：中国金融出版社，2010．

［36］托尼·布伦登，约翰·瑟尔韦尔．精通操作风险——理解与管理操作风险指南［M］．北京：人民邮电出版社，2013．

［37］王良，薛斐．商业银行资产负债管理实践［M］．北京：中信出版集团，2021．

［38］王祖继．大型商业银行风险管理［M］．成都：西南财经大学出版社，2020．

［39］王祖继．大型商业银行资产负债管理［M］．成都：西南财经大学出版社，2020．

［40］吴青．信用风险的度量与控制［M］．北京：对外经济贸易大学出版社，2008．

［41］武剑．商业银行经济资本配置与管理［M］．北京：中国金融出版社，2009．

［42］徐振东．银行家的全面风险管理——基于巴塞尔Ⅱ追求银行股东价值增值［M］．北京：北京大学出版社，2010．

［43］阎庆民．操作风险管理"中国化"探索：中国商业银行操作风险研究［M］．北京：中国经济出版社，2012．

［44］杨军．风险管理与巴塞尔协议十八讲（第二版）［M］．北京：中国金融出版社，2020．

［45］张金清．金融风险管理［M］．上海：复旦大学出版社，2009．

［46］张晓艳．商业银行管理［M］．北京：中国金融出版社，2014．

［47］赵睿．商业银行经济资本配置机制研究［M］．北京：中国经济出版社，2014．

［48］赵志宏，金鹏．未来银行全面风险管理［M］．北京：中国金融出版社，2020．

［49］中国期货业协会．场外衍生品（第二版）［M］．北京：中国财政经济出版社，2020．

［50］中国银行间市场交易商协会教材编写组．金融市场风险管理：理论与实务［M］．北京：北京大学出版社，2019．

［51］中国银行间市场交易商协会教材编写组．现代金融市场：理论与实务［M］．北京：北京大学出版社，2019．

［52］中国银行业协会．解读商业银行资本管理办法［M］．北京：中国金融出版社，2012．

［53］中国银行业协会声誉风险管理专业委员会．中国银行业声誉风险管理理论与实务［M］．北京：中国金融出版社，2018．

［54］中国银行业协会银行业专业人员职业资格考试办公室．风险管理［M］．北京：中国金融出版社，2021．

［55］周晔．金融风险度量与管理［M］．北京：首都经济贸易大学出版社，2010．

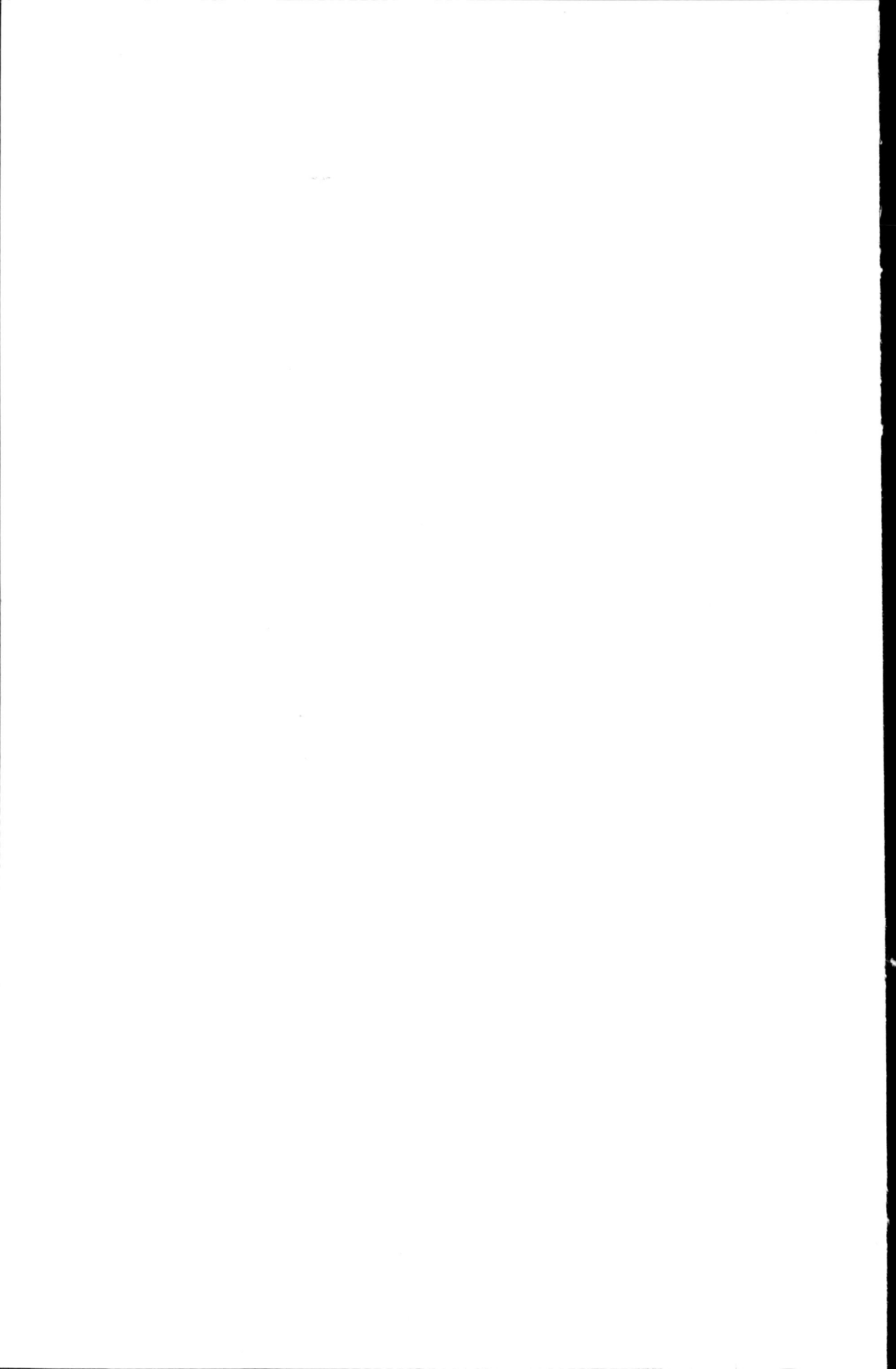